TEXTBOOKS

TSUKAMU

国際政治学をつかむ

【第3版】

村田晃嗣・君塚直隆・石川 卓・栗栖薫子・秋山信将——著

有 斐 閣
YUHIKAKU

第3版はしがき

本書の第2版が刊行されてから，すでに7年半が経過する。この間に，アメリカでは異色のトランプ大統領が登場し，対外的には同盟関係を揺るがし，中国との対立を深めながら，国内的にも政治的な分極化を煽（あお）った。また，2019年末から新型コロナウイルス感染症が世界的に拡大し，655万人の命を奪った（22年10月現在，NHK）。これを機に，一方でグローバル化が阻害され，他方でオンライン化とデジタル化が急速に進んだ。さらに，22年2月にはロシアがウクライナに侵攻して，世界に衝撃を与えた。

もとより，本書は国際政治学の入門書であり，時事問題（「時論」）の解説書ではない。しかし，これから国際政治学を学ぶ人たちに実際の国際政治の動向に関心をもってもらうために，国内外での新たな展開を事例としてできるだけ盛り込むように努めた。また，数年の間とはいえ，国際政治に関する優れた研究書や概説書，また，関連する自伝や評伝が数多く刊行されてきた。これらについても，できるだけ紹介するように心がけている。

著者たちの日常にもさまざまな変化が訪れた。学生や同僚と直接対面できない状況が長く続き，学界活動や海外での調査研究も困難をきわめた。ようやくそうした状況から脱しつつあるものの，2年半ほどの停滞は，われわれの教育・研究活動に依然として大きな影響を残している。もちろん，オンラインの授業やセミナー，会議が日常化したことから，新たな可能性も開けている。今回の改訂作業も，コロナ禍の制約と新たな可能性の中で進められた。容易ならざる作業を手際よくサポートしてくださったのは，有斐閣書籍編集第二部の岩田拓也氏である。初版以来の献身的なご尽力に，あらためて謝意を表したい。また，末尾になって恐縮ではあるが，旧版を活用してくださった多くの読者諸賢にも，心よりお礼を申し上げる次第である。

2022年12月

執筆者一同

初版はしがき

21 世紀に入って，国際政治はこれまで以上に複雑かつダイナミックな展開を見せている。こうしたなかで，国際政治や国際関係について多くの教科書が書かれてきたし，国際問題に関してもあまたの解説書や研究書が公刊されてきた。それらのなかにはすぐれた書物も少なくないし，とりわけ，英語による教科書には簡潔かつ分析的なものがある。

では，本書の特徴とは何か。

まず，海外での研究動向にも細心の注意を払いつつ，日本人の観点と関心から書かれていることである。このバランスは重要であり，本書の執筆者はみな，アメリカかイギリス，またはその双方で研究生活を送った経験をもつ。本書で提示される国際政治学は，いわば日本とアメリカ，ヨーロッパの「ブレンド」版である。

次に,「国際政治学」の入門書として，本書は学問的な水準を維持しながら，できるだけ平易な叙述と説明を心がけている。せっかく国際政治学や国際問題に関心を抱いた若い読者に，いきなり壮大な学術用語を並べ立てて，彼らの向学心を砕くようなことがあってはならない。しかし，本書執筆の作業を通じて，われわれは平易に叙述し説明することの難しさを，あらためて痛感した。

さらに，本書の書名を『国際政治学をつかむ』にしたことにも示されているように，広範で多様な国際関係よりも，国家間の政治力学を中心とした国際政治学に的を絞っている。まずは国際政治の基本を押さえたうえで，国際政治の枠組みを超えた国際関係の海原に航海してもらいたい。そのための手がかりは，本書に十分盛り込まれているはずである。

最後に，本書はほぼ同世代の 5 人の執筆者の合同作業だが，数次の会合やメールでの意見交換などを重ね，他の執筆者の草稿にも時には厳しいコメントを加えることで，文字通り共同作業になっている。その意味で，本書から最も多くを学んだのは，われわれ 5 人かもしれない。

5 人の執筆者は東京と関西に別れており，学内外の諸事に忙殺されてきた。この 5 人の間の調整を行い，執筆作業を円滑に進めてくれたのは，有斐閣書籍編集第二部の若手・岩田拓也氏であった。ご尽力に衷心よりお礼を申し上げたい。

2009年9月

執筆者一同

著者紹介（執筆順）

村田晃嗣（むらた　こうじ）　unit **0, 5, 11, 15, 28, 29** 担当

1995年，神戸大学大学院法学研究科博士後期課程修了。

現　在，同志社大学法学部教授（国際関係論，特にアメリカ外交・安全保障政策研究），博士（政治学）。

著作に，『大統領の挫折――カーター政権の在韓米軍撤退政策』有斐閣，1998年，
『銀幕の大統領ロナルド・レーガン――現代大統領制と映画』有斐閣，2018年，
『トランプ vs バイデン――「冷たい内戦」と「危機の20年」の狭間』文春新書，2021年，など。

君塚直隆（きみづか　なおたか）　unit **1, 2, 3, 4, 16,** コラム①担当

1997年，上智大学大学院文学研究科史学専攻博士後期課程修了。

現　在，関東学院大学国際文化学部教授（イギリス政治外交史，ヨーロッパ国際政治史），博士（史学）

著作に，『イギリス二大政党制への道――後継首相の決定と「長老政治家」』有斐閣，1998年，
『パクス・ブリタニカのイギリス外交――パーマストンと会議外交の時代』有斐閣，2006年，
『エリザベス女王――史上最長・最強のイギリス君主』中公新書，2020年，など。

石川　卓（いしかわ　たく）　unit **6, 7, 8, 9, 14, 20, 21,** コラム②担当

1998年，一橋大学大学院法学研究科博士後期課程修了。

現　在，防衛大学校総合安全保障研究科教授（アメリカ外交・安全保障政策，国際政治学），博士（法学）。

著作に，『連鎖する世界――世界システムの変遷と展望』編著，森話社，2005年，
「米国の核不拡散政策」浅田正彦・戸﨑洋史編『核軍縮不拡散の法と政治』信山社，2008年，
「超大国アメリカにとっての同盟――理論的分析への試論」日本国際問題研究所監修，久保文明編『アメリカにとっての同盟とはなにか』中央公論社，2013年，など。

栗栖薫子（くるす　かおる）　　unit **10, 12, 19, 23, 24** 担当

1997年，東京大学大学院総合文化研究科博士課程単位取得退学。

現　在，神戸大学大学院法学研究科教授（国際関係論，国際制度論），博士（国際公共政策）。

著作に，「安全保障——多国間フォーラムにおける概念の普及過程」大矢根聡編『コンストラクティヴィズムの国際関係理論』有斐閣，2013年，

『国際関係・安全保障用語辞典〔第2版〕』共編著，ミネルヴァ書房，2017年，

"Japan as a Norm Entrepreneur for Human Security," Mary M. Macarthy, ed., *The Routledge Handbook of Japanese Foreign Policy*, Routledge, 2018, など。

秋山信将（あきやま　のぶまさ）　　unit **13, 17, 18, 22, 25, 26, 27,** コラム③担当

1994年，コーネル大学公共政策研究所行政学修士課程修了。

現　在，一橋大学大学院法学研究科教授（国際安全保障，軍縮・不拡散），博士（法学）。

著作に，『核不拡散をめぐる国際政治——規範の遵守，秩序の変容』有信堂高文社，2012年，

『NPT——核のグローバル・ガバナンス』編著，岩波書店，2015年，

"AI Nuclear Winter or AI That Saves Humanity? AI and Nuclear Deterrence," Joachim von Braun, Margaret S. Archer, Gregory M. Reichberg, and Marcelo Sánchez Sorondo eds., *Robotics, AI, and Humanity: Science, Ethics, and Policy*, Springer, 2021, など。

目　次

重要ポイント一覧

コラム一覧

図表一覧

主要略語一覧

ABM　Anti-Ballistic Missile　弾道弾迎撃ミサイル
APEC　Asia-Pacific Economic Cooperation　アジア太平洋経済協力
ASEAN　Association of South-East Asian Nations　東南アジア諸国連合
CTBT　Comprehensive Test Ban Treaty　包括的核実験禁止条約
EC　European Communities　ヨーロッパ共同体
ECSC　European Coal and Steel Community　ヨーロッパ石炭鉄鋼共同体
EEC　European Economic Community　ヨーロッパ経済共同体
EPA　Economic Partnership Agreement　経済連携協定
EU　European Union　ヨーロッパ連合
FTA　Free Trade Agreement　自由貿易協定
GATT　General Agreement on Tariffs and Trade　関税及び貿易に関する一般協定
IAEA　International Atomic Energy Agency　国際原子力機関
ICBL　International Campaign to Ban Landmines　地雷禁止国際キャンペーン
IEA　International Energy Agency　国際エネルギー機関
IMF　International Monetary Fund　国際通貨基金
INF　Intermediate-range Nuclear Forces　中距離核戦力
ISO　International Organization for Standardization　国際標準化機構
NATO　North Atlantic Treaty Organization　北大西洋条約機構
NGO　Non-Governmental Organizations　非政府組織
NIEs　Newly Industrializing Economies　新興工業経済地域
NPT　Nuclear Non-Proliferation Treaty　核不拡散条約
PKO　Peacekeeping Operations　平和維持活動
PTBT　Partial Test Ban Treaty　部分的核実験禁止条約
ODA　Official Development Assistance　政府開発援助
SALT I　Strategic Arms Limitation Talks I　第1次戦略兵器制限交渉
SDGs　Sustainable Development Goals　持続可能な開発目標
SDI　Strategic Defense Initiative　戦略防衛構想
START I　Strategic Arms Reduction Treaty I　第1次戦略兵器削減条約
UNDP　United Nations Development Programme　国連開発計画
UNEP　United Nations Environment Programme　国連環境計画
UNCTAD　United Nations Conference on Trade and Development　国連貿易開発会議
WMD　Weapon of Mass Destruction　大量破壊兵器
WTO　World Trade Organization　世界貿易機関

unit 0

国際政治学を学ぶ

Keywords
行為主体，無政府状態，分析レベル，理論，時論

国際政治は「複雑怪奇」

私たちはこれから，国際政治について学ぼうとしている。

当然のことだが，国際政治とは国際的な政治である。では，政治とは何か。イーストンというカナダの政治学者の古典的な定義によれば，政治とは「価値の権威的配分」に他ならない。ここでいう価値には，伝統や正統性，威信といった狭義の価値の他に，権力や安全，さらには経済的・物質的利益などが含まれる。これらのものがすべての人の欲するだけ無限にあれば問題はないが，実際には有限である。そこで，無限の欲望に対して有限の価値（資産）を配分しなければならない。しかも，その配分を偶然に任せるのではなく，権威に基づいて行う――こうした営みが政治なのである。

政治と聞けば，多くの人は選挙や国会審議などを連想するだろうが，この定義に従えば，政治の範疇（はんちゅう）ははるかに広いものになる。朝の洗面台やトイレをめぐって，テレビのチャンネルやリビングの占有について，家庭にも小さな政治が満ちている。父親がいれば，あるいは兄弟がいれば，チャンネルの選択権は回ってこないかもしれない。政治は学校の教室や職員室にも，会社にも町内会にも存在する。私たちがどれほど政治を嫌い軽蔑しようと，社会生活を営む以上，私たちは政治から逃れることはできないのである。この意味で，政治学はすべての社会人に求められる素養であり教養である。

政治の場（アリーナ）の規模を最大限にしたものが，国際政治である。もちろん，人類が将来，太陽系のはるかかなたの惑星と交流をもったり，そこからの攻撃を受けたりすれば，私たちは「銀河系政治」や「宇宙政治」を論じることになろう。

学問としての国際政治学は，第一次世界大戦後のヨーロッパで芽生え，第二次世界大戦後にアメリカで開花した。これらの大戦にアメリカや日本など非ヨーロッパの大国が参入しアリーナが拡大したため，ヨーロッパ政治といった枠組みではとらえきれない現象が生じた。

また，2つの世界大戦の被害があまりにも大きかったため，戦争の防止に関心が高まり，国際政治学が発達したのである。その意味で，国際政治学はまず，戦争と平和に関する学問である。さらに，国際経済や国際文化交流のような非軍事的側面にも十分に配慮し，また，国家以外の**行為主体**（アクター）にも注目して，より広義の国際関係論も提唱されている。こうした領域やアクターの多様化を視野に入れつつも，本書では，初学者のために，政治学的なアプローチを軸にして，安全保障や政治外交史の展開を重視する。そのため，本書では国際政治学という表現を用いることにする。

戦前に日本のある首相が「欧州情勢は複雑怪奇」と言い残して総辞職したように，たしかに，国際政治は「複雑怪奇」である。その理由の一端が，アリーナの広さなのである。「（フランスとスペインの国境にある）ピレネー山脈のこちら側とあちら側では，真理もまた異なろう」と17世紀フランスの哲学者パスカルが述べたように，地域によって，しばしば言語も文化も価値観も異なる。当然，「価値の権威的配分」も難しくなる。アメリカの価値観が西ヨーロッパのそれと乖離（かいり）し，欧米の価値観がイスラム教圏のそれと大きく異なるという事態を，私たちは21世紀の国際政治で痛感することになった。

もとより，人間が人間である以上，そこにはある種の普遍性がある。文化や価値観の差異・多様性を過大視せず，常識に頼ることも重要である。だが同時に，その常識が他者にとっては非常識かもしれないという留保や懐疑も必要なのである。

おそらく，アリーナの規模以上に重要なのが，**無政府状態**（アナーキー）という国際政治の基本的性質であろう。国内政治では，中央政府が存在し，警察や裁判によって最終的な秩序が担保されている。だが，国際政治にはそのような中央政府は存在しない。周知のように，国際連合（国連）は決して世界政府の役割を担ってはいない。そのため，各国は自国の生存と繁栄に究極の責任を負っている。国際政治は自助の体系と呼ばれる。国内政治では，通常は警察が暴力を集中管理しているが（軍隊が国内で行使されれば内戦状態になる），国際政治では各国が軍隊を保有して暴力は分散している。各国の軍事力が均衡して国際システムが安定する状態が，いわゆる勢力均衡（バランス・オブ・パワー）である。アリーナの規模が価値の多様性をもたらしているのに対して，アナーキーはその権威的配分をさらに困難なものにし，国際政治を「複雑怪奇」なものにしている。

では，国際政治は弱肉強食の世界，「万人の万人に対する闘争」の状態にあるのか。もちろん，そうではない。複雑な相互依存の発展で，かなりの程度，他者の利益は自分の利益と重なり，他者の不利益が自分の不利益とつながる。弱肉強食というゼロサム・ゲームの部分を残しつつも，国際政治には自他共に利益を得るポジティブサム・ゲームや，自他共に損害を被（こうむ）るネガティブサム・ゲームが拡大しているのである。また，不十分とはいえ，国際機関や国際法，さらに国際世論の役割も増大している。そこには緩やかな秩序が存在している。アナーキーは無秩序を意味するわけではない。

国内政治よりも価値観が多様で，しかも，その権威的配分がより困難なために，国際政治はたしかに「複雑怪奇」である。だが，そこに分け入る手がかりはある。

それが「**分析レベル**」である。

「チェンジ」？——アメリカ外交の変化と国際政治の分析レベル

2008年11月のアメリカ大統領選挙で，民主党のオバマ上院議員（イリノイ州選出＝当時）が当選を果たし，2009年1月には非白人として史上初めて大統領に就任した。選挙を通じて，オバマはアメリカ社会の変化と統合を訴えてきた。2001年9月11日の9.11テロ事件に端を発して，ジョージ・W.ブッシュ政権は，「テロとの戦い」やアフガニスタンへの軍事介入，イラク戦争に忙殺され，深刻な金融危機に直面して8年間の幕を閉じた。オバマ大統領の呼びかけのように，その後のアメリカは国際社会との関係をより多国間協調的なものに変化させようとしてきた。たとえば，気候変動に関する協議や核軍縮への取り組みに，そうした姿勢をみてとることができる。

しかし，2016年には共和党のトランプが大統領に当選した。彼はWASP（白人・アングロサクソン・プロテスタント）の富裕な実業家であり，人種差別的な発言を繰り返して一部の有権者から強い支持を得た。また，トランプ大統領は環太平洋パートナーシップ（TPP）協定からの永久離脱を宣言するなど，オバマ前政権の政策を次々に覆していった。さらに，北大西洋条約機構（NATO）諸国や韓国など同盟国との関係を傷つけながら，中国やロシア，北朝鮮の強権的な指導者を称賛する発言を厭わなかった。しかし，トランプは貿易問題で対中姿勢を硬化させ，コロナ禍の中で大統領選挙が近づくと，より強硬な態度を鮮明にし，米中対立が貿易問題を超えて顕在化していった（→unit **28**）。

オバマはアメリカに「チェンジ」を呼びかけたが，トランプの出現によってアメリカは再び大きな「チェンジ」を経験することになった。何がこうした変化をもたらしたのか。

黒人，若さ，破格の雄弁——これらがあいまって，オバマの人物像は魅力的なものになった。また，彼個人の中にはアメリカの3つの多様性が集約されていた。ケニア人の父と白人の母の間に生まれた人種の多様性，ハワイで生まれ育ちインドネシアで過ごした文化の多様性，そして，エリートと庶民の二面性を兼ね備えた社会階層の多様性である。こうしたオバマだからこそ，アメリカの社会と政治を変化させ，アメリカと世界の関係をも変化させうると期待した者は少なくなかった。

あるいは，前任者（ブッシュ）の極端な不人気が変化の真の原因であろうか。だが，オバマもやがて優柔不断と目されるようになった。そこに過激なトランプが登場した。オバマにしろトランプにしろ，指導者の個性や資質，信条がアメリカの外交，さらには国際政治にとって決定的な影響力を有していると考えるとき，人は個人という分析レベルに立っている。ヒトラーがドイツで権力を掌握したからこそ，第二次世界大戦が勃発したという議論も，同様のものである。この分析レベルには変種があり，『国連教育科学文化機関（ユネスコ）憲章』の前文が「戦争は人の心の中で生まれるものであるから，人の心の中に平和の砦を築かなければならない」と述べるとき，これは個人というより人間性一般を問題にしている。

これに対して，オバマ大統領やトランプ大統領の登場自体が，アメリカ国内政治の変容の産物だという見方もありうる。その背景には，アメリカ社会のエスニック構成の変化や人口移動，世代交代，保守勢力の動向，女性の社会進出などの要因があるだろう。あるいは，そもそもアメリカの政治システムは二大政党制であり，共和党から民主党へ，民主党から共和党への政権交代は，むしろ常態であろう。これらは国内の政治力学や政治制度に着目した分析である。

さらに，国際政治の全体的変化がアメリカ外交の変化をもたらしたのだ，という議論もありえよう。アフガニスタンでの軍事行動やイラク戦争，さらに金融危機によってアメリカの国力が低下したのに対して，中国やロシア，インド，ブラジルなど新興大国の力がいっそう増して，主要国家間の力関係が変化したため，アメリカ外交も変化せざるをえなくなったのかもしれない。実際，国際政治はアメリカによる一極支配から米中二極の時代，あるいは無極の時代に移行しつつあると論じる識者もいる。このように国際的な力学や構造に着目する視点を，システム・レベルの分析という。後述のように，いわゆるリアリストの多くが，この分析レベルを最重視している（→unit 7）。

何もアメリカだけではない。近年の国際政治上の大事件として，2022 年 2 月に始まったロシアによるウクライナ侵攻がある。ここでは，ロシアのプーチン大統領やウクライナのゼレンスキー大統領といったリーダーの役割，ロシアとウクライナの国内政治，そして，アメリカの孤立主義的傾向や中国の台頭，ロシアの長期的国力低下といった国際システムにかかわる要因は，どの程度，そして，どのように影響しているのか。

ここで示した個人，国内政治，システムという 3 つの分析レベルは，もちろん相互に排他的ではない。たとえば，アメリカの国際政治学者ナイは，国際政治の動向について，まずはシステムの分析レベルで説明を試み，それで不十分なら国内政治，さらには個人へと分析レベルを下げていくべきだと説いている。つまり，マクロからミクロへという方向である。また，この 3 つ以外により細かな分析レベルを設定することも可能である。ただし，国際政治を学問として考察しようとするなら，自分がどのような分析レベルに立っているのか，そして，他の分析レベルとの関連はどうなっているのかについて，自覚的でなければならない。本書を読み進むにあたっても，そのことを意識してほしい（→unit **15**）。

理論と時論

国際政治が「複雑怪奇」であり，私たちの有する時間とエネルギーが有限である以上，あてどのない知的散策に耽（ふけ）るわけにはいかない。私たちには地図やコンパスが必要である。それが**理論**である。国際政治の実務に携わる者や国際政治の日々の動きに関心を有する者には，理論は無用と映るかもしれない。しかし，イギリスの経済学者ケインズが指摘したように，人は無意識にもなんらかの理論的枠組みを援用しているものである。

他方で，すぐれた地図やコンパスは有益だが，それらの性能が自己目的化しては知的散策の意味がなくなる。アメリカの経済学者ガルブレイスのいうように，理論は真理にいたる道ではなく，大きな過ちを犯さないための方途にすぎない，という留保も必要であろう。

国際政治学では，先にふれた3つの分析レベルに応じて，あるいは，複数の分析レベルにまたがって，さまざまな理論が構築されてきた。国際政治の構造や動向を全体的に把握しようとするグランド・セオリーから，認知科学を応用した対外政策決定過程の理論のようなミクロの理論まで，多種多様である。理論を無視することも誇大視することもなく，それぞれの理論の特徴と限界を考えながら，これらの地図やコンパスを活用したい。

いくら理論に習熟しても，たとえば，今日の日米関係や米中関係に無関心であったり，十分な情報をもたなかったりすれば，本当に国際政治学を学んでいるとはいえない。逆に，時事的問題ばかりに関心を割いても学問は深まらない。理論と**時論**の双方への理解が必要なのである。「現代の経済学者が多大の崇敬を払うリカードにしても，マルクス，ケインズにしても，その理論の基本部分は同時代の大問題と取り組んだ『時論』から生まれたものであった」「日本の場合，『理論』は大学，『時論』はジャーナリズムという不健全な二重構造が支配してきた」と，経済学者の猪木武徳は指摘している。理論と時論のいずれかを欠けば，独りよがりな「持論」や「自論」にとどまってしまうかもしれない。

そして，理論と時論を架橋させバランスをとるためには，しばしば歴史研究と地域研究の叡智を借りなければならないのである。

本書の構成

以下，第 1 章「国際政治のあゆみ」では，ウェストファリア体制の成立から 2 つの世界大戦と米ソの冷戦を経て，ロシアによるウクライナ侵攻にいたるまでの国際政治の歴史的な変遷が概観される。こうした歴史的視点は，現代の国際政治を考えるうえでの基礎を提供してくれる。

続く第 2 章「国際政治の見方」では，リアリズムやリベラリズムなどの理論を学び，それらとの関連で，力と富と価値という国際政治の 3 つの側面を検討している。

第 3 章「国際政治のしくみ」では，国内の政治体制や対外政策決定過程，国家間の外交交渉，そして，国連と脱国家主体という国家以外の国際政治のアクターに注目している。

最後に，第 4 章「国際政治の課題」では，21 世紀の国際政治を考えるうえでとくに重要と思われる 9 つのテーマについて，これまでの学習をふまえて，さらに掘り下げている。いわば応用編である。

それぞれのユニットには重要ポイントと文献案内が，また，コラムが 3 つ付されている。それぞれ，学習の確認と発展の一助とされたい。

引用・参照文献

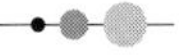

イーストン，デヴィッド／山川雄巳訳『政治体系――政治学の状態への探求』ぺりかん社，1976 年（原著初版 1953 年）。

猪木武徳『大学の反省』NTT 出版，2009 年。

オバマ，バラク／棚橋志行訳『合衆国再生――大いなる希望を抱いて』楓書店，2007 年（原著 2006 年）。

ナイ，ジョセフ・S., ジュニア＝デイヴィッド・A. ウェルチ／田中明彦・村田晃嗣訳『国際紛争――理論と歴史〔原書第 10 版〕』有斐閣，2017 年（原著初版 1993 年）。

文献案内

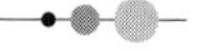

□ ナイ，ジョセフ・S., ジュニア＝デイヴィッド・A. ウェルチ／田中明彦・村田晃嗣訳『国際紛争――理論と歴史〔原書第 10 版〕』有斐閣，2017 年。

2 つの世界大戦と冷戦を中心に，理論と歴史の双方から国際政治学を平易に分析的に説いた入門書。ハーバード大学をはじめ世界各地の大学で，この著書は教科書として用いられている。

□ ローレン，ポール・ゴードン＝ゴードン・A. クレイグ＝アレキサンダー・L. ジョージ／木村修三・滝田賢治・五味俊樹・高杉忠明・村田晃嗣訳『軍事力と現代外交――現代における外交的課題〔原書第 4 版〕』有斐閣，2009 年。

主としてヨーロッパ外交とアメリカ外交を素材にしながら，軍事力と外交の意義，その相互作用，効用と限界，失敗の原因と成功の条件などを分析した高度な教科書。

□ 高坂正堯『国際政治――恐怖と希望』中公新書，1966 年。

日本を代表する国際政治学者が，力と利益と価値の体系として国際政治を分析した書物。新書ながらも，著者の歴史に対する洞察と古典に関する造詣が滲み出た名著。

□ ハース，リチャード／上原裕美子訳『ザ・ワールド――世界のしくみ』日本経済新聞出版，2021 年。

アメリカ外交に精通した著者が，国際問題を平易に解説し，「グローバル・リテラシー」の向上に努めた入門書。

第1章

国際政治のあゆみ

1　主権国家の誕生
2　ナショナリズムと帝国主義の時代
3　第一次世界大戦
4　第二次世界大戦
5　冷　　戦
6　ポスト冷戦

Introduction 1

この章の位置づけ

今日の国際政治にかかわる諸問題は一朝一夕に生み出されたものではない。第2章で紹介される，リアリズムやリベラリズムといった国際政治の理論も，歴史的な事実に基づいて築き上げられている。第3章で紹介される，国と国との外交関係，世界大の問題を扱う国際組織や地域的共同体といった発想も，試行錯誤を繰り返した人類の歴史のなかで生み出されたものである。さらに第4章で紹介される，核問題や人権，地球環境問題は，いずれも人類が歴史のなかで生み出してきた功であり罪でもある。

それゆえ私たちは，国際政治の今日，さらには未来を見つめていくために，まずはその「歴史」を学んでいく必要があろう。

この章で学ぶこと

unit 1　現代の国際政治を構成する主権国家が，中世から近代へと移り変わるヨーロッパの歴史のなかで形成されていった過程を検討する。

unit 2　ヨーロッパに登場したナショナリズムという概念が，大国による植民地拡大（帝国主義）を通じて世界規模で拡張していった過程を検討する。

unit 3　第一次世界大戦により「ヨーロッパの時代」が終焉を迎え，新たな国際政治の主役が確定する前に，世界が大恐慌と全体主義に席巻されていく過程を検討する。

unit 4　第二次世界大戦によりアメリカとソ連が国際政治の指導者として登場し，戦争の惨禍を繰り返さないために，国際的な平和組織が立ち上げられた過程を検討する。

unit 5　平和の到来も束の間に終わり，世界は米ソ両大国の縄張り争いへと巻き込まれ，最終的にはアメリカ（西側）の勝利へと帰結する過程を検討する。

unit 6　冷戦終結により平和の時代が到来すると思いきや，テロの横行や米中対立などに直面している現代の世界の状況を検討する。

unit 1

主権国家の誕生
――ウェストファリア体制

Keywords
主権国家，宗教戦争，ウェストファリア体制，「長い18世紀」，財政＝軍事国家

前近代の国際政治

21世紀の現代に生きる私たちにとって，「国家」とは，主権国家を意味している。**主権国家**とは，まず国境によって他とは区分された固有の「領土」をもつ。さらに，その領土のなかでは何人（なんぴと）からも制約を受けないで統治することができて，領土の外には自分たちより上位の存在はなく，各国の平等が認められるという「主権」が保証されている。そして，その領土に属する「国民」から成り立っている。その主権国家が，人類の歴史に初めて登場したのが，近代のヨーロッパにおいてであった。

しかし，今から500年ほど前の16世紀のヨーロッパは，これとは全く違っていた。それぞれの国は固有の「領土」というものによって分断されてはいなかった。10世紀半ばから，ヨーロッパ中央部にドイツ系の王侯たちを中心に存在した神聖ローマ帝国には，大小あわせて350もの領邦（りょうほう）がひしめきあっていた。そこを統治する領主も，皇帝・国王・公爵・伯爵・大司教・修道院長など，聖俗双方のさまざまな王侯たちからなっていた。しかも，1人の領主が複数の領地を治めるケースも稀（まれ）ではなかった。

さらに，中世ヨーロッパは，キリスト教という1つの宗教に基づいた共同体であった。そこでは，人々の生活はすべて教会によって支配を受けていた。王侯貴族であれ，寒村の村人であれ，人は生まれてすぐにキリスト教徒としての

洗礼を受け，毎週日曜日のミサ（礼拝）に出席し，婚礼も，葬儀も，すべてキリスト教の儀礼に基づいて行われた。まさに，「ゆりかごから墓場まで」人々の生活はキリスト教によって規定されていた。

それだけではない。中世ヨーロッパのさまざまな王侯たちを結び付けていたのが，キリスト教という宗教とともに，ラテン語という共通言語（リングァ・フランカ）であった。しかし，中世初期には，王侯貴族でさえもラテン語を自由に読み書きできる者は限られていた。彼らが法律を制定したり，言語の異なる他国の領主と外交交渉を行ったりする際，それらはすべてラテン語によっていた。そこでラテン語の読み書きにすぐれた存在が必要となった。それを担ったのが各国に散らばる教会や修道院の僧侶たちであった。キリスト教は，人々の社会・文化にかかわる営みから，王侯たちの政治・外交にかかわる問題にまで，すべてに影響力をもっていたのである。

それゆえ，領主たちには近代的な意味での「主権」など保証されていなかった。各国の高位聖職者（司教など）を任ずる権利（叙任権（じょにんけん））は，ローマ教皇によって握られていた。中世キリスト教世界は，このローマ教皇を頂点に，枢機卿（すうききょう），司教，司祭など聖職者が上位に位置し，たとえ領主層でも最下位（平信徒）に置かれるピラミッド構造になっていた。これと並行して，政治・外交の側面では，神聖ローマ皇帝の権威が絶大であった。一国の国王といえども，儀礼的に皇帝に対して「臣従（しんじゅう）の礼」で跪（ひざまず）かなければならなかった。また，王侯たちにもそれぞれの位に応じて序列が見られた。このように中世ヨーロッパは，教皇権に基づく宗教的なピラミッドと，皇帝権に基づく政治的なピラミッドとによって支配され，この聖と俗の2つの普遍的な権威の下では，各国の「主権」など限られたものであった。

こうなると，人種血統の同一性や，言語の共通性に基づく，近代的な意味での「国民」という意識も存在しえなかった。一人の領主が，言語の異なるいくつもの民族を支配することも稀ではなかったからである。

ここで，16世紀前半のヨーロッパ世界で最大の領土を保有した，神聖ローマ皇帝カール5世（在位1519-56年）を事例に見てみよう。

彼は，6歳のときに父を亡くし，その父方の祖母の家系からブルゴーニュ公爵位を継承している。ブルゴーニュ公爵は，15世紀の北西部ヨーロッパに一大文化圏（北方ルネサンス圏）を築いた大貴族であり，今日の国名でいえば，フランス，ベルギー，オランダ，ルクセンブルク，ドイツにまたがる所領を誇っていた。カール5世はわずか6歳にして，その領主となったのである。さらに，16歳のときには，母方の家系からスペイン国王位を継承し（スペイン国王としてはカルロス1世という名前になる），19歳で父方の祖父の家系（ウィーンに拠点を置くハプスブルク家）からオーストリア大公を引き継ぎ，次いで神聖ローマ皇帝にも即位したのである。

しかも，当時のスペイン王国は，今日のイタリアやシチリア島も保有し，さらに西インド諸島や南アメリカ大陸にも植民地を有していたし，オーストリア大公は今日のドイツ，チェコ，スロヴァキア，ハンガリーなどにも領土をもっていた。そのすべてが弱冠19歳のカールの支配下に組み込まれたのである。

とはいえ，それはカール5世の手かせとなり，足かせともなった。彼はそれぞれに独立した法や制度を有し，ヨーロッパ中に散らばる領土を「一人で」統治しなければならなくなったのである。カールに冠せられた王侯の称号は実に71にも及んだ。その71の領土で話される言語はそれぞれに異なっていた。しかも今日のように，飛行機はもとより，鉄道も自動車も，場所によっては舗装された道路さえなかった時代である。そのすべてに立ち寄るだけでも数年を要したことであろう。

このように，中世末期に最大の領土を誇った神聖ローマ皇帝でさえも，実はさまざまな伝統や慣習，言語や文化の入り乱れた領地を統御しなければならなかった。こうした歪み（ひずみ）をついて，カール5世が即位するや早々に，ヨーロッパを揺るがす大事件が発生した。

ウェストファリア体制とは

事件の発端は，カール5世が皇帝に即位する2年前，1517年10月にドイツ北部のヴィッテンベルクでルターという修道僧によって引き起こされた。ルターは，ローマ教皇庁が資金集めの目的で，この世での罪に対する罰を贖（あがな）ってくれるお札（贖宥状（しょくゆうじょう））を販売させていたのに怒り，「95カ条の提題」という教皇庁の腐敗を糾弾する意見書を出したのである。ここで彼は，中世以来続いてきた教皇を頂点とするピラミッド構造をも否定し，神の下ではすべての信者が平等であるとする「万人司祭説(ばんにんしさいせつ)」を唱えた。

これが100年ほど前に起こっていれば，ルターは火あぶりに処せられ，事件もそれほど大きくならなかったかもしれない。しかし，16世紀初めのこの時点までに，ローマ教皇庁の専横ぶりに怒りを感じていたのは，ルターばかりではなく，ヨーロッパ北部の諸侯たちも彼の考え方に同調したのである。ここにザクセン公爵（ヴィッテンベルク城主）をはじめとするルター派の諸侯が同盟を結び，教皇庁に「抗議をする人々(プロテスタント)」として集まった。教皇庁（カトリック）側もこれに対抗すべく同盟を結び，1530年代に入るとヨーロッパは，カトリック対プロテスタントの**宗教戦争**の嵐に巻き込まれていくこととなった。

この戦争でカトリック側を率いたのが，神聖ローマ皇帝カール5世であった。しかし，同時期から台頭しつつあったフランス，さらに東方から勢力を拡大していたイスラームのオスマン帝国の双方にも対処しなければならなくなったカールは，1555年ドイツ南部のアウクスブルクで宗教平和令を結び，「一人の支配者，一つの宗教」という原則が打ち立てられた。すなわち，領主が信仰する宗派がその領土の宗教として認められるにいたったのである。ただし，このときプロテスタントとして容認されたのはルター派だけであった。すでに同時期からスイスで始まったカルヴァン派の信仰も，フランス，イギリス，オランダといった各地で支持を集めており，それはユグノー戦争（フランス）やオランダ独立戦争というかたちで，新たな宗教戦争へと発展を遂げていった。

ルターの宗教改革から100年後の1618年，ベーメン（現在のチェコ）で生じた反乱を契機に，ここにカトリック対プロテスタントの最後の宗教戦争が始まった。世にいう「三十年戦争（1618-48年）」である。この戦争は，たしかに両宗派の間での戦争ではあったが，17世紀のこの時期にもなると，争いの火種は宗教問題だけではなく，領土をめぐるものにもなっていた。事実，宗教的にはカトリック側のフランスは，同じカトリックのハプスブルク家（オーストリアとスペイン）を弱体化させるために，当初はプロテスタントのスウェーデンに資金を提供し，スウェーデンが一時的に弱体化すると，やがては自らプロテスタント諸侯に味方して参戦するのである。

ヨーロッパ全土を巻き込んでの最初の大戦争ともいうべき三十年戦争は，1644年から翌45年にかけて，ヴェストファーレン（英語読みでウェストファリ

図 1-1　ウェストファリア講和条約時代の神聖ローマ帝国

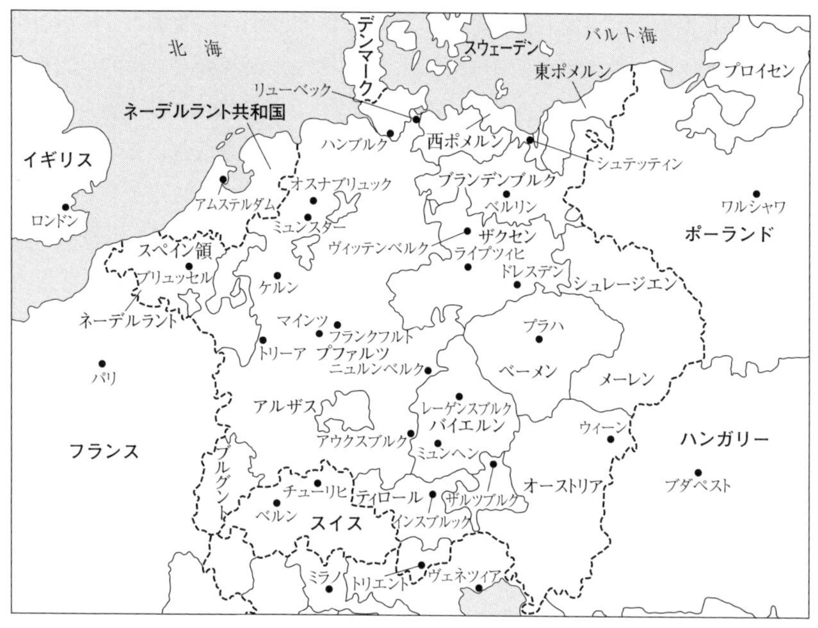

［出典］ 成瀬治・山田欣吾・木村靖二編『ドイツ史 1』（世界歴史体系）山川出版社，1997 年，495 頁をもとに著者作成。

ア）侯国の 2 つの町，オスナブリュック（スウェーデンとの交渉）とミュンスター（フランスとの交渉）でそれぞれ和平が話し合われることになった。この会議には，ヨーロッパ中から 180 名以上もの外交使節が集まり，それまで諸侯より上位に位置していたローマ教皇庁の使節でさえ，代表の一人にすぎない席次を与えられたのである。

足かけ 4 年にわたる交渉の結果，1648 年 10 月，ここにウェストファリア講和条約が締結された。条約は主に，① 領土，② 帝国の国制，③ 宗教，の 3 点にかかわる規定から成り立っていた。

領土については，このたびの戦争で神聖ローマ皇帝を苦戦させた，フランスとスウェーデンが新たに伸張し，スイスの自由とオランダの独立も正式に認められた。帝国の国制については，絶対的な権力をめざした皇帝の力が削減された。法律の制定，戦争，同盟・講和の締結などは，帝国議会の承認なくしては，皇帝も勝手に取り決められなくなった。さらに，領邦諸侯は自国の法律制定や外交交渉にあたり「主権」を獲得した。宗教については，およそ100年前のアウクスブルクの宗教平和令が再確認され，カルヴァン派も新たに信仰が認められた。中世以来の教皇権と皇帝権はここに弱体化されるにいたった。

こうして，大小350の領邦からなる神聖ローマ帝国の構成国とその周辺のフランス，スウェーデン，デンマーク，オランダ，イギリス，スペインといった国々の領土も主権も確定され，ヨーロッパ国際政治はこれら平等な各国からなる「**ウェストファリア体制**」として規定されるようになった。そして，これら対等な国同士が戦争に乗り出す際の規制を設けた「国際法」という概念も，オランダ出身の法学者にして外交官であるグロティウスによって，三十年戦争のさなかに生み出されていったのである。

「長い18世紀」と近代国家の確立

領土と主権が確定したとはいえ，ヨーロッパの各国にはいまだに中世以来の封建的な色彩が濃く残っていた。領土も主権も領主個人と結び付けられる一方で，中央や地方の官職（文武両官）は売買され，国家は有力者の食い物にされていた。このため，宗教戦争が終息した後のヨーロッパは，平和になったどころか，領主＝国家の継続に端を発する「王位継承争い」が新たな火種となって，さらなる戦争の時代に突入したのである。とくに17世紀末から19世紀初頭にかけては，野心家の権力者が次々と登場し，彼らが引き起こした戦争によって，ヨーロッパ全体が戦火に包まれていった。

それは具体的には，フランス国王ルイ14世が周辺諸国に侵攻した九年（プファルツ伯継承）戦争（1688–97年），スペイン継承戦争（1701–14年）に始まり，プロイセン国王フリードリヒ2世とオーストリアのマリア＝テレジアの衝突によるオーストリア継承戦争（1740–48年），七年戦争（1756–63年）を経て，フランス革命戦争（1792–99年），ナポレオン戦争（1800–15年）にまでいたる一世紀を超えての断続的な大戦争であった。近年では，この130年ほどの時代を戦争の世紀としての「**長い18世紀**」と呼んでいる。

この「長い18世紀」の間に，ヨーロッパ国際政治に新たな2つの要素が加わった。1つは野心家の領主を頂いた国を周辺諸国で押さえ込むことで，ヨー

重要ポイント①

西洋の衝撃？

近代的な主権国家が地球上に初めて登場したのは，16 世紀半ばから 19 世紀初頭までの 300 年にわたる動乱を経た後のヨーロッパにおいてであった。しかし，この時代の前半においては，ヨーロッパ（西洋）文明が地球規模で広がることはまだなかった。

むしろ，16 世紀半ばから 18 世紀半ばにかけて，ユーラシア大陸の大半を統御していたのはイスラーム国際体系であったといえる。それは西側からオスマン帝国，ペルシャ帝国（サファヴィー朝），そしてムガール帝国（インド）という，それぞれに大帝国を擁し，地中海（バルカン半島）から東南アジア（インドシナ半島）までを視野に入れた政治・外交・経済・文化的なつながりをもった国際体系であった。

また，17 世紀から 19 世紀初頭にかけては，ユーラシア大陸の東側には清王朝の中華帝国がやはり勢力を誇っていた。清帝国は，中国古来からの朝貢（周辺の異民族が皇帝に対して形式的に服属する）や冊封（皇帝から封禄や爵位を与えられる）を通じての華夷秩序によって，周辺諸国に対する優位を誇っていた。

これらユーラシアの帝国に比べれば，ヨーロッパは西端の「半島」にすぎない存在であった。オスマン帝国の最盛期を築いたスレイマン 1 世（大帝）は，16 世紀半ばの段階で，神聖ローマ皇帝やフランス国王に送る外交文書でも自らの優位と相手との不対等性を露骨に示していたし，清帝国の版図を最大に拡げた乾隆帝も，18 世紀末に通商関係の締結を望んで中国を訪れたイギリスの使節団をすげなく追い返していた。

この東西の力関係が大きく入れ替わるのが，「長い 18 世紀」の末に，ヨーロッパに近代的な主権国家が登場するようになってからのことであり，19 世紀前半には，これら東洋の帝国は「西洋の衝撃」を肌で感じることになるのである。

ロッパのバランスを保つという政策（勢力均衡論）が登場したことである。ルイ 14 世の野望に対しては，神聖ローマ皇帝を中核に据えたアウクスブルク同盟が，ナポレオン 1 世の台頭に対しては，イギリスの資金に支えられた対仏大同盟がそれぞれ結成され，最終的にはフランスの拡張を抑えることに役立ったのである。

これにかかわるもう 1 つの要素が，近代国家としての「**財政＝軍事国家**」の登場である。軍事技術の発展や戦争の長期化にともない，ヨーロッパ大戦争を勝ち抜いていくためには，領主たちはヒト（兵力）・モノ（兵器・軍需物資）・カネ（軍資金）を大量に素早く集めなければならなくなった。とくに軍事費は，かつてカール5世が宗教戦争を収めようとしていた16世紀ごろと比べれば，数百倍から数千倍へと上昇していたのである。

それゆえ，それだけの莫大な資金を集められるのは，神聖ローマ帝国内の小さな領邦の諸侯程度では不可能となり，この「長い18世紀」の間に，彼らは国王クラスが統治する周辺の大国へと吸収される運命にあった。また，莫大な資金を集められるであろう，有力な王国でさえ，130年の間に6回もの大戦争に遭遇したヨーロッパでのことである。恒常的に大量のカネを集めるのは至難の業（わざ）となった。

ここで他国（とくにフランス）に差をつけるのに成功を収めたのが，それまでヨーロッパ西端の弱小国にすぎなかったイギリスであった。イギリスでは，17世紀の2度の革命（1642-49年のピューリタン革命と1688-89年の名誉革命）を経て，国内政治における「議会」の力が大きくなっていた。国王が法律の制定や戦争の遂行，同盟の締結などを進めるうえで，議会からの了承は不可欠のものになっていた。それと同時に，議会を構成する地主貴族（ジェントルマン）階級こそが，国家財政の基盤となる納税者の主体であり，戦争遂行の際の兵力の中核にもなっていた。

対するフランスでは，国王の宮廷こそが政治の中心であり，最大の富裕層であるはずの教会（第一身分）も貴族（第二身分）も免税の特権に与（あずか）り，商工業階級や小農民（第三身分）に重税がのしかかっていた。しかも第三身分には事実上，政治的な発言権は一切なかった（これがのちの大革命の原因となる）。

そればかりではなかった。富裕層がいくら税金を納めても，戦争を賄うだけの莫大な資金までは調達できない。議会を中心とした機能的な租税システムに加え，国家が効率的に資金を集め，またそれを返していける，国債償還システムも整っていなければならなかった。イギリスには，それを担うべき中央銀行（イングランド銀行）が，「長い18世紀」の初期の段階である1694年には，すでに設立されていた。そしてイングランド銀行が長期国債を引き受けて，信用市場が恒常的に発展を遂げるという環境も1720年代には見られた。

これに対して，フランスに国立銀行（フランス銀行）が創設されるのは，「長い18世紀」が終わろうとする1800年のことであり，国債償還システムが整うのも，その直後であった。さしもの天才ナポレオンが経済と軍事の双方で才能を見せようにも，イギリスに遅れること一世紀では，すでに勝負がついていたのである。事実，何度も挫折しながら，最後まで対仏大同盟を維持し続けられたのは，「ピット氏（財政通のイギリス首相）の黄金」の異名をもつイギリスによるヨーロッパ諸国への豊富な軍資金が続いたからにほかならなかった。

この「長い18世紀」の戦争は，別名「第2次英仏百年戦争」とも呼ばれ，その勝者は，フランスをはじめとするヨーロッパ大陸の列強に先駆けて，いち早く財政＝軍事国家へと脱皮を遂げることに成功を収めたイギリスであった。これ以後，ヨーロッパの諸国は次々とイギリスを手本に財政＝軍事国家へと変貌を遂げ，さらには，やはりイギリスが世界に先駆けて進めていた産業革命（1760年代ごろから始まった機械制の大量生産方式）も取り入れて，「近代国家」の仲間入りを果たしていくのである。

そして19世紀初頭のこのころまでには，人種血統の同一性や宗教や言語の共通性に基づく「国民」という概念も，それぞれの国に定着するようになっていた。そして，真の意味での「主権国家」はここに，ヨーロッパに完全に姿を現し，これら近代国家が，きたる19世紀末までには帝国主義というかたちで，全世界にこの主権国家の概念を広めていくのである。

引用・参照文献

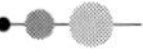

明石欽司『ウェストファリア条約――その実像と神話』慶應義塾大学出版会，2009年。

岡本隆司『中国の誕生――東アジアの近代外交と国家形成』名古屋大学出版会，2017年。

川島真・服部龍二編『東アジア国際政治史』名古屋大学出版会，2007年。

鈴木董『ナショナリズムとイスラム的共存』千倉書房，2007年。

ブリュア，ジョン／大久保桂子訳『財政＝軍事国家の衝撃――戦争・カネ・イギリス国家 1688-1783』名古屋大学出版会，2003年（原著1989年）。

マン，マイケル／森本醇・君塚直隆訳『ソーシャルパワー：社会的な〈力〉の世界歴史Ⅰ――先史からヨーロッパ文明の形成へ』NTT出版，2002年（原著1986年）。

文献案内

□ 君塚直隆『近代ヨーロッパ国際政治史』有斐閣コンパクト，2010年。

カール5世の登場から第一次世界大戦までの400年のヨーロッパの国際政治を概観した通史。

□ 高澤紀恵『主権国家体制の成立』（世界史リブレット29）山川出版社，1997年。

16世紀初頭から17世紀半ばまでのヨーロッパに，主権国家が誕生していく状況をわかりやすく解説した入門書。

□ 渡邊啓貴編『ヨーロッパ国際関係史――繁栄と凋落，そして再生〔新版〕』有斐閣アルマ，2008年。

中世から現代までのヨーロッパ外交史の全体像を追った入門書。第1章が本書 unit 1 にかかわる。

□ テシィケ，ベンノ／君塚直隆訳『近代国家体系の形成――ウェストファリアの神話』桜井書店，2008年。

ウェストファリア講和条約によってヨーロッパに近代国家体系が登場したわけではなかったことを，独自のマルクス史観から解き明かした学術書。

unit 2

ナショナリズムと帝国主義の時代
――ヨーロッパ国際政治体系の拡張

Keywords
勢力均衡，ウィーン体制，会議外交，ビスマルク体制，植民地獲得競争

ウィーン体制とナショナリズムの抑制

「長い 18 世紀」の最後の戦争であるナポレオン戦争が終結した後，この戦争にかかわったすべての国々が，オーストリア帝国の首都ウィーンに集まり，ナポレオンによって改編されたヨーロッパの国境線を引き直す作業に乗り出した。ウィーン会議（1814 年 9 月–1815 年 6 月）である。この会議を先導したのは，議長国であるオーストリアをはじめ，イギリス，プロイセン，ロシアという大国であり，これに敗戦国フランスも含めた五大国がこののち半世紀ほどのヨーロッパ国際政治を牛耳（ぎゅうじ）っていくことになる。ウィーン会議で引かれた新しい国境線も，これら強国の論理に基づいて決められた。

しかし，会議に集まった大小すべての国々に共通していたのは，二度とヨーロッパ全土を巻き込んでの大戦争を起こしてはならないという，平和の希求であった。ヨーロッパは「長い 18 世紀」の時代に見られた野心的な大国の出現を阻止するべく，大国がお互いに牽制（けんせい）し合いながら大戦争を未然に防ぐという，「**勢力均衡**（バランス・オブ・パワー）」を基本方針に据えていった。ウィーン会議はそのような協調体制を築く礎（いしずえ）となり，1870 年まで半世紀以上にわたって平和を維持する端緒となったため，この時期のヨーロッパ秩序を「**ウィーン体制**」と呼んでいる。

その勢力均衡を維持する装置として使われたのが，大国間で定期的に開かれた国際会議であった。このため，ウィーン体制の初期は「会議体制（コングレス・システム）」の時代

図2-1　1815年のヨーロッパ

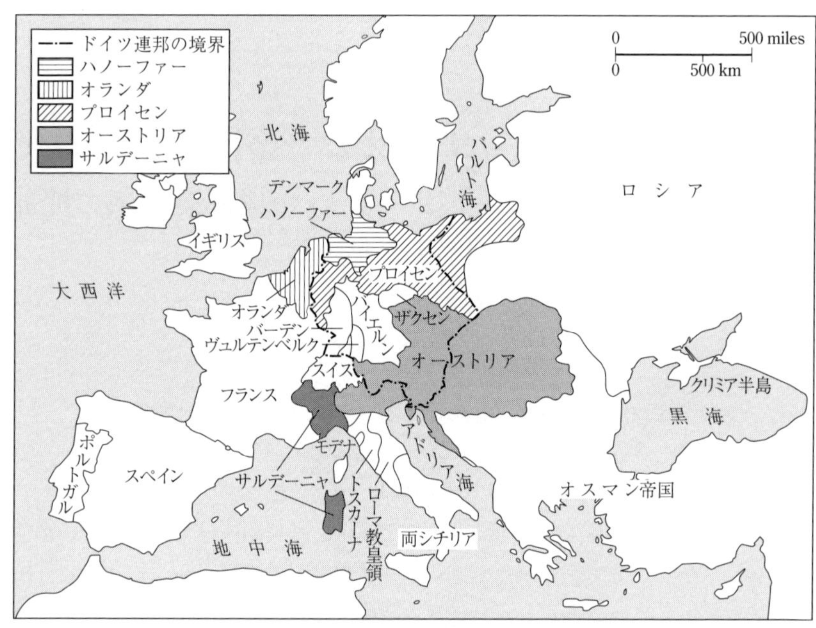

［出典］　Chamberlain, M. E., *'Pax Britanica'?: British Foreign Policy 1789–1914*, Longman, 1988, pp. 204–205をもとに著者作成。

とも呼ばれているが，そこには大国による弱小民族への締め付けも隠されていた。unit 1で見たとおり，19世紀初頭までには，ヨーロッパ各地に共通の言語・歴史・文化によってまとめられた「国民国家（ネイション・ステイト）」が登場したが，それはあくまでも強国に限られた現象であった。なかには，強国からの支配を受け続けた，別の言語や文化を有する地域も見られた。ロシア支配下のポーランドや，オーストリア支配下の北部イタリアなどが，その例である。

ウィーン（1814–15年）からヴェローナ（1822年）まで定期的に開かれた会議は，これら他民族を支配下に置く大国（ロシア・オーストリア・プロイセンの北方三列強）が，それらの地域で反乱が生じた場合に，これを軍事的に抑圧することをお互いに認め合うための装置としても機能していた。ウィーン体制による平和は，このように弱小民族が掲げる「ナショナリズム」（国民主義，民族主義と訳される）を犠牲にしたうえでの平和であった。このため，革命や反乱，蜂（ほう）

起がしばしば生じ，やがてそれは大国の手に負えない事態にまで発展していく。

ウィーン体制下のヨーロッパに激震をもたらした最大の震源地となったのはフランスであった。国内が保守反動化するたびに，フランスでは市民による革命が生じ，その自由主義的な思潮は周辺諸国の自由主義やナショナリズムの動きにも大きな影響を与えた。1830 年の七月革命は，隣国ベルギーにオランダからの独立をもたらし，ポーランドやイタリアでの蜂起にもつながった。より大きな変動をもたらしたのは，1848 年の二月革命であろう。このときは，ウィーンやベルリンなど，ドイツ各地での三月革命にまで事態は発展し，各国の保守反動的な体制は一時的に弱められた。

しかし，1848 年のヨーロッパ革命によってでさえも，ウィーン体制下に見られた弱小民族の抑圧を完全に払拭することはできなかった。ポーランドは相変わらず強大なロシア帝国の支配下に置かれ，統一したドイツもイタリアもまだ誕生できる状態にはなかった。これに風穴を開けたのが，1850 年代から生じた一連の大変動であった。

国際政治の転換期——1850-60 年代の世界的変動

その大変動の舞台はバルカン半島であった。16 世紀以来，ヨーロッパを脅かしてきたオスマン帝国は，今や「瀕死の病人」と呼ばれるまでに弱体化し，北のロシアと西のオーストリアがオスマン支配下のバルカン半島とその周辺で縄張り争いを繰り広げた。ここにもゲルマン系とスラブ系という民族の問題がからんでいた。1853 年秋，ロシアとオスマンとの間に生じた戦争は，翌 54 年 3 月までにはイギリスとフランスがオスマンに味方して参戦するという状況にまで進展した。クリミア戦争である。56 年春まで続いた，ウィーン体制下で初めての大国同士の戦争は，両者痛み分けのかたちで終結し，地中海に進出しようとしたロシアの野望は阻止された。しかし，この戦争はそれまで「ヨーロッパ協調」と呼ばれてきた，大国間の勢力均衡に，大きな変化をもたらしたのである。

まずは，弱小民族の抑圧で一致団結していたロシア・オーストリア・プロイセンの北方三列強の鉄の絆にひびが生じた。クリミア戦争の際に，オーストリアはロシアに敵対的な態度をとり，プロイセンは見て見ぬふりを決め込んだか

重要ポイント②

「会議は踊る」?——国際会議外交の始まり

ナポレオン戦争後の9カ月間にわたり，オーストリア外相メッテルニヒを議長に話し合われたウィーン会議は，「会議は踊る，されど進まず」などと揶揄(やゆ)されたものの，現実には夜ごとの舞踏会・晩餐会の陰で，列強間の粘り強い駆け引きが展開されていた。ウィーン会議に始まる国際会議外交は，本文でも記したとおり，北方三列強が自らの縄張りで生じる民族主義的な反乱を，諸列強の合意の下で鎮圧する装置として機能していた。

これが大きく変わるのが，1830年のベルギー独立戦争を調停したロンドン会議である。パーマストン外相を議長にイギリスが中心となって進めた会議では，小国の見解も徴(ちょう)され，何よりも当事国周辺の土地を大国で分割するという，それまでの「常識」を覆す，イギリス流の自由主義に基づいた会議であった。この姿勢は，パーマストンの下で1850年代まで基本的に続いたが，それは主催国イギリスがヨーロッパ大陸にはいっさい領土的な野心をもたなかったからこそ実現していた。

ところが，帝国主義の時代に突入するや，世界を舞台に列強と縄張り争いを展開していたイギリスも，領土の分割に乗り出すようになった。ベルリン会議（1878年）では，イギリスはオスマン領キプロスを割譲させている。さらに，第一次世界大戦になると，イギリスを含めたすべての国が総力戦（→unit 3）を展開するようになり，英仏米など連合国とドイツとの講和が話し合われたヴェルサイユ会議（1919年）では，莫大な賠償金と領土（植民地も含む）の分割が科せられた。しかも，敗戦国ドイツの代表は会議に出席すらさせてもらえなかった。100年前のウィーン会議では，敗戦国フランスの外相タレーランが会議に出席し，フランスの被害を最小限に食い止められたのとは隔世の感があるといえよう。時代とともに「**会議外交**」にも変化が生じたのである。

らである。これは，バルカン半島をめぐるロシアとオーストリアの確執と，ドイツ統一を進める際のプロイセンとオーストリアとの主導権争いとをそれぞれ深める要因となった。

さらに，クリミア戦争の講和を議長国としてとりまとめた，皇帝ナポレオン3世治下のフランス（第二帝政）が，ウィーン体制の倒壊をめざして野心をもたげ始めていった。彼は，当時ドイツと並んで統一問題が深刻化しつつあったイタリアでの戦争にも積極的に関与した。

このようななかで，ウィーン体制下のもう1つの大国，イギリスは何をしていたのか。ヨーロッパに変動が生じた際にイギリスは可能なかぎりかかわり，当時は「パクス・ブリタニカ（イギリスによる平和）」の時代とも呼ばれた。しかし，クリミア戦争以後に生じた大国間の亀裂のなかで，イギリスにはなす術がなかった。イギリスがより積極的にかかわらなくてはならなかったのは，ヨーロッパの外側の世界で生じた一連の戦争だったのである。

イギリスは，すでに「長い18世紀」の時代から，他の列強に先駆けてヨーロッパ以外の地に植民地を拡げていた。カナダやオーストラリアといった白人移住植民地はもとより，中国やインドにもその勢力は及んだ。清王朝下の中国は，イギリスを含めたヨーロッパ諸国と対等な交易関係を結ぶことを拒否していたが，1840年に勃発したイギリスとのアヘン戦争（-1842年）を契機に，広州や上海を開港し，香港まで割譲させられた。さらに，アロー号戦争（第二次アヘン戦争：1856-60年）でも勝利を収めたイギリスをはじめとするヨーロッパ列強は，北京に公使を常駐させることにも成功し，19世紀末から本格化する中国の事実上の分割へと乗り出していく。

アロー号戦争と同時期，イギリスはインド大反乱（1857-59年）にも遭遇した。それまでの1世紀，インドはイギリス東インド会社による間接統治の下に置かれてきたが，シパーヒー（東インド会社軍のインド人傭兵）の蜂起に端を発するこの大反乱を鎮圧した後，イギリスはインドの直轄支配に踏み切った。

その間にヨーロッパ大陸では，ウィーン体制下の平和を瓦解させるような事件が次々と起こっていった。イタリア統一戦争（1859-61年），ポーランド反乱（1863年），デンマーク戦争（1864年）で，それまで協調し合ってきた大国の足並みは乱れた。とくにライン川左岸へと勢力を拡げようとするナポレオン3世のフランスと，プロイセン主導型のドイツ統一をめざすビスマルク首相のプロイセンとの確執は深まった。

オーストリアとの普墺戦争（1866年）に勝利を収めたプロイセンは，ついに普仏（独仏）戦争（1870-71年）でフランスと正面衝突するにいたった。結果は，プロイセンの圧勝であり，ナポレオン3世は失脚し，1871年1月18日，ここにプロイセン占領下のパリ郊外ヴェルサイユ宮殿「鏡の間」において，ドイツ帝国が成立した。帝国宰相にはビスマルクが収まった。

ヨーロッパでウィーン体制が倒壊しつつあったころ，大西洋を隔てたアメリカは奴隷制と連邦の維持をめぐる南北戦争（1861–65年）のさなかであり，イギリスなどヨーロッパの大国から干渉を受ける可能性もあったが，それを回避して北部勝利の下に終結した。

そのアメリカのペリー提督率いる艦隊の来航（1853–54年）を引き金に，日本も欧米諸国と通商関係をもつようになっていた。しかし日本は，アメリカが南北戦争に足をすくわれ，最大の海軍国イギリスが中国やインドの問題に目を奪われ，ヨーロッパ列強がお互いに反目し合っているうちに，明治維新を実現し，アジアでも近代化（西欧化）にいち早く着手して，欧米列強による植民地化を免れることができたのである。

こうして文字通り「グローバル（地球規模）化」した近代西欧文明とその影響下に組み込まれた世界は，19世紀後半から新たな局面を迎えることになるのである。

ビスマルク体制と帝国主義の拡大

1870年にウィーン体制が完全に崩壊した後のヨーロッパ国際政治は，新生ドイツ帝国の宰相ビスマルクの巧みな外交戦術によって一定の平和が保たれていくという新たな時代に突入した。これを「**ビスマルク体制**」という。

この体制は，バルカン半島をめぐるロシアとオーストリアの確執，ユーラシア大陸全体をめぐるイギリスとロシアの衝突を，ビスマルクが取り結んだ同盟・盟約・密約によって緩和することで成り立っていた。このためドイツは，オーストリアとの二国同盟（1872年），ロシアも含めた三帝協定（1873年）を早々に取り結び，普仏戦争でドイツに恨みをもつフランスをヨーロッパ国際政治で巧みに孤立させて，新生のイタリア王国や，いずれの国とも同盟関係を結ばないイギリスとも頻繁に連絡を取り合って，ヨーロッパに平和を構築していった。

たとえば，1878年にオスマンとの戦争に勝利したロシアが，バルカン半島に勢力を拡げ，地中海への進出を確実にすると，イギリスとオーストリアがこれに敏感に反応し，一触即発の状態となった。そこでビスマルクが，ドイツの首都ベルリンを舞台とする国際会議の招集を提案し，彼を議長として列強間の調整が図られた。このものちも，アフリカ中央部での諸列強の縄張りを確定させる国際会議が，やはりベルリンで開催され，ビスマルク時代のベルリンはさながらヨーロッパ国際政治の中心地となっていた。

しかし，世界最大の海軍国イギリスを脅かせる海軍力をもとうと「不凍港」を手に入れたいロシアと，地中海からインド洋へと抜ける「帝国の道（エンパイア・ルート）」を維持したいイギリスとの対立は，その後も続いた。さらに，ベルリン会議での話し合いで成立したブルガリアとその周辺をめぐる，ロシアとオーストリアとの確執も絶えることはなかった。

それと同時期にヨーロッパ列強は，イギリスに追い付き追い越せとばかりに，世界各地に植民地を拡大していった。なかでもイギリスにとって脅威となったのがフランスである。ビスマルクの巧妙な策略により，ヨーロッパ国際政治で孤立させられていたフランスは，ヨーロッパ外にその勢力を拡張したのである。アフリカ大陸では，縦断政策（カイロからケープタウンまで）をとるイギリスと，サハラ砂漠の横断政策をとるフランスとの間で衝突が絶えなかった。また東南アジアでも，仏領インドシナ（現在のヴェトナム，カンボジア，ラオス）は，唯一独立を維持していたタイを緩衝地帯に，イギリス植民地（現在のミャンマー，マレーシア，シンガポールなど）と頻繁に縄張り争いを演じていた。

さらに，1880年代までには，ロシアはシベリア鉄道の開発で東アジアにまで大量に兵を動員できるようになり，南に位置するイギリス帝国とつねに対峙していた。またドイツも，アフリカや太平洋に植民地を獲得していったばかりでなく，南北戦争後に世界最大の工業大国にのしあがりつつあったアメリカ，そして近代化を成し遂げた日本までもが，その勢力を近隣諸国に拡げる構えを見せていた。

19世紀末のイギリスは，ヨーロッパ国際政治でいずれの大国とも同盟関係を結ばず，それは大英帝国の強大さゆえに結ぶ必要がないと豪語していたため，「光栄ある孤立」と形容されることがあった。しかし現実には，その大英帝国でさえも，グローバルな規模でヨーロッパの大国やアメリカ・日本などと対峙しなければならなくなっていたのである。

民族と帝国――世界大戦への道

ビスマルク体制下のヨーロッパに突然の変化が訪れたのが，1890年3月のことである。その2年前にドイツ皇帝に即位していた若きヴィルヘルム2世が，

図 2-2 列強による世界分割（1914 年）

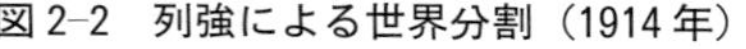

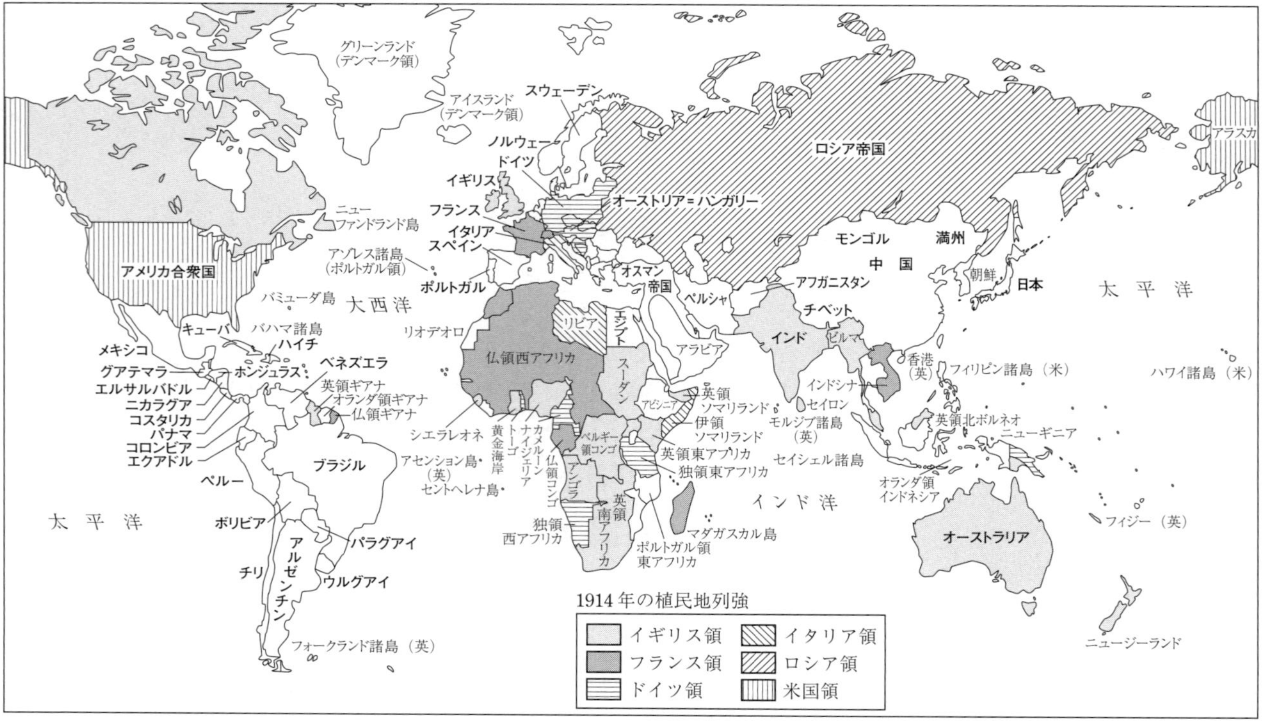

［出典］ホブズボーム，E. J.／野口建彦・長尾史郎・野口照子訳『帝国の時代』第 2 巻，みすず書房，1998 年，地図 5 をもとに著者作成。

老宰相と衝突し，ビスマルクは辞任に追い込まれてしまった。しかも，ヴィルヘルム2世は，ビスマルクが築き上げてきた諸列強との複雑な盟約関係を一部解消してしまったため，ヨーロッパ国際政治は新たな段階に入ったのである。

まずは，それまでヨーロッパ国際政治のなかで孤立させられてきた，フランスが動いた。ビスマルク失脚の翌年からフランスはロシアに接近し，1894年までには露仏同盟が結成された。東西から挟まれる格好となったドイツは，ビスマルク時代の1882年に結ばれた，オーストリア・イタリアとの三国同盟をさらに強化し，ついにヨーロッパは2つのブロックに分断されてしまった。

ビスマルクはもとより，ウィーン体制時代以来のヨーロッパの政治家たちが一様に恐れていたのが，まさにこのブロック化だった。これで，火の手が1つでも上がれば，瞬く間にヨーロッパ全体が戦火に包まれるという，あの「長い18世紀」の時代の悪夢が現実化してしまうのである。

そのようななかでも，「光栄ある孤立」を堅持するイギリスだけは，いずれのブロックにも与（くみ）しなかった。とはいえ，世界規模で列強と**植民地獲得競争**を演じていたイギリスは，次第に孤立からの脱却を模索するようになった。手始めは，本国から最も遠い極東の安全保障にかかわる，日本との同盟（1902年）である。

さらに，アフリカと東南アジアをめぐるフランスとの協商（1904年）も締結され，ユーラシア大陸を舞台としたロシアとの衝突にも終止符が打たれることとなった（英露協商：1907年）。もちろん，フランス・ロシアとの取り決めは，ヨーロッパ国際政治にかかわる同盟などではなく，あくまでも植民地での縄張りの確定であった。しかし，日露戦争（1904–05年）でバルチック艦隊を失ったロシアに代わり，いまやイギリス海軍にとって最大の脅威となっていたのがドイツだったのである。

野心家の皇帝ヴィルヘルム2世は，1906年から英独建艦競争に本格的に乗り出し，イギリスを凌駕（りょうが）する巨大な戦艦を手に入れようと試みた。1912年までにはイギリス側がこの競争に勝利を収めるが，両国は無意識のうちに，軍拡競争を演じていたわけである。

そのころまでに，ロシアの野望の矛先は，極東からバルカン半島へと移っていた。折しも，イタリアとオスマンの戦争に端を発する第1次バルカン戦争

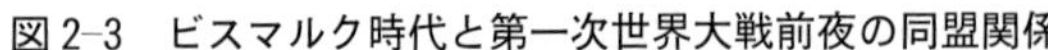
図 2-3　ビスマルク時代と第一次世界大戦前夜の同盟関係

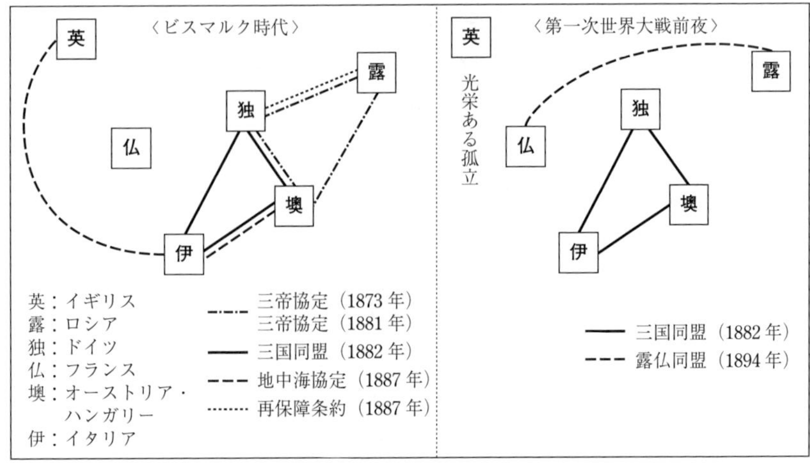

［出典］　木村靖二編『ドイツの歴史――新ヨーロッパ中心国の軌跡』有斐閣アルマ，2000年，173–174頁をもとに著者作成。

(1912–13年）が勃発し，ロシアとオーストリアがそれぞれこれに関与しようとしていた。1913年5月には，ロンドンを舞台に講和条約が結ばれたものの，すぐにブルガリアと周辺諸国との戦争が始まった（第2次バルカン戦争)。バルカン半島には相変わらず，ロシアを中心とするスラヴ系民族とオーストリアを中心とするゲルマン系民族との確執が絶えず，それは翌年の大事件により最終局面へと向かったのである。

1914年6月28日，ボスニアの首都サライェヴォでオーストリアの帝位継承者フランツ・フェルディナント大公夫妻が暗殺された。首謀者はセルビア系の民族主義者の青年であった。この事件はすぐにオーストリアとセルビアとの対立につながったが，オーストリアにはドイツが，セルビアにはロシアがバックについていたため，両国の態度は強硬だった。

2つの同盟にブロック化されたヨーロッパには，もはや中立的な立場から紛争を仲裁できる存在はいなかった。ビスマルク失脚後のドイツはもちろんのこと，100年前にウィーン会議を取り仕切ったオーストリアも，クリミア戦争を終結させたフランスも，さらにはいずれの同盟にも属さないイギリスにも，単独で調停に乗り出すことは不可能だった。

サライェヴォ事件の1カ月後，7月28日についにオーストリアはセルビアに宣戦布告したが，それは両国に与する，ドイツ，ロシア，フランスといった周辺諸国までをも瞬く間に巻き込み，イギリスもドイツがベルギーの中立を侵犯するや，ロシア・フランス側について参戦することとなった。

こうして，ヨーロッパに一世紀続いた平和の時代は終わり，ヨーロッパ，さらに世界全体が，帝国と民族という問題を要因に，ここに新たな戦争の世紀を経験することになるのである。

引用・参照文献

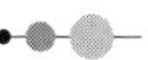

飯田洋介『ビスマルク——ドイツ帝国を築いた政治外交術』中公新書，2015年。

君塚直隆『パクス・ブリタニカのイギリス外交——パーマストンと会議外交の時代』有斐閣，2006年。

君塚直隆『近代ヨーロッパ国際政治史』有斐閣コンパクト，2010年。

文献案内

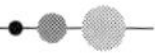

□ **高坂正堯『古典外交の成熟と崩壊』Ⅰ・Ⅱ，中公クラシックス，2012年。**

ウィーン体制に始まり，第一次世界大戦へと突入するまでのヨーロッパ国際政治を鋭く分析した必読の書。

□ **佐々木雄太・木畑洋一編『イギリス外交史』有斐閣アルマ，2005年。**

18世紀から21世紀までのイギリス外交を追った入門書。第1章と第2章が本書 unit 2 にかかわる。

□ **田所昌幸編『ロイヤル・ネイヴィーとパクス・ブリタニカ』有斐閣，2006年。**

「パクス・ブリタニカ」の時代とも呼ばれた19世紀の国際状況を，政治・経済・社会・軍事的な側面からイギリス海軍をキーワードに解き明かしたもの。

□ **細谷雄一『国際秩序——18世紀ヨーロッパから21世紀アジアへ』中公新書，2012年。**

18世紀のヨーロッパから21世紀の東アジアまで，国際秩序のあり方を解明した入門書。

unit 3

第一次世界大戦
――ヨーロッパ国際政治体系の崩壊

Keywords
総力戦，ヴェルサイユ体制，社会主義革命，世界恐慌，ファシズム，ナチズム

総力戦の始まり

1914年夏にオーストリアとセルビアの間で勃発(ぼっぱつ)した戦争は，瞬く間にヨーロッパの五大国すべてを巻き込む大戦へと発展した。それは，ナポレオン戦争（1815年終結）以来，実に一世紀ぶりの大戦争であった。戦場に赴く将校も兵士たちも，「今年のクリスマスまでには戦争も終わるだろう」という楽観的な気持ちで出征していった。大戦争の記憶をもたない人々は，普墺(ふおう)戦争や普仏(ふふつ)戦争のように，決定的な戦闘の後に列強はすぐに講和を結ぶものと判断していた。

ところが時代は変わっていたのである。近代兵器の殺傷能力は，ナポレオン戦争のときとは比べものにならないほど高度になっていた。ナポレオン時代にはなかった機関銃，有刺鉄線，毒ガス，戦車，装甲艦（鋼鉄で覆われた軍艦），潜水艦，さらには飛行機まで発明されていた。フランスとドイツの国境線（西部戦線）で相対(あい)した両軍は，わずか1メートルの陣地を拡げるのにも数週間を要した。戦争は長期化し，泥沼化した。こののち，兵士たちは4度のクリスマスを塹壕(ざんごう)のなかで過ごさなければならなくなった。ヴェルダンとソンムの戦い（1916年2–11月）だけで，死傷者は220万人に及んだ。

20世紀の戦争は，もはやプロの軍人と義勇兵が1つの戦場でぶつかり合い，中世以来の騎士道精神に基づいて華々しい戦果を競った「長い18世紀」の時代のものとは別物になっていた。各国は徴兵制を布(し)き，青年男子はすべて戦場

に送り出された。女性たちは，自国の工場などで勤労動員に駆り出された。それまで戦争に直接的には無縁であったはずの，老若男女すべての国民が戦争にかかわることになった。戦争に勝つためには，国家は今や人的・物的資源をすべて動員せざるをえなくなっていた。それが，ヨーロッパで「**総力戦**」（国家総動員態勢ともいう）が本格的に始まった瞬間であった。

戦争に駆り出されたのは，ヨーロッパの諸国民だけではなかった。バルカン半島におけるナショナリズムを原因として生じた戦争は，帝国主義世界体制の下で世界大戦へと拡大していたのである。とりわけ，地球規模で植民地を維持していたイギリスは，白人移住植民地のカナダ，オーストラリア，ニュージーランドはもとより，インドなど非白人系の帝国からも積極的な支援を受けた。ヨーロッパ列強の戦いは「帝国の総力戦」へと姿を変えた。さらに，イギリスの同盟国である日本も参戦し，極東も戦場の一部となった。そして，オスマン帝国がドイツ側に立って参戦したことで，中東地域でも戦端が開かれた。

主戦場であるヨーロッパでは，東部戦線での相次ぐ敗北と長年の圧政に不満が溜まっていた国民による革命で，ロシアが事実上，戦争から離脱してしまった（1917年3月）。しかし，その翌月には，大西洋でのドイツによる無制限潜水艦作戦に業（ごう）を煮やしたアメリカ合衆国が英仏側について参戦した。これまでの3年ほどで，ヨーロッパ諸国に資金や物資を供給し，世界最大の経済大国にのしあがっていたアメリカの参戦で，英仏側が優位に立った。

「帝国の総力戦」でまず，つまずきを見せたのが，オーストリアであった。帝国内にハンガリー，チェコ，スロヴァキアなど異民族を多数抱えていたオーストリアは，総力戦の名の下にこの民族間の対立を一時的に抑えていたが，戦争の長期化とロシア革命（1917年）の影響とで，1918年初頭までには帝国分裂の危機に直面した。さらに，ドイツ帝国内にも革命の影響が及ぶようになった。1918年11月11日，ドイツは休戦協定（条約）に調印し，ここに「第一次世界大戦」と呼ばれることになった大戦争は，英仏米側の勝利で幕を閉じた。死傷者の総数は1000万人を超え，動員された総数は6500万人を数えた。まさに人類史上初めての地球規模での世界大戦であった。また，大戦末期から戦後にかけて，「スペイン風邪」と呼ばれるインフルエンザが世界的に流行し，世界の人口の3分の1近くが感染して，1000万人以上が命を落とした。

「危機の 20 年」――ヴェルサイユ体制の光と影

1919 年 1 月 18 日にドイツとの講和と戦後処理問題を討議する会議が，パリ郊外のヴェルサイユ宮殿「鏡の間」で始まった。48 年前の同じ日，同じ場所で成立したドイツ帝国は，この 5 カ月後に完全に姿を消す運命となった。ドイツを待ち受けていたのは，過酷な賠償金（1320 億金マルク）と植民地を含めた領土の分割であった。海外の植民地はすべて取り上げられ，ヨーロッパでも 1 割以上の領土が割譲（かつじょう）された。オーストリア帝国など，領土は主要な民族ごとに分割され，面積も人口も戦前の 4 分の 1 となった（サン＝ジェルマン条約：1919 年 9 月調印）。中世以来の権勢を誇ってきた，ハプスブルク王朝もホーエンツォレルン王朝（プロイセン＝ドイツ）もここに消滅し，彼らに与（くみ）したオスマン帝国も同じく崩壊してしまった。

ドイツに対するヴェルサイユ条約を中心に，敗戦国に対してパリ近郊で規定された一連の講和条約によって成立した，第一次大戦後の国際秩序を「**ヴェルサイユ体制**」と呼んでいる。それは，民族自決（みんぞくじけつ）の精神と集団安全保障体制の構築を基軸に据えた体制であった。

「民族自決」とは，戦争終結の 10 カ月ほど前，1918 年 1 月にウィルソン大統領がアメリカで公表した「14 カ条」の戦後構想のなかで示された項目の 1 つである。ウィルソンも出席したパリ講和会議において，その民族自決の精神は貫かれ，ポーランドやチェコスロヴァキアなど東ヨーロッパに次々と独立国が登場した。また，オスマン帝国の支配下にあった中東でもイラクやヨルダンの独立へとつながった。しかし，この原則が適用されたのは，あくまでも敗戦国の領土に対してのみであった。英仏米や日本などがアジア・アフリカに有する植民地に対しては，民族自決は認められなかった。また，敗戦国の植民地は，勝利した大国が委任統治（いにんとうち）のかたちで，しばらくは保護下に置くこととなった。

4 年にわたる総力戦を続けてきた結果，敗戦国だけではなく，勝利を収めたイギリスやフランスも人的・物的に疲弊（ひへい）していた。それが，「民族自決」と「委任統治」の名の下に，敗戦国の本土と植民地とを山分けするという貪欲な政策へと彼らを駆り立てる要因となっていた。

それと同時に，4 年にわたる総力戦を経験した各国は，二度とこのような大戦争を引き起こさないためにも，中小国をも含めたすべての国による集団安全

図 3-1　第一次世界大戦後のヨーロッパ

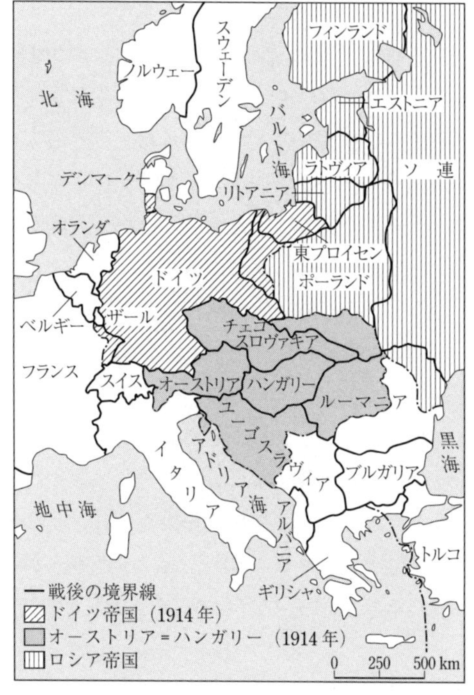

［出典］ Richards, Denis, *An Illustrated History of Modern Europe 1789–1984*, 7th edition, Longman, 1985, p. 282 をもとに著者作成。

保障体制を構築していく必要性も認めていた。これもまた，ウィルソンの「14 カ条」のなかに含められていたが，ヴェルサイユでの講和会議で現実化し，「国際連盟」として 1920 年 1 月にスイスのジュネーヴを本部に立ち上げられることになった。加盟国は 42 カ国で英仏伊日を常任理事国に，現実には大国間の協調体制を維持しつつ，中小国の意見も徴（ちょう）しながら国際紛争を解決する機関が，ここに設立されたのである。

ところが，設立の提唱者であったウィルソンのアメリカは，これに加盟しなかった。元来がヨーロッパの紛争には可能なかぎりかかわらないとする外交方針（提唱した第 5 代大統領の名からモンロー主義という）を堅持してきたアメリカにとって，第一次大戦への参戦はやむをえない異常な事態であった。それゆえ，戦後のアメリカは再び自身の大陸に引き籠もり，ヨーロッパの安全保障や経済復興にはあまり力を貸さなくなってしまった。

さらに，大戦中の革命により政権を確立し，1922年に結成された新生のソヴィエト社会主義共和国連邦（ソ連）も，社会主義を嫌う列強からの反発を受けて，当初は国際連盟への参加を許されなかった。世界最大の領土をもつ国家（ソ連）と世界最大の経済・軍事大国（アメリカ）からの協力を欠いた新しい国際機関は，中小国の紛争に際しては効力を示したが，大国がかかわる問題には充分な力を発揮することができない運命にあった。

それでも，世界大戦という苦い経験を共有した各国は，海軍力の縮小を基軸に東アジアでの安全保障を規定したワシントン会議（1921–22年）や，ヨーロッパでの安全保障を規定したロカルノ会議（1925年）などによって，「ヴェルサイユ体制」の維持に腐心した。しかし，そのような安全保障は，経済にゆとりのできた時代にはある程度は適合できたが，不況期に入り，経済的に弱い国や国民からの不満が高まると，たちまち基盤を緩めてしまう不安定なものであった。大戦後の平和の時代は，イギリスの国際政治学者カーが指摘したように，「危機の20年（1919–39年）」にすぎないものであった。

大衆民主政治と社会主義の時代

史上最初の本格的な「総力戦」としての第一次世界大戦は，その勝敗に関係なく，各国の政治に大きな影響を与えた。それまでは納税額などで決められることの多かった有権者としての資格が，大幅に緩和されるようになったのである。徴兵制は，すべての青年男子に選挙権を与える代償となった。さらに勤労動員は，選挙権を女性たちにまで拡げる要因となった。こうして1920年代末までには，欧米各国で男女普通選挙権が次々と実現した。各国の政治は，それまでのような地主貴族や中産階級（ブルジョワ）によって支配されていた状況から，大衆民主政治へと様変わりしていったのである。

さらに，「帝国の総力戦」としての第一次大戦は，欧米各国の国内政治の変動にとどまらず，帝国各地にも影響を及ぼした。イギリス帝国では，すでに自治領となっていたような白人移住植民地がさらに発言権を増していた。そして，「民族自決」の恩恵に与（あずか）れなかったアジアの国々では，自治権さらには独立ま

図 3-2　第一次世界大戦後の東アラブの分割

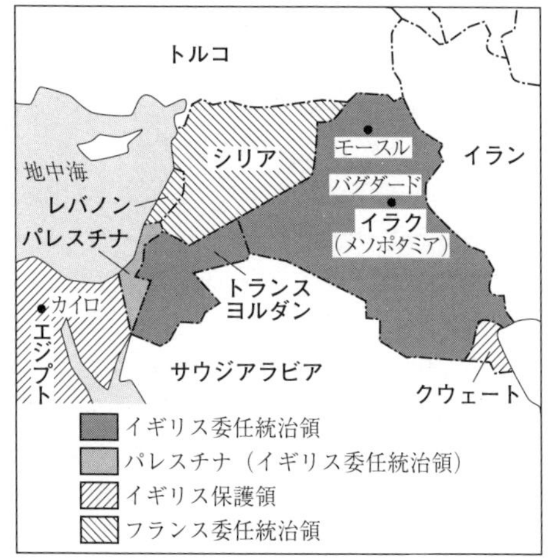

［出典］ 臼杵陽『中東和平への道』（世界史リブレット 52）山川出版社，1999 年，19 頁をもとに著者作成。

でをも視野に入れた運動が現れた。ガンディーが指導するインドでの独立運動などがその好例であろう。また，大戦中にイギリスが，列強・アラブ諸部族・ユダヤ人たちとなりふり構わず交わした密約が仇(あだ)となり，イギリスの委任統治領となった中東のパレスチナにユダヤ人も多数入り込む事態に発展し，それは 21 世紀の今日まで続く紛争の最大の要因となっていく。

このように，欧米各国で下層階級の政治参加が進み，「民族自決」を基本とする考え方が広まった背景には，大戦中に生じたロシア革命の衝撃もあった。1917 年 3 月，苦戦の続くロシア国内に，ロマノフ王朝と貴族政治の打倒を目的とした革命が勃発した。その後，革命勢力同士の衝突が見られたものの，17 年 11 月までには，勤労大衆(プロレタリアート)の独裁による共産主義国家の実現をめざすレーニン率いる多数派(ボリシェヴィキ)が勝利を収め，史上初の社会主義国としてのソ連が誕生した。その後，ソ連政府は戦闘の続くドイツとの講和などで危機的な状況にもたびたび直面したが，**社会主義革命**の精神は急激にヨーロッパに拡がった。

これはいまだ貴族や中産階級が政治の中枢を握っていたイギリスやフランス，アメリカや日本にも脅威に映った。1918 年にはこれら列強によるソ連干渉戦

重要ポイント③

ウィルソンとレーニンの亡霊——イデオロギー外交の始まり

1918年1月にアメリカのウィルソン大統領が公表した「14カ条」の戦後構想には，民族自決や集団安全保障体制の構築とともに，「秘密外交の廃止」という条項も含まれていた。メッテルニヒやビスマルクに代表されるように，19世紀までのヨーロッパ国際政治は，貴族出身の政治家や外交官による2国間の秘密外交が主流を占めており，それが世界大戦の原因にもなったとウィルソンは考えた。彼は多国間での公開の外交で集団的に安全保障を行っていくべきであると提唱し，「新外交」の到来を宣言した（→unit **16**）。

しかし，ウィルソンの方針は，その2カ月前の1917年11月にソヴィエト政権の首班となっていたレーニンが「平和に関する布告」のなかですでに提言していた「政府は秘密外交を廃止し，自らすべての交渉を全人民の前で完全に公然と行う」という文言とも呼応するものであった。レーニンは「無賠償・無併合」を講和の条件にすべきであると述べ，ウィルソンも同様の信念に基づいてパリ講和会議に出席したが，大戦で人的・物的に疲弊した英仏などヨーロッパの代表は聞く耳をもたなかった。

ウィルソンは民主主義を世界に拡げることをアメリカの使命と感じ（19世紀半ば以来にアメリカに現れた「明白なる天命（マニフェスト・デスティニー）」の理念とも合致する），レーニンは社会主義を万国に拡げることを目的とした。第二次世界大戦後の米ソ冷戦（外交のイデオロギー化）の予兆は，すでに第一次世界大戦末期に感じられていたのである。

イデオロギー的には相容れなかった2人ではあるが，19世紀以来の秘密外交に基づくヨーロッパ国際政治体系を否定し，それを葬り去ろうとした点では一致していた。2人は奇しくも同じ1924年の1月（レーニン）と2月（ウィルソン）に相次いで急死した。彼らが亡くなってからおよそ20年後に米ソ冷戦は始まるのである。

争（日本ではシベリア出兵という）まで生じたが，失敗に終わった。さらに，大戦末期には，オーストリアやドイツなどにも社会主義革命の余波は及び，各国で休戦の一因を作った。

大戦後には，ドイツでも社会主義政党が活況を呈していった。1924年にはイギリスに初めて労働党政権が誕生した。しかし，同じく24年にソ連でレーニンが亡くなると，壮絶な権力闘争の末に，共産党中央委員会の書記長であったスターリンが実権を握り，こののち30年近くにわたって続く恐怖の独裁体制を確立していく。建前上はすべての人民が平等であることを掲げる共産主義国家の実現は，数多くの粛清をともなう共産党一党独裁体制の下で行われることになったのである。

世界恐慌と全体主義の台頭

第一次世界大戦が終結した時点で，アメリカはすでに世界最大の経済大国となっていた。それまではヨーロッパ諸国からの債務（1914年で35億ドル）に悩んでいたアメリカは，今度は最大の債権国（1919年で130億ドル）になりおおせていた。しかも，ヨーロッパ大戦への参加という異常な事態からの「平常への回帰（バック・トゥー・ノーマルシー）」をスローガンに1920年の大統領選挙で勝利を収めた共和党政権は，大戦で疲弊した各国への輸出等でさらなる富を獲得することを奨励した。1920年代は，まさにアメリカ経済の黄金時代となった。1929年の時点で，アメリカは世界の工業生産の42%を占め，この数字はソ連を含めた全ヨーロッパの総体よりも大きかった。さらに海外投資総額も最大となった。

このような未曾有の好景気を背景に，アメリカ文化も世界を席巻（せっけん）した。同時代から登場したジャズやハリウッド映画は，世界の文化を牽引する役割を担った。しかし，現実にはすでにアメリカ経済は1920年代半ばまでには減退していた。繁栄を謳歌したのは，富裕者優遇税制等で財産を守られた，一部の上流階級にすぎなかった。農村部ではすでに1920年代から過剰生産により破産者が続出していたのである。また，ヨーロッパ経済が復興するなかで，アメリカ工業も明らかに生産過剰であった。狂乱景気はバブルにつながった。

1929年10月24日（暗黒の木曜日）に突然バブルがはじけた。今や世界経済の中心地となっていたニューヨークのウォール街で主要銘柄の株価が大暴落したのである。株価はその後も下げ止まらず，1932年までには平均株価で最盛期の8分の1にまで落ち込んだ。10万件に近い企業が倒産し，1933年時点で失業者は25%（1283万人）に及んだ。

このような事態に，いまだ経済の自由放任主義を信奉していた当時の共和党政権にはなす術（すべ）がなかった。1932年の大統領選挙を制して登場した民主党のF. D. ローズヴェルト政権による「ニューディール政策」で，アメリカ全土の銀行や企業が，政府の公的資金の投入・価格統制・公共事業の拡大などによって救われた。また，失業保険や国民健康保険制度といった新たな社会保障制度が確立される一方，政府が市民生活の細部まで統制・介入するという現代社会に特有な問題まで生み出すことにつながった。

それでも，ローズヴェルト政権の下で，アメリカ経済の体力はある程度回復したが，第一次世界大戦の疲弊から立ち直ったばかりのヨーロッパ諸国では事態はより深刻となった。イギリスやフランスには単独での景気回復は難しかった。そこで両国は「帝国」に頼ることにした。帝国内特恵関税制度が設けられ，かつての本国と植民地はお互いに助け合いながら経済の回復に邁進した。もちろん，これ以外の諸外国には高い関税障壁が設けられた。同じく大戦に勝利を収めたとはいえ，敗者からの「取り分」が少なく抑えられたイタリアと日本には，英仏のような広大な帝国はなかった。その不満のはけ口は，新たなる植民地の獲得へと向けられていくことになった。

より深刻だったのはドイツである。ヴェルサイユ条約で領土は狭くなり，海外の植民地まで取り上げられたドイツは，アメリカからの資本や援助で戦後復興に乗り出していた。それが不況のおかげでアメリカから資金が回ってこなくなった。英仏への賠償金も滞り，国民の生活は窮乏した。マルクの価値は激減し，その日の糧(かて)を得るために，国民は莫大な札束を手に行列に並ぶ有様であった。ヴァイマール共和国下のドイツでは，諸政党が政争を繰り返すだけで，景気回復に効果的な政策はほとんど講じられなかった。

このようななかから登場したのが，ヒトラー率いる国民社会主義ドイツ労働者党（ナチス）だった。彼らは既存の政党や労働組合，マルクス主義とユダヤ人を徹底的に非難し，共産党の躍進に恐れをなした支配階級からの支持をもバックに，1932年の総選挙で第一党に躍り出たのである。首相（1933年から），次いで総統（1934年から大統領兼務で）に就いたヒトラーは，景気の上昇と公共事業の拡大により，国民生活を向上させて圧倒的な支持を集めるようになった。やがて，ドイツではナチス以外の政党活動は禁止され，労働者の権利も奪われた。すでにイタリアでムッソリーニのファシスト党が開始していた「全体主義（個人の自由を否定して国家の全体性を優先する）」は，こうしてドイツにも浸透していった。

ヒトラーは英仏と協議して，ヴェルサイユ条約で禁じられていた再軍備にも乗り出し，敗戦後に取り上げられた領土を次々と「無血で」取り戻していった。

やはり**世界恐慌**の煽りを受けて経済復興に忙しい英仏は，少しぐらいの領土で済むのならと，ドイツを宥めすかす方策（宥和政策）を選んだのである。同様に，1931年から満洲（中国東北部）に侵攻した日本，1936年にエチオピアを併合したイタリアも，宥和政策の陰で勢力を拡大した。しかし彼らは，国際社会から「侵略」を非難されるや，自らが常任理事国を務めていた国際連盟からも脱退した。もはや連盟は骨抜きとなった。

こうして，世界的に全体主義（**ファシズム**，**ナチズム**とも呼ばれる）の影響が広まり，その波に乗るようなかたちでついに1939年9月1日，ヒトラーのドイツ軍がポーランドに侵攻した。ポーランドに保障を与えていた英仏両国は今度ばかりは戦争に乗り出さざるをえなかった。ここに20年の平和に終止符が打たれ，ヨーロッパは2度目にして戦場も動員数もより大きな世界大戦へと向かっていくのである。

引用・参照文献

カー，E. H.／衛藤瀋吉・斉藤孝訳『両大戦間における国際関係史』清水弘文堂，1968年（原著1950年）。

木畑洋一『国際体制の展開』（世界史リブレット54）山川出版社，1997年。

柴田三千雄・木谷勤『世界現代史』山川出版社，1985年。

メイア，A. J.／斉藤孝・木畑洋一訳『ウィルソン対レーニン——新外交の政治的起源1917–1918年』Ⅰ・Ⅱ巻，岩波書店，1983年（原著1959年）。

文献案内

☐ **木村靖二『第一次世界大戦』ちくま新書，2014年。**

政治・外交・経済・社会・文化・軍事のすべてをバランスよく解説した好著。

☐ **細谷雄一『外交——多文明時代の対話と交渉』有斐閣，2007年。**

外交とは何かについて，中世から現代までをわかりやすく解説した必読の入門書。旧外交から新外交への移行についてもくわしい。

☐ **カー，E. H.／原彬久訳『危機の20年——理想と現実』岩波文庫，2011年。**

両大戦間期の国際政治を冷徹な視点からとらえた国際政治学の古典的作品。

unit 4

第二次世界大戦
――世界を分けた戦争

Keywords
頂上会談，ヤルタ体制，米ソの台頭，国際連合，ブレトンウッズ体制

ナチス・ドイツの快進撃

1939年9月1日，その1週間ほど前にスターリンのソ連と独ソ不可侵条約を締結したヒトラーのドイツは，満を持してポーランドへと侵攻を開始した。長期戦にもつれこんだ第一次世界大戦を教訓に，ナチス・ドイツ軍は戦車と航空機を駆使して短期間で敵の本拠地を叩く「電撃戦」を編み出した。ポーランドは，英仏軍からの助けを受ける前にあっけなく瓦解した。独ソ不可侵条約の取り決めに従い，17日にはソ連軍がポーランドの東半分に乗り込んできた。ヴェルサイユ条約で民族自決を果たしたポーランドは，わずか20年で独立国としての運命を終えてしまった。ここに第二次世界大戦が勃発した。

ところが，こののち翌40年の春まで，英仏とドイツの直接的な戦闘は見られなかった。英仏は39年9月3日にドイツに対して宣戦布告を行ったものの，軍備が整っておらず，すぐに戦闘態勢には入れなかった。対するドイツ側は，侵略の矛先を北部と西部に向けてはいたが，実際に乗り込んだのは40年4月のことであった。このようにお互いに宣戦を布告しながら一戦も交えない状況を「奇妙な戦争」と呼んでいる。

しかし戦闘に乗り出すや，ドイツ軍の快進撃が続いた。1940年4月から5月にかけて，デンマーク，ノルウェー，オランダ，ベルギー，ルクセンブルクが相次いで攻略された。そして，6月にはついにフランスまで降伏させられた。

図 4-1　電撃戦！ 1939–1940 年

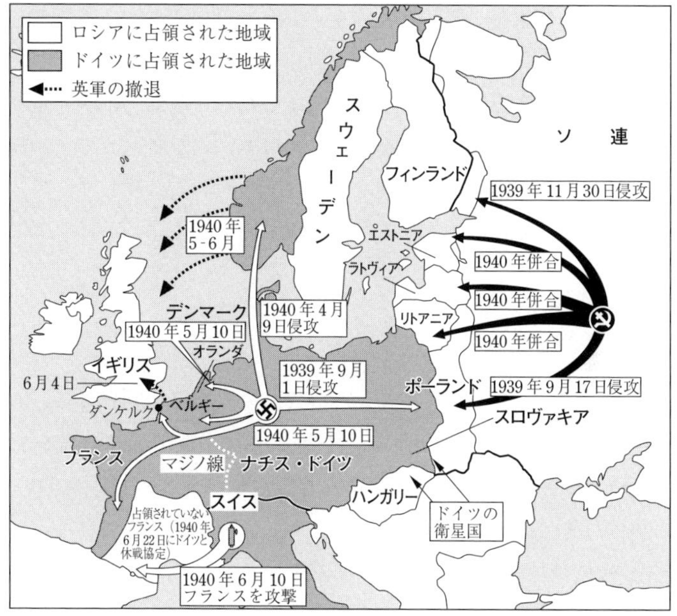

［出典］ Catchpole, Brian, *A Map History of the Modern World*, Heinemann Publishers Ltd., 1982, p. 69 をもとに著者作成。

西ヨーロッパで唯一残ったのが，イギリスとなった。5 月からイギリスの首相となっていたチャーチルは，断固としてヒトラーとの講和には応じなかった。8 月から 10 月にかけて，連日連夜，ドイツ空軍によるイギリス爆撃が続いた。世にいう「ブリテンの戦い」である。新たに開発されたレーダーと海・空軍による反撃のおかげで，このときはドイツを撃退できたイギリスではあったが，フランスが降伏してからの 1 年間，イギリスはたった 1 国でナチス・ドイツに対峙しなければならなくなった。

それればかりではない。1940 年 6 月にはムッソリーニのイタリアが，ドイツ側について参戦した。さらに，「ブリテンの戦い」のさなかの 9 月には，軍部が実権を握る日本も加え，日独伊三国軍事同盟が締結された。これでイギリス帝国下の東南アジアやインドなどアジア世界まで，戦争の脅威にさらされることになったのである。

F. D. ローズヴェルト政権下のアメリカは，これに積極的にはかかわれなかった。しかし，全体主義の嵐がヨーロッパでもアジアでも吹き荒れるなかで，徐々にその態度を改めていった。1941年3月には，武器貸与法を制定し，イギリスに武器・軍需物資・食糧の供給を開始した。さらに，中国大陸で勢力を拡げ，仏領インドシナにまで侵攻を開始した日本に対しても，アメリカは石油輸出の全面禁止という経済制裁に訴えた（1941年8月）。こうして，アメリカ国内にも全体主義諸国の猛威に対する反感が醸し出されていった。

米ソ参戦と大戦のゆくえ

このようななかで，先にしびれを切らしたのはヒトラーの方だった。あくまでも徹底抗戦の構えを見せるイギリスへの再度の攻撃は後回しにし，ドイツは1941年6月にソ連に侵攻を開始した。独ソ戦の始まりである。虚を衝かれたソ連軍に対して，陸軍の4分の3を投入したドイツ側は，11月には一気にモスクワの目前にまで迫る勢いとなった。しかし，ソ連はここでなんとかもちこたえた。12月には反撃命令が出され，ヨーロッパ戦線，さらにはその後の世界大戦のゆくえを左右する瞬間を迎えた。

他方で，太平洋のかなたでは，1941年12月に日本軍がハワイの真珠湾を攻撃し，日米開戦となった（→コラム①）。それまでの1年半にわたって，孤独のなかで戦い続けてきたイギリスは，ここにアメリカとソ連という巨大な同盟国を手に入れたのである。ヨーロッパでの戦争とアジアでの戦争（日中間の十五年戦争を中心に）がここに1つになり，のちの世に第二次世界大戦と呼ばれる世界規模の戦争へと拡大した。戦争は主に，米英ソ中などの連合国側と日独伊の枢軸国側とで，まさに世界中を舞台に展開していった。

盟友を手に入れたイギリスではあるが，戦局はすぐには好転しなかった。翌42年2月には英領シンガポールが日本軍の手で陥落した。その間にドイツ軍は北アフリカで勢力を拡大し，ソ連領内にも奥深くまで入り込んでいた。しかし，戦争が長期化するにしたがい，戦況は持久力（ヒト・モノ・カネ）を備えた側に徐々に有利に傾いていった。

太平洋での日本の攻勢は半年しかもたなかった。1942年6月のミッドウェー海戦でアメリカ軍が大勝利を収め，これ以後日本側は守勢に回された。11

月にはエジプトのエル・アラメインで米英軍が独伊軍を打ち破り，北アフリカ戦線も転機を迎えようとしていた。さらに，同じく11月からソ連領内のスターリングラードでソ連軍の反撃が始まり，43年1月にはドイツ軍が追われる立場となった。

まず陥落したのはイタリアであった。1943年9月に，連合軍によるイタリア本土への上陸が始まると，すでに7月にクーデタでムッソリーニを失脚させていたイタリア指導部は早々に連合軍に降伏したのである。こうして日独伊の一角がもろくも崩れた。ソ連は，ヨーロッパに早く第二戦線（西部戦線）を構築し，東西からドイツを挟み撃ちにしてほしいと米英側に要請した。それは1944年6月，「史上最大の作戦」とも呼ばれた，ノルマンディー（フランス北西部）上陸作戦の成功で現実のものとなった。8月にパリも解放され，ドイツはいよいよ本国へと追い詰められていった。

太平洋では，1944年7月にサイパンの日本軍が全滅し，アメリカによる日本本土の空爆も目前となった。翌45年3月には硫黄島，6月には沖縄が全滅し，本土には度重なる空襲が押し寄せた。その間に，ドイツの首都ベルリンも連日の爆撃で廃墟と化していた。4月30日にヒトラーは自殺し，1週間後の5月8日にドイツは連合国に降伏した。ヨーロッパでの戦争はここに幕を閉じた。最後に残された日本も，8月には広島と長崎に原子爆弾（原爆）を落とされ，15日にやはり連合国に降伏した。

こうして，1939年9月1日（ドイツ軍によるポーランド侵攻）から45年9月2日（アメリカの戦艦ミズーリ上での日本の降伏文書調印）まで，丸6年間続いた第二次世界大戦は終結した。全世界での被害者の数は明らかではない。しかし，総計で5000-6000万人の死者を含む1億人前後もの死傷者が出たと考えられる。とくに，第一次世界大戦と比べると，一般市民の犠牲者が軍人を大きく上回っていた。それは，航空機による空爆（とくに大戦初期のロンドン，大戦末期の45年2月のドレスデン，3月の東京での被害は甚大であった），人類史上初めての原爆の被害に加え，ナチス・ドイツによるユダヤ人のホロコースト（大量虐殺）など，第一次大戦のときには見られなかったような，新たな惨劇も原因の1つであった。

頂上会談と世界の分割

第二次世界大戦には，反ファシズム（ドイツのナチズムや日本の軍国主義も含む）の戦いという性格が見られた。そのため，ヨーロッパで戦争が勃発した当初はこれに積極的にはかかわれなかったアメリカも，参戦前から早くも世界の趨勢（すうせい）に関心を示していた。日米開戦の4カ月ほど前，1941年8月には大西洋上でローズヴェルトとチャーチルの極秘の首脳会談が行われた。ここで発表された大西洋憲章では，民族自決や通商・海洋の自由，そして民主主義の理念に基づく軍縮や平和機構の創設などが盛り込まれていた。

こののち，米英を中心とする連合国側の首脳たちは頻繁に**頂上会談**を開いて，共同作戦の立案とともに，早くも戦後構想まで話し合うようになっていた。枢軸国に対する無条件降伏の要求を定めたカサブランカ会談（1943年1–3月），アジア太平洋の問題を話し合った米英中三国首脳によるカイロ会談（43年11月），そして米英ソ三国の首脳が初めて一堂に会したテヘラン会談（43年11–12月）などが，その代表例である。

しかし，このような頂上会談は，戦後の国際社会を民主主義に基づいた平和な世界へと変えていくという理想のみを講ずる場ではなかった。世界大戦のもう1つの側面である，帝国主義の戦いがそれともからんでいた。イタリアが降伏し，ヨーロッパではドイツが，アジア太平洋では日本が守勢に回された1943年秋ごろから，米英ソ三国の間では早くも戦後の縄張り争いが始まっていたのである。

ノルマンディー上陸作戦が成功し，フランスをはじめ，西ヨーロッパ諸国が次々と解放されていた1944年10月，モスクワを訪れていたチャーチルとスターリンとの間で，俗に「パーセンテージ協定」と呼ばれる取り引きが結ばれた。そこでは，戦後の東欧・バルカン諸国について，たとえばギリシャでは英米が90%，ルーマニアではソ連が90%，ユーゴスラヴィアは50%ずつといった具合に，勢力比率の提案が行われたのである。

さらに，ドイツの戦後処理問題を討議し，世界全体の命運まで左右することになった頂上会談が，チャーチル，ローズヴェルト，スターリンによる2度目の会合となったヤルタ会談である。ソ連領クリミア半島の先端部ヤルタに集まった3首脳は，1945年2月にここで戦後世界のゆくえを決定づけた。戦後のドイツは，フランスも含めた4カ国で占領管理下に置き，戦争犯罪人の処罰や，非武装化も決定された。最大の懸案事項となったのは，大戦の発端ともなったポーランドの処遇であった。イギリスもソ連も自らの影響下に入れようと，当初は一歩も譲る気配を見せなかった。しかし，アジア太平洋でのソ連の協力を気にするローズヴェルトが事実上，スターリンに譲歩するかたちとなった。

そのアジア太平洋戦線については，チャーチルは巧みに外されて，米ソ両首脳の間だけで秘かに取り決めが結ばれた。ドイツが降伏したら，3カ月以内にソ連が日ソ中立条約を破って対日参戦するという，「ヤルタ秘密協定」である。この当時，ローズヴェルトは瀕死の病人であり（ヤルタ会談の2カ月後に死亡），日本本土への上陸作戦でアメリカ兵に大量の犠牲者が出る危険性も高かったため，弱気になっていたことも影響していた。

こうして地球規模のスケールで，戦後の世界をアメリカとソ連という2つの超大国が，事実上分割していく「**ヤルタ体制**」の礎が築かれた（**米ソの台頭**）。かつて7つの海を支配した大英帝国は，今や米ソに挟まれて斜陽の時期を迎える以外になかった。

しかし，戦後に本格化する「米ソ冷戦」の予兆が早くも見られ始めたのは，ドイツが降伏した2カ月後，1945年7月に廃墟と化したベルリン郊外のポツダムで開かれた会談においてであった。それはまた，第二次大戦中に開催された連合国側の最後の頂上会談ともなった。ソ連からはスターリン，イギリスからはチャーチル（途中から総選挙で勝利した労働党のアトリー首相に交替），そしてアメリカからはローズヴェルトの急死で大統領に昇格したトルーマンが出席した。トルーマンはヤルタで弱気を示したローズヴェルトとは異なり，会議開始早々からスターリンと反目し合った。彼には，会議の開始前日に実験に成功した原爆という強力な武器もあったのである。ヨーロッパで貪欲に縄張りを拡げようとするスターリンに，アジア太平洋にまで出てきてもらっては困る。トルーマンは「ヤルタ秘密協定」を反故にしたかったのだが，結局，スターリンは協定の存在を楯に，アメリカが広島に原爆を投下した後の8月9日，日本に侵攻を開始したのである。

枢軸国に対する共同作戦を話し合い，全体主義を廃して戦後に平和な世界を構築しようという理想の下に開かれ続けた頂上会談ではあったが，その最後を飾るポツダム会談は，米ソ冷戦という新たなる敵対の時代の開始を告げる象徴となった。スターリンとトルーマンは，このの ち2度と会おうとはしなかった。米ソの最高首脳が相まみえるのは，この2人が国際政治の檜(ひのき)舞台から姿を消した後の，1955年7月のこととなった。

新たな国際秩序の形成を求めて

大戦中の頂上会談には，このように世界の分割という暗い側面も見られたが，20世紀の最初の半分の時期だけで，2度の世界大戦を経験したという教訓から，連合国側の首脳たちは真摯(しんし)に，新しい平和な国際秩序を構築しようと考えていた。そのためには，第一次世界大戦後に形成された国際連盟に代わり，より実行力をもって世界の紛争を調停できる国際機構の創設が必要と考えられた。「国際連合」の創設である。その創設に深くかかわったのが，アメリカであった。

第一次世界大戦が終結した後，ウィルソン大統領が主要な提唱者であったにもかかわらず，アメリカは国際連盟に加わらず，戦後の国際秩序を保つことにも消極的であった。それが地球規模でドイツや日本などの大国に全体主義の脅威が現れたとき，国際連盟が効力を発揮して，独裁者たちの野望を未然に防げなかった原因の1つともなっていた。

このときの教訓をもとに，ウィルソンの愛弟子(まなでし)でもあったローズヴェルトは，アメリカがまだ大戦に参加する前に発表された大西洋憲章に，新たに国際的な平和機構を立ち上げていく案を盛り込んでいた。その後，1942年初頭からアメリカ国務省ではこの新組織の骨子が立案されていった。翌43年10月，モスクワで開かれた米英ソ三国外相会議であらためて平和機構設立の必要性が宣言され（宣言には中国も参加），44年8–10月アメリカの首都ワシントン北西部のダンバートン・オークスを舞台に会議が開かれた。ここで作成された「一般的国際機構設立に関する提案」をもとに，翌45年4月には討議の場をサンフランシスコに移し，中小国も含めた50カ国の代表が話し合い，6月に「国際連合憲章」が生まれた。大戦が終結した直後の1945年10月，ここにアメリカのニューヨークに本部を置く，**国際連合**が正式に設立されたのである。

さらに，アメリカが第一次大戦から得たもう1つの教訓が，敵・味方に関係

重要ポイント④

国際連合の設立

「もしこの憲章が数年前に作成されていたならば，これまで戦争で失われた数百万人の命を救うこともできたでしょう」。1945 年 6 月 26 日，国連憲章が採択されたサンフランシスコの会議場で，トルーマン大統領はこう力強く演説した。そこには前任者ローズヴェルトの時代から国連設立に力を傾けてきたアメリカ政府の並々ならぬ熱意が込められていた。

そもそも「国際連合（ユナイテッド・ネイションズ）」（国連）の語源は，大戦中の枢軸国に対する「連合国」を指す言葉で，国連はまさに連合国側の協力体制に基づいて立ち上げられたことを意味していた。国際連盟が第一次世界大戦後の短期間に急ごしらえで設立されたのとは異なり，国際連合は度重なる頂上会談や慎重な討議を経て，アメリカ国務省が中心となって入念に築き上げられた。

また，国際連盟が中小国の意見を徴（ちょう）するものの，現実には大国の意向で機能していた点も反省され，サンフランシスコの検討会議では中小国に積極的に意見が求められた。ダンバートン・オークスで作成された原案は，ここで 1200 におよぶ修正を経て，前文ならびに 19 章 111 条からなる国連憲章へと結実したのである。こうして，中小国の意向も反映した国連総会や，経済社会理事会の位置づけも強固なものとなった。

とはいえ，肝心の世界平和を維持する中核ともいうべき安全保障理事会は，大戦で勝利を収めた大国（米英ソ中仏）が常任理事国の座を占め，この 5 大国には拒否権が認められたため，大国主導型の国際秩序という点では変わりがなかった。しかも，大戦後には米ソ冷戦が本格化し，両大国がお互いに拒否権を行使し合うような場面も見られ，戦後に経済復興を遂げ，世界平和に一定の貢献ができるようになった敗戦国（日独伊）の処遇も，いまだに解決されていない。創立から 75 年以上を経過した国連であるが，機能の面でも組織の面でも，まだまだ課題は山積みである（→unit **17**）。

なく，戦争で疲弊（ひへい）した国々に対する経済援助の必要性であった。先の大戦後には，貧困にあえぐヨーロッパ諸国を積極的に援助せず，英仏には戦時債務の返還を執拗（しつよう）に迫っていたがために，世界恐慌の発生とともにドイツやイタリア，日本で全体主義的な独裁体制が基盤を固め，世界大戦にもつながった。こうした悲劇を繰り返さないためにも，今や世界最大の経済大国アメリカが，戦後の世界経済でも積極的な役割を果たさなければならないと考えたのである。

ノルマンディー上陸作戦が成功した翌月，1944年7月からアメリカ北東部にあるニューハンプシャー州の行楽地ブレトンウッズで45カ国の代表が集まって結ばれた協定が，戦後の世界経済を安定化させる原動力となった。ここではまず，戦後の世界の通貨制度を安定させ，自由貿易と金＝ドル本位制に基づく多角決済方式を確立するための国際通貨基金（IMF）が設立された。さらに，戦災国の復興や発展途上国の開発を進めるための長期資金を供給する，国際復興開発銀行（IBRD，世界銀行）も立ち上げられた。そして，戦後の世界の基軸通貨はアメリカ・ドルに固定され，こののち「**ブレトンウッズ体制**」と呼ばれることになる，アメリカ主導の国際経済体制が確立されたのである。

他方で，第二次世界大戦は，第一次大戦とは異なり，英仏など戦勝国の植民地にも「民族自決」の機会をもたらした。国連の立ち上げを規定する源泉ともなった，大西洋憲章に掲げられた「民族自決」とは，ウィルソンの14カ条（→unit 3）のそれとは異なり，真の意味での地球規模の独立国家の登場を促す要因になったのである。とはいえ，アジア・アフリカ等で，それらの独立国家が登場するまでの道のりは決して平坦なものではなく，場合によっては，独立前後に壮絶な死闘をともなうようなこともまま見られた。

第二次世界大戦は，19世紀初頭にヨーロッパに登場した国民国家という枠組みに加え，各国に含まれるより小さな地域を軸とする地域的独自性の登場をうながすとともに，国連など国民国家の枠を超えた組織も本格的に生み出すこととなった。その意味でも，第二次大戦は，「長い18世紀」（→unit 1）を経たヨーロッパが，19世紀以降の帝国主義によって地球規模に拡大した近代的な国際政治体系が，大きく変容を遂げていく転換点になったともいえよう。

引用・参照文献

五百旗頭真編『日米関係史』有斐閣，2008年。
木畑洋一『国際体制の展開』（世界史リブレット54）山川出版社，1997年。
佐々木卓也編『戦後アメリカ外交史〔第3版〕』有斐閣アルマ，2017年。
佐々木雄太・木畑洋一編『イギリス外交史』有斐閣アルマ，2005年。
渡邊啓貴編『ヨーロッパ国際関係史――繁栄と凋落，そして再生〔新版〕』有斐閣アルマ，2008年。

文献案内

- □ **入江昭／篠原初枝訳『太平洋戦争の起源』東京大学出版会，1991 年。**

  日本が国際政治で孤立し，戦争へと突入していった状況をわかりやすく解説した作品。

- □ **ウィルモット，H. P.／等松春夫監訳『大いなる聖戦——第二次世界大戦全史』上下巻，国書刊行会，2018 年。**

  軍事史の泰斗が最新の研究成果に基づきまとめあげた大戦史の決定版。

- □ **木畑洋一『第二次世界大戦——現代世界への転換点』吉川弘文館，2001 年。**

  第二次世界大戦の起源と経過，そして戦後に残された問題を多角的に，しかもわかりやすくとらえた必読の入門書。

- □ **チャーチル，W. S.／佐藤亮一訳『第二次世界大戦』1–4 巻，河出文庫，1983 年。**

  大戦中にイギリスを指導した政治家にして文人による回顧録。1953 年度のノーベル文学賞を受賞した。

コラム①

なぜ日本は真珠湾攻撃にいたったのか？

日清戦争（1894-95年）以降の近代日本外交の基本方針とは，中国大陸でのロシアの南下を阻止するために，英米両国との協調の枠組みのなかで大陸に進出していくというものであった。その意味でも，日本の中国進出は，欧米中心の国際協調体制のなかで行われた。日英同盟の締結（1902年）や，日露戦争でのアメリカを仲裁役としたポーツマス講和会議（1905年）なども，その文脈でとらえられるであろう。

日本は，その英米と手を結んで勝利を収めた第一次世界大戦後に国際連盟の常任理事国となり，欧米から「大国」として扱われたかに見えた。しかし，国際連盟の設立を決めたパリ講和会議では，日本は国際政治における人種差別撤廃案を提起したものの，英仏など白人大国の反対に遭い，撤廃案は採択されなかった。

また第一次世界大戦後のアメリカは日英同盟にも不信感を抱いていた。このためワシントン会議（1921-22年）では，日英同盟が廃棄され，主力艦隊保有比率も米英日で5:5:3と日本の海軍力が限定された。この会議では中国問題も話し合われ，大戦後の東アジア国際秩序は日英米の協調による「ワシントン体制」によって維持された。しかしアメリカは排日移民法（1924年）で日本人移民を禁止し，1920年代後半からは対中国政策をめぐって，日米関係はますます悪化していった。

1930年のロンドン軍縮会議では補助艦の保有比率に関して日本と英米との間で意見が分かれ，日本海軍内で英米への反発が高まった。やがて世界恐慌の波にのみこまれた日本は，1931（昭和6）年9月に中国東北部で日本の関東軍が南満洲鉄道線を爆破し，これを中国に責任転嫁することで本格的な侵略を開始した。いわゆる満洲事変である。翌32年2月までに満洲全域をほぼ占領した日本は3月に傀儡(かいらい)国家「満洲国」を建国した。

国際連盟が派遣したリットン調査団は，関東軍の行動を自衛権の行使とはみなさず，満洲国を自発的なものではないと結論づけた。連盟の総会でもこの報告書に基づき満洲国が承認されなかったため，日本は1933年3月に国際連盟から脱退した。それは日本が明治以来の英米協調路線と決別した瞬間でもあった。やがて日本は，同じく国際連盟を脱退したドイツ（33年10月脱退）に接近し，36年11月には日独防共協定が結ばれた（翌37年11月にはイタリアもこれに加わった）。

そして1937年7月の盧溝橋事件を契機に日中戦争が勃発し，その2年後の39年9月にヨーロッパで大戦が開始された。翌40年に日独伊三国軍事同盟を締結した日本は，すぐに北部仏領インドシナに進駐し，翌41年南部へと侵攻を開始する。その間に，日本は対英戦略上，三国同盟にソ連を引き入れようと日ソ中立条約を締結したが（41年4月），この構想はそれからわずか2カ月後の独ソ開戦によって脆(もろ)

図　1941年12月から1942年7月にかけての日本帝国軍の進出

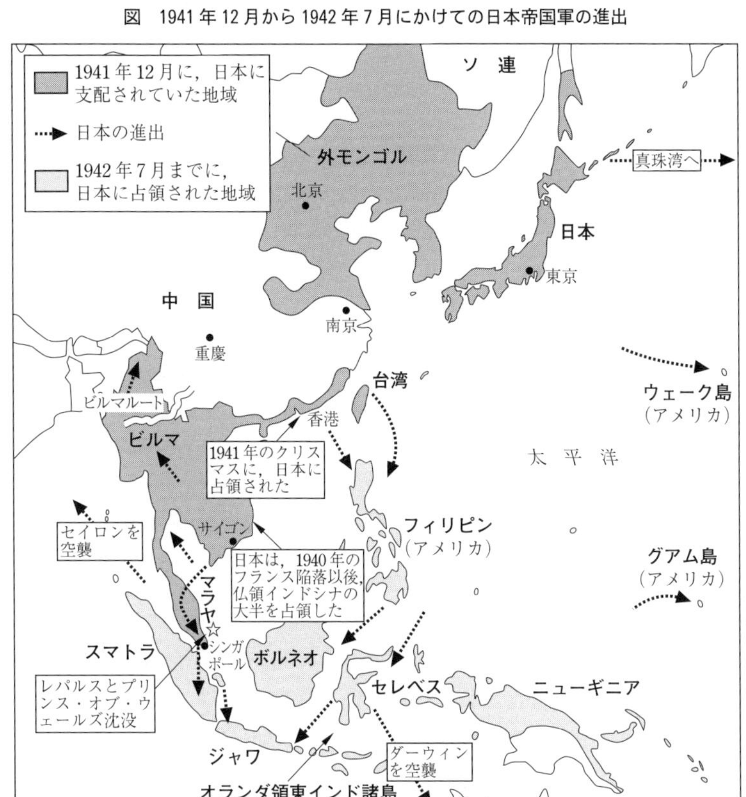

［出典］ Catchpole, Brian, *A Map History of the Modern World*, Heinemann Publishers Ltd., 1982, p. 73 をもとに著者作成。

くも瓦解していった。

アメリカは対日石油輸出の全面停止に踏み切り，日本に①仏領インドシナからの撤退，②三国同盟からの離脱，③中国からの撤兵，を迫った。こののち，日米間では交渉が続けられたが，これら3つの条件を強硬に要求したアメリカの国務長官による「ハル・ノート」の提示（1941年11月26日）で，妥協を模索してきた日本政府はついに開戦を決意した。ここに1941年12月8日，日本軍はハワイの真珠湾とマレー半島を攻撃し，米英両国と戦闘状態に突入したのである。

unit 5

冷　戦
——戦後の米ソ対立

Keywords
2極構造，トルーマン・ドクトリン，キューバ・ミサイル危機，デタント，新冷戦

冷戦とは何か

単純にいえば，冷戦は熱戦の反対語であり，冷たい平和の反対語でもある。

おそらく，最もよく知られた定義は，フランスの社会学者アロンによる「平和は不可能であるのに，戦争も起こりえない」というものであろう。日本では，政治学者の永井陽之助が，「交渉不可能性の相互認識にたった非軍事的単独行動の応酬」と，より詳細な定義を与えている。

しかし，アロンの定義とは異なり，冷戦期にも朝鮮戦争をはじめとする多くの地域紛争が実際に戦われてきた。回避されたのは，米ソの直接的な軍事衝突と核戦争にすぎなかった。実際，1945–90年までの2340週のうち，地球上で戦争が全くなかったのは，わずか3週間だったという。にもかかわらず，第三次世界大戦につながりうる米ソの直接的な軍事衝突や核戦争による世界の破滅が回避されたことを評価すれば，冷戦史の大家ギャディスのように，冷戦を「長い平和」と肯定的にとらえることもできよう。

また，永井の定義とも異なり，冷戦のすべての時期に米ソの交渉が不可能だったわけではないし，両国が直接的な軍事衝突にいたらなかったからといっても，非軍事的な手段しかとられなかったわけでもない。冷戦とは，米ソが直接的な軍事衝突を避けながら，軍事・政治・経済・文化のあらゆる領域で競合・敵対し，その米ソ関係が国際政治を最も強く規定した時代であり，現象であっ

た。

国際政治学の理論に従えば，冷戦は**2極構造**に支えられていた，と見ることができる。2極構造では，大戦争は起こりにくいが，起これば被害が甚大になる。結果として見れば，核兵器の存在が，米ソ両国の直接的な軍事衝突を回避できた最大の要因であろう。また，ヨーロッパ列強間の多極構造から，冷戦下での2極構造への移行は，国際政治におけるヨーロッパの凋落（ちょうらく）を示すものであった。そして，このヨーロッパの凋落は，植民地解放による新興国とそのナショナリズムの台頭という，新たな国際政治の潮流をもたらしたのである。

これに対して，覇権安定論（→unit 7）の見方に立てば，冷戦期にもアメリカがソ連に概（おおむ）ね優越しており，覇権国として国際秩序を支えてきた，といえる。これだと1極構造だったことになる。たしかに，1970年にソ連の国内総生産（GDP）はアメリカの4割にすぎず，ソ連崩壊時の91年には14％にまで落ち込んでいた。このように経済力に着目すれば1極構造と呼べる面もあるが，軍事力，とりわけ核戦力に注目すれば，2極構造の色彩が強い。また，覇権安定論では，冷戦下の安定は覇権国の政策に基づくものであり，必然性が高いことになるが，2極構造が冷戦を支えていたと考えれば，その安定はきわめて脆弱（ぜいじゃく）で不確かなものであり，かなりの程度偶然に左右されていたことになる。

冷戦の起源

では，その冷戦はいつどのようにして始まったのか。

> 「世界史の現時点において，ほとんどすべての国が，2つの生活様式のいずれか一方を選ぶよう迫られている。しかも，その選択は自由でないことがあまりに多い」「武装した少数者または外部の圧力による征服の企てに抵抗している自由な諸国民を支援することが，合衆国の政策でなくてはならないと，私は信じる」。

のちに**トルーマン・ドクトリン**として知られる1947年3月12日のトルーマン米大統領による議会演説は，しばしば「冷戦の宣戦布告」とみなされてきた。ここでいう「2つの生活様式」とは，共産主義陣営の抑圧されたものと自由主義陣営のものである。このように，議会と世論を説得するために，アメリカ外交にしばしば見られる善悪二元論のレトリックが用いられてはいるものの，この演説の目的は，ギリシャとトルコへの総額4億ドルの軍事援助の承認を議会に求める，きわめて限定的なものであった。

その後も，トルーマン政権は対ソ対決路線に逡巡を見せている。アメリカのヨーロッパへの関与が明確になり，それにソ連が強い反発を示すのは，同年6月のマーシャル・プランの発表である。これはアメリカによる大規模なヨーロッパ経済復興援助計画で，ソ連はアメリカによるヨーロッパの経済的支配と反発した。

マーシャル・プランが軌道に乗り出した1948年を，冷戦の分水嶺と見る専門家もいる。この年には，チェコスロヴァキアで共産党によるクーデタが起こっているし，英仏とベネルクス三国の間で西欧同盟が結ばれている。さらに，米ソ対立が不可逆かつグローバルになったのは，1950年6月の朝鮮戦争の勃発によってであったと，ギャディスは論じている。

1945–47年の段階では，米ソ関係は次のような6つの摩擦を抱えながらも，決定的な亀裂にはいたっていなかった。摩擦の第1は，第二次世界大戦開戦の原因となったポーランドの戦後処理である。アメリカは自由選挙を求めたが，ソ連は安全保障上の理由から傀儡政権を押し付けたのである。第2は，アメリカが一方的にソ連に対する武器貸与計画を打ち切ったことである。それによってトルーマン新政権に対するソ連の不信が高まった。第3は，ドイツの戦後処理問題である。アメリカはヨーロッパ復興のためのドイツ復興を企図し，ソ連はドイツからの賠償金の取り立てとドイツの弱体化を欲していた。第4は，アメリカが日本占領へのソ連の参加を拒否したことである。これで日本は分断を免れた。第5は，原子爆弾の問題である。アメリカは核兵器の情報と技術を独占したまま，国際連合（国連）による国際管理を提案し，ソ連はこれを拒否し，独力で核開発に邁進した。そして第6は，地中海と中東にソ連が勢力を拡大しようとしたことである。これらの地域は伝統的にイギリスの勢力圏であったが，すでにイギリスの国力は衰退しており，ソ連はこれら地域で直接・間接に影響力の拡大をめざした。これに対抗するのが，先に述べたトルーマン・ドクトリンであった。

このトルーマン・ドクトリンのころから冷戦は顕在化し，マーシャル・プラン，1949年のソ連の核実験成功と中華人民共和国（中国）の成立，そして朝鮮戦争という極東での熱戦によって，米ソの対立は全面的かつグローバルなもの

重要ポイント⑤

「封じ込め」(Containment)

第二次世界大戦直後に，アメリカの外交官でソ連専門家のケナンが提唱した戦略。1946年2月22日（ワシントン生誕記念日）に，ケナンがモスクワのアメリカ大使館から国務省に発した8000語からなる「長文の電報」と，外交専門誌『フォーリン・アフェアーズ』1947年7月号に匿名（ミスターX）で発表した「ソ連の行動の源泉」が，当時のアメリカの政府高官の対ソ認識に大きな影響を与え，その後のアメリカの対ソ政策の基礎となった。

ケナンは，ソ連の行動を帝政ロシア以来の「伝統的，本能的不安感」と共産主義の特徴の双方から分析し，ソ連は強いものには挑戦しない，共産主義は社会や経済が混乱しているところに広がる「悪性の寄生菌のようなもの」だなどと論じた。ソ連の国内体制は「自分を亡ぼす種子を含んでおり，この種の発芽がかなり進行している可能性」があるので，西側がソ連の対外進出を阻止すれば，「ゆくゆくはソビエト権力の崩壊かまたは漸次的な温和化」も可能だ，というのがケナンの診断であった。

ただし，そのためには，西側に「堅忍不抜」の覚悟と絶えざる自己省察が必要であった。「ソビエト共産主義というこの問題と取り組むにあたり，われわれに降りかかりかねない最大の危険は，われわれが取り組んでいる当の相手のようになるのを，みずから許すことであろう」(『ジョージ・F. ケナン回顧録』II，付録C）と，ケナンは警告している。

ケナンの「封じ込め」論は，軍事的なものより政治的なものであり，地理的にもアメリカの国益上重要な地域（ライン川流域とイギリス，日本）を選別するものであった。だが，これを地理的に無制限な軍事的封じ込めと理解したリップマンとの間で，論争が生じた。実際，その後のトルーマン政権では，グローバルかつ軍事的な「封じ込め」戦略が実施されていった。

になったのである。このように冷戦が本格化するにつれて，アメリカはソ連に対する「封じ込め」戦略を展開する。この間，アメリカの国内社会も安全保障を最優先する「国家安全保障国家」（ナショナル・セキュリティ・ステート）に再編されていき，反共主義の高まりから，共産主義者やその同調者を社会的に追放しようとする「赤狩り」のような現象も生じた。「赤狩り」はその煽動者マッカーシー上院議員の名に因んで，「マッカーシズム」とも呼ばれる。こうした「封じ込め」にしろ「赤狩り」にしろ，自らの無垢を前提にして異物の侵入を排除するという，アメリカ特有の疫学(えきがく)的メタファー（暗喩）が働いている。

さて，冷戦の起源をめぐっては，実際の国際情勢を反映して，これまでに4つの歴史研究のアプローチが存在してきた。第1は，伝統主義または正統派アプローチであり，冷戦の起源をソ連の攻撃的な拡張主義に求め，アメリカはこれに防衛的に対応したと見る。第2は，この伝統主義に対する修正主義アプローチである。このアプローチでは，トルーマン政権の対ソ強硬姿勢やアメリカ資本主義の拡張主義にこそ，冷戦の起源が求められる。この見方は，ヴェトナム戦争の泥沼化などで，アメリカ政府とその外交への信頼性が揺らいだことを反映している。第3は，ギャディスに代表されるポスト修正主義のアプローチで，第二次世界大戦後の2極構造が米ソの対立をかなりの程度避けがたいものにし，そこに両者の認識の差や誤解が重なったと見る。さらに，冷戦が終焉(しゅうえん)し，ソ連をはじめ旧東側（共産主義）陣営の史料公開が進むと，冷戦史を国際史として多角的に分析する研究が台頭し，西欧諸国の果たした役割にあらためて注目する研究も多くなってきている。米ソ以外の国々の視点に立てば，冷戦は必ずしも米ソ両国の間だけで起こったのではなく，その起源や意味もまた異なってくる場合がある。さらに，冷戦をロシア革命や第二次大戦末期からではなく，19世紀末のグローバル資本主義の危機から説き起こし，それに対する実験としてのソ連の崩壊にいたる100年史としてとらえる議論もある（ウェスタッド）。

冷戦の展開

朝鮮戦争によって，冷戦は東アジアでは熱戦と化したが，その東アジアでも1953年には朝鮮戦争の休戦，54年にはインドシナ戦争の休戦と膠着(こうちゃく)状態に達した。この間，53年にはソ連でスターリンが死去して，ソ連外交は「平和共存」路線に転じたし，アメリカでも「赤狩り」を唱導したマッカーシー上院議員が失脚している。「1955年あたりを境として，これ以降長く続く冷戦のなかにみられる諸特徴が出そろった」として「“冷戦秩序”が形成されたという意味で『55年体制』と，かりに呼んでおきたい」と，外交史家の石井修は論じている。

図 5-1　冷戦期の東西陣営の対立構図——主な同盟とその加盟国（1960 年時点）

西側

北大西洋条約機構（NATO，1949 年）
ベルギー，カナダ，デンマーク，フランス，アイスランド，イタリア，ルクセンブルク，オランダ，ノルウェー，ポルトガル，イギリス，アメリカ，（以上，原加盟国 12 カ国），ギリシャ，トルコ（1952 年加盟），西ドイツ（1955 年加盟）

日米安全保障条約（日本—アメリカ，1951 年）

米韓相互防衛条約（アメリカ—韓国，1953 年）

米華相互防衛条約（アメリカ—台湾，1954 年）

米比相互防衛条約（アメリカ—フィリピン，1951 年）

太平洋安全保障条約（ANSUS，アメリカ—オーストラリア・ニュージーランド，1951 年）

米州機構（OAS，1951 年）
カナダ，アメリカ，メキシコ，エルサルバドル，グアテマラ，コスタリカ，ニカラグア，パナマ，ベリーズ，ホンジュラス，キューバ，アンティグア・バーブーダ，グレナダ，ジャマイカ，セントクリストファー・ネイヴィス，セントビンセントおよびグレナディーン諸島，セントルシア，ドミニカ共和国，ドミニカ国，トリニダード・トバゴ，ハイチ，バハマ，バルバドス，アルゼンチン，ウルグアイ，エクアドル，ガイアナ，コロンビア，スリナム，チリ，パラグアイ，ブラジル，ベネズエラ，ペルー，ボリビア

東側

ワルシャワ条約機構（WTO，1955-89 年）
ソ連，アルバニア，ブルガリア，ルーマニア，ハンガリー，ポーランド，チェコスロヴァキア，東ドイツ（1956 年加盟）

中ソ友好同盟相互援助条約
（中国—ソ連，1950-80 年）

ソ朝軍事同盟（ソ連—北朝鮮，1960 年）

［出典］　著者作成。

この「55 年体制」では，「分断による安定」と「力による安定」が出現した。前者は，東西ドイツや朝鮮半島，インドシナなどでの分断の固定化であり，後者は米ソ双方が膨大な核兵器と巨大な通常兵力をもってにらみ合う状態である。ここに「冷戦の戦われ方」が当事者双方に明確に認識されるようになり，「状況の予測可能性」が増大した。1955 年は，ヨーロッパで西ドイツが北大西洋条約機構（NATO）に加盟して再軍備し，これに対抗するかたちでソ連を中心としたワルシャワ条約機構が結成された年でもあった。少し遅れて，1961 年に，東西ベルリンの境界上に「ベルリンの壁」が築かれた。これは東側から西側への脱出を防止する策であったが，以後 89 年に開放されるまで，ヨーロッパにおける東西の分断と冷戦の象徴となった。

こうした「55 年体制」の安定はしかし，核抑止による「核の平和」（ニュークリア・ピース）に支えられたものであったし，この安定と引き換えに，冷戦は「長丁場」（ロング・ホール）に入ったのである。また，この「55 年体制」の

下では，米ソや英仏の間で首脳外交が活性化し，永井の定義とは異なり，外交の復権が見られた。だが，ヨーロッパで米ソの勢力圏を前提にした外交の復権の兆しがあったのに対して，冷戦は第三世界に広範に拡散していき，そこでは新興諸国のナショナリズムとも複雑に共鳴するようになった。バンドン会議（アジア・アフリカ会議）に日本を含む 29 カ国が参集したのも，1955 年であった。

しかし，1962 年の**キューバ・ミサイル危機**で，米ソは核戦争の瀬戸際まで追い込まれる。キューバは，1959 年の革命で社会主義陣営に与していた。ソ連がキューバに中距離核ミサイル基地を建設しようとしていたのである。これは，カリブ海というアメリカの勢力圏内で現状打破を試みるソ連の挑発行為であり，アメリカ本土の安全保障を脅かすものであった。アメリカのジョン・F. ケネディ政権は，「海上封鎖」によって危機の拡大か終息かをソ連に迫り，これを乗り越えた。これは核をめぐる危機管理の代表的な事例である。以後，翌年の米英ソによる部分的核実験禁止条約（PTBT）に始まり，68 年の核不拡散条約（NPT）の締結，72 年の米ソによる第 1 次戦略兵器制限交渉（SALT I）の妥結など，核軍備管理が進展していった（→**unit 20**）。60 年代末から 70 年代半ばにかけては，米ソ関係は**デタント**（緊張緩和）とすら呼ばれる時期を迎える。この意味で，ギャディスやトラクテンバーグらアメリカの冷戦研究者は，1955 年ではなく 1963 年こそ冷戦の安定期の端緒だったとしている。1968 年にソ連がチェコスロヴァキアに軍事介入した際も，アメリカはこれをソ連の勢力圏内の事件として，事実上黙認している。

この間，アメリカはヴェトナム戦争の泥沼に足をとられて，国力を消耗していった。植民地解放という南北問題を，反共主義という東西問題の文脈で誤読したことの帰結であった。他方，ソ連は核戦力の増強に励んで，1960 年代末にはアメリカとほぼ対等の地位（パリティー）を獲得するようになった。ここにデタントが可能になり，必要となったのである。こうして核戦力で米ソの 2 極構造が確立したときにはすでに，経済的には西欧諸国や日本が勢力を拡大し，政治的にもフランスの NATO 軍事機構からの離脱や中ソ対立などで，多極化が進行していた。また，ヨーロッパ経済共同体（EEC），ヨーロッパ共同体（EC）と超国家的な協力関係を，西欧諸国は着実に実践しつつあった。こうした努力が，冷戦後のヨーロッパの復権につながっている。

1969年に成立したアメリカのニクソン政権は，ヴェトナム戦争を終結させ，多極化する国際政治に対応するために，米中接近をはじめとする大胆かつ周到な外交戦略をとった。中ソ対立を抱える中国も，アメリカとの関係改善を欲していた。他方，アメリカの国力の消耗を受けて，すでに核戦力で米ソのパリティーを達成していたソ連は，さらに第三世界で積極的な介入を繰り返すようになった。このため，米ソの戦略的関係の安定が他の領域にも波及するという，ニクソン政権の「リンケージ」（連繫）戦略は破綻し，デタントも衰退してしまう。さらに，1979年末にソ連がアフガニスタンに軍事介入すると，アメリカで再び反デタント派の対ソ強硬論が勢いを増し，**新冷戦**と呼ばれる事態にまで緊張が高まるのである。

冷戦の終焉とその後

1981年にアメリカの大統領に就任したレーガンは，「小さな政府」と「強いアメリカ」そして反共主義を標榜しており，ソ連を「悪の帝国」とさえ呼んで大規模な軍拡に乗り出した。レーガンはまた，多数の市民を人質にとることで機能している米ソの核相互抑止を不道徳なものと考えており，戦略防衛構想（SDI）によって核兵器を「時代遅れで無意味なものにする」ことを夢見ていた。ソ連は宇宙・軍事技術でアメリカのはるか後塵を拝し，しかも，その国内経済は破綻寸前であったので，このSDIに強く反発した。

1985年に，ソ連で改革派の指導者ゴルバチョフが登場すると，ソ連はアメリカとの対話に積極的になり，レーガン政権も核軍備管理，さらには核軍縮のための交渉に応じた。1987年末には，初の核軍縮条約として，中距離核戦力（INF）全廃条約が米ソ間で締結され，新冷戦は過去のものとなった。

さらに，1989年にはソ連が「東欧革命」を黙認し，ヨーロッパにおける冷戦の象徴であったベルリンの壁さえも撤去された。同年末，マルタ島での米ソ首脳会談でついに冷戦の終焉にいたり，90年には東西ドイツの統一，91年には米ソの第1次戦略兵器削減条約（START I）締結とワルシャワ条約機構の解体，そして同年末にはソ連自体の解体と，めまぐるしい勢いで事態は推移していった。しかも，この間には，湾岸危機・戦争（1990–91年）が発生し，米ソが協調している。

では，なぜ冷戦は終焉したのか。

アメリカの「封じ込め」戦略が長期的に功を奏して，ソ連が内部崩壊したと見ることもできよう。アフガニスタンをはじめとして，ソ連が国力を超えた軍事介入を重ね，「帝国の過剰拡大」（ポール・ケネディ）に陥ったとの見方もある。前者はアメリカ外交の得点であり，後者はソ連外交の失点である。これにソ連の計画経済の破綻が重なる。

個人のレベルでは，改革派のゴルバチョフの登場が決定的だったとする向きが多い。だが他方で，レーガンの軍拡路線こそが末期のソ連を追いつめたという主張もある。アメリカでは，前者は民主党系，後者は共和党系の論者に根強く，党派性を帯びている。「レーガンが冷戦に勝ったのではなく，ゴルバチョフが冷戦を放棄したのである。アメリカで他の大勢がゴルバチョフの重要性を認める前から，それを認めることで，レーガンは冷戦終結の環境作りをした」と，ジャーナリストのマンはバランスよく論評している。

冷戦の終焉は，時期についてはその起源よりも明確だが，その起源と同様に単一の原因によって説明することはできない。それは何十年にもわたる努力の集積であるし，米ソ両国だけでなく西欧や日本の協力，東側陣営内での反政府運動や地下組織の活躍，国際世論の勃興などに支えられたできごとだったのである。

冷戦の終焉はしかし，国際政治の平和と安定，公正をもたらすものではないことが，ほどなく明らかになる（→unit **6**）。

引用・参照文献

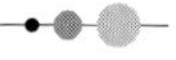

石井修『国際政治史としての二〇世紀』有信堂高文社，2000年。

ウェスタッド，O. A.／益田実監訳，山本健・小川浩之訳『冷戦——ワールド・ヒストリー』上・下，岩波書店，2020年（原著2017年）。

ガディス，J. L.／河合秀和・鈴木健人訳『冷戦——その歴史と問題点』彩流社，2007年（原著2005年）。

ギャディス，ジョン・L.／五味俊樹・坪内淳・阪田恭代・太田宏・宮坂直史訳『ロング・ピース——冷戦史の証言「核・緊張・平和」』芦書房，2002年（原著1987年）。

ケナン，ジョージ・F.／清水俊雄（Ⅰ・Ⅱ）・奥畑稔（Ⅲ）訳『ジョージ・F. ケナン回顧録』Ⅰ・Ⅱ・Ⅲ，中公文庫，2016・17 年（原著 1967 年）。

ケネディ，ポール／鈴木主税訳『大国の興亡――1500 年から 2000 年までの経済の変遷と軍事闘争〔決定版〕』上・下，草思社，1993 年（原著 1987 年）。

佐々木卓也『冷戦――アメリカの民主主義的生活様式を守る戦い』有斐閣 Insight，2011 年。

佐々木卓也編『戦後アメリカ外交史〔第 3 版〕』有斐閣アルマ，2017 年。

志田淳二郎『米国の冷戦終結外交――ジョージ・H・W・ブッシュ政権とドイツ統一』有信堂高文社，2020 年。

ナイ，ジョセフ・S., ジュニア＝デイヴィッド・A. ウェルチ／田中明彦・村田晃嗣訳『国際紛争――理論と歴史〔原書第 10 版〕』有斐閣，2017 年（原著初版 1993 年）。

永井陽之助『冷戦の起源――戦後アジアの国際環境』Ⅰ・Ⅱ，中公クラシックス，2013 年。

村田晃嗣『レーガン――いかにして「アメリカの偶像」となったか』中公新書，2011 年。

村田晃嗣『現代アメリカ外交の変容――レーガン，ブッシュからオバマへ』有斐閣，2009 年。

Haass, Richard N., “The Age of Nonpolarity: What Will Follow U. S. Dominance,” *Foreign Affairs*, May/June 2008.

Mann, James, *The Rebellion of Ronald Reagan: A History of the End of the Cold War*, Viking, 2009.

Trachtenberg, Marc, *History and Strategy*, Princeton University Press, 1991.

文献案内

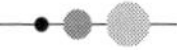

□ **ガディス，J. L.／河合秀和・鈴木健人訳『冷戦――その歴史と問題点』彩流社，2007 年。**

冷戦史の大家が，これまでの研究成果をふまえて，「主として冷戦がもはや『時事問題』でなくなった新世代のため」に，平易に冷戦史を叙述したもの。しかし，その内容は高度で多くの深い洞察に溢れている。

□ **永井陽之助『冷戦の起源――戦後アジアの国際環境』Ⅰ・Ⅱ，中公クラシックス，2013 年。**

日本人研究者の手による最も本格的な冷戦起源論。とりわけ，アジアにおける冷戦の起源に重きを置いている。著者の深い学識と論争的な叙述のスタイルが読む者を魅了してやまない。

□ **ウェスタッド，O. A.／益田実監訳，山本健・小川浩之訳『冷戦――ワールド・ヒストリー』上・下，岩波書店，2020 年。**

イギリスで教鞭をとるノルウェー人の中国専門家が，冷戦をグローバル・ヒストリーとして 100 年の視野でとらえた力作。発展途上国の動向も詳しく分析されている。

□ **山本健『ヨーロッパ冷戦史』ちくま新書，2021 年。**

米ソ冷戦の舞台と見られることの多かったヨーロッパに焦点を当て，NATO やワルシャワ条約機構などの動きを詳述した通史。また，北欧や地中海，バルカン半島まで目配りされている。

unit 6

ポスト冷戦

――「冷戦後」から再びの「新冷戦」へ

Keywords
ならず者国家，グローバリゼーション，1極構造，テロとの戦い，パワー移行，大国間競争，体制間競争

冷戦後秩序の模索

冷戦終結過程は1989年の東欧革命を経て，91年末のソ連崩壊で完結した。この大変動に加え，その途上で生じた湾岸戦争を機に冷戦後秩序の模索が始まった。

1991年1月に始まった湾岸戦争では，国連安全保障理事会（安保理）決議に基づいて結成された多国籍軍がイラクに勝利し（→unit **21**），国連を中心とする安全保障秩序への期待が高まった（→unit **22**）。当時，特に経済面で自信を低下させていたアメリカのジョージ・H. W. ブッシュ政権も，国連中心の「新世界秩序」の形成を説いた。しかし，まもなく国連は平和執行型の平和維持活動（PKO）の失敗で限界を露呈し，同盟や地域機構が国際秩序を維持・回復する主体として重視されるようになっていった。

冷戦が終わり，米ソまたは東西陣営間の大規模戦争に備える必要性が低下し，内戦を含む地域的・局地的な紛争への対処といった危機管理や，「**ならず者国家**」という新しい脅威による地域的な現状変更の抑止が重要課題となった。ソ連・共産主義陣営の脅威に対抗して形成された冷戦期の同盟，地域協力や統合のために作られた地域機構が，しばしばその役目を担うこととなった。

たとえば，朝鮮半島の分断や中国と台湾など「冷戦の残滓（ざんし）」が存在する北東アジアでは，1993年に第一次北朝鮮核危機が発生し，武力行使も検討したクリントン米政権は日米安保体制に期待を寄せた。しかし日本では，朝鮮半島で軍事作戦を行う米軍を支援するための国内法が未整備で，日米同盟は「漂流」状態に陥った。これを受けて「日米安保再定義」と呼ばれた同盟の見直しが進み，危機管理態勢が強化されることとなった（→**unit 11**）。同時に，大規模災害への対応や安定的な安全保障環境の構築などへと日米協力の範囲が広がった。

このように，冷戦期の同盟はそれぞれに新たな役割を見出しつつ，加盟国間やパートナー諸国との非軍事的な協力の枠組みとしての側面をも拡大した。ただし，その多くは，中ロなどの将来的な不確実性への備え（ヘッジ）でもあり続けた。こうした同盟の多面性は，のちの「新冷戦」の背景にもなっていく。

地域機構が十分に発達していなかった中東では，イラクのフセイン政権が残存していたこともあり，湾岸戦争以降アメリカの関与が大幅に拡大した。1993年のパレスチナ暫定自治合意（オスロⅠ合意）など中東和平の進展も見られたが，その後事態は悪化し，イラクおよび敵対関係の続くイランに対する「二重の封じ込め」を含む中東への関与は，アメリカにとって大きな負担となっていく。同時に，アメリカの対応・姿勢が状況を悪化させることもあった。

一方，経済面では，冷戦期に西側自由主義世界を中心として進んできた資本主義の**グローバリゼーション**が，社会主義圏の消失を受け，より広範囲で進み始めた。ヨーロッパ共同体（EC）では，1970年代の石油危機以降の経済成長・統合が停滞した「暗黒時代」を脱すべく，86年に市場統合の加速化を謳（うた）った単一欧州議定書が採択されていたが，92年2月に調印されたマーストリヒト条約などで，その方針が実践され始めた。同条約の発効を受け，93年11月にはヨーロッパ連合（EU）が発足し（→**unit 18**），単一市場の形成や通貨統合などが具現化され始めた。民主化・自由化を始めた東欧諸国はEU諸国との関係を強め，EU側も東欧の体制移行を積極的に支援した。

共産党一党独裁体制を維持していた中国は，1989年，ゴルバチョフ政権下のソ連との和解を実現し，冷戦の重要な側面となっていた中ソ対立も終息に向かった。ゴルバチョフの訪中直後に天安門事件を起こし，西側諸国との関係は一時的に冷え込むが，改革開放路線は継続され，92年には「社会主義市場経済体制」の構築が打ち出された。まもなく回復した海外からの直接投資を梃子（てこ）に，中国は成長を加速させていった。

重要ポイント⑥

「旧敵国」の統合という難題

大きな戦争のあとに築かれる国際秩序の安定性・持続性は，その形成を主導・支持する戦勝国側が「旧敵国」となった戦敗国との「和解」を実現し，ともにその秩序を支えていけるかに大きくかかっているといわれる。勝者のみに都合の良い平和を敗者に押し付けたともいえる第一次世界大戦後のヴェルサイユ体制は，きわめて脆(もろ)いものであった。第二次世界大戦後は戦勝国間で冷戦が生じてしまったが，西側諸国の多くは日本や西ドイツといった旧敵国との和解を実現し，狭い意味での「国際社会」に現状維持勢力として統合することに成功した。

冷戦後は，その「国際社会」が旧東側諸国を統合できるかが，秩序形成・維持における重要な課題であった。アメリカの関与政策はその具体的な方策でもあった。しかし貿易や経済協力を誘因にする関与政策は，対象国がそのおかげで増大した経済力を軍事力に転化するといったリスクを伴うものであり，内外に批判を生みやすい政策でもあった。実際「宥和」と差異化すべく，裏切られた場合の「備え」も重視しながら展開されることの多い政策であった。

しかし，対象国は「備え」の方を自国への脅威と見て反発するという事態も生じうる。そうなれば，もとより内側からの変化は長時間を要するということとも相まって，関与政策への批判も激化する。その失敗が主張され，見直しが進めば，「備え」はもはや将来の不確実性ではなく現在の危険性に対する喫緊の課題と認識されるようになり，対象国への政策は「封じ込め」の色彩を濃くしていくことになる。

冷戦後の国際政治は，残念ながら，このような道をたどってきてしまったようである。とくに中ロについては，関与政策に固執することは，脅威に必要な対応をせず第二次大戦を勃発させた「危機の20年」を繰り返すことだという警鐘も繰り返し鳴らされてきたが，だからといって「新冷戦」に向かうことが適切なのかは無論自明ではない。しかしプーチン大統領が強行したウクライナ侵攻は，その回避をさらに難しいものにしてしまったように思われる。

顕在化するアメリカ1極構造

1993年に発足したクリントン米政権は，当初，中国に対し「人権外交」(→unit **14, 23**) を展開した。それが行き詰まると，同政権は，世界経済への「関与」で得られる利益を誘因として，国内の制度や価値観を内側から変えさせ，結果的に自由で開放的な国際秩序が「拡大」することをうながす「関与・拡大政策」を定式化した (→unit **28**)。その背景には，民主主義国同士が戦争をしたことはないとする民主的平和論があったとされる（→unit **8**）。関与政策の最大の対象は中国であったが，改革が停滞しがちなロシアなどの移行経済圏諸国にも適用され，アメリカ以外の自由主義諸国も事実上これに倣（なら）った。

多くの途上国は，対立する2超大国を競わせるように自らを援助させるという選択肢を失い，加速化するグローバリゼーションのなかで厳しい競争を強いられるようになった。冷戦構造によってうながされてきた戦略援助は減り，アフリカ諸国の伝統的ドナーであった西欧諸国の関心は東欧の支援に向かった（→unit **25**）。

アメリカは情報技術（IT）革命の進展にも助けられ，1992年以降，その直前までアメリカを抜くといわれていた日本や統一されたドイツを上回る成長率で経済を回復させていった。中国は成長率でこそアメリカを上回っていたが，国内総生産（GDP）におけるアメリカとの差は広がり続けた。民主党の伝統的な「大きな政府」路線を拒んだクリントン政権は，98年までに財政赤字を解消した。

こうして経済面での自信を回復させたアメリカは，次第に単独行動主義（ユニラテラリズム）を強めていった。冷戦後に対策が始まった気候変動問題では，1997年末，アメリカも主導して，先進国等の温室効果ガス排出削減義務を定めた京都議定書が採択されたが，共和党多数の米議会では批准の目途は立たなかった（→unit **26**）。冷戦後の主要課題となっていた大量破壊兵器（WMD）の不拡散に加え，核兵器国の核軍縮にも寄与すると目された包括的核実験禁止条約（CTBT）が96年に採択されたが，99年，米議会は批准決議を否決した（→unit **20**）。ならず者国家のWMD・ミサイル脅威に対する「拡散対抗政策」の柱としてミサイル防衛開発も進んだが，これも単独行動主義の一例ととらえられ，ロ中を警戒させた。

また，北大西洋条約機構（NATO）への加盟を希望する東欧諸国に関しては，1996年，クリントン政権が加盟容認に転じ，99年4月，ポーランド，チェコ，ハンガリーがNATO加盟を果たした。NATOは，冷戦終結期に解体を始めたユーゴスラヴィアで生じたボスニア紛争で，94年，結成以来初の武力行使に踏み切り，翌年の大規模空爆で和平実現を後押しした。この武力行使は国連安保理決議での授権を得ていたが，その後同じくユーゴで起こったコソヴォ紛争では安保理で拒否権をもつロシアとの協調が見込めない状況となった。99年3月，NATOは安保理決議のないまま「人道的介入」と称して，コソヴォ紛争に介入した。一部ではこれもアメリカの単独行動主義と評された。2カ月以上に及んだユーゴ空爆では，米軍機による中国大使館の誤爆も発生した。同年末，ロシア大統領エリツィンが大統領代行に指名したのが，プーチンであった。

冷戦終結期には2極構造から多極構造への移行も予想されていたが，1990年代末までに顕在化したのは，アメリカを唯一の超大国とする**1極構造**であった。ただし，その顕在化をうながした急速なグローバリゼーションの進展は，97年にアジア通貨危機が起こる背景にもなった。危機はロシアや南米にも及び，救済を試みた国際通貨基金（IMF）の厳しい構造改革要求を受けて，インドネシアのように政権が転覆するといった事態も生じた（→**unit 24**）。グローバリゼーションやそれを支える諸制度のさまざまな問題が露呈したといえるが，グローバリゼーションに適切に対応できていなかったアジア諸国側に問題があったという見方もあった。世界各地で反グローバリゼーションの動きが起こったものの，根本的な方向転換は起こらなかった。

「テロとの戦い」へ

皮肉にもグローバリゼーションを大いに利用し，その牽引役を担うアメリカに甚大な危害と衝撃をもたらしたのが，2001年の9.11テロ事件であった。アフガニスタンに主要拠点を置き，世界各地にテロ実行要員を抱えるアルカイダが，アメリカの中東関与などに反発して，民間航空機を乗っ取り，ニューヨークの世界貿易センタービルや米国防省に突入させたのである。同年1月に発足していたジョージ・W. ブッシュ米政権は，事件を受けてアフガニスタン攻撃を開始し，世界は「**テロとの戦い**」の時代に突入した（→**unit 21**）。

政権発足までにアメリカのミサイル防衛計画や軍事介入などで米ロ関係は悪化していたが，ブッシュ政権は，ロシアはもはや敵ではなくアメリカの戦略戦力を恐れる必要はないと主張して，より積極的にミサイル防衛を進めようとした。中国については，2000年の大統領選挙戦中から「戦略的競争相手」と位置づけ，政権発足後も米中軍用機の接触事件やアメリカによる台湾への武器輸出などで関係は冷え込んだ。さらには，京都議定書から離脱するなど，単独行

図 6-1　主要国の名目 GDP の推移

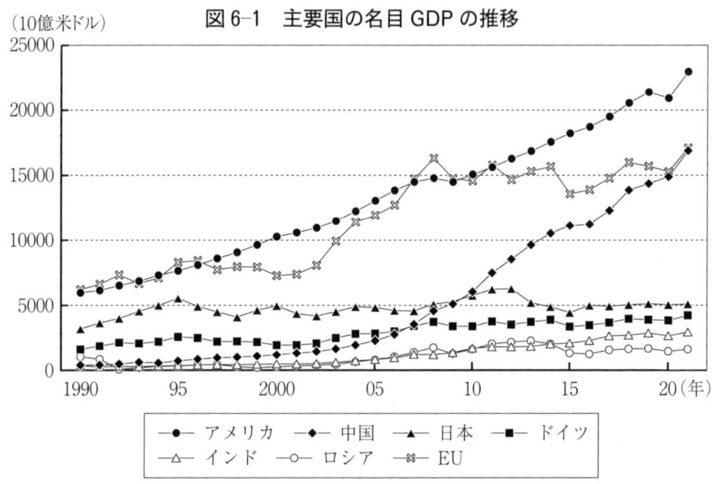

［出典］ International Monetary Fund, World Economic Outlook, April 2022 (https://www.imf.org/external/datamapper/NGDPD@WEO/OEMDC/ADVEC/WEOWORLD?year=2022).

動主義も際立った。しかし 9.11 テロ事件後は対テロ協調が図られ，米ロ・米中関係も好転した。とくに米中関係は，その後も比較的良好でありつづけた。

2001 年 12 月には，前クリントン政権期に米中が合意していた中国の世界貿易機関（WTO）加盟が実現した。冷戦期に貿易自由化を漸進させてきた「関税及び貿易に関する一般協定（GATT）」は，1995 年に WTO へと組織化され，グローバリゼーションの主要な推進母体となっていた。その WTO に加盟して以降，中国の貿易額は急増した。たとえば財の輸出額で中国は，WTO 加盟までの 10 年間で世界 11 位から 6 位まで順位を上げていたが，加盟後の 06 年にはアメリカを抜いて 2 位，08 年にはドイツを抜いて 1 位になった。同じく加盟までの 10 年間で国内総生産（GDP）の成長率は約 14% から 8% 程度に下がっていたが，加盟後に再上昇し 07 年には再び 14% を超えるにいたった。さらに，10 年までには GDP で世界 2 位だった日本を追い抜いた（→**unit 28**）。ただし，WTO における貿易自由化は停滞し，二国間・多国間の自由貿易協定（FTA）などの締結に示されるように，「複数国間主義（プルリラテラリズム）」が主流となっていった。

9.11 テロ事件で一時的に落ち込んだアメリカ経済もすぐに回復し，ブッシュ政権は単独行動主義を強めていった。アフガニスタンのタリバン政権を早々に倒した後は，WMD 開発やテロ支援などを理由にイラクへの圧力を強めた。2002 年にはイラク・イラン・北朝鮮を「悪の枢軸」と呼び，テロ組織と WMD を結びつける危険を強調して先制攻撃による体制転換（レジーム・チェンジ）の必要を訴え始めた。そして翌年 3 月，ロ中に加え，独仏などが反対するなか，アメリカは英豪などとイラク戦争を開始した。フセイン政権は呆気なく崩壊したが，WMD の備蓄は発見されず，攻撃の正当性が疑問視された。しかもイラクの占領・復興は難航し，宗派対立が激化したイラクに十数万の米軍が長期駐留を余儀なくされた。より深刻な WMD 開発疑惑を抱えていた北朝鮮・イランへの攻撃の見込みはほぼなくなり，多国間交渉での解決が試みられていく。

イランの核開発疑惑の浮上とイラク戦争の泥沼化は，原油価格の急騰をうながした。その恩恵を受けた産油国ロシアは急速に国力を回復させ，プーチンの言動も強硬になっていった。プーチンは，2003 年ごろからジョージアやウクライナなど旧ソ連諸国で進み始めた「カラー革命」の背後にアメリカの存在を疑い，04 年の NATO の第 2 次東方拡大で東欧諸国に加え旧ソ連構成国のバルト 3 国までもが NATO に加盟したことなどで，西側への反感を募らせた。04 年には，95 年の中立国 3 カ国（オーストリア，フィンランド，スウェーデン）に続き，東欧諸国やバルト 3 国が EU にも加盟した。その後アメリカによる東欧へのミサイル防衛配備計画が浮上すると，ロシアは激しく反発した。そして，西側への接近を強めていたジョージアとの対立を激化させ，08 年 8 月には南オセチア紛争が勃発（ぼっぱつ）するにいたった。このころには，すでに米ロ間に「新冷戦」の再来を指摘する向きも見られた。

しかしアメリカはテロとの戦いに拘束され続けた。イラクでは 2007 年からの米軍増派と対反乱作戦（COIN）によって治安がある程度回復したが，米兵死傷者を含む戦争の費用は膨張していた。アフガニスタンでは逆に情勢が悪化していた。06 年には北朝鮮が初の核実験を行い，イランも態度を硬化させ，核開発を進展させていた。

2007 年にはアメリカで住宅バブルが崩壊し，翌年 9 月に巨大証券会社のリーマン・ブラザーズが倒産するという「リーマン・ショック」が起こった（→unit 24）。世界大恐慌以来の世界的な金融危機といわれ，ブッシュ政権も巨額の公的資金の投入を強いられた。その直後の大統領選挙で米国民が選んだのは，「変化（チェンジ）」を掲げる民主党のオバマであった。

「撤退」するアメリカ

オバマ政権は，イラク戦争などで悪化したアメリカのイメージや対外関係の回復を図り，金融危機や山積する外交課題に多国間協調で対処しようと努めた。対ロ関係を「リセット」し，中ロの協力も得て金融危機，テロとの戦い，WMD拡散などに臨もうとしたのである。とくに経済面では中ロ印などの「新興国」への期待が高まり，G8に代わりG20が重要な枠組みになるともいわれた。日本以上に米国債を買い支えた中国の役割も一部で高く評価された。

しかし気候変動問題で，世界最大の温室効果ガス排出国となっていた中国が期待されたような協力姿勢を示さず，海洋活動を活発化させたことなどを受け，中国の台頭という「**パワー移行**」（→unit **7**）への警戒感が強まった。日本は尖閣諸島を国有化するが，逆に東シナ海における中国の活動は激化した。南シナ海では中国による人工島建設も進み始めた（→unit **28**）。

テロとの戦いでは，アフガニスタンへの限定的な増派はオバマ政権のめざす米軍撤退にはつながらず，イラクからの撤退のみが2011年末までに実現された。国防費抑制の必要もあり，オバマ政権はアジア太平洋地域に重点を移す「リバランス」を掲げたが，中東からの撤退は思うようには進まず，リバランスを制約した。14年には，ロシアによるクリミア併合に続き，ウクライナ東部での親ロシア派勢力およびロシアとウクライナとの戦争が始まった。NATOはバルト3国などロシアの近隣で抑止力強化などを進めた。同じく14年にはイスラム国（IS）問題が顕在化し，アメリカは小規模ながら米軍のイラク再派遣を余儀なくされた（→unit **21**）。

とはいえ，アメリカの中東関与は確実に縮小していった。代わりに，「一帯一路」構想を進めることになる中国が経済的進出を強め，ロシアは軍事的にも進出した。2011年，NATOは前年末以来の「アラブの春」（→unit **14**, **23**）を契機とするリビア内戦に介入し，カダフィ政権崩壊に寄与したが，オバマ政権はヨーロッパ諸国に主導権を委ねて「背後からの主導」に徹した。シリア内戦では，オバマがアサド政権に対し「レッド・ライン」と警告していた化学兵器使用が認定されても，軍事介入の威嚇は実行されず，対応はロシアに任された。

2014年のウクライナ危機は，こうしたアメリカの消極性に助長されたともいわれた。ロシアは翌年にはシリア内戦に介入して，窮地のアサド政権を救った。ロシアはまた，時に反目しつつもNATO加盟国でもあるトルコとの関係を緊密化し，アメリカが撤退していく中東で存在感を高めていった。

アラブの春に起因する混乱はヨーロッパにも及んだ。リーマン・ショックに続くユーロ危機で経済的不満が高まるなか，内戦に陥った中東・北アフリカ各国，とくにロシア介入後のシリアから大量の避難民が流れ込み，EU各地で排外的なナショナリズムが高まった。2016年にイギリスが国民投票でEU脱退「ブレクジット」を僅差とはいえ選んだ背景にも，移民流入問題があった（→**unit 18**）。統合やグローバリゼーションなどの恩恵に与れず，政治にも救われない人々が，彼らが敵視する既得権益層やその支持層と激しく対立し，国家を分断させるという構図は，ヨーロッパに加えアメリカにも顕著に見られた。

オバマ政権期の主要な外交成果である2015年7月のイラン核合意（JCPOA），同年12月の気候変動に関するパリ協定，リバランスの経済的支柱とされた翌年2月の環太平洋パートナーシップ（TPP）協定はいずれも，米国内に強い反対を抱えながら達成された。それら反対勢力にも支持されて17年に発足したトランプ政権は，そのすべてから離脱するなど，世界に広がる自国第一主義の象徴となった。同政権はまた，核実験・ミサイル発射を繰り返していた北朝鮮に対しては「最大限の圧力」で緊張を煽ったうえで，初の米朝首脳会談を実現するが，結局，具体的な成果は得られなかった。さらには国内政治上の理由から極端な親イスラエル姿勢をとって，イスラエルが敵視するイランとの対立を激化させ，JCPOAを脱退した翌19年には軍事衝突寸前にまでいたるなど，国際社会を激しく動揺させた。

「大国間競争」の時代へ

他方でトランプ政権は，2017年末の「国家安全保障戦略」などで，とくに中ロとの「**大国間競争**」に備える必要を強調していた。イランとの対決姿勢のために一部増派も行われたが，テロとの戦いからのかなり性急な米軍撤退が相次ぐこととなった。アフガニスタンでは反体制武装勢力タリバンと交渉し，同国政府を差し置いて，20年2月，翌年5月までに米軍が全面撤退することを含むドーハ和平合意を結んだ。

中国についてトランプ政権は，当初，交渉による貿易不均衡の是正を試みるが，2018年半ばには米中貿易戦争と呼ばれる状態に陥り，関与政策の失敗も公言された。ロシアによる違反が指摘されてきた1987年の中距離核戦力（INF）全廃条約から脱退した際にも，無規制状態にあった中国の中距離ミサイル増強が主な理由とされた。20年春，新型コロナウイルス感染症の「パンデミック」（世界的大流行）が宣言され，現代国際社会が経験したことのない甚大な影響を国際政治に及ぼすが，混乱した対応で米国内の感染拡大を助長したといえるトランプ大統領は，ここでも中国の責任を声高に主張した。

このような対中強硬姿勢は，「冷たい内戦」といわれるまでに分断が深刻化したアメリカでも超党派的に支持された。2021年に発足したバイデン政権もインド太平洋の重視を継承し，中国を「最も重大な競争相手」と位置づけるとともに，大国間競争の「**体制間競争**」としての側面を強調した。同年8月，内外の反対を押し切ってアフガニスタンからの米軍全面撤退を強行し，タリバンの政権掌握（しょうあく）を許すことになった際にも，中国に備える必要を強調して「終わりなき戦争」からの脱却を正当化した。

中国の台湾攻撃も懸念されるにいたっていたが，より切迫した脅威はロシアであった。とくに2021年秋以降ウクライナへの軍事的圧力を強めたロシアは，22年2月，同国への侵攻を開始し，核使用の威嚇も発してアメリカやNATOの介入を抑止した。ロシアにとって，冷戦後のNATO東方拡大は協調的安全保障枠組みの拡大などではなく，冷戦期からのヨーロッパ分断線の接近であったといえる。対ロ制裁も幅広く実施されたが，多くが「戦争犯罪」と非難するロシアの蛮行は止められなかった。中ロが関与政策の帰結でもある深化した経済的相互依存を「武器」として利用する（→unit 21）ということもあらためて鮮明化するなか，少なくとも3度目の「新冷戦」到来が広く指摘された。

国連安保理は十分に機能できず，核保有国相手には人道的介入もできないといった現代国際システムの限界が，大国間競争の顕在化によって再確認されたといえる。人権規範や環境意識の強化・普及など，冷戦後さまざまに実現してきたように思われた国際政治の「進歩」は否定されたのか。あるいは「近代」

の残滓が克服されていくのか。おそらくは双方に向かう動きの相克が，ソーシャル・メディアなどの技術的発展にもうながされた大衆の参画をともないながら，続いていくものと考えられる。

引用・参照文献

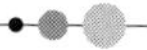

アチャリア，アミタフ／芦澤久仁子訳『アメリカ世界秩序の終焉——マルチプレックス世界のはじまり』ミネルヴァ書房，2022 年（原著 2018 年）。

石川卓「ヨーロッパ分断とアメリカ」五味俊樹・滝田賢治編『現代アメリカ外交の転換過程』南窓社，1999 年，78–103 頁。

梅本哲也『米中戦略関係』千倉書房，2018 年。

遠藤乾『欧州複合危機——苦悶する EU，揺れる世界』中公新書，2016 年。

岡部みどり編『世界変動と脱 EU／超 EU——ポスト・コロナ，米中覇権競争下の国際関係』日本経済評論社，2022 年。

酒井啓子『9・11 後の現代史』講談社現代新書，2018 年。

佐橋亮『米中対立——アメリカの戦略転換と分断される世界』中公新書，2021 年。

末近浩太『中東政治入門』ちくま新書，2020 年。

中本悟・松村博行編『米中経済摩擦の政治経済学——大国間の対立と国際秩序』晃洋書房，2022 年。

廣瀬陽子『ロシアと中国　反米の戦略』ちくま新書，2018 年。

村田晃嗣『現代アメリカ外交の変容——レーガン，ブッシュからオバマへ』有斐閣，2009 年。

村田晃嗣『トランプ vs バイデン——「冷たい内戦」と「危機の 20 年」の狭間』PHP 新書，2021 年。

山本和人・鳥谷一生編『世界経済論——岐路に立つグローバリゼーション』ミネルヴァ書房，2019 年。

Adler, Emanuel, and Beverly Crawford, eds., *Progress in Postwar International Relations*, Columbia University Press, 1991.

Auslin, Michael R., *Asia's New Geopolitics: Essays on Reshaping the Indo-Pacific*, Hoover Institution Press, 2020.

Cooley, Alexander, and Daniel Nexon, *Exit from Hegemony: The Unraveling of the American Global Order*, Oxford University Press, 2020.

Drezner, Daniel W., Henry Farrell, and Abraham L. Newman, eds, *The Uses and Abuses of Weaponized Interdependence*, Brookings Institution Press,

2021.

Hoekman, Bernard M., and Charles F. Sabel, "Plurilateral Cooperation as an Alternative to Trade Agreements: Innovating One Domain at a Time," *Global Policy*, Vol. 12, No. 3, April 2021, pp. 49–60.

Kupchan, Charles A., *How Enemies Become Friends: The Sources of Stable Peace*, Princeton University Press, 2010.

Sakwa, Richard, "'New Cold War' or Twenty Years' Crisis: Russia in International Politics," *International Affairs*, Vol. 84, No. 2, March 2008, pp. 241–267.

Sarotte, M. E., *Not One Inch: America, Russia, and the Making of Post-Cold War Stalemate*, Yale University Press, 2021.

United Nations Conference on Trade and Development, "China: The Rise of a Trade Titan," April 2021 (https://unctad.org/news/china-rise-trade-titan).

文献案内

□ **田中明彦『ポストモダンの「近代」――米中「新冷戦」を読み解く』中公選書，2020年。**

冷戦後国際政治の主要な動きや関連して登場する主要な概念を広く学ぶことができる。中国・ロシアを脱近代化する世界における「近代」ととらえ，米中の覇権競争や中国台頭の意味合いを焦点の一つとする。

□ **森聡・福田円編『入門講義 戦後国際政治史』慶應義塾大学出版会，2022年。**

戦後の国際政治史を，5つの時期に区分し，各時期についてアメリカ・欧州／ロシア・中東・アジア・日本の地域別に概観していく。全5章中の第4・5章で冷戦後の展開を扱っている。

□ **長谷川雄一・金子芳樹編『現代の国際政治――変容するグローバル化と新たなパワーの台頭〔第4版〕』ミネルヴァ書房，2019年。**

第1部では冷戦・軍縮・アメリカ外交・民族問題・環境問題など主要なイシュー別に，第2部では朝鮮半島・東南アジア・中東・欧州・中南米など地域別に，冷戦後の国際政治の展開を解説する。第3部では日本外交を扱う。

第2章

国際政治の見方

Introduction 2

この章の位置づけ

第1章では，国際政治学で何を学ぶかの一端を実感できたはずである。この章では，その分析対象をどのように見るのかという観点から，主要な国際政治理論を中心に学んでいく。

近年「イズム」間の論争は後退傾向にあるとされるが，まずは複数の「イズム」に象徴される多様な見方があること，見る角度によって見え方も変わることを実感してもらいたい。

この章で学ぶこと

unit 7　国家，国益，パワーなど国際政治学の最も基本的な概念を確認するとともに，国際政治理論の伝統的な三大潮流のうち，パワーを重視するリアリズムの主要な理論を学ぶ。

unit 8　伝統的な三大潮流のうち，リアリズムとともに二大潮流をなしてきたリベラリズムの主要な理論を学ぶ。リアリズムに比べ，より協調的な国際政治のあり方が描かれる。

unit 9　伝統的な三大潮流のなかで少数派であったといえるマルクス主義の主要な理論を学ぶ。近年でも経済・社会的な危機を契機に注目を集めることが多い強者と弱者の垂直的な関係，支配や搾取に照射する。

unit 10　とくに冷戦終結以降リアリズム，リベラリズムとともに新たな三大潮流をなすと位置づけられるようになったのが，主体の認識を重視するコンストラクティヴィズムである。他の潮流との比較も交え，その骨格を理解する。

unit 11　国際政治学がもとより安全保障問題を重視してきたために，安全保障に特化した一般的な理論は，ほとんど構築されてこなかった。ここでは，安全保障に密接にかかわる基本的な概念を学ぶ。

unit 12　国家と市場と社会との相互作用に注目する国際政治経済学の主要な理論にふれながら，国際政治の経済的な側面の基本を学ぶ。

unit 13　文化や価値観，宗教などの国際政治における役割，およびこれを重視する主要な見方を学ぶ。これは，社会的側面へと裾野を広げてきた国際政治学が，近年，とくに注目するようになった側面である。

unit 7

パワーと国益
——リアリズム，ネオリアリズム

Keywords
主権国家，パワー・ポリティクス，勢力均衡，無政府状態，覇権安定，パワー移行

パワーと国益

国際政治における主体は**主権国家**と非国家主体に大別できる。非国家主体としては，非政府組織（NGO），諸国家を構成員とする国際組織（IGO），国境を越えて活動する企業・多国籍企業（MNC），特定の個人，また国際テロ組織などがあげられる（→unit 19）。近年，非国家主体の重要性増大が指摘され，グローバル市場の拡大も背景に，国家の重要性低下も指摘されるようになっているが，国際政治の最重要主体が国家であることは依然として否定しがたい。

unit 1 でも見たように，国家は，領土，被統治者としての国民，統治者としての政府で構成される。非国家主体との決定的な相違は，ドイツの社会学者ウェーバーのいう「正当な暴力の独占」が国家のみに認められているという点に見出せる。非国家主体は，各国家により暴力の行使を禁じられた私人で構成されているか，暴力装置をもたないかのいずれかである。国際連合（国連）安全保障理事会（安保理）の決議に基づく軍事制裁は「正当な暴力」となりうるが，国連自体は軍事的な能力をもっていない（→unit 17）。その能力は，国連に加盟する諸国家によって提供される可能性があるにすぎない。国連安保理が軍事制裁を加盟国に義務づけることは，国連憲章上は可能だが，過去に実例はない。非正当な暴力に対し，諸国家による「正当な暴力」の行使が必要になる限り，国際政治における主権国家の特別な地位が失われることはないのである。

その国家の国際政治における目的は,「国益」という概念で論じられる。国益は,政治的独立・領土の保全,国民の安全,経済的厚生,資源供給源・海外市場の確保,イデオロギー・理念の維持・拡大,国家の威信などからなる。このうち物質的な利益,とくに領土の保全,国民の安全などは,「死活的利益」と呼ばれ,国益のなかでも最重視されることが多い。そして,国家の対外行動はなんらかの国益を維持・拡大しようとする動きとして理解される。国益に適(かな)った行動は助長され,国益に反する行動は自重されると想定されるのである。

国家が国益を追求する手段となるのが,「パワー」である。各国のパワーは,軍事力,経済力,領土,地理的特徴,人口,国民性,国家の凝集性,官僚機構の質,外交手腕などで構成される。このうち軍事力や経済力はパワーとほぼ比例関係にあるが,領土や人口は必ずしもそうではない。領土の大きさは,耕地面積や天然資源との関係ではパワーの大きさに比例するが,防御の困難性という負担をもたらすこともある。同様に,人口の大きさは労働力・兵力・市場の大きさにはつながるが,最貧国には負担となりうる。ただし,歴史上「大国」と呼ばれてきた国には,大規模な市場を保証するだけの人口があったといわれる。また,日本を取り囲む海は有利な地理的特徴の一例である。

パワーの構成要素のうちとくに何が重要になるかは,時代や状況により異なる。また数値化しにくい要素も含むため,パワーの計測は難しいが,概して絶対値よりも相対値が重要となる。とくに国家は敵国・潜在敵国よりも自国のパワーが著しく劣ることを恐れる。大国や超大国といった概念も,他の国々との相対的な力関係を想定している。

また,パワーには自己目的化しやすいという特徴もある。国益追求の手段であるはずのパワーの拡大自体が目的になってしまうのである。これは,国益の構成要素との重複が大きく,パワーの拡大が国益の維持・拡大を容易にするためである。そして,このように自己目的化したパワーをめぐり諸国家が展開する闘争(**パワー・ポリティクス**)こそが国際政治の本質であると見るのが,リアリズムである。

古典的リアリズムの勢力均衡論

リアリズムの伝統は,古代ギリシャのトゥキディデスや中世イタリアのマキアヴェリに始まるといわれるが，国際政治理論の支配的潮流として確立される契機となったのは第二次世界大戦であった。第一次世界大戦後の1920年代には，国際連盟や不戦条約に象徴されるように，戦争を違法化することで平和を実現できるという法律主義的，理想主義的な考え方（古典的リベラリズム）が支配的であった（→unit **8**）。これを「夢想主義（ユートピアニズム）」と痛烈に批判し，国際政治の厳しい「現実」を認める必要を説いたのが，イギリスの国際政治学者カーであった。カーは，第二次大戦の勃発（ぼっぱつ）直前に刊行された『危機の20年』で，違法化された侵略戦争に対し集団で制裁を科すという「集団安全保障」のしくみを条約で作るだけでは，国家がその条約に従って行動するとは限らないとし，そのような願望的思考に基づく外交の危険性を指摘した。当時，急速に勢力を拡大していたナチス・ドイツに対し英仏などが宥和（ゆうわ）政策をとってきたことを批判し，パワーを均衡させる必要を説いたのである。

カーの懸念通り，国際社会は第二次大戦を防げず，その終結後まもなく冷戦が始まるという厳しい状況のなかで，リアリズムは支配的地位を確立していく。これに最も大きく寄与したのが，アメリカで活躍した国際政治学者モーゲンソーであった。モーゲンソーは，20世紀前半のリベラリズムの隆盛が西洋文明の危機を招いたとし，「政治的リアリズム」の必要を論じた。人間の性悪的な本質ゆえに，政治はつねにパワーをめぐる闘争となる。国際政治もその例外ではなく，国家は自己目的化したパワーの最大化に努める。そのなかで，諸国家間の関係が安定するためには**勢力均衡**（バランス・オブ・パワー）が必要であるとされた（→unit **11**）。

勢力均衡論の大前提は，「力の真空は侵略を招く」である。パワーの著しい格差は力の真空と同様に作用するため，回避すべきとされる。逆に対立する諸国家のパワーがつりあっていれば，侵略は全国家にとって高くつくこととなり，起こりにくくなる。ゆえに，諸国家は勢力均衡を図るべきとされる。とくに諸大国が勢力均衡状態にあり，その維持をめざした場合，重要な目標はいずれかの大国による圧倒的優位を阻止することとなる。それが成功している間は，諸大国間の安定が維持される。そのなかで，安定に寄与する法や制度が初めて守られるのであって，その逆ではない。勢力均衡が国際法や国際組織が機能する前提とされるのである。その好例とされたのが，19世紀前半の英仏普墺露5大国の勢力均衡に基づく「ヨーロッパ協調」であった（→unit **3**）。

以上のように，勢力均衡論は全国家の勢力均衡を想定するものではない。無論，朝鮮半島や中東など地域的な勢力均衡も時に重視されるが，国際システム全体の安定は，その時代の諸大国の勢力均衡に基づくものとされる。パワーが集中している大国を「極」と呼び，1960年代には，4から6程度の大国による安定を主張する「多極安定論」と，2つの超大国による安定を主張する「2極安定論」との論争も展開された。一般的に，2国が結ぶことで残る1国に対し圧倒的優位を形成できる3極構造は本来的に不安定であるとされるが，この論争は今日まで決着していない。

またモーゲンソーは，1960年代にアメリカが戦っていたヴェトナム戦争を国益に適うものではないと批判した。リアリズムはパワーの構成要素のうち軍事力を重視する傾向が強く，好戦的であると思われがちであるが，実際には物質的な国益がかかっていない場面で他国に干渉することには，批判的であることが多い。リアリズムは，ある国の道義や価値規範に普遍性を認めないのである。圧倒的優位の阻止という目標も，帝国による価値・文化的な一元化を嫌うリアリズムの一面を示している。

ネオリアリズムの勢力均衡論

皮肉なことに，1970年代初め，ニクソン米政権の現実主義的な外交によって実現されたデタント期に入ると，リベラリズムなどによるリアリズム批判が勢いづくが，リアリズムが主流を外れることはなかった。再び米ソ関係が悪化した70年代末には，その後の国際政治理論研究に多大な影響を残すネオリアリズムも出現した。ネオリアリズムは，ウォルツがリアリズムの伝統を引き継ぎつつも新たに作り出したもので，多くの研究者を魅了する一方で，多様な批判を生み，その後の理論研究のあり方を大きく規定した。

ウォルツがめざしたのは，科学的な国際政治理論の構築であった。そのため，結果（従属変数）を規定する原因（独立変数）の極少化を重視した。何が国際政治を動かす最も重要な変数なのかを特定することに力点を置いたのである。一般的に国際政治の分析では，国際システムまたは構造（国際），国家（国内），個人という3つのレベルが焦点となりうるが，ウォルツは排他的に構造レベルに着目すべきとした。たとえば，政治体制（→unit 14）や指導者の個性にかかわりなく，国家は自らの生き残りを追求し，必要があれば戦争に訴えるのであり，それを強いるのが国際政治の構造であるとしたのである。

では，国際政治の構造とは何か。ウォルツは，システムが構造と相互作用する主体からなるとしたうえで，その構造は3つの要素で規定されると論じた。

第1の要素は主体間の本来的な関係が階層（ヒエラルキー）的か無政府（アナーキー）的かであるとされ，国際政治の構造はもちろん無政府的であるとされた。しばしば国際政治を近代初期イギリスの政治哲学者ホッブズのいう「万人の万人に対する闘争」になぞらえるように，リアリズムは伝統的に国際政治の**無政府状態**を重視するが，ネオリアリズムは，無政府状態こそが国際政治がパワーをめぐる闘争になる主因であるとして，とくにこれを重視した。この点は，その要因を人間性に求めたモーゲンソーに代表される古典的リアリズムとの重要な相違といわれる。

第2の要素は主体間に本来的に役割・機能の相違があるかということであるが，ウォルツは，無政府状態下では一様に自らの生き残りを追求する点で，国家は同一機能を果たす主体（ライク・ユニット）であるとした。

第3の要素は主体間のパワーの分布状況であり，これは大国の数によって表現される。正確には「能力の分布状況」とされるが，これは，軍事力およびこれに容易に転化できる経済力など，物質的なパワーの源泉を重視するネオリアリズムの特徴を示している。そして，無政府状態と国家が同一機能主体であることは事実上変わらないため，このパワーの分布状況こそが唯一の変数であり，これが国際政治を動かす最も重要な要因であるとされたのである。

このように，ネオリアリズムでは，国家の行動はパワーの分布状況という国際政治の構造から最も的確に説明できるとされた。現実には国際政治構造から予測される動きとは異なる行動も見られるが，そうした動きはいずれ国際政治構造によって制裁を受けるとされた。たとえば，分不相応にアメリカに戦争を仕掛けた日本は（当時，日本側はアメリカの総合国力は日本の10倍以上と見ていた），完敗することになった。このような分不相応な行動に限らず，現実の国家行動には国内・個人レベル要因も影響している。それを承知のうえで，ウォルツは，国際政治理論の構築に際してはこれらを捨象すべきとし，これらを意味のある変数として構築できるのは「対外政策理論」にすぎず，それをいくら積み上げても国際政治全体を説明できないとしたのである。

このようにパワーの分布状況を排他的に重視するネオリアリズムは，古典的リアリズムと同様，諸大国間の勢力均衡によって国際システムは安定すると論じた。とくに冷戦期のような2極構造こそが最も安定的であるとされ，冷戦終結期には来るべき多極化が極度の不安定化を招くという悲観論も展開された。

1980年代以降，ネオリアリズムとネオリベラリズム（→**unit 8**）との論争が活発化し，80年代末にはコンストラクティヴィズム（→**unit 10**）もこれに加わった。その過程で，ネオリアリズムの発展・改善も進んだ。たとえばネオリベラリズムとの論争では，国家間協力の実現可能性が1つの争点となった。ネオリベラリズムは，国際経済などの分野で皆が利益を得られるような場合には諸国家は協力するとして，ネオリアリズムが主張するほど協力は難しくないとした。これに対し，国家は他国よりも大きな「相対的利得」（→重要ポイント⑫）を追求するため協力は困難であるとし，国際経済分野におけるネオリアリズムの有効性を主張する議論も展開された。

また，ウォルツの理論が示唆するほど，国家は他国のパワー拡大に直接的に反応するわけではないとして，「脅威の均衡」を重視する見方も登場した。国家は，総合的能力，地理的近接性，攻撃能力，攻撃意図という4要素を基準に脅威を認識し，これに対応するものとされた。たとえば，第二次大戦後，アメリカが急速にパワーを拡大するなかで，アメリカに攻撃意図がないと判断した西欧諸国や日本はこれに対抗（バランシング）しようとはせず，むしろアメリカに対抗するソ連を脅威と認識し，アメリカと同盟・提携することで生き残りを図った，という具合に，パワーの拡大が必ずしも連鎖的なパワーの拡大をもたらすわけではないという現実も説明できるとされたのである。他にも，パワーの分布状況からは「非合理的」に見える国家行動などを国内要因にも着目して説明する新古典的リアリズムの流れも形成され，今日存在感を強めている。

覇権安定論

ネオリアリズムの誕生とほぼ時を同じくして，パワーの均衡ではなく，むしろ不均衡が安定をもたらすという理論も登場した。システム内に圧倒的なパワーの優位を有する指導的な大国（覇権国）が存在すれば，システム全体が安定するとした**覇権安定**論である。勢力均衡論とは大きく異なるが，パワーを重視

重要ポイント⑦

最重要要因としてのパワーの分布状況

リアリズム，とくにネオリアリズムは，国際政治を理解・説明する鍵としてパワーの分布状況を何よりも重視する。古典的リアリズムは，諸大国の勢力均衡による安定を説くとともに，各国家に，敵国・潜在敵国に対する勢力均衡政策や，道義や価値規範を抑制し，パワーによって規定される国益により適った対外政策を処方した。ネオリアリズムも同様に諸大国の勢力均衡，とくに2極による安定を説くとともに，パワーの分布状況という国際政治の構造が諸国家の行動を規定する（より厳密にいえば，その傾向が強い）ことを力強く論じた。構造に反する行動はいずれ構造によって制裁されるとする点で，これも一種の処方箋であるといえる。

しかし，パワーの分布状況に反応するという行動は，「安全保障のジレンマ」（→unit **11**）を作用させる可能性もある。たとえばA国の軍備拡張（軍拡）に対するB国の対抗的な軍拡が，A国のさらなる軍拡やC国，D国による軍拡を引き起こし，結局，誰の安全も向上しないという事態を助長しうるということである。しかし，リアリズムは，パワーの分布状況を無視した行動には重大なリスクがともなうという国際政治の厳しい現実を説くものであり，この点はリアリズム自体のジレンマでもあるといえよう。

また，実際には国家の行動はパワーの分布状況のみで決まるわけではなく，ネオリアリズムへの批判もこの点を切り口とするものが多い。しかし，ネオリアリズム批判の上に構築された新たな理論は，おそらくはネオリアリズムがそれを最も重視するために，パワーおよびその分布状況を軽視しすぎる傾向が見られる。諸国家がこれをほとんど考慮しなくなるということでもない限り，いかなる国際政治理論もこれを少なくとも重要な要因（変数）の1つに位置づけるべきと考えられる。

する点で，これもリアリズムの潮流に位置づけられる。また，ウォルツ的なネオリアリズムと同時期に展開され，パワーの分布状況を重要な変数としていたため，覇権安定論はしばしばネオリアリズムに分類されてきた。

覇権安定論では，覇権国は圧倒的なパワーをもち，国際秩序の形成・維持を主導するとされる。多くの国がその恩恵を受けるため，国際秩序を支える諸制度は覇権国が提供する「公共財」的な性格の強いものとされる（→unit **12**)。公共財の提供費用を大きく覇権国が担うのは，秩序の最大の受益者が覇権国だからである。覇権国以外では，受益国でありながら不満を蓄積させる国も現れる。覇権国のパワーが圧倒的であるうちは，不満は効果的に抑え込まれ，システム

図7-1　覇権の循環

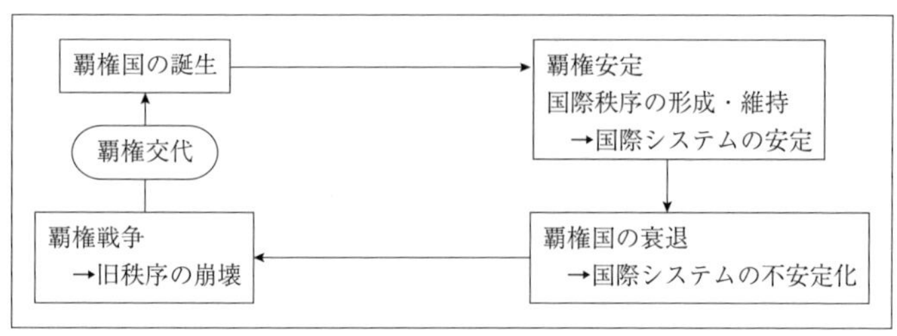

［出典］ 著者作成。

全体の安定も維持される。しかし，覇権国が衰退し始めると，秩序は揺らぎ始める。こうして，覇権国とこれに次ぐ諸大国による覇権をめぐる闘争が顕在化する。その闘争を経て次の覇権国が決まり，その台頭によって再びシステム全体が安定化するとされる。

また覇権は永続しないとされ，覇権をめぐる循環も指摘されてきた。長期的な景気循環との関連も論じられた。多様な説があるものの，16世紀のポルトガルまたはスペイン，17世紀のオランダ，18・19世紀のイギリス，20世紀のアメリカを，それぞれ覇権国とする覇権の循環が論じられてきた。たとえば，イギリスは18世紀初めのスペイン継承戦争と19世紀初めのナポレオン戦争という，2度にわたるフランスの覇権への挑戦を阻み，自ら覇権を確立・維持し，その衰退期に入った20世紀初めにドイツの挑戦を受けて，アメリカに覇権を譲ることになったと説明される。20世紀前半の両世界大戦を「覇権戦争」として一体化させる向きもあるが，第一次大戦ですでに能力的には覇権国となっていたアメリカが，戦間期，とくに1929年の世界大恐慌後に覇権国としての責任を果たさなかったことが，第二次大戦につながったとする見方もある。

覇権国の不可避的な衰退は，対外関与の過剰な拡大により費用が利益を大きく上回るようになること，技術の不可避的な拡散や「後発性の利益」により覇権を支えていた経済的・技術的優位が崩れていくことなどに起因するとされた。さらに，歴史上，覇権国の衰退により生じる覇権交代の過程は，つねに大戦争をともなってきたとされ，覇権安定論はきわめて悲観的な展望を提示するものと考えられた。つまり，20世紀末に覇権国アメリカが衰退し，その結果，大量の核兵器の存在ゆえに終末戦争（ハルマゲドン）になるかもしれない覇権戦争が生じうるという予想である。

実際，覇権安定論はアメリカ衰退論を含むものであった。アメリカの衰退はヴェトナム戦争を契機とし，1970年ごろからその兆候を示し始めたと論じられた。ニクソン大統領が同盟国に自主的な防衛努力の拡大を求めた69年のグアム・ドクトリンは，過剰に拡大した米軍の海外プレゼンスを縮小することを意味し，金＝ドル兌換性の停止を発表した71年の第2次ニクソン・ショックは，西欧諸国や日本の猛追によりアメリカの経済力が相対的に低下したことの反映と考えられた。戦後国際経済の重要な特徴の1つであった「高いドル」は，ドルだけが固定比率での金との交換を保証されていたことを裏づけとしていたが，低下したアメリカの輸出力を回復させるにはドルの価値を下げる必要があったのである。ただし，覇権安定論が展開された80年代当時には，経済大国となっていた日本や西ドイツは軍事面で力不足であり，軍事大国ソ連は経済停滞の状態にあり，幸運にも当面はアメリカの覇権に対する「挑戦国」にはなりえないと論じられた。

以上のような覇権安定論は，それが展開された冷戦期の米ソ2極構造を過度に軽視していたといえる。たしかにソ連がアメリカに総合国力で並ぶことはなかったかもしれないが，アメリカの指導下にソ連があったとは考えがたい。ソ連は，第二次大戦後，アメリカ主導で形成されたブレトンウッズ体制の中核たる国際通貨基金（IMF）や「関税及び貿易に関する一般協定」（GATT）に加盟しておらず，アメリカによって安全保障を提供されていたわけでもなかった。少なくともそれが展開された当時には，覇権安定論は，地理または問題領域面で適用範囲の限られた理論であったといえる。また，理念・文化の魅力を源泉とする「ソフト・パワー」（→コラム②）を考慮すれば，アメリカのパワーは依然として突出しているといったアメリカ衰退論批判も展開された。

そして若干奇妙なことに，アメリカ1極構造が出現したといえる冷戦後には，覇権安定論はすでに影を潜めるようになっていた。冷戦後の1極構造の安定性を説く向きも見られたが，それもウォルツ的なネオリアリズムの要素を多分に含むものであった。逆に，2000年代後半以降，1極構造が揺らぎ始め，アメリカの衰退が再び論じられるようになると，中国の台頭を念頭に，パワー・バランスの急激な変動によって戦争が起こりやすくなるという議論をかねてより展開してきた**パワー移行**論が，広く注目を集めた。

近年，リアリズムの潮流は，脱国家的（トランスナショナル）な主体や現象の顕在化をうながすグローバリゼーションと，他方でのローカリゼーションにより何度目かの挑戦を受けてきたといえる。しかし，ウクライナ危機・侵攻を繰り返すロシアやそれを黙認し自ら既存の国際秩序への挑戦を強める中国とアメリカとの間で熾烈化する「大国間競争」(→unit **6**, **28**）にも示されるように，国家間のパワー・ポリティクスが消え去ることはなく，この点を冷徹に見据えるリアリズムは今後も国際政治理論の主流の1つであり続けるであろう。

引用・参照文献

ヴェーバー，マックス／脇圭平訳『職業としての政治』岩波文庫，2003年（原著1919年）。

ウォルツ，ケネス／河野勝・岡垣知子訳『国際政治の理論』勁草書房，2010年（原著1979年）。

ウォルツ，ケネス／渡邉昭夫・岡垣知子訳『人間・国家・戦争――国際政治の3つのイメージ』勁草書房，2013年（原著1959年）。

ウォルト，スティーヴン・M.／今井宏平・溝渕正季訳『同盟の起源――国際政治における脅威への均衡』ミネルヴァ書房，2021年（原著1987年）。

カー，E. H.／原彬久訳『危機の20年――理想と現実』岩波文庫，2011年（原著1939年）。

ギルピン，ロバート／納家政嗣監訳，徳川家広訳『覇権国の交代――戦争と変動の国際政治学』勁草書房，2022年（原著1981年）。

キンドルバーガー，チャールズ・P.／石崎昭彦・木村一朗訳『大不況下の世界――1929-1939』改訂増補版，岩波書店，2009年（原著初版1973年）。

ケネディ，ポール／鈴木主税訳『大国の興亡――1500年から2000年までの経済の変遷と軍事闘争』上・下，草思社，1988年（原著1987年）。

ストレンジ，スーザン／櫻井公人訳『国家の退場――グローバル経済の新しい主役たち』岩波書店，2011年（原著1996年）。

土山實男『安全保障の国際政治学――焦りと傲り〔第2版〕』有斐閣，2014年。

トゥキュディデス／小西晴雄訳『歴史』上・下，ちくま学芸文庫，2013年（原著紀元前5世紀）。

ナイ，ジョセフ・S., Jr.／久保伸太郎訳『不滅の大国アメリカ』読売新聞社，1990年（原著1990年）。

ナイ，ジョセフ・S.／山岡洋一訳『ソフト・パワー——21世紀国際政治を制する見えざる力』日本経済新聞社，2004年（原著2004年）。

野口和彦『パワー・シフトと戦争——東アジアの安全保障』東海大学出版会，2010年。

ブル，ヘドリー／臼杵英一訳『国際社会論——アナーキカル・ソサイエティ』岩波書店，2000年（原著1977年）。

ホッブズ／水田洋訳『リヴァイアサン』1〜4，改訳版，岩波文庫，1992年（原著1651年）。

マキアヴェッリ，ニッコロ／佐々木毅訳『君主論』講談社学術文庫，2004年（原著1532年）。

ミアシャイマー，ジョン・J.／奥山真司訳『大国政治の悲劇〔新装完全版〕』五月書房新社，2019年（原著初版2001年）。

モーゲンソー／原彬久監訳『国際政治——権力と平和』上・中・下，岩波文庫，2013年（原著初版1948年）。

モデルスキー，ジョージ／浦野起央・信夫隆司訳『世界システムの動態——世界政治の長期サイクル』晃洋書房，1991年（原著1986年）。

ワイト，マーティン／佐藤誠・安藤次男・龍澤邦彦・大中真・佐藤千鶴子訳『国際理論——三つの伝統』日本経済評論社，2007年（原著1991年）。

Grieco, Joseph M., *Cooperation among Nations: Europe, America, and Non-Tariff Barriers to Trade*, Cornell University Press, 1990.

Mearsheimer, John J., "Back to the Future: Instability in Europe after the Cold War," *International Security*, Vol. 15, No. 1, Summer 1990, pp. 5–56.

Ripsman, Norrin M., Jeffrey W. Taliaferro, and Steven E. Lobell, *Neoclassical Realist Theory of International Politics*, Oxford University Press, 2016.

Wohlforth, William C., "The Stability of a Unipolar World," *International Security*, Vol. 24, No. 1, Summer 1999, pp. 5–41.

文献案内

☐ **高坂正堯『国際政治——恐怖と希望』中公新書，1966年。**

理論書または理論概説書ではないが，日本の国際政治学界におけるリアリストの草分け的存在である著者が，独自の視点で国際政治の「現実」の厳しさを描き出す。

□ **大芝亮『国際政治理論——パズル・概念・解釈』ミネルヴァ書房，2016年。**

現実の国際政治に見出せる「パズル」を起点として，なじみにくい理論研究への接近を試み，主要な国際政治理論をわかりやすく解説していく。第1章で古典的リアリズムからネオリアリズム，第2章で覇権安定論，第3章でハード・パワーとソフト・パワーを扱う。unit **8** で扱うリベラリズムの諸理論の解説も充実している。

□ **吉川直人・野口和彦編『国際関係理論〔第2版〕』勁草書房，2015年。**

第5章で，古典的リアリズムからネオリアリズム，また近年の展開にいたるまで，リアリズムの潮流を概観する。やや高度だが，序章から4章まで理論研究や理論的な思考にかかわるさまざまな基盤的知識を学ぶこともできる。

コラム②

パワーは「ソフト」で「スマート」で，ちょっと「シャープ」？

「ソフト・パワー」は，unit 7で見た覇権安定論，アメリカ衰退論への反論として，アメリカの国際政治学者ナイが提示した概念である。軍事力・経済力など，相手に自分の望むことをさせる「ハード・パワー」に対し，ソフト・パワーは自分の望むものを相手にも望ませる力であるとされる。価値観，理念，文化，情報などに起因し，人を惹き付ける力ともいわれる。

たとえば，戦前の日本に比べ，アメリカ的な政治・経済制度や価値観を多分に受容してきた第二次世界大戦後の日本は，貿易に関する原則や規範をアメリカと共有している度合いが大きい。その分，アメリカにとって，対日貿易交渉はより容易になっている。このように，アメリカが指導的な役割を果たしてきた戦後世界では，アメリカが望む結果を実現しやすくなっている。これがアメリカのソフト・パワーの効果であるというのが，ナイの議論であった。

しかし，ジョージ・W. ブッシュ政権期の単独行動主義でアメリカの評判が大きく損なわれると，続くオバマ政権はハード・パワーとソフト・パワーを適切に組み合わせて用いるという「スマート・パワー」路線を打ち出した。それはいわば仲間うちではある程度奏功したかもしれないが，アメリカを脅威視してきた国々にはさほど効果がなかったと見られる。体制間競争が顕在化するなかで，とくに中ロなどの権威主義国家が，アメリカなど民主主義国家に対する「シャープ・パワー」の行使を強めていることが指摘されるようになったのである。

シャープ・パワーは，標的国を弱体化させるために，真偽双方の情報を用いて，その世論を操作・誘導するというかたちで行使されるものとされる。その行使は標的国の世論を分断させるような劣悪なフェイク・ニュースの拡散やあからさまな選挙介入など多岐に及んでおり，残念ながら，「ちょっとブルー」になるくらいでは済まないようである。

unit 8

対立と協調
——リベラリズム，ネオリベラリズム

Keywords
集団安全保障，相互依存，レジーム，民主的平和，グローバル・ガヴァナンス

古典的リベラリズム

国際政治理論におけるリベラリズムは，リアリズム（→unit 7）以上に多様な潮流である。自由貿易による平和を説いたジョン・スチュアート・ミルといった19世紀イギリスの自由主義者や，共和制諸国の連合による世界平和を論じた18世紀ドイツの哲学者カントなどの流れを汲むものが多い。その重要な特徴としては，リアリズムが重視するパワーのみで国際政治を論じることへの疑念，平和を実現するには国家主権がなんらかのかたちで制限されるべきと考える傾向があげられる。

そのうち古典的リベラリズムは，特定の理論家が展開した学説というよりも，2度の世界大戦に挟まれた戦間期，とくに1920年代の国際政治のあり方に色濃く反映されていた考え方であるといえる。有名な「14カ条」演説でアメリカ大統領ウィルソンが提案した国際連盟の設立は，その典型であった。

1917年4月に第一次世界大戦（→unit 3）に参戦したアメリカには，ヨーロッパの戦争に巻き込まれたという感覚が強かった。ウィルソンは，戦争を繰り返すヨーロッパ式の国際政治のあり方を変革すべきと考えた。勝者が敗者に押しつける平和への反対も，その表れであった。たとえば，普仏戦争（1870–71年）に敗れたフランスがアルザス＝ロレーヌ地方の割譲（かつじょう）や巨額の賠償金を科されたことが，第一次大戦での独仏対立の一因になったと認識されていたから

図 8-1　第一次世界大戦後のヨーロッパとアルザス＝ロレーヌ地方

［出典］ 中井義明・佐藤專次・渋谷聡・加藤克夫・小澤卓也『教養のための西洋史入門』ミネルヴァ書房，2007 年，208 頁をもとに作成。

である。またウィルソンは，勢力均衡政策の典型ともいえる国家間の同盟を通じた平和の確保にも懐疑的であった。たとえば三国同盟は，第一次大戦の引き金となったオーストリアの対セルビア宣戦布告をうながすことになり，三国同盟といわゆる「三国協商」（正確には露仏同盟，英仏協商，英露協商）への分極化は，バルカン半島での 2 国間戦争がヨーロッパ大戦へと瞬時に拡大することを助長したと解しうるものであった。

そこでウィルソンは，諸大国がパワーを均衡させることで安定を保つという不確実な方法に代え，**集団安全保障**の原理に基づく国際組織を設立することで大戦後の平和を保つことを主張した（→unit 17）。集団安全保障は，まず条約や組織の加盟国間で侵略戦争を違法化し，これに違反した国には，残りの全加盟国の力を結集して制裁を加えるというしくみである。つまり，武力制裁も含む圧倒的な力による制裁を事前に約束し合うことで，侵略を抑止するのである

(→unit 11)。これが機能するには，侵略が生じた際に，侵略国以外の全加盟国による制裁が必ず実施されるという見込みが必要となる。いわば，国家が国際法や国際組織に従うというきわめて理想主義的な発想に基づくのである。

ウィルソンの主導で1920年に発足するにいたった国際連盟は，不完全ながらも，このような集団安全保障の原理に基づく国際組織であった。1928年には，やはり戦争の違法化を図る不戦条約（ケロッグ＝ブリアン協定）も締結された。議会の反対で国際連盟には加盟できなかったものの，アメリカは同条約の成立にも主導的な役割を果たした。また，ヨーロッパでは，一般的な厭戦（えんせん）感の高揚にもうながされ，国家を超える枠組みを通じた平和の実現をめざし，さまざまな連邦・統合構想が検討された。

このように，法による国家主権の制約を通じて秩序・平和を実現すべき，または実現できるという発想こそが，古典的リベラリズムの核心であった。しかし，国際連盟や不戦条約が第二次世界大戦の勃発（ぼっぱつ）を防止しえなかったことから，古典的リベラリズムは後退を余儀なくされ，これを「夢想主義（ユートピアニズム）」と批判するリアリズムの台頭を許すこととなる（→unit 7）。

また戦間期には，経済的な**相互依存**の深まりが戦争防止に寄与するという見方も一定の支持を集め，法・組織による平和や国家間協調の制度化が可能であるという楽観的な見方を支えた。学説としても，経済・技術など非政治的な分野での国家間協力はより容易であるとして，機能別の国際組織の設立によって主権国家体制の変革をめざす機能主義が展開された。

冷戦期における協調——地域統合，相互依存

第二次世界大戦の勃発，そしてその後の冷戦の発生（→unit 5）で，古典的リベラリズムは大きく後退し，パワーをめぐる闘争という側面を強調するリアリズム全盛の時代となった。しかし冷戦期にも，リアリズムでは理解しにくい「現実」が見られることがあった。冷戦期のリベラリズムは，そうした現象に注目し，その意義を強調することで，リアリズム批判を試みてきたといえる。

まず注目されたのが，1952年のヨーロッパ石炭鉄鋼共同体（ECSC）発足によって本格始動したヨーロッパ統合（→unit 18）であった。ECSCの重要な目的は，前述のアルザス＝ロレーヌなど，石炭・鉄鋼産地の争奪という戦争事由

を除去し，長年にわたって対立してきたフランスとドイツ（当時は西ドイツ）の和解をうながすことであった。両国を含む加盟国が石炭・鉄鋼を活用して経済的利益を得るには，超国家的組織としてのECSCの下で協力しなければならなくなったのである。それは，限定的とはいえ，主権を制約された諸国家の協力を制度化する動きでもあった。

またECSCには，西欧諸国の復興・成長をうながし，東側陣営の封じ込めに西欧諸国が寄与できるようにするとともに，西ドイツが単独で成長することにより再び軍事的脅威になることを防ぐという目的もあった。つまり，勢力均衡政策としての性格もあったのである。だが，リベラリズムは，統合を進める諸国家間にパワーをめぐる闘争とは異質な関係が生じていることに着目した。非政治的な分野での統合の進展が政治的な分野での統合を容易にするという「波及効果（スピル・オーバー）」を説いたハースらによって，新機能主義と呼ばれる統合理論も展開された。この理論は，ECSCの形成とともに，これに続いて進められたヨーロッパ防衛共同体（EDC）構想をうながす役割も果たした。

石炭・鉄鋼から一足飛びに防衛面へと統合を拡大しようとしたEDC構想は，結局挫折し，波及効果は早くも限界を露呈することとなる。しかし，経済面での統合に専念することにしたヨーロッパ統合はその後も進展し，1958年にはヨーロッパ経済共同体（EEC）とヨーロッパ原子力共同体（EURATOM）が発足する。こうして，今日まで続くヨーロッパ統合の基盤，また世界各地で進むことになる地域統合（→**unit 18**）の先例が築かれていったのである。しかし，とくに冷戦期にはヨーロッパ統合は例外的な成功にすぎないと見られることが多く，リベラリズムが統合という現象に着目するほど，その理論によって説明できる範囲が狭くなるということも否めなかった。

その後，1970年代には，東西デタント（緊張緩和）も背景に，経済的相互依存の深化に注目し，これが戦争の可能性を低下させているとする相互依存論が台頭した。諸国家が貿易や投資を通じて相互依存関係を深化させれば，多少の不満はあっても，その現状を維持することのメリットが拡大し，現状を変えるための戦争は割に合わなくなる。無論，対立はしばしば生じるが，それが武力紛争化する可能性はきわめて低くなる。たとえば経済摩擦は，1941年，日米が開戦にいたる重要な一因になったが，戦後，相互依存関係を深めた両国は，

60年代末ごろから激しい経済摩擦を抱えながらも武力に訴えることはなかった。おそらく武力行使を政策の選択肢として考えることすらなかったであろう。そのような状況では，軍事力の効用は低下し，国力の他の構成要素が重要になるとともに，軍事力を正当に独占してきた国家（→unit 7）の地位も相対化される。相互依存論は，このような状況が現実に出現しているとして，国際政治の変質およびリアリズムの時代錯誤性を主張したのである。

軍事力に代わって重要性を増しているとされたのは，経済力や技術力であった。また相互依存関係のあり方によっては，軍事力を含む総合国力の大小と実際の影響力の大小は逆転しうるとされた。たとえば，ある大国が死活的に重要な資源・物資に関し特定の小国に大きく依存している場合，軍事力による強制が意味をもたない状況下では，小国が大国よりも強い立場に立てる場合があるとされたのである。相対的に重要性を増した主体としては，とくに多国籍企業（MNC）が注目され，市場が国境を越えた結び付きを強めるなかで，国家の統制力は経済面でも低下しているとされた。MNC など脱国家的主体の活発化により国境を越えた関係が多元化し，国家はもはや外的な刺激に合理的かつ一元的に反応する主体ではありえないという議論も展開された（→unit 19）。

このように，相互依存論は，リアリズムが前提としてきた主権国家体制そのものが揺らいでいることを主張したといえる。しかし，たとえ相互依存の深化により国際政治が大きく変質しているとしても，それは主に西側先進諸国間に限られた現象であった。相互依存論もまたその適用範囲は限られていたのである。1970年代末には，米ソ関係が再び緊張の度合いを高め（新冷戦），限られた範囲の協調的な関係に焦点を当てた相互依存論は後退していくこととなる。しかし，相互依存論が，軍事・安全保障問題にかかわる高次元政治（ハイ・ポリティクス）を経済・社会問題にかかわる低次元政治（ロー・ポリティクス）よりも重視してきた従来の国際政治学のあり方を見直す必要を論じたことは，国際政治経済学（→unit 12）の分派をうながすなど，その後の国際政治学に少なからぬ影響を与えたといえる。

ネオリベラリズムによる再挑戦

1980年代に入りネオリアリズムや覇権安定論（→unit 7）が台頭するなか，リベラリズムが注目するようになったのが，レジームや国際制度であった。

レジームは，「国際関係の特定問題領域における，諸主体の期待が収斂するところの黙示的あるいは明示的な原則，規範，規則，意思決定手続きの集合」と定義される。ある問題領域において，諸国家が，特定の原則や規範，規則や手続きをかなりの程度尊重して行動しているという現象を意味する概念であり，国家間協力が具現化したものであるといえる。

このような協力・協調に着目したレジーム論は，当初，覇権安定論と密接な関係をもって展開された。リアリズムでは一般的に国家間協力は難しいとされるが，覇権安定論では，覇権国によって作られたレジームや国際制度に他の国々が従うことで国家間協力が実現されうるとされた。レジームはいわば覇権国による秩序安定のための手段であり，国家間協力は覇権国の圧倒的なパワーによってうながされるにすぎないとされたのである。たとえば，当時レジームの代表例とされた国際貿易レジームの中核をなす「関税及び貿易に関する一般協定」（GATT）は，たしかに第二次大戦後にアメリカの主導で作られたものであり，その自由・無差別・多角主義という原則に従って各国が貿易の自由化を進めていった背景には，しばしばアメリカの指導や圧力があった。

しかし，覇権安定論の主張通りであれば，覇権国が衰退すれば，圧倒的なパワーという後ろ盾を失うことになるレジームや制度もまた崩壊・消失していくことになる。これに反論したのが，ネオリベラリズムの中心をなすレジーム論あるいはネオリベラル制度論であった。その代表ともいえるコヘインは，覇権国の衰退後もレジーム，またそれに具現化されてきた国家間協力は続きうると主張した。レジームには，①何がルール違反になるかを明確化するなどの情報を提供する，②確立された意思決定手続きを備えていることなどによって，合意を実現するための取引費用を低下させる，③その問題に関する交渉が今後も続いていくという期待によって，合意形成をより容易にする，といった効果があり，国家間協力の可能性を増大させるとされた。つまり，国家間協力は覇権国の強制だけで起こるわけではないと論じたのである。そして，何も存在しないところにレジームを作るのは容易なことではなく，覇権国の主導を要するが，一度作られたレジームを運用していくだけであれば，さほどコストはかからないとして，「覇権後」の世界でもレジームは存続しうると主張した。

たとえば覇権安定論では，アメリカの覇権の衰退は1970年ごろに始まったとされる。実際このころ，第二次大戦後にアメリカの主導で形成されたブレトンウッズ体制は金＝ドル兌換制の廃止などで動揺していた。しかし，その後も同体制の柱の1つであったGATTは機能し続け，70年代の東京ラウンド（GATTの多角的貿易交渉の1つ）でも，非関税障壁の軽減を中心に貿易自由化が進んだ。ネオリベラリズムは，このような事例をあげて，覇権後のレジーム存続を主張したのである。その理由としては，覇権安定論が主張したように，形成当初こそ覇権国がレジームの最大の受益者となることは認めつつも，レジームは次第に他の国々にも利益をもたらす存在となっていくこと，レジームを多くの国々が尊重して行動するという慣行を通じて，そのレジームに一種の正当性が備わっていくことなども指摘された。

なお，レジームの例としては，他に核不拡散レジーム，国際人権レジーム，地球温暖化防止レジーム，知的所有権レジームなどがあげられる（→unit **20**, **23**, **26**, **27**）。他方，安全保障の領域ではレジームの形成はより難しくなるともいわれた。ただし，とくに冷戦後の同盟について，潜在敵国との対立関係ではなく同盟国間の協力関係に注目し，その制度化を論じる向きも見られるようになった。また，安全保障問題に関してはネオリアリズム，経済・社会問題に関してはネオリベラリズムを用いるという棲み分け論も出現した。棲み分け論は，「平和圏と戦争圏」「新中世圏と近代圏」など，ネオリベラリズムが想定するような世界とネオリアリズムが想定するような世界とが並存していると見る「複数の世界論」というかたちでも展開された。

ネオリベラリズムの意義と限界

以上のように，ネオリアリズムとネオリベラリズムの論争では，国家間協力の実現可能性が一大争点となってきた。ネオリアリズムが主張するよりもその可能性が高いことを，レジームとは関係なく，実証しようとする試みも展開された。ネオリアリズムは国際構造の無政府状態が国家間協力を困難にすると論じたが，ネオリベラリズムは無政府状態という前提は受け入れながら，その影響力を相対化させようとしたといえる。それは後に，中央政府のないところでも一定の統治機能が果たされうるという，グローバル・ガヴァナンス論にもつながっていくこととなる。

また，ネオリベラリズムは，ネオリアリズムが構造レベル要因としてのパワーの分布状況を排他的に重視したのに対し，国家（国内）レベル要因の重要性を実証することにも努めた。パワーの分布状況からは想定しえない国家行動を事例として，国内政治の力学や歴史的に形成されてきた国家アイデンティティといった国家レベル要因がどのように作用して，ネオリアリズムの理解を超えるような行動を生み出していったのかを論じようとしたのである。さらには，諸国家間に新たな知識・知見が普及していくことで，レジーム形成が進みうるという議論も展開された。これらは，いずれもネオリアリズムでは捨象された主体の認識を重視するものであり，1990 年代以降のコンストラクティヴィズム（→**unit 10**）の隆盛につながっていくことにもなる。

ネオリベラリズムによる国家レベル要因の再評価は，他方で，国家の性質・性格を重視する議論の台頭にも寄与した。領土拡大に代わり交易による価値最大化をめざすとされる「通商国家」論や，ラセットらが展開した**民主的平和論**である。民主主義国家同士は戦争をしないという議論は以前からあったが，実際に民主主義国家同士の戦争は歴史上起こっていないことを実証的に示したラセットらの研究は，広く注目を集めた。また民主的平和論は，「自由民主主義の勝利」としての冷戦終結も背景に，関与政策を含め，冷戦後のアメリカが推進した民主化促進政策の理論的支柱になったともいわれる（→**unit 6**）。ラセットらの議論は，民主主義国家同士の関係に注目したもので，必ずしも民主主義体制という国家の属性が，いかに平和をもたらすかを解き明かしたものではなかった。それでも民主的平和論は，民主主義が国際平和に寄与するという認識を助長したといえる。

このように，ネオリベラリズムは，ネオリアリズムとの論争を通じて，時に枝分かれもしながら，さまざまな理論，あるいは新たな理論構築の契機を生み出してきたといえる。ただし，ネオリベラリズムから派生した理論，これに刺激や影響を受けて構築されてきた理論のなかには，ネオリベラリズムに批判的なものも少なくなかった。その主な原因は，ネオリベラリズムが，ネオリアリズムと同じ土俵に立つために，その前提のいくつかを受け入れたことにあったと考えられる。

とくに重要だったのは，ネオリアリズムの国家中心主義と無政府状態という

重要ポイント⑧

国家主権の制約

リベラリズムの潮流がほぼ一貫して重視してきたのは，国家主権をいかに制約できるかということであった。古典的リベラリズムは国際組織や法を国家に優位させることで，その主権を制限することを説くものであった。統合論や相互依存論も，またレジーム論やグローバル・ガヴァナンス論も，たとえ超国家的な存在による国家主権の制約が至難であるとしても，実質的に主権が制限された状況は生じうるということを訴えるものであった。

これは，戦争というものが国家主権の究極的な発動の結果であるという想定に立ち，平和はその主権がなんらかのかたちで制限されることによって生まれるという考えを反映するものであったと考えられる。そのため，まず古典的リベラリズムは，人間は国家の形成を通じて「万人の万人に対する闘争」状態を脱することができるとしたホッブズと同様の論理で，国際社会を階層化することを主張したといえる。しかし，それは叶わなかっただけではなく，脱却不能な無政府状態を前提としたリアリズムの台頭をうながすことにもなった。それでも，その後，リアリズムを批判する際に，リベラリズムが注目したのは，相互依存やレジームなど，やはり国家主権の自由な発動をなんらかのかたちで制約することをともなう現象であった。

政治・経済思想としてのリベラリズムが，主として国家からの個人の自由を論じてきたのと同様に，国際政治理論としてのリベラリズムは，国家間体系としての国際システムからのグローバル市民社会の自由を追求してきたといえよう。

前提を受容したことであった。これは，かつて古典的リベラリズムが法や組織による無政府状態の克服可能性を楽観視しすぎたこと，あるいは相互依存論が国家主権の後退を過大評価したことへの反省・教訓をふまえたものでもあったといえる。だからこそ，ネオリベラリズムは，レジームや制度を各国の主権を制約する超国家的な主体とはとらえず，国家を取り巻く環境要因になぞらえ，そのなかで一定のルールを遵守（じゅんしゅ）した国家行動が慣行化しているという実態を強調しようとしたのである。しかし，一部の研究者にとって，それはネオリアリズムに対する行き過ぎた譲歩，あるいはリベラリズムの伝統の歪曲（わいきょく）を意味していた。コヘインが一部で覇権安定論者またはネオリアリストであると評されたのも，その表れであったといえる。

そのためもあって，たとえば前述の**グローバル・ガヴァナンス**論には，問題領域に関する限定を解除するかたちでレジーム論を発展・拡大させた流れがある一方で，これとは異なる流れも見られるようになっている。つまり，レジーム論の国家中心主義を明確に否定し，さまざまな脱国家的主体も巻き込んだガヴァナンスの出現，あるいはその構築を論じる流れである（→unit **19**）。また，コンストラクティヴィズムでは，ネオリベラリズムがネオリアリズムとともに合理主義（ラショナリズム）として括られることも多い。

リベラリズムの潮流は，ほぼつねにリアリズムの潮流に対する最大のアンチテーゼとなってきた。それは，概してリアリズムにとって説明の難しい国際政治における協力・協調について，しばしば説得力のある説明を提供する役割を果たしてきた。しかし，協力・協調に照射するため，適用範囲の限られた理論に留まる傾向が強かった。それは，コヘイン自身も認めるように，リベラリズムが戦争という主題についての説明力を欠いてきたということにも示されているといえよう。

引用・参照文献

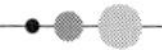

カント／中山元訳『永遠平和のために／啓蒙とは何か 他3篇』光文社古典新訳文庫，2006年（原著1795年）。

クラズナー，スティーヴン・D. 編／河野勝訳『国際レジーム』勁草書房，2020年（原著1983年）。

コヘイン，ロバート／石黒馨・小林誠訳『覇権後の国際政治経済学』晃洋書房，1998年（原著1984年）。

コヘイン，ロバート・O.＝ジョセフ・S. ナイ／滝田賢治監訳『パワーと相互依存』ミネルヴァ書房，2012年（原著初版1977年）。

田中明彦『新しい中世――相互依存の世界システム』講談社学術文庫，2017年（原著1996年）。

バーノン，レイモンド／霍見芳浩訳『多国籍企業の新展開――追いつめられる国家主権』ダイヤモンド社，1973年（原著1971年）。

山影進「相互依存論――パラダイム化のなかの理論群」有賀貞・宇野重昭・木戸蓊・山本吉宣・渡辺昭夫編『講座 国際政治① 国際政治の理論』東京大学出版会，1989年。

山本吉宣『国際的相互依存』東京大学出版会，1989年。

山本吉宣『国際レジームとガバナンス』有斐閣，2008年。

ラセット，ブルース／鴨武彦訳『パクス・デモクラティア——冷戦後世界への原理』東京大学出版会，1996年（原著1993年）。

ローズクランス，リチャード／土屋政雄訳『新貿易国家論』中央公論社，1987年（原著1986年）。

渡辺昭夫・土山實男編『グローバル・ガヴァナンス——政府なき秩序の模索』東京大学出版会，2001年。

Baldwin, David A., ed., *Neorealism and Neoliberalism: The Contemporary Debate*, Columbia University Press, 1993.

Haas, Ernst B., *The Uniting of Europe: Political, Social, and Economic Forces 1950–1957*, Stanford University Press, 1958.

Keohane, Robert O., ed., *Neorealism and Its Critics*, Columbia University Press, 1986.

Rosenau, James N., and Ernst-Otto Czempiel, eds., *Governance without Government: Order and Change in World Politics*, Cambridge University Press, 1992.

文献案内

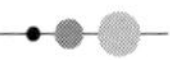

□ **田中明彦『新しい中世——相互依存の世界システム』講談社学術文庫，2017年（原著1996年）。**

全体としては，リベラリズムとリアリズムの一種の棲み分け論を展開しているといえるが，その第5・6章では，相互依存論やレジーム論などリベラリズムの潮流をわかりやすく理解できる。

□ **大芝亮・秋山信将・大林一広・山田敦編『パワーから読み解くグローバル・ガバナンス論』有斐閣，2018年。**

「パワー」との関係に注目することで厳しい「現実」をも見据えつつ，核・同盟，貿易・投資，人権・移民など，さまざまなイシューごとに，どこまでどのような統治がなされているのかを解き明かす。

□ **山田高敬・大矢根聡編『グローバル社会の国際関係論〔新版〕』有斐閣コンパクト，2011年。**

第2章で，政治・経済思想としてのリベラリズムとの関係もふまえながら，古典的リベラリズムから近年の展開にいたるまで，リベラリズムの潮流を概観する。第4〜6章では，国際経済関係，地球環境，人権というリベラリズムの諸理論と親和性の高いイシューを扱う。

unit 9

支配と従属
——従属論，世界システム論，帝国

Keywords
マルクス主義，搾取，従属，構造的暴力，世界システム，帝国，反グローバリゼーション

レーニンの帝国主義論

リアリズム（→unit 7）やリベラリズム（→unit 8）の諸理論が，大国間の勢力均衡（バランス・オブ・パワー）または先進諸国を中心とする相互依存や協調など，主に水平的な関係に焦点を当てるのに対し，**マルクス主義**の理論は，強者による弱者に対する支配・**搾取**（さくしゅ）など，垂直的な関係に着目する。リアリズムにも覇権安定論のように垂直的関係に注目する理論もあるが，マルクス主義の諸理論はそれを肯定的にとらえず，厳しく批判するとともに，多くがその強靭（きょうじん）さを描き出す。

19世紀半ば，マルクスは，産業革命が進むヨーロッパ諸国の劣悪な労働環境を見て，その根源としての資本主義を痛烈に批判し，共産主義の実現を説いた。彼は国際経済・国際関係を詳細に論じることはなかったが，その議論は，その後の国際政治の現実と国際政治学を含む多くの学問分野に多大な影響を残した。レーニンはその正統的後継者を自認し，1917年にロシア革命を成功させ，世界初の社会主義国ソ連を成立させた。レーニンの帝国主義論は，マルクス主義を国際政治学の領域に導入した初期の例として広く認知されている。

マルクス主義は，「下部構造」である経済のあり方（「生産様式」と呼ばれる）が，「上部構造」である政治・社会・文化のあり方をすべて決めるという「経済決定論」を特徴とする。資本主義という生産様式の下では，資本家（ブルジョアジー）の利益は労働者（プロレタリアート）に過度の低賃金労働を強いるこ

と（搾取）によって確保されるが，富と力をもつ資本家が政治にも多大な影響力を及ぼすため，政治はこの搾取構造に益するものとなる，とされるのである。さらにレーニンは，資本家の欲求は自国労働者の搾取だけでは満たされず，政治を対外的膨張に向かわせるとし，資本主義国が必然的に帝国主義に陥ることを論じた。帝国主義を「資本主義の最高段階」と位置づけたのである。

また，帝国主義化した資本主義国が複数あれば，いずれ海外植民地の奪い合いが起こるとして，資本主義国の好戦性を批判した。ロシア革命時に起こっていた第一次世界大戦は，レーニンにとって，このような意味での帝国主義戦争であった（→unit 2, 3）。そのため十月革命を成功させたレーニン率いる革命政府は，すぐにドイツとの休戦交渉を始め，帝政ロシアが同盟国であった英仏などと秘密裡に結んでいた戦後の植民地・勢力圏分割協定を暴露した。第一次大戦が資本主義国の資本家の利益のために行われていると指弾し，戦場で犠牲となっている労働者たちに社会主義革命を呼びかけたのである。

このようにレーニンの言動は，格差と戦争を生み出す資本主義に対し，平等と世界平和をもたらす社会主義・共産主義の倫理的優位を説くものであった。アメリカ大統領ウィルソンが，レーニンも主張していた民族自決や敗者にも寛大な「勝利なき講和」を掲げ，「戦争を終わらせるための戦争」という第一次大戦の位置づけに乗じたのも，資本主義国の戦争目的に重大な疑義をつきつけられたからであった。

結局レーニンの期待に反し，革命は世界に波及せず，ロシア革命後すぐに社会主義化したのは，中国からの独立を図ってソ連に近づいたモンゴルだけであった。ソ連政府は，いわゆる「一国社会主義」の下，国内における革命の継続，そして対外的には革命の輸出を使命とすることとなった。マルクス＝レーニン主義というイデオロギーは，こうしてソ連の行動の重要な動因として，資本主義諸国から脅威とみなされるようになったのである。革命こそ成功しなかったものの，資本主義諸国では共産主義政党・組織の動きがソ連の支援も受けて活発化し，これに対する保守反動が軍国主義を生み出すこともあった（→unit 3）。

近代化論によるレーニンの否定

このようなレーニンの帝国主義論に対し，第二次世界大戦後の冷戦状況下で異議を唱えたのが近代化論である。その代表的論者であるロストウは，戦後の先進資本主義国が平和的・協調的に高度な経済成長を遂げてきたことを根拠に，レーニンの帝国主義論は誤りであったと論じた。ロストウの主著『経済成長の諸段階』(1959年刊）には，マルクスとエンゲルスの共著『共産党宣言（コミュニスト・マニフェスト）』(1848年刊）に対抗して，「非共産党宣言」という副題が付けられていた。

また，ロストウは，先進資本主義国こそが経済発展の良きモデルであるとして，発展途上国の低発展は単なる時間的な遅れにすぎないとする一方で，途上国の多くが高度成長への「離陸（テイク・オフ）」をなかなか遂げられない原因は，主に自助努力不足にあると主張した。第二次大戦後まもなくしてアメリカのマーシャル・プランが西欧諸国の復興・成長をうながしたのに対し，途上国が開発援助を有効に活用できていないことを批判的に論じたのである。

ハーバード大学の経済学者であったロストウは，この近代化論で名を上げ，1961年に発足したケネディ政権で重職に就くことになる。当時，冷戦の争点は，第三世界における勢力圏争いに比重を移しており，植民地からの独立を遂げた新興国の社会主義化阻止に多大な関心を寄せていたアメリカ政府にとっては，資本主義の正しさを説く近代化論は都合の良い議論であった。まもなく近代化論は，アメリカ主導の国際援助機関，世界銀行や国際通貨基金（IMF）でも支配的な考え方となっていく（→**unit 25**)。近代化論は，皮肉にも，資本主義の下では，資本家に都合の良い政治・社会・文化（学問も含む）が根づくとするマルクス主義の主張を象徴するかのような運命をたどったといえよう。

従属論による反論

しかし，当然ながら，このような近代化論もとくに途上国内から厳しい批判を受けることとなる。先進資本主義国の繁栄は，途上国の犠牲の上に成り立っているとする批判である。植民地から独立した後も途上国の多くは，旧宗主国など先進国による経済的搾取を脱しておらず，先進国の繁栄は，途上国の提供する安価な資源・原料・労働力や市場に大きく依存している。途上国は，植民地時代に宗主国によって自給自足または自力成長の術（すべ）を破壊されていることも多く，このような状況に甘んじざるをえない。この状況を「中心国」に対する「周辺国」の**従属**ととらえ，中心国による周辺国の搾取こそが国際関係の本質

重要ポイント⑨

弱者を犠牲にした強者の平和と繁栄——資本主義という動因の重視

19世紀から20世紀前半，欧米列強を中心に工業化が進むなかで，人類は資本主義に関する2つの危険を学んだ。格差の拡大と恐慌である。マルクス主義は，この危険を脱するために，革命により資本主義体制を打破し，社会主義・共産主義を実現することを説いた。他方，マルクス主義という脅威の出現もあって，資本主義国の多くでは，危険を抑えるための修正が試みられた。その結果，富の再配分により格差是正を図る福祉政策と景気の調整を図る金融・財政政策の拡大・強化を中心に，市場原理に大きく依拠しつつも，国家が経済に果たす役割が拡大した。それは完璧な解決策ではなかったが，資本主義の生き残りに大きく寄与したといえ，後にマルクス主義は資本主義の自己修正能力を見落としたともいわれることとなった。

しかし，中央政府が存在しない国際政治の場では，その自己修正機能も限定的にしか作用しなかった。1929年の世界大恐慌の教訓をふまえて形成された戦後のブレトンウッズ体制は，一定の再配分機能と金融調整機能も備えていたが，もとより国力の源泉が不均等に散在する国際関係において，格差を是正するには限界があった。また中央政府の不在は，大国による権力の濫用（らんよう）に対し，小国の権利を保証する制度が不十分にならざるをえないことも意味した。

マルクス主義の諸理論は，そのような状況下で，先進資本主義諸国が平和的に成長を遂げているとすれば，その陰に途上国の犠牲があることを指摘した。そして，そのような不公正な国際関係をもたらす根本原因として資本主義というものを批判し続けたのである。とくに先進諸国の対外行動の動機は，経済的利益，あるいはそれを保証するグローバル化した資本主義システムの維持・拡大にあると想定して，国際政治をとらえ直そうとしたといえる。

無論，ほとんどの対外行動には経済的動機がともなうが，すべてを資本主義に帰することには危険がある。とはいえ，冷戦後，対抗イデオロギーが大きく後退し，資本主義システムのグローバリゼーションが加速するなかで，そのコストが弱者に押し付けられている可能性に配慮することは，むしろ重要性を増していると考えられる。近年，資本主義の格差拡大傾向を論じたフランスの経済学者ピケティが注目されたり，コロナ禍や気候変動を背景に経済社会システムの「グレート・リセット」が唱えられていることも，それを裏づけているのかもしれない。

であると論じたのが，1960年代後半に出現した従属論であった。途上国の低発展の主因を先進国側による搾取に求める点で，従属論は，近代化論に真正面から異議を唱えるものであった。また，それは，少数の資本家による多数の労

図 9-1　構造的暴力の構図

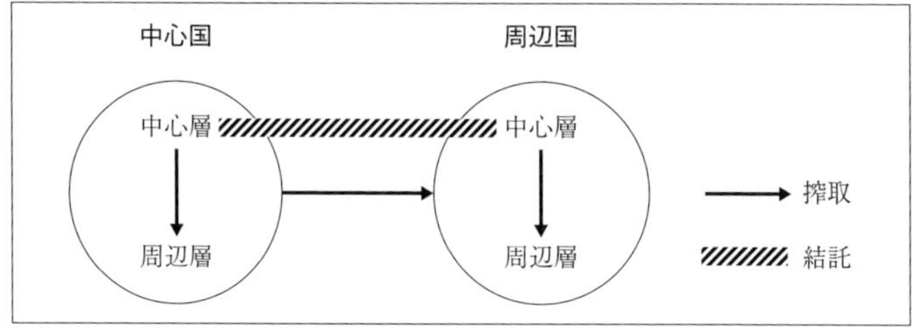

［出典］ 著者作成。

働者の搾取というマルクス主義の階級闘争観を，国家間関係にそのまま適用したものであったといえる。搾取構造の原因は，資本主義に帰せられていた。

たしかに植民地主義は第二次大戦後大きく後退していたが，武力による植民地化をともなわないかたちで，実質的には後進地域の搾取が続いているとして，従属論の台頭に前後して「新植民地主義（ネオコロニアリズム）」といった概念も用いられるようになっていた。また，貿易自由化を促進してきたアメリカ主導のブレトンウッズ体制が，限られた一次産品に関してしか国際的競争力をもたない途上国の多くにとって，きわめて不利なシステムであるという批判が，マルクス主義以外の立場からも展開されていた。こうした議論は，ブレトンウッズ体制に対する途上国側の代替策または対抗策として，1964 年に国連貿易開発会議（UNCTAD）が設置されるといった現実の動きにも反映された。また 60 年代末以降，途上国あるいは先進国の左派知識人を中心に従属論への支持が広まったのは，ヴェトナム戦争に起因するアメリカ批判の高まりによるものでもあった。

さらに，この搾取構造から多大な利益を得ており，搾取を助長している存在が周辺国内にもあるという指摘もなされるようになった。各国内にはやはり中心・周辺という 2 つの階層があり，周辺国内の中心層が，中心国内の中心層と結託して，中心国による周辺国の搾取に加担しているとされたのである。双方の支配層が密接に結び付き，経済的な見返りを受ける代わりに途上国の支配層が先進国の政府や大企業にさまざまな便宜を図り，途上国の一般大衆が搾取されるのを黙認するという構図である（図 9-1 参照）。従属論が展開された当時，途上国はほとんどが非民主的な体制にあり，この構図に最も不満をもつはずの周辺国内の周辺層（途上国の一般市民）は抑圧され，これを変革する力をもたないと考えられた。他方，多くが民主主義体制をとっている中心国の周辺層（先進国の一般市民）は，選挙を通じて支配層を替え，この搾取構造の一角を切り崩す潜在力をもつが，ほとんどの場合，搾取構造の存在に気づかないよう巧みに情報を遮断（しゃだん）されているとされた。たとえば，日本の教科書検定制度などは，従属論者から見れば，先進国の支配層による情報操作の一例であろう。

このように，周辺国の中心国への従属，あるいは中心国による周辺国の搾取は，きわめて堅固に固定化されており，周辺国の支配層の責任を指摘したガルトゥングは，これを植民地時代に見られた物理的暴力に代わる**構造的暴力**と呼び，痛烈に批判したのである。

世界システム論による動態化

以上のような従属論は静態的であっただけではなく，中心＝周辺の搾取構造にのみ注目する点で，国際政治全体をより広く眺望する視野を欠いていた。これに対し，従属論の中心＝周辺構造を受け継ぎながら，より包括的に動態的な議論を展開したのが，世界システム論であった。

世界システム論は，1970年代半ばにウォーラーステインが打ち出し，その後，発展を遂げてきたものである。世界システム論は，**世界システム**を，経済的・物質的な自給を可能にする広範な分業体制のために相互に結び付けられた諸国家・諸地域が織りなす全体ととらえ，国家など，その構成要素の行動は，全体たる世界システムの理解なくして説明できないという立場をとる。

ウォーラーステインによれば，世界システムは，歴史上，単一の政治システムをもつ「世界帝国」か，中央集権的な政治システムを欠く「世界経済」か，いずれかのかたちをとってきた。通常，世界経済は長続きせず，まもなく世界帝国に転化するか，分解するかであったが，その唯一の例外となったのが，「長い16世紀」に「資本主義世界経済」としてヨーロッパに出現し，その後，世界各地を組み込みながら拡大し，今日まで続くことになった「近代世界システム」であったとされる。そして，19世紀末までにほぼ全世界に拡大した近代世界システムが4世紀以上も存続できた要因は，資本主義に求められる。

近代世界システムでは，生産・通商を支配して資本力を拡大する「中心」経済，中心経済の繁栄を支える被搾取層である「周辺」経済に加え，両者の中間に位置し，強い上昇志向をもつ「準周辺」経済が存在し，この三層によって中心経済に有利な分業体制が構成される。この三層構造は不変だが，具体的にどの国が三層のどこに位置するかは時とともに変化するとされる。こうして，たとえば，かつては近代世界システムの外縁にあった日本が19世紀後半にシステムに組み込まれた後，急速に準周辺へと成長し，20世紀後半には中心経済の一翼を担うようになったというように，具体的な中心＝周辺関係が中長期的に変化する可能性も示された。

他方，中心経済内部では，資本力の拡大を図る大国同士の闘争が生じ，うち一国が支配的な地位を占める「覇権的優越」か，覇権にはいたらない複数の大国間の「競争」という状況が出現する。「長い16世紀」はハプスブルク家スペインの覇権，17世紀はオランダの覇権，18世紀は英仏普墺露5大国による競争，19世紀はイギリスの覇権，20世紀はアメリカの覇権の時代とされる。このような約1世紀をかけた覇権循環は，「コンドラチェフの長波」と呼ばれる景気循環と連動しているという議論も展開されてきた。

世界システム論では，1970年代以降，今日にいたるまでの時期は，アメリカの覇権衰退期とされる。しかし，次期覇権国の台頭や諸大国の競争の出現が指摘されているわけでもない。覇権への道のりは長く険しく，中国の覇権獲得も少なくとも半世紀後の可能性の1つにすぎないとされる。また世界システム論は，覇権循環のような循環的変化に加え，「長期的趨勢（すうせい）」と呼ばれる趨勢的変化の存在も指摘しており，現在，アメリカの覇権だけではなく近代世界システム自体が終末期に入っているとされる。その動因として，新自由主義的な「ワシントン・コンセンサス」の推進に反対する「世界社会フォーラム」に代表される，より公平・公正な世界を求める市民社会の動きに注目している。

冷戦後のアメリカと「帝国」論

日本では，ヴェトナム戦争批判や安保闘争などとも結び付きながら一時期かなりの支持を集めたマルクス主義であったが，国際政治理論の分野では，リアリズム，リベラリズムに比べれば，やはり少数派であった。冷戦終結は，マルクス主義をますます苦しい立場に追い込んだ。自由民主主義（リベラル・デモクラシー）の勝利による「歴史の終わり」(→unit **13, 14**) を説いたフクヤマは，新興工業経済地域 (NIEs) など，かつての周辺国が「従属」を脱した実例によって従属論は反証されたと論じ，途上国世界の圧政や一般市民の貧困を，自由民主主義の勝利が世界大で実現されるまでの「産みの苦しみ」と断じた。世界システム論はその後も独自の発展を遂げ，特定の学術雑誌を中心に，マルクス主義の影響を受けた批判理論やフェミニズム的な国際政治理論あるいは文化帝国主義論なども展開されてきたが，それらが国際政治学において主流をなすことはなかったといえる。

しかし，冷戦終結後しばらく経つと，マルクス主義の復権と呼べる動きも一部に見られるようになった。その契機は，冷戦後世界で一極をなすアメリカの単独行動主義（ユニラテラリズム）とグローバリゼーションの顕在化であったと考えられる (→unit **6**)。

アメリカの単独行動主義は，1999年3月，武力行使を認める国際連合 (国連) 安全保障理事会 (安保理) 決議のないまま北大西洋条約機構 (NATO) がユーゴスラヴィアの空爆に踏み切り，同年10月，アメリカ上院で包括的核実験禁止条約 (CTBT) の批准が否決されたころから，広く指摘されるようになった。これは，国連や地域機構の多くが国際秩序の維持・回復における，とくに軍事面での力不足を露呈する一方で，湾岸戦争のころにはとくに経済面で自信を低下させていたアメリカが，国力への自信を回復したことを反映するものでもあった。

2001年1月のジョージ・W. ブッシュ政権発足以降，とくに同年の9. 11テロ事件以降，アメリカの単独行動主義はエスカレートしていった。京都議定書離脱 (→unit **26**)，弾道弾迎撃ミサイル (ABM) 制限条約脱退 (→unit **20**)，国際刑事裁判所 (ICC) 規定の署名撤回などを受け，アメリカの単独行動主義への批判も強まっていった。とくにテロや大量破壊兵器拡散の阻止を目的とした「体制転換（レジーム・チェンジ）」や「ブッシュ・ドクトリン」が打ち出され，アメリカがイラク戦争に踏み切ると (→unit **21**)，その単独行動主義をアメリカの「帝国化」の表れとして非難する声も勢いを増した。

ただし，こうした「アメリカ帝国」批判は，マルクス主義的な立場からだけではなく，死活的利益に無関係な軍事介入や価値規範の強要に消極的なリアリズムを含む幅広い立場から展開されていた。また，G. W. ブッシュ政権の1期目に多大な影響力をもった新保守主義（ネオコンサーバティブ）の立場からは，アメリカが「**帝国**」として行動することこそが，その安全と繁栄に資するとして，「帝国化」を肯定する主張も展開された。

これに対し，マルクス主義の影響をより強く受けていたのが，**反グローバリゼーション**の動きであろう。この動きは，グローバリゼーションを，さらなる貿易・投資の自由化や規制緩和などを押し進めようとする「ワシントン・コンセンサス」に基づくものとみなし，国家間の格差拡大や各国内での失業増大を招くとして厳しく批判した。端的にいえば，資本主義を野放しにすることの危険性を説くものであった。そして，そのグローバリゼーションの主導者としてしばしば非難されたのが，やはりアメリカであった。チャベス政権下のベネズエラなどに代表される「反米主義」の波は，単独行動主義批判ともあいまって，一時期相当な広がりを見せた。

アメリカという国単位ではなく，グローバリゼーションを押し進める母体として，脱領域的な「〈帝国〉」の顕在化を批判的に論じたネグリとハートの議論は，さらなる「帝国」論議の契機にもなったが，そもそもそれが多大な関心を喚起したのは，反グローバリゼーションという土壌が拡大していたためでもあったといえる。そして，反グローバリゼーションの立場から見れば，2008年のリーマン・ショック，その後の世界同時不況は，「暴走」するグローバリゼーションの当然の帰結であった（→**unit 24**）。

2000年代末以降アメリカの指導力低下が明らかになってくると，単独行動主義批判も，反米・反グローバリゼーションの動きも，ある程度後退していったが，格差や強者による強制といった問題は今日でも明らかに残存している。2020年以降のコロナ禍でも，国内的・国際的な格差の問題が顕在化・深刻化し，日本ではおそらくリーマン・ショック後以来となるマルクス主義への関心の高揚が見られた。さらにウクライナ侵攻が拍車をかけた物価高騰や食糧危機も，おそらくは先進国以上に途上国により深刻な打撃をもたらすであろう。

ただし，今日，マルクス主義的な国際政治理論として広く注目される新しい理論は見当たらず，国際政治理論における「第3の潮流」としてのマルクス主義の存在はかなり稀薄化しているといえる。とはいえ，マルクス主義が時に過剰なまでに反応する「強制的な力の作用」とその背景をなす格差は，今後も国際政治における不可避的な現象として残存していくであろう。

引用・参照文献

石川卓編『連鎖する世界――世界システムの変遷と展望』森話社，2005年。

ウォーラーステイン，I.／川北稔訳『近代世界システム――農業資本主義と「ヨーロッパ世界経済」の成立』I・II，岩波書店，2006年（原著1974年）。

ウォーラーステイン，イマニュエル編／山田鋭夫・遠山弘徳・岡久啓一・宇仁宏幸訳『長期波動』藤原書店，1992年（原著1979年）。

ガルトゥング，ヨハン／高柳先男・塩屋保・酒井由美子訳『構造的暴力と平和』中央大学出版部，1991年。

ネグリ，アントニオ＝マイケル・ハート／水嶋一憲・酒井隆史・浜邦彦・吉田俊美訳『〈帝国〉――グローバル化の世界秩序とマルチチュードの可能性』以文社，2003年（原著2000年）。

ハーヴェイ，デヴィッド／森田成也・大屋定晴・中村好孝・新井田智幸訳『資本の〈謎〉――世界金融恐慌と21世紀資本主義』作品社，2012年（原著2010年）。

フクヤマ，フランシス／渡部昇一訳『歴史の終わり〔新版〕』上・下，三笠書房，2020年（原著1992年）。

フランク，アンドレ・G.／大崎正治・前田幸一・中尾久訳『世界資本主義と低開発――収奪の《中枢―衛星》構造』柘植書房，1976年（原著1969年）。

マルクス，エンゲルス／大内兵衛・向坂逸郎訳『共産党宣言』岩波文庫，1971年（原著1848年）。

山下範久編『帝国論』講談社選書メチエ，2006年。

山本吉宣『「帝国」の国際政治学――冷戦後の国際システムとアメリカ』東信堂，2006年。

レーニン／角田安正訳『帝国主義論』光文社古典新訳文庫，2006年（原著1916年）。

ロストウ，W. W.／木村健康・久保まち子・村上泰亮訳『経済成長の諸段階――一つの非共産党宣言』ダイヤモンド社，1961年（原著1960年）。

Saskia Osendarp, et al., "Act Now before Ukraine War Plunges Millions into Malnutrition," *Nature*, No. 7907, April 28, 2022.

文献案内

- □ 吉川直人・野口和彦編『国際関係理論〔第 2 版〕』勁草書房，2015 年。
- □ 河野勝・竹中治堅編『アクセス国際政治経済論』日本経済評論社，2003 年。

　それぞれ第 8 章，第 3 章で，かなり深い洞察を含みながら，従属論，世界システム論をコンパクトに解説する。

- □ ガルトゥング，ヨハン＝藤田明史編『ガルトゥング平和学入門』法律文化社，2003 年。
- □ 川北稔編『知の教科書 ウォーラーステイン』講談社選書メチエ，2001 年。

　構造的暴力論のガルトゥング，世界システム論のウォーラーステインの議論をそれぞれかなり平易に紹介する。

- □ 斎藤幸平『人新世の「資本論」』集英社新書，2020 年。

　人類の経済活動が地球環境を不可避的に破壊する「人新世」の時代において，「持続可能な開発目標」（SDGs）などでは解決できない危機を克服する方法として「脱成長コミュニズム」を説いて話題となった新書。途上国搾取の今日的事例が多数紹介される。

unit 10

規範と制度
——コンストラクティヴィズム

Keywords
間主観性，規範，アイデンティティ，構造—代理人，制度化

規範と社会——結婚して夫の姓を名乗るのは女の幸せ？

社会の構成員間における認識，すなわち「**間主観性**」に目を向けるのがコンストラクティヴィズム（社会構成主義）である。ここに，結婚を間近に控えた一組のカップルがいるとしよう。現在の日本国憲法第24条は，婚姻において両性の平等を定めており，民法では妻か夫かのどちらかの姓を選択して名乗ればよいことになっている。しかし，少なくとも戦後数十年間を見れば，結婚と同時に女性が男性の姓を名乗ることが圧倒的に多い。このことは，多くの場合において，婚姻する男女やその家族が，女性が男性側の姓を名乗ることが当たり前であると認識していることを示している。そのような認識は，社会における規範や価値観の影響を受けたものと見ることができる。このように，社会において「当たり前」になっている行動の原理を「**規範**」といい，規範は一種の制度である。法的な裏づけがある場合もあれば，この例のように慣行として成立している場合もある。何が社会の構成員として，ふさわしい行為なのかという，「適切さの論理」が作用している。

この「間主観性」（つまり相互了解）をもう少し抽象的に考えてみたい。「女性側が名字を変更する」という特定の規範Xが共有されているというのは，以下の状況が成り立つことである。まず，結婚する女性（花子）と男性（太郎）が，それぞれに規範を知っていることが必要である（I know X./You know X.）。

しかしこれだけでは，規範は共有されているとはいえない。さらには，相手がこの規範を知っている，ということを，それぞれが了解しなければ成り立たない（I know that you know X./You know that I know X.）。これではじめて，社会的規範が成立するのである（We know that we know X.）。

ここで，花子さんがなぜ姓を変えることを当然と思ったかというと，成長する過程において，家族・友人とのコミュニケーションや雑誌の記事などの媒体を通じて，結婚に関する社会的な規範に繰り返しふれ，学習し，それを無意識に自己の内部に取り入れている（内在化）からである。このプロセスを「社会化」といい，一般的には，学校教育，クラブの先輩との関係，アルバイト，就職などの社会的な学習の場や制度を通して，社会規範を身につけていく。この例においては，構成員は日本社会において「女性として」とるべきふさわしい行動を学習する。それは言い換えるならば，規範が，社会の一員としてまた女性としての，アイデンティティを構成するということである（したがって社会構成主義という）。**アイデンティティ**とは，自分は何者かという規定であり，社会的に構成されるものである。図 10-1 に示すように，このことを，コンストラクティヴィズムでは，**「構造」―「代理人（エージェント）」**という図式で理解する。社会的な規範が「構造」であり，花子さんら社会の構成員はその影響を受け，反映させて行動する「代理人」である。社会的な規範は，構成員のアイデンティティや，何を利益とみなすのかという認識を構成し，さらにそれに基づいた行動を形作っていく。

さて，花子さんだけでなく，多くの女性が先に述べた規範に基づいて，新たに名字を変えるならば，この規範 X はさらに支持を得て，強化されていくであろう。このことは，「構造」に対して，「代理人」たちの行動がフィードバックし，影響を与えていることを示している。すなわち，図 10-2 に示すように「構造」としての社会と，「代理人」である構成員たちの関係は，双方向的ということである。こうして，花子さんのとった行動が，社会に影響を及ぼし，さらには花子さんに戻ってくるということを，「再帰的」であるという。

ところで，近年では，仕事やライフスタイルの変化などさまざまな理由から，夫婦が女性側の姓を名乗る場合も増えており，また選択的夫婦別姓を求める社会的な運動も生まれている。花子さんの妹である恵子さんは，大学でジェンダ

図 10-1　社会化の過程

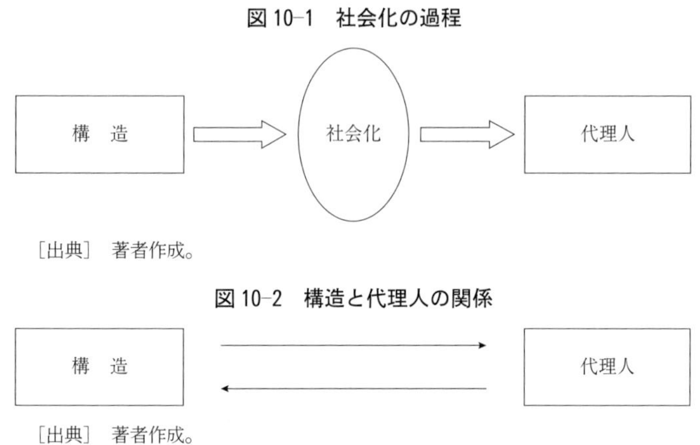

［出典］　著者作成。

図 10-2　構造と代理人の関係

［出典］　著者作成。

ー論を勉強していくうちに，自分の結婚に際しては「男女平等なのに，そもそもなぜ私が名字を変えなければいけないの？」，あるいは「仕事上，名字を変えたら損失が大きいのではないかしら？」と疑問をもつかもしれない。「適切さの論理」によって裏づけられていた既存の規範 X に対して，対抗する規範的主張が登場したということである。このように，社会において共有された規範は，永久に持続するものではなく，社会の構成員によって多様な新しい主張が展開されるダイナミックな社会の動きのなかで，変化するものである。そして，新しい規範的主張は，それを適切であると認識する人々が増えていけば，長期的には新たな規範となって人々の行動に影響を与えるようになる可能性もあるだろう。

国際政治とコンストラクティヴィズム

これまで私たちの日常的な例から，コンストラクティヴィズムのアプローチを説明してきたが，次に，国際政治とのかかわりから考えてみたい。

ヨーロッパ連合（EU）では，1993 年に単一市場を設立して以降，域内でヒト，モノ，カネの移動が自由になっている（→unit **18**）。こうしたなかで，ヨーロッパ諸国の市民は，自分たちをフランス人やドイツ人であるとみなすと同時に，なかには，自分をヨーロッパ人であると認識する人々も出てきている。とくにヨーロッパ統合のプロセスには，キリスト教やヨーロッパ文化の一定の共通性を背景としながら，民主主義や人権などを規範として共有していくことによって，ヨーロッパの社会の一員であるというアイデンティティを生み出している側面がある。このような規範は，学校の教科書，EUの広報，立法，裁判所の判例など，社会のさまざまな媒体を通して浸透し，強化されているといえる。

もう1つの例をあげてみよう。カンボジア，旧ユーゴスラヴィア諸国，アフガニスタン，スーダンなどにおいて，国内紛争や地域紛争が発生した。こうした国内紛争や地域紛争の特徴は，兵士だけでなく一般市民の犠牲者の多さである。紛争が終結した後でさえ，たまたま遊んでいた児童や，農作業に従事している人々が不発弾によって手足を失ったり，死亡したりするケースが後を絶たない。こうした重大な被害をもたらしている兵器には，対人地雷やクラスター爆弾がある。これらは長い間，一般的な国際紛争への対処や国防のため，主権国家の軍隊にとって必要不可欠の通常兵器であり，国際法上は禁止の対象ではなかった（図10-3の①）。しかし，たとえば，1997年には対人地雷禁止条約（オタワ条約）が採択され，また2008年にはクラスター爆弾禁止条約（オスロ条約）が採択されるといった変化が見られた。これはなぜだろうか。

有力な説明の1つとして，一般市民に甚大な被害を及ぼす非人道的兵器を禁止すべきという規範の登場と，さらに，それが国際社会において浸透したことが指摘できる。このような規範的な主張を最初に始めたのは，対人地雷問題の場合には，地雷禁止国際キャンペーン（ICBL）などの市民社会——非政府組織（NGO）など——の運動と，カナダを中心とした関心をもつ諸国であり，クラスター爆弾問題の場合には，NGO連合やノルウェーなどであった。市民社会の運動は国境を越えたネットワークを形成し，さまざまな国際会議やメディアを通じて，これらの兵器の非人道性を訴えた。また，ミドルパワーと呼ばれる中小国も相互に連携しながら交渉のための制度的舞台を設定し，その他の諸国を巻き込み，説得していった。このように新しい規範的な主張を行い，他者を説得していく行為主体（アクター）を「規範起業家」と呼ぶ（図10-3の②）。

これに賛同する諸国は，「自分たちは，これらの兵器を生産したり使用したりするような非人道的な国ではない」（アイデンティティの再構成），また「非人道的兵器を禁止する交渉を成立させた方が得策である」（利益への認識の変化）

図10-3　対人地雷禁止レジームの成立プロセス

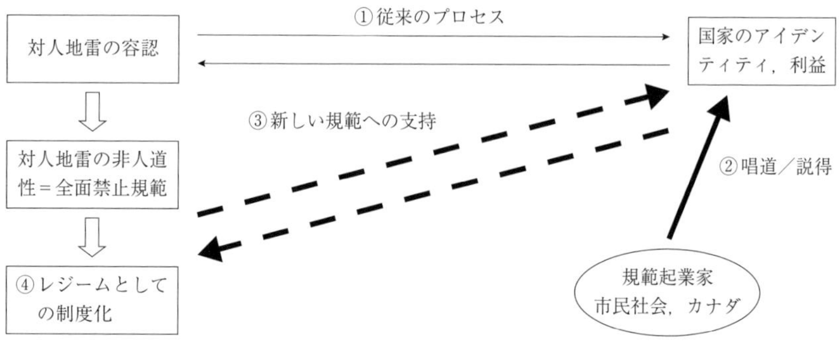

［出典］　足立研幾『オタワプロセス――対人地雷禁止レジームの形成』有信堂高文社，2004をもとに著者作成。

といった認識のプロセスを経て，これらの非人道的兵器禁止の規範を受け入れていった。こうして新しい規範が定着していく（図10-3の③）。

対人地雷禁止の規範は，禁止条約を支柱としたレジームとして形成されている。図中の④にあるとおり，これを**制度化**という。レジームは特定の目標を追求するアクターのもとで合意された決まり事のセット（たとえば，対人地雷の使用，生産，移譲の禁止，犠牲者支援のルールなど）である（→unit **8**）。

コンストラクティヴィズムのテーマ――国内文化，国際的伝播，遵守

さて，コンストラクティヴィズムの研究には，大きく分けて3つの方向性がある。第1に，カッツェンスタインらのように，国内の文化や規範がいかにして一国の対外政策に影響を及ぼしているか，という問題への関心がある。たとえば，戦前に軍国主義に走ったドイツと日本の社会で，第二次世界大戦後に形成された文化や規範がいかに安全保障政策に影響を与えたのか。世界有数の経済大国になるなど，軍事大国になりうる条件が揃っていたにもかかわらず，両国ともそのようにはならなかった。これは国内の反軍国主義の文化が，抑制的に働いてきたためだという。

第2の方向性は，規範がどのようにして国際的に広まっていくのか（伝播）に注目するものである。フィネモアの研究によれば，1950年代までの途上国に対する開発援助の基本的なモデルは，インフラ整備などによって国民経済，

国内総生産（GDP）の成長を狙ったものであった。しかし，1960年代になると，「貧困削減」を重視する方向へと転換した。この転換の背景には，1968年に世界銀行総裁のポストについたマクナマラが，南側諸国の貧困削減に取り組むべきであるという信念をもっていたことがあげられる。世界銀行のもたらした規範は，次第に先進諸国政府によって，取り組むべき行動原理として導入され，広まっていった。このような研究では，国際機関や個人，あるいはNGOなどが，新しい規範を「教授」し，他のアクターに広まっていくというモデルが想定されることが多い。これに対して，外部のアクターが「教える」という側面を強調することについては，受け手側の自主性や選択の余地を考慮していないという批判もある。

第3に，規範の国際的な伝播プロセスだけではなくて，政府はなぜ規範を遵守（じゅんしゅ）するのかという理由やメカニズム，また国内においてどのようにして履行されるようになるのか，という問いにも関心が向けられるようになっている。たとえば，これまで国内での人権侵害を容認していた政府が，人権を積極的に保障すべきであるというNGOや国際機関の主張を国際会議で受け入れたとする。しかし，この国が，国内において具体的に履行のための方策をとるかどうかは別の話である。もし，政府が国内的な人権保障政策を実行しないならば，どのような方法によって状況の改善はもたらされるのであろうか。この問いについては，2つの答えがある。

1つは，国際機関やNGO，他国の政府などの人権保障を求める運動による圧力や，人権侵害国に対する制裁などの強制的な措置を通じて，人権侵害国の政府エリートが政策を変更する場合である。このようなプロセスでは，当該国のNGOによる人権侵害の訴えに対し，脱国家（トランスナショナル）的なNGOなどのネットワークが，政府に対する圧力として作用するという「ブーメラン」効果も見られる。このような圧力に対する反応としての遵守行動は，短期的には合理的な計算に基づく戦術的なものかもしれないが，次第に政府の認識を変化させる可能性もある。もう1つは，政府エリートたちが，国際会議などの場で説得などの相互のコミュニケーションを通じて，規範の重要性を学習し，利益認識やアイデンティティを変化させていき，その結果，遵守するようになるというものである。

重要ポイント⑩

規範のライフサイクル

このunitで述べたいくつかの段階を合わせると，①規範の発生→②伝播→③内在化という，規範のライフサイクルを導き出すことができる。

①新しい規範は，「規範起業家」がそれを主張し，社会の指導者たちを説得していくことによって注目される。②社会において広く規範が受け入れられるためには，規範への支持層が一定の割合を超えなければいけない。これを，「臨界点」という。臨界点を超えて一定の支持を確保すると，その後は，国際社会の構成員である各国政府は，規範起業家である国際機関や他国政府など規範を主張する外部アクターによって，規範を受け入れるように説得されていく。それは学習のプロセスでもある。こうして，周囲の圧力などを通して，規範に合致した行動が構成員の間で多く見られるようになる。この臨界点を超えた後，規範支持の拡大に向けた推進力を確保したプロセスのことを，「規範のカスケード」と呼ぶ。③規範の内在化とは，ある規範に従って行動することが「適切」であり，当たり前であるという状況が，社会の構成員の間で成立していることを指す。

このなかで，②の規範の伝播と，③の内在化や履行確保についてはすでに述べたが，①について，すなわち特定の規範やアイディアの内容はどのようにして誕生するのだろうか。一般には，戦争，災害，恐慌などの大きな衝撃が，新しい規範を生み出す機会となり，また政治や社会の指導者にとって，既存の規範の意義が低下した場合には新しい規範への需要が高まるといわれる。

図　規範のライフサイクル

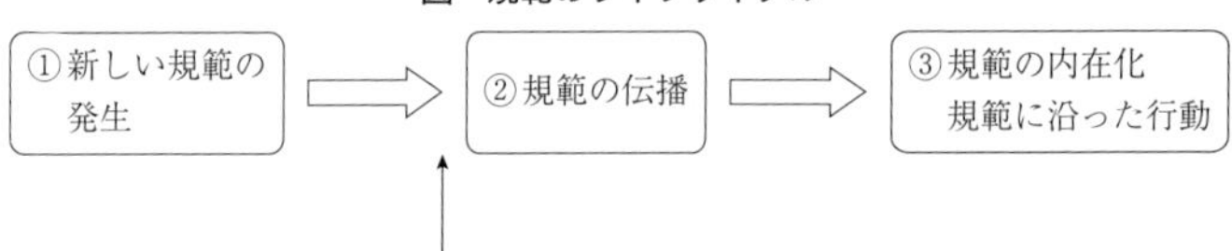

［出典］ Finnemore, Martha and Kathryn Sikkink, "International Norm Dynamics and Political Change," *International Organization* Vol. 52, No. 4, Autumn, 1998. にもとづき著者作成。

どのようなアプローチか――リベラリズム，リアリズムとの対比

コンストラクティヴィズムのアプローチが国際政治学に導入されたのは，他の学問分野よりもやや遅れて1980年代半ばになってからである。その背景には，リアリストの主要な関心であった冷戦の終結，移民をめぐる政治やいわゆるエスニック紛争など，アイデンティティにかかわる政治への関心が高まった

こと，グローバル・ガヴァナンスを模索する動きがあり，そのなかで規範をめぐる政治が注目されたことなどがあるだろう。

これまで見てきたように，コンストラクティヴィズムの，第1の重要な特徴は，規範や価値という観念的な要素，すなわち主観的側面を重視していることである。第2章のこれまでの unit で紹介したように，リアリズムやリベラリズムのアプローチは，主に「パワー」や「利益」といった物質的な要素から国際政治を説明する。これに対して，コンストラクティヴィズムは，共有された信念やアイディア，規範によって行動が左右される場合も多いと考える。既存のアプローチでは，なぜ特定の「利益」が追求されるのかは問われず，所与として扱われるが，コンストラクティヴィストたちは，そもそもなぜ特定の「利益」が形成されたのかに関心をもつ。

第2に，合理的アクターの行動に注目するネオリアリストの一部やリベラル学派は，国際システムの無政府（アナーキー）的な構造が一定の制約となることを前提としつつも，そのうえで，アクターの意思はある程度構造から独立したものであるとみなしている。これに対して，コンストラクティヴィズムでは，図10-2を用いて述べたように，基本的には構造と代理人は，双方向的な関係の下で相互に影響し合うと考える。

事例の分析

それでは，具体的な事例について，異なるアプローチをどのように使うことができるのかを見てみよう。ここでは，なぜ旧ユーゴスラヴィア諸国が，武力紛争が終結した1990年代半ばから次第に民主化を進めたのかを例に考えてみよう。この問いに対して，第2章を勉強してきた私たちは，主に3つの仮説を用意することができるだろう。

リアリズムによれば，たとえば，ユーゴスラヴィア紛争に停戦をもたらしたアメリカの圧倒的軍事力を背景にして，アメリカや他の北大西洋条約機構（NATO）諸国が強制的に民主主義の思想や制度を国内に移植していったと説明することもできる。次に，アクターを合理的行為者であると想定し，個々のアクターの利益を説明変数として重視するネオリベラリズムは，これらの諸国がEU加盟を希望している（していた）事実に注目するであろう。EU側は，加盟希望諸国に対して政治的条件として人権の遵守や民主的制度の導入を課している。これらの紛争後の諸国は，政治的条件を受け入れることの費用便益を計算し，戦術的に国内の民主化を進めたという説明になる。

この2つの説明に対して，コンストラクティヴィズムはどのように説明するであろうか。コンストラクティヴィズムは，たとえば，これらの諸国の政府エリートたちの利益やアイデンティティの認識が長期的なプロセスを経て変化したために，民主化が進展したという図式を描く。ヨーロッパの一員としてふさわしい行動とは何か，EUの加盟国として正当な行動とは何かを，欧州委員会やEU加盟国のエリートたちとのコミュニケーションを通じて説得され，内在化していくのである。また，政治的条件を課せられたことも，当初は合理的計算の下に受け入れたのかもしれないが，次第に利益の認識を変えていくプロセスの始まりであったとみなされる。

以上の3つの説明は，あくまでも仮説である。この事例において，実際にどのモデルが説明力をもつのかは，政府関係者の発言や聴き取り調査を基にして分析した結果から明らかになるのである。

コンストラクティヴィズムの意義と問題点

国際政治学のアプローチとしてのコンストラクティヴィズムは，どう評価できるだろうか。まず第1に，従来の国際政治学においてあまり注目されてこなかった，観念的，主観的な側面に焦点を当てたという意味で画期的であった。第2に，規範の形成や伝播におけるNGOや国際機関などの役割を明らかにしている点も重要である。これは，国際政治において，必ずしも大国のパワーがすべてを規定するわけではないことを示唆している。第3に，構造とアクターとが相互に作用し合うこと，国際政治が変化する可能性とそのメカニズムを示したことは重要である。

しかし，その一方で，コンストラクティヴィズム研究の大部分は，人道的な規範の広がりなど，実際に効果をもった規範のみを事例として選択しているので，テーマに偏りがある。その結果，国際規範や価値の一般的な影響やインパクトを，過大評価しかねない。また，規範だけに注目すると，他の重要な要因を見逃してしまう危険も生じる。このような問題を避けるためには，先に述べたように，他の要因が作用した可能性も検討しなければいけない。

引用・参照文献

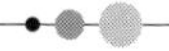

足立研幾『オタワプロセス――対人地雷禁止レジームの形成』有信堂高文社，2004年。

「特集 規範と国際政治理論」日本国際政治学会編『国際政治』143号，2005年。

Finnemore, Martha, *National Interests in International Society*, Cornell University Press, 1996.

Finnemore, Martha and Kathryn Sikkink, "International Norm Dynamics and Political Change," *International Organization* Vol. 52, No. 4, Autumn, 1998.

Katzenstein, Peter J., ed., *The Culture of National Security: Norms and Identity in World Politics*, Columbia University Press, 1996.

Keck, Margaret E. and Kathryn Sikkink, *Activists beyond Borders: Advocacy Networks in International Politics*, Cornell University Press, 1998.

文 献 案 内

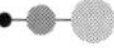

□ **山田高敬・大矢根聡編『グローバル社会の国際関係論〔新版〕』有斐閣コンパクト，2011年。**

リアリズム，リベラリズム，コンストラクティヴィズムのアプローチを概説し，安全保障，経済，環境などの分野に適用した教科書。

□ **足立研幾『オタワプロセス――対人地雷禁止レジームの形成』有信堂高文社，2004年。**

対人地雷禁止レジームの形成にいたるまでの，市民社会や政府の動きを詳細に分析した書。

□ **大矢根聡編『コンストラクティヴィズムの国際関係論』有斐閣ブックス，2013年。**

コンストラクティヴィズムの理論的特徴を体系的に説明したうえで，具体的なイシューの分析に適用した教科書。

unit 11

安全保障
——勢力均衡と同盟

Keywords
無政府的国際システム，安全保障のジレンマ，集団安全保障，「巻き込まれ」と「見捨てられ」のジレンマ

安全保障という概念

国際政治学者ウォルファーズのよく知られる定義によれば，安全保障とは「獲得した価値に対する脅威の不在」である。ここでいう「獲得した価値」には，領土や富のような物質的なものから，主権や生活様式のような非物質的なものまでが含まれる。また，「脅威」は存在するか不在かの二者択一ではないので，安全保障はしばしば，どの程度安全かという相対的な概念である。

この概念が国際政治でしばしば用いられるようになったのは，おそらく第一次世界大戦およびその後であろう。国際政治学の成立と同時期である。それまでは国防の方が一般的であった。国防が主として軍事力によって領土を守るという意味合いだったのに対して，安全保障は軍事力に限らず，また領土防衛にとどまるものではない。安全保障は国防よりも，はるかに多義的かつ広義の概念なのである。

第一次大戦が人類史上未曾有（みぞう）の総力戦であったことから（→unit 3），軍事力だけで主として領土防衛に当たる国防では，不十分になったのである。総力戦を戦うには，軍事力のみならず工業力や技術力，情報，国民の士気などが必要であり，戦いは戦場にとどまらず，「銃後」と呼ばれた国内社会や国民の心理，植民地や遠隔の中立国との交易にまで及んだ。また，第一次大戦後に設立された国際連盟が，その規約で安全保障という概念を用いたことから，そこには安

定的な国際システムと国際規範の維持という意味も加えられた。さらに，第二次世界大戦は前大戦以上の総力戦であったし（→unit 4），それに続く冷戦も，軍事のみならず経済，イデオロギー，文化など，あらゆる側面からの体制間競争であった（→unit 5）。第二次大戦後の国際連合（国連）は，安全保障理事会（安保理）を中心に「国際の平和と安全」に対処することになっている。

こうした歴史的展開のなかで，外交や軍事の実務家の多くは，安全保障こそを国家の対外的行動の究極目標とみなしてきた。また，学術的には，国家中心で国際政治を分析するリアリストが，主として安全保障をめぐる議論や研究を担ってきた。

冷戦が終焉（しゅうえん）し，1990 年代，さらに 21 世紀に入ると，国際的相互依存とグローバリゼーションがいっそう進み，何を（目的），何から（脅威），どのように（手段）守るかという 3 つの次元すべてで，安全保障はいっそう多様化し拡散していった。今日では，人間の安全保障（ヒューマン・セキュリティー）から地球規模の安全保障（グローバル・セキュリティー）までが論じられている。こうなると，安全保障という概念と国際政治や国際関係という言葉の間に，あまり明確な差がなくなってくる。安全保障は「酸素のようなもの」（ナイ）との見方もある。

国家を中心とした旧来の「国家安全保障」に対して，「国際安全保障」という言葉も，しばしば用いられるようになってきた。国際的なテロや環境破壊を例にとっても，一国単位で安全保障を追求することは，もはや困難である。日本でも，防衛学会（安全保障・防衛問題を研究する学術団体）が国際安全保障学会と名称を変更したのは，2000 年のことであった。

21 世紀に入ると，情報技術（IT）やロボット，無人航空機（ドローン）（UAV）などの新たな科学技術が安全保障に大きな影響を与え，また，レアアースなどの希少資源やサプライチェーン（供給網）が安全保障の手段になるなどの展開が見られるようになった。こうした変化に応じて，安全保障上の空間も国家や地球を超えて，宇宙空間，サイバー空間に拡大していった。日本でも，2022 年 5 月に経済安全保障推進法が成立した。また，今日では地球温暖化やエネルギーや資源，感染症などもグローバルな安全保障問題とみなされている。人々の認識によって安全保障の争点が新たに創出される――これが安全保障化と呼ばれる現象である。

だが，このunitでは，伝統的な「国家安全保障」に注目し，とくに，勢力均衡と同盟について議論したい。実務家もリアリストの国際政治学者も，長らくこの2つの概念を政策や分析の指針にして「国家安全保障」を追究してきたのである。人間の安全保障や環境・エネルギー問題などの地球規模の安全保障は他のunitで本格的に紹介されるし（→**unit 26, 27**），長らく「国家安全保障」の中核だった核戦略の問題も，別のunitで詳述される（→**unit 20**）。

勢力均衡

国家安全保障は，伝統的なリアリストの主たる関心事であった。リアリズムは国益やパワーなどを中核概念とするが，勢力均衡（バランス・オブ・パワー）もその1つである（→**unit 7**）。だが，国際政治の多くの中核概念がそうであるように，勢力均衡もきわめて多義的な概念である。ワイトは7通りの，そして，アーンスト・ハースは8通りの用法を指摘している。

彼らほどではないものの，ナイも勢力均衡には少なくとも3つの異なった用法があるという。第1はパワーの分布としての勢力均衡であり，第2は政策としての勢力均衡，そして第3は多極システムとしてのそれである。

パワーの分布としての勢力均衡とは，誰が（どの国が）どれだけのパワー資源を有しているかという分布状態を，客観的に叙述することである。たとえば，18世紀のある時期のヨーロッパでは主要な大国の間で勢力均衡が存在したとか，ナポレオンの出現でそれまでの勢力均衡が崩れたといった叙述である。前者では文字通りパワーの分布が国家間で均衡している。このような状況こそが，厳密な意味での勢力均衡だとする論者もいる。

次に，政策としての勢力均衡である。この用法は，「諸国家はどこかの国が圧倒的優越を達成するのを防ぐように行動するはずだ」という前提に立っており，そのための政策を推奨し予見する。たとえば，1941年の独ソ戦勃発（ぼっぱつ）に際して，反共主義者として知られたアメリカのトルーマン上院議員（のちの大統領）は，「ソ連が負けそうになればソ連を応援し，ドイツが負けそうになればドイツを応援すればいい」と語ったと伝えられる。

このような観点に立てば，冷戦後にアメリカに対する国際的反発が強まったことも，理解できる。もちろん，そこにはアメリカの外交的失敗や傲慢があるが，アメリカのパワーの圧倒的優越に対して，勢力均衡を回復する試みでもあったわけである。

諸国家が政策として勢力均衡の維持や回復をめざすのには，2つの前提条件がある，とナイは指摘している。第1は，国際政治の構造が**無政府的国際システム**であることであり，第2は，国家が自らの独立を至高のものとみなすことである。無政府的国際システムの下で自国の独立を守るためには，他国が圧倒的な優越を達成するのを妨げる必要があり，そのうえで，他国より「わずかに安全」（マージン・オブ・セーフティー）であればよしとするか，自らが圧倒的な覇権の達成をめざすかである。国家が前者の立場をとれば防御的リアリズムであり，後者の立場なら攻撃的リアリズムである。また，後者の場合には，他国が合同して勢力均衡政策をとり，その国の覇権達成を阻止しようとするであろう。前者の場合でも，自国が他国より「わずかに安全」になれば，他国はそれに不安を覚えて自らもより「わずかに安全」たらんとし，かえって安全保障が脅かされる状態に陥るかもしれない。これを「**安全保障のジレンマ**」と呼ぶ。しかも，「隣の薔薇は赤い」の喩えに示されるように，他国のパワーを羨望し過大視する心理が働くかもしれない。いずれの場合も，パワーは単なる軍事力だけではないから，その測定は複雑かつ困難である。

このように，政策としての勢力均衡はきわめて流動的である。しかも，国家が勢力均衡政策をとらないことも少なくない。自国が勢力均衡に影響を与えられないほど弱体だと考えれば，その国は中立を選択するかもしれない（選択できるかどうかは，その国の国力や地政学的な条件による）。あるいは，同様に大国に対して勢力均衡の見込みがないとき，国家はその大国に追従・迎合することで，可能なかぎりの独立と安全保障を保持しようとするかもしれない。勢力均衡に対して，これをバンドワゴン（勝ち馬に乗る）戦略と呼ぶ。

さらに，国家は他国のパワーではなく，脅威に対抗しようとするかもしれない。アメリカの国際政治学者ウォルトが提起した「脅威の均衡」という議論である（→unit 7）。大国であっても，自国への攻撃的意図をもたなかったり，自国とイデオロギーが近似していたり，あるいは，自国から遠隔であれば，対抗する必要性は乏しい。逆に，それほどの大国でなくても，自国に対する攻撃的意図を有し，イデオロギーが異なり，しかも，近隣であれば，その脅威は大きく，なんらかの対抗手段を講じる必要がある。たとえば，日本にとってアメリカは前者であり，北朝鮮は後者である。自国にとっての脅威が少ないから，日本はアメリカにバンドワゴンしていると見ることもできる。

さて，勢力均衡の3番目の意味は，19世紀のヨーロッパに実際に存在した多極状態であり，歴史的な記述である。イギリス，フランス，プロイセン，オーストリア，ロシアが大国として共存し，キリスト教的価値と宮廷文化を共有していたうえ，イギリスが島国としてヨーロッパ大陸から距離を置き，バランサーの役割を果たしていた（→unit 3）。こうした条件が重なって，19世紀ヨーロッパでは多極の国際システムが安定をもたらしていたのである。しかし，ドイツの統一と台頭で多極システムは動揺し，やがては三国同盟対いわゆる「三国協商」（正確には露仏同盟，英仏協商，英露協商）という2極システムに変容していった。その終着点は第一次世界大戦という破局であった。勢力均衡で国際システムを安定させることは，実際には容易なことではないのである。

安全保障を追求するための3つの方法

無政府的な国際システムの下で国家が安全保障を追求するには，いくつかの方法がある。

第1は自強である。無政府的国際システムは自助（セルフ・ヘルプ）の体系であるから，自国の安全保障を追求するには，自らのパワーを増強させることが最も信頼できる方途である。ただし，自強のみで安全保障を追求するコストは重く，それを負担できるだけの大国は決して多くはない。自強の究極の形態が覇権である。

第2に中立である。自強，まして覇権を追求する意思も能力もなく，勢力均衡に影響するほどのパワーもない場合，国家間の紛争から進んで身を引くことで安全保障を求めることもあろう。しかし，ある程度のパワーを有する国家が中立を選択すれば，そのことが勢力均衡に影響を与えてしまう。「中立化という行為は，その政治的文脈によっては，全く非中立的行為となる」と，国際政治学者の永井陽之助は喝破（かっぱ）している。また，戦略的要衝に位置する国が中立を選択することも困難である。自強や覇権と同様，中立も特定の国（戦略的周辺に位置する小国）にのみ許された方途なのである。

第 3 に**集団安全保障**である（→unit 8, 17）。これは第一次世界大戦後の国際連盟で提起され，第二次世界大戦後の国連にも継承されたアプローチである。集団安全保障とは，侵略を不法と定めたうえで，国際社会が一丸となってこれを阻止し，実際に侵略が起これば，やはり一丸となってこれを罰するというものである。集団安全保障は，勢力均衡と 3 つの点で異なる。まず，国家のパワーではなく攻撃的な意図を問題にしている点であり，次に，勢力均衡のためにはあらかじめ連合が組まれるが，集団安全保障では侵略の危険が発生して初めて連合が形成される。そして最後に，中立やただ乗りが多いと，集団安全保障は機能しない。

しかし実際には，侵略の定義をめぐって国際的な合意を達成することは困難だし，中立やただ乗りを選択する諸国も少なくない。このため，国際連盟でも国際連合でも，集団安全保障は有効には機能してこなかった。2022 年 2 月には，国連安保理常任理事国たるロシアがウクライナに侵攻し，集団安全保障の困難をあらためて世界に痛感させた。

同　盟

このように，どの国でも自強や中立を選択できるわけではなく，集団安全保障もこれまでは有効に機能してこなかった。そこで，多くの国が歴史上実際にとってきた方法が，同盟である。同盟とは「メンバー以外の国に対する軍事力の行使（または不行使）のための国家間の正式な提携」（スナイダー）である。軍事力の行使を主要な目的にする点で，同盟は国連やヨーロッパ連合（EU）とは異なる。また，国家を主体とする点で，アルカイダのようなテロ組織とも違う。さらに，多くの場合，同盟は条約に基づく正式な提携であり，一時的な協力関係や合従連衡（がっしょうれんこう）とも異なる。国際法上，主権国家には自衛権が認められており，さらに，自国が直接攻撃されていなくても，自国と密接な関係にある他国が攻撃されたとき，これを助けるのは集団的自衛権に属する。これが同盟の国際法的な根拠である（集団的自衛権と先述の集団安全保障を混同しないよう，注意を要する）。

同盟には，勢力均衡のためにパワーの比較的均質な複数の国家が同盟を形成する場合と，パワーに大きな格差のある国家同士で同盟が結ばれる場合がある。前者は多極の国際システムが前提になっており，歴史的には19世紀ヨーロッパの古典外交に見られた。この場合，必要に応じた同盟の組み換えは比較的容易である。後者の代表例が冷戦下の2極構造の同盟である。米ソ対立のために，集団安全保障は機能しなかった。同盟のシニア・パートナー（アメリカまたはソ連）はもう1つの超大国に対抗するために（勢力均衡），ジュニア・パートナーは追従による安全確保のために（バンドワゴン），同盟を形成した。このジュニア・パートナーの選択は，とくに西側の場合，「脅威の均衡」に基づいて，より危険な国家に対抗すべく一方の超大国と同盟した，と説明することもできよう。2つの陣営しかないうえ，自国にとって危険な国家が存在するとなると，同盟の組み換えは容易ではない。

これ以外にも，同盟には防衛同盟か攻守同盟か，2国間同盟か多国間同盟かなどの分類も可能である。多くの同盟は防衛的な目的を標榜（ひょうぼう）しているが，なかには日独伊三国同盟のように攻撃的意図の明確な同盟もある。ただし，攻撃や拡張よりも自己防衛こそが国家にとって本質的な責務であることから，露骨な攻守同盟は防衛同盟より脆弱（ぜいじゃく）であることが多い。また，日米同盟は2国間同盟の一例であり，北大西洋条約機構（NATO）は多国間同盟の代表例である。一般に，2国間同盟の方が意思決定は容易だが，多国間同盟の方がシニア・パートナーとジュニア・パートナーとの摩擦や齟齬（そご）が相対化されやすい。

冷戦期には，米ソ両超大国はそれぞれ，同盟網を世界中に張り巡らそうとした（→unit 5）。そのため，同盟研究は核戦略と並んで，安全保障研究の中核をなしてきた。そうした同盟研究の蓄積が示すように，同盟はさまざまな緊張関係や矛盾を内包しがちである。その代表が**「巻き込まれ」と「見捨てられ」のジレンマ**であろう。同盟関係が緊密にすぎれば，自国の利害とは異なる相手の戦略に巻き込まれてしまう可能性がある一方で，これを避けるために同盟関係に距離を保てば，自国が危機に陥ったときに，相手に見捨てられてしまうかもしれない。適度な同盟関係を維持するのは，至難の業（わざ）なのである。

冷戦の終焉を受けて，ソ連を中心としたワルシャワ条約機構は解体し，ほどなくソ連そのものも崩壊した。ソ連という共通の敵を喪失して，アメリカを中心としたNATOや日米同盟その他の同盟も，瓦解しても不思議ではなかった。

重要ポイント⑪

クアッド（Quad）

日本とアメリカ，オーストラリア，インドの4カ国による協力枠組みのことで，クアッドは「4つの」を意味する。2004年のスマトラ沖地震と津波被害で，この4カ国が国際的な支援を主導したことに端を発する。その後，日本の安倍晋三首相が「自由で開かれたインド太平洋」（FOIP）のための4カ国の戦略対話を呼びかけ，本格化した。2021年3月に初めて首脳会議をオンラインで実施し，同年9月にはワシントンで，翌年5月には東京で対面による首脳会議が実施された。

中国の急速な台頭を念頭に，「クアッドは基本的価値を共有し，法の支配に基づく自由で開かれた国際秩序の強化に取り組んでいく」と，日本政府は説明している。新型コロナ・ワクチンの発展途上国への提供などで，クアッドは一定の成果をあげた。さらに，テロ対策や質の高いインフラ投資，海洋分野，気候変動などの共通課題にも対処しようとしている。

これに対して，中国などには，クアッドがアジア版NATOになり国際的緊張を高める，という批判もある。また，ロシアのウクライナ侵攻については，インドは批判を差し控えており，クアッドの足並みは揃っていない。さらに，2021年9月には，オーカス（AUKUS）というオーストラリア，イギリス，アメリカによる安全保障協力の枠組みが発足した。こちらはクワッドより軍事的色彩が明確だが，両者の関係が今後どのようになるのかも注目されている。

だが，同盟は「国家間の正式な提携」として制度化されており，制度の惰性が突然の崩壊から，西側の同盟を守った。また，西側の諸同盟はワルシャワ条約加盟国のような国内的混乱を抱えていなかったし，軍事だけでなく経済的利害や社会的規範を共有する安全保障共同体としての性格を帯びていた。

1999年には，NATOはポーランド，ハンガリー，チェコを加えて東方拡大した。さらに2004年には，バルト諸国など7カ国が新たにNATOに加盟した。当然ロシアはこうした動きに警戒を強めた。他方，2001年の9.11テロ事件後にアメリカは公式な同盟よりも「有志連合」（争点ごとに意思を共有する諸国が形成する一時的な連合）を重視するようになった。また，米欧間で，トランプ大統領によるNATO不要論やマクロン仏大統領によるNATOは「脳死状態」発言もあった。しかし，2022年2月に，ロシアがウクライナに侵攻したことを受けて，5月には中立国のフィンランドやスウェーデンがNATO加盟を申請するにいたった。

今後さらに，同盟がどのような共通の目標を確立し，どのように制度や組織を変容させていくのかが，あらためて問われている。

今後の課題

2001年9月11日の9.11テロ事件以降，アメリカは「テロとの戦い」を標榜してきた。冷戦を事実上の第三次世界大戦，そして「テロとの戦い」を第四次世界大戦と呼ぶ学者もいる。いまや安全保障は「何を」「何から」「どのように」守るかのいずれの側面においてもいっそう多元化しており，テロや「ならず者国家」に示されるように，烈度の低い非対称的な脅威への対応も重要になってきた。

また，冷戦の終焉でアメリカ一極の世界が現出したかに思われたが，アフガニスタンやイラクでの軍事行動の長期化や金融危機に直面して，アメリカの国力の後退とそれにともなう国際システムの変化を論じる識者もいる。さらに，国際政治が多元化・重層化していくなかで，いわゆる「イスラム国」(IS）やヒズボラの登場など，国家のパワーを中心にした勢力均衡の理論や政策だけでは，国際政治や安全保障を十分に論じられない。他方，中国の急速な台頭によって米中対立が深刻化し，古典的な大国間政治も復活している（→**unit 28**)。これにアメリカはクアッド（→重要ポイント⑪）やオーカスで対抗しようとし，中国はロシアとの連携を強めている。

軍事力をめぐる国家間の正式の提携としての同盟も，その共通目標を拡大・深化させ，制度と組織を変容させていかなければ，立ち行かなくなっている。日米同盟も冷戦後に再定義が試みられ，集団的自衛権の限定行使も容認されるようになった。それでも，アメリカのグローバル戦略に巻き込まれる一方，中国の台頭や北朝鮮問題をはじめとする東アジアの安全保障問題ではアメリカに見捨てられるかもしれないという恐怖を，同盟のジュニア・パートナーとしての日本は払拭できていない。

冷戦後，とりわけ21世紀に入ってから，安全保障をめぐる国際政治の実態は，大きくかつ急速に変容しつつある。勢力均衡や同盟の歴史的展開を十分にふまえながら，こうした政策や概念の効用と限界を再検討する時期にきている。

引用・参照文献

ウォルト，スティーヴン・M.／今井宏平・溝渕正季訳『同盟の起源――国際政治における脅威への均衡』ミネルヴァ書房，2022 年（原著 1987 年）。

ザカリア，ファリード／楡井浩一訳『アメリカ後の世界』徳間書店，2008 年（原著 2008 年）。

神保謙「安全保障――非対称型脅威の台頭」日本国際政治学会編『学としての国際政治』（日本の国際政治学 1）有斐閣，2009 年。

ナイ，ジョセフ・S. ジュニア＝デイヴィッド・A. ウェルチ／田中明彦・村田晃嗣訳『国際紛争――理論と歴史〔原書第 10 版〕』有斐閣，2017 年（原著初版 1993 年）。

永井陽之助『平和の代償』中公クラシックス，2012 年。

初瀬龍平『国際政治学――理論の射程』同文舘出版，1993 年。

ミアシャイマー，ジョン・J.／奥山真司訳『大国政治の悲劇〔新装完全版〕』五月書房新社，2019 年（原著初版 2001 年）。

ワイト，M.／佐藤史郎訳「勢力均衡」H. バターフィールド＝M. ワイト編／佐藤誠ほか訳『国際関係理論の探究――英国学派のパラダイム』日本経済評論社，2010 年（原著 1966 年）。

Altman, Roger C., "The Great Crash, 2008: A Geopolitical Setback for the West," *Foreign Affairs*, Vol. 88, No. 1, January／February 2009.

Chollet, Derek and James Goldgeier, *America Between the Wars: From 11／9 to 9／11: Misunderstood Years Between the Fall of the Berlin Wall and the Start of the War on Terror*, BBS Public Affairs, 2008.

Haas, Ernst B., "The Balance of Power: Prescription, Concept, or Propaganda?" *World Politics*, Vol. 5, No. 4, July 1953.

Haass, Richard N., "The Age of Nonpolarity: What Will Follow U. S. Dominance," *Foreign Affairs*, Vol. 87, No. 3, May／June 2008.

Nye, Joseph S. Jr., "East Asian Security: The Case for Deep Engagement," *Foreign Affairs*, Vol. 74, No. 4, July／August 1995.

Snyder, Glenn H., *Alliance Politics*, Cornell University Press, 1997.

Wolfers, Arnold, *Discord and Collaboration: Essays on International Politics*, Johns Hopkins University Press, 1962.

文献案内

□ **土山實男『安全保障の国際政治学——焦りと傲り〔第2版〕』有斐閣，2014年。**

事例研究を交えながら，安全保障に関する米欧の最新の国際政治理論を紹介し，批判的な整理を試みた研究書。

□ **防衛大学校安全保障学研究会編／武田康裕・神谷万丈責任編集『安全保障学入門〔新訂第5版〕』亜紀書房，2018年。**

安全保障に関する理論や概念，事象を包括的にまとめた，日本では数少ないスタンダードな教科書。

□ **兼原信克『安全保障戦略』日本経済新聞出版，2021年。**

安全保障問題に通暁する元ベテラン外交官が歴史や制度，思想と縦横無尽に安全保障を論じた大著。

□ **千々和泰明『戦後日本の安全保障——日米同盟，憲法9条からNSCまで』中公新書，2022年。**

戦後日本の安全保障政策の変遷を5つのトピックを中心に整理したコンパクトな好著。

unit 12

国際政治経済
——市場・国家・社会の相互作用

Keywords
複合的相互依存，覇権安定論，重商主義，従属論，国内制度

国際政治経済（IPE）とは

1975年11月半ば，フランス，西ドイツ，イタリア，日本，イギリス，アメリカの首脳が，フランスのランブイエ城に集まり会議を行った。その背景には国際的な経済状況の悪化があった。1971年，ニクソン米大統領は新経済政策の一環として金とドルの兌換（交換）停止を表明し，これを機に固定相場制は崩壊し，変動相場制へと移行していく。1973年には第1次石油危機が発生し，資源ナショナリズムが高まった。西側先進6カ国の首脳たちが一堂に会し，通貨問題，エネルギー問題，貿易問題を直接協議し解決策を模索したのが，前述の会議である。こうした動きは，軍事・安全保障の領域（高次元政治（ハイ・ポリティクス））から政治性の低い問題としての経済領域（低次元政治（ロー・ポリティクス））を切り離すことができるという，従来の国際政治のとらえ方に疑問を投げかけた。1975年に初めて開催された先進国首脳会議（サミット）は，まさに経済問題が高次元の政治として扱われたことを示す事件であった。国際政治経済（IPE）が学問領域として登場した背景には，このような政治的，経済的背景があった。

こうした時代に国際政治経済学の先駆者となったのは，エコノミスト誌の元記者であり，ロンドン・スクール・オブ・エコノミクス（LSE）などで教鞭をとったストレンジであった。市場経済は現代の国際関係の土台となっていて，市場は経済的な影響だけでなく政治的な結果をももたらす。それでは，誰のパ

ワーが世界の生産，技術，資本の動きを引き起こし，国家や個人の行動を形作っているのか。ストレンジは，もはや国家だけが主役ではなく，企業，銀行など多様な脱国家的主体の影響力が増大していると論じた。以後，国際政治経済学は，「経済」の論理と「政治」の論理との関係，市場・国家・社会の相互作用を分析する学問分野として発展した。

現在，国際政治経済研究には，政治学や経済学など多様なアプローチが用いられる。この unit で主に取り上げる内容は，unit **7**–**9** で学んだリアリズム，リベラリズム，従属論という3つのアプローチと多分に重複するし，一部は比較政治学という学問分野とも重なる。

3つの世界観

3つのアプローチが国際政治経済をどのように説明しているのかを見る前に，国際政治経済に関するそれぞれの世界観を概観してみよう。まずリベラリズムの場合には，自由な交流の拡大によって世界の厚生が増大するという，ポジティブ・サムの世界観が基盤にある。古くはアダム・スミスやリカードの比較優位説に遡るが，各国が得意分野の生産に特化し自由な交易を行うことにより，世界全体の利益が増大すると考える。

自由貿易の理論に対して，次のような反論がある。1つは，国家が経済活動に積極的に介入するという側面を強調するものである。この立場に立つリストらの古典的な重商主義の理論は，リアリズムの主張とも重なる部分が多い。もう1つは，マルクス主義に影響を受けた従属論者たちの考え方である。彼らは，現状の国際構造を前提にして比較優位説を導入するならば，先進諸国と途上国との間には搾取関係が生じることになると反論する。そして，先進国と途上国の間にできあがっている階層的構造それ自体が問題であると見ている（→unit **9**）。

国際的相互依存論――リベラルな IPE 理論

それではまずリベラリズムから IPE の展開を概観したい。コヘインとナイは著書『パワーと相互依存』（1977年／邦訳2012年）において，国境を越えた，ヒト，モノ，カネ，情報の交流の増大によって，国家間で相互の政策にインパ

表 12-1　複合的相互依存のモデル

	リアリズム	複合的相互依存
国家の目標	軍事的安全保障の優先 （階層的目標体系）	多様な争点領域 （非階層的目標体系）
パワー	軍事力の有用性が高い 経済的手段も使用	有用となる手段は争点領域ごとに異なる 軍事力の有用性が低い
外交チャンネル	一元的（外務省）	多様なチャンネル（非公式な政府エリート間，非国家主体の関係等を含む）

［出典］　コヘイン，ロバート O.＝ジョセフ・S. ナイ／滝田賢治監訳・訳『パワーと相互依存』ミネルヴァ書房，2012 年ならびに山本吉宣『国際的相互依存』東京大学出版会，1989 年より作成。

クトを与え合うような質的変化が生まれていると論じた（→unit **8**）。経済的な交流の拡大が国家間の政治にどのような特徴を新たに生み出しているのかが，彼らの関心であった。対立する東西陣営関係や南北関係というよりは，むしろ先進諸国間の関係を中心に見ていたといってよい。

コヘインらが提示した「**複合的相互依存**」モデルは，国家の目標（国益），パワー，外交という国際政治を構成する主な要素について，リアリズムと対比することができる。第 1 に，国家の目標については，リアリズムの描く世界では安全保障が最も重要視され，その他の諸目標よりも優先度が高いとされてきた。これに対して，複合的相互依存モデルでは，国民の福祉の増大が重要性を高めており，問題領域の階層性はもはや明確ではない。そのため，内政と外交との区分が曖昧(あいまい)になり，国内問題が外交問題となりやすいのである。第 2 に，パワーについては，リアリズムが安全保障のための軍事力の役割を重視するのに対して，複合的相互依存の世界では，相互の問題を解決するうえで軍事力の有用性が失われつつあるとされる。第 3 に，外交のルートについては，相互依存の世界では外交はもはや外務省に一元化されておらず，多様な主体——省庁（たとえば経済産業省や農林水産省），議員，社会組織（たとえば労働組合や利益団体，NGO）——が関与するようになっている。

ヒト，モノ，カネの交流の増大によって，国家は，国内政治と対外関係の双方に目を配りながら政策を形成せざるをえなくなっている。国内の多様な諸集団の利害が対外政策に反映されるようになり，内政と外交を明確に分離して現象をとらえることが難しくなっている。3 つの分析レベル（unit **0**, **7**, **15**）を切り離して考えるのではなく，その相互作用を考慮する必要が高まったということである。このような国内政治と外交が密接に関連している状態は「連繫政治（リンケージ・ポリティクス）」と呼ばれた。

たとえばアメリカの政治制度では，国内の利益集団が，さまざまな政策的主張を議会を通して実現しようとする。アメリカが貿易赤字に悩まされた1980年代には，国内の自動車産業や労働組合から議会や行政府に対して，日本からの自動車輸入を制限するように保護主義圧力がかけられた。このように国内諸集団の利益が政府の決定に強い影響を与え，それが対外的な行動に反映されるパターンを「内圧投射型政治」と呼ぶ。このパターンは国内政治から対外行動を説明するという意味で，第二イメージ（レベル）の説明である。

これに対して，グールヴィッチは，国際経済危機が国内政治に影響を与える状況を説明して「逆第二イメージ」という概念を用いた。逆第二イメージは，国際システム・レベルの相互作用が国内政治に影響を与える状況一般を示す言葉としても使われている。たとえば，国外からの圧力や働きかけを受けて，国内の政策が決まっていく「外圧反応型政治」も，ここに含まれる。このように，国家は，国内と国外の双方に留意して，内外の利益を調整しながら政策を決定することが多くなっている。

それでは相互依存の世界において，国家はいかにして影響力を高めようとするのであろうか。コヘインらは，相互依存から生み出される「脆弱性」という概念を提示している。脆弱性とは相互の交流があるときに，その交流が切断されたことによって被る費用の大きさとして測定される。日本からの対米輸出を考える場合，アメリカが市場を閉ざすかもしれないという脅しは，日本に対する強い影響力となって働いただろう。この例の場合には，日本がアメリカ以外にも輸出先を多元化できるかなど代替手段の有無によって，損害の大きさが左右される。自国の相手国に対する相対的な脆弱性をいかに低下させるか，逆にいかに相手国を自国に依存させるかが，相互依存の世界における影響力行使の重要な手法となる。

しかし，グローバル化が加速した今日では，直接投資の流れや企業のサプライチェーン（供給網）のネットワークなどによって，相互依存関係がさらに浸透し複雑化している。相互依存関係の戦略的な利用（武器としての相互依存）のリスクに，国家も企業もこれまで以上に晒されるようになっている。他方，相互依存を武器化する側もある程度のダメージを覚悟せざるをえない（→unit 21）。

覇権安定論，新重商主義――リアリズムによるIPE

リアリズムの主たる関心は安全保障であるが，政治と経済の相互作用に焦点を当てる論者もいる。これらの論者は，リベラリズムと異なり，いまだに国家が国際政治経済の中心に位置づけられると主張する。そして，経済や技術の流れは，長期的には国家間のパワー・バランスをも変えていくと論じる。

覇権安定論（→unit 7）では，国際政治経済の秩序は，他を圧倒する国力をもつ「覇権国」によって形成され維持されると論じる。覇権国とは，世界の経済成長を牽引するリーダーの役割を果たす大国である。第二次世界大戦後に設立された「関税及び貿易に関する一般協定」（GATT）などのレジームは，どの国家でもその利便を得られるという意味で「国際公共財」である。システム内の諸国が安定的に提供される公共財を利用して国力を増大させる一方で，覇権国は公共財を維持するために次第に国力を低下させざるをえない。このなかで最も力をつけた大国が覇権国に挑戦し，戦争の結果，新しい領土配分や経済関係のパターンに関する国際秩序が生まれる。一般に，国際公共財の提供については，利便だけを享受して費用を支払わない「フリーライダー」問題が生じるといわれる。現実の国際政治においても，日本の対米貿易黒字が膨らんだ1970年代後半から1980年代にかけて，日本が自由貿易や安全保障の利益のみを得て，責任を分担していないという批判が展開された。

冒頭でふれた1970年代の国際経済体制の不安定化についても，覇権安定論者はアメリカの覇権の衰退が原因であると説明した。この議論は国際政治経済の見方において，いくつかの反応を生み出した。1つは，パワー概念の再検討である。ストレンジは，経済，軍事，政治，技術などを総合したアメリカの構造的パワーが，世界規模の政治経済の動きを作り出していると述べた。したがって，アメリカ（とその企業）は，世界市場経済におけるパワーを失ってはいないという主張であった。

第2に，覇権安定論のいくつかの前提はリアリズムだけではなく，コヘインなどリベラリズムの研究者にも共有されていた。コヘインは『覇権後の国際政治経済学』(1984年／邦訳1998年）という著書において，アメリカの覇権衰退は通貨分野では直接に作用し固定相場レジームの崩壊につながったが，貿易分野での影響は相対的に小さいと論じた。そして通貨においても貿易においても，これまでは覇権国が維持してきた秩序を，大国間協調によって維持していくことが可能であると論じた。先進国首脳会議（サミット）や先進7カ国財務大臣・中央銀行総裁会議（G7）が，そのような枠組みの1つである。

これに対して，リアリストのギルピンは，覇権後の国際政治経済関係をより競争性の高いものとしてとらえた。つまり，重商主義や地域経済ブロックの形成といった，自由主義的な国際貿易レジームへの挑戦によって特徴づけられるというのである。そして，そこでは主要国による政策調整が必要とされるが，実際には困難に直面するであろうと論じた。

重商主義は，もともとは近代史において見られた現実主義的な経済思想であり，経済ナショナリズムの一種である。高い輸入関税を設定した後，保護主義政策の下で国内産業を強化し，それによって軍事力を整備し国力を強化する（富国強兵）という考え方である。その手法には植民地の拡大も含まれた。世界大恐慌後の1930年代にはイギリス，ドイツ，アメリカ，日本などの列強が，それぞれに高関税を設定し支配地域において経済ブロックを形成していった。重商主義では，富はパワー（軍事力）を補完するものであった。

ギルピンは著書『世界システムの政治経済学』(1987年／邦訳1990年）で，1980年代の世界市場をめぐる競争の高まりを背景に，もはや経済ナショナリズムのみに基づく国家の生存は難しく，貿易や資本の動きも考慮したうえでの生存戦略が必要であると論じた（新重商主義)。1970年代半ばには世界市場の高度成長が終わり，欧米諸国の経済状況が悪化したが，他方で，新興工業経済地域（NIEs）の台頭もあって，限られた世界市場をめぐる競争が激化した。1980年代半ばになると，自国産業の国際競争力を強化するために，企業の技術力強化を戦略的に推進する国家も現れた。

ここまで論じてきたように，リアリズムでは，国家間における競争性，また協力へのハードルは，リベラリズムが想定するよりも高いと考えられている。このことをグリーコは，相対的利得という概念を用いて説明している（→重要ポイント⑫）。

重要ポイント⑫

相対的利得と絶対的利得

ここに大学生のA君とB君がいる。2人はアルバイト先から月額3万円もらっていた。2人ともよく働いたことが認められ，A君は1万円のアップ，B君は5千円のアップを獲得した。さて，これで月々のアルバイト代は，A君が4万円，B君が3万5千円へと増えたわけであるから，それぞれに満足であろうか。あるいは，A君の受け取りがB君よりも5千円多いということは，どの程度2人の認識において重要になるだろうか。これは，絶対的利得を重視するのか，それとも相対的利得を重視するのかという問題である。

グリーコらによれば，国家は絶対的利得のみでなく，相手と比較したうえでの自分の利得（相対的利得）を重視するので，リベラル派が考えるよりも国際対立の契機は強く，国際協力は困難である。自由貿易や直接投資のための制度によって，たしかに各国の利益は増大するかもしれない。しかし，市場での交換を通して各国が絶対的な利得を得るとしても，相対的な利得は各国を通じて平等ではない。したがって，国家にとっての本当の関心は，いかに他の国よりもより多く利得を得るかである。そのために，たとえ一時的に自由貿易から逸脱しても，国家自らが産業育成を行うなど，目前の国益を追求することの方を優先するのである。

a国の絶対的利得をA，b国の絶対的利得をBとする。もしa国がb国との格差に非常に敏感であると想定すると，たとえAの値がBより大きい（A>B）としても，a国の効用はb国に対する相対的利得として認識される。つまり，AとBの差（A−B）として理解されるのである。ただし現実の世界では，a国がどの程度，相対的利得を気にするタイプなのかを考慮する必要があるだろう。

従属論と世界システム論

国際政治経済への第3のアプローチとして，マルクス主義の影響を受けた従属論や世界システム論がある（→unit 9）。**従属論**は，多くの独立国が新たに誕生し，南北問題が関心を集めた1960年代半ばから，ラテンアメリカの研究者を中心に展開された。それは学術的な理論であっただけでなく，当時の途上国や国際機関での実践と結び付くモデルを提供していった。アルゼンチンの経済学者プレビッシュは，リベラリズムの比較優位説を否定する，次のような学説を提示した。先進諸国は工業製品を生産するが，途上国は一次産品の産出に特化せざるをえない。時間とともに工業製品の付加価値が高まるのに対して，そうではない一次産品を輸出する諸国の交易条件は長期的に悪化する，というものである。

プレビッシュの研究自体はマルクス主義を強く反映したものではなかったが，その後1960–70年代には，国連ラテンアメリカ経済委員会（ECLA）を拠点とする研究者たちが中心となって，この考え方をマルクス主義の色彩の強い従属理論へと発展させていった。

これらの研究者たちは，世界の構造は階層的で，先進資本主義諸国からなる「中心」と，発展から取り残された「周辺」とから成り立っており，途上国は，資本主義の世界的な分業のなかに組み込まれることによって自律的な発展を妨げられていると考えた。先進諸国と途上国の取引は不等価交換（搾取）であり，先進資本主義諸国側が恒常的に利潤を吸い上げていく，強固な構造ができあがっているというのである。たとえばフランクは，「中心—周辺」間の支配＝従属の構造を硬直化したものとしてとらえ，したがって「革命」によって資本主義体制から脱却するしか，途上国にとって方途はないという論考を発表した。

1970年代半ば以降，マルクス主義と社会史研究に影響を受けたウォーラーステインは世界システム論を展開した。彼は，歴史の流れを，国民国家間の政治だけでなく，社会経済のシステムの動態からとらえた。15世紀末，ヨーロッパにおいて資本主義的経済関係を基盤として誕生した近代世界システムは，今日，世界規模に拡大した。世界システムには，「中心—準周辺—周辺」という階層性がつねに存在するが，従属論の主張と大きく異なる点として，これら3つの階層のなかでは上昇や下降という流動性が見られると主張した。従属論や世界システム論は，国際政治の分析に資本主義経済という要因を導入した点，経済によって政治が規定されると仮定した点など，国際政治経済分野に重要な影響を及ぼした。

国内政治・制度と国際政治経済

これまでは，国際政治学の3つのアプローチがどのように国際政治経済を説明しているのかを見てきた。次に，国内政治とのかかわりから，国際政治経済がどのように論じられているのかを概観する。たとえば，政治体制（たとえば民主主義）は経済発展にどのような影響を及ぼすのだろうか，国内政治と自由貿易協定（FTA）締結の動きにはどのような関係があるのだろうか。国家のタイプや，国内集団の選好（国内のどの主体がどのような政策上の選択肢を支持するのか）や，国内の慣行や制度（日本企業の「系列」，労使間の協調など）に焦点を当てて研究がなされている。

カッツェンスタインは，国家と社会との関係において，国家が自らの意思を主体的に押し通すことができる場合に「強い国家」，逆に国家が利益団体や企業など社会の諸勢力によって強く影響される場合を「弱い国家」として分類した。一般に弱い国家とされるアメリカなどの場合には，利益団体からの圧力を議会はつねに受け，企業主導の産業調整が行われる。強力な官僚機構をもつ日本やフランスは強い国家の例としてあげられてきた。

近代日本は「発展指向型国家」として発展した。ジョンソンは著書『通産省と日本の奇跡』（1982年／邦訳2018年）において，明治期からの日本の経済発展がいかに可能になったのかを，膨大な資料と聞き取り調査に基づいて解き明かした。経済官僚機構としての通商産業省（現在の経済産業省）は，発展可能性のある産業に計画的に梃子入れし競争を監督した。そのための制度が行政指導や審議会などであり，国家と大企業との間の協力的関係が形成されていった。

ジョンソンの研究は，審議会や行政指導といった制度や慣行が，個別の国家の経済成長に与えた影響に着目したものとして見ることもできる。こうした社会の制度や慣行と国家の政策との関係に着目する見方を，一般に新制度論という。ノースは著書『制度・制度変化・経済成果』（1990年／邦訳1994年）において，社会制度と経済発展の関係を明らかにするために，南北アメリカの経済発展を比較した。アメリカ合衆国においてはイギリスの影響下で導入された私的所有権を保護する制度が基盤にあり，そのような制度が自由な経済活動を促進することになったと述べる。他方，ラテンアメリカではスペインによる植民地支配の遺産としての中央集権的・官僚的伝統や，企業に対する国家の恣意的介入があったために，市場の効率的な発展が阻害されたという。

国内制度，選好とツーレベル・ゲーム

さらに国際政治経済学ではミルナーを中心に，国際経済と国内政治との相互作用に着目し，国内諸集団の選好と意思決定過程にかかわる**国内制度**の双方を組み込んだ理論が発展している。国際経済協力にかかわる各国の合意を説明す

るには，交渉参加国の国内的な制度や選好に目を向ける必要がある。たとえば，交渉者は国内に向けて支持を得るための説得をしつつ，かつ国際交渉を行うという2つのゲームを同時に進行させている（ツーレベル・ゲーム）（→unit **15**）。FTAをめぐる国内の支持派と反対派の連合はどのように組織され（たとえば消費者と輸出産業は支持に回るのか），どの程度の大きさなのか，あるいは，反対派の一部になんらかの所得補償を約束することで，支持派が増加するのか。こうした国内条件が国際経済交渉の行方を左右するのである。

本unitでは，国際政治経済を理解するためのアプローチを概観してきた。経済のグローバル化が急速に進むなかで（→unit **24**），市場と国家，そして社会の間の相互作用はいっそう複雑になっている。

引用・参照文献

ギルピン，ロバート／佐藤誠三郎・竹内透監修，大蔵省世界システム研究会訳『世界システムの政治経済学――国際関係の新段階』東洋経済新報社，1990年（原著1987年）。

ギルピン，ロバート／納家政嗣監訳，徳川家広訳『覇権国の交代――戦争と変動の国際政治学』勁草書房，2022年（原著1981年）。

コヘイン，ロバート／石黒馨・小林誠訳『覇権後の国際政治経済学』晃洋書房，1998年（原著1984年）。

コヘイン，ロバートO.＝ジョセフ・S.ナイ／滝田賢治監訳・訳『パワーと相互依存』ミネルヴァ書房，2012年（原著1977年）。

ジョンソン，チャルマーズ／佐々田博教訳『通産省と日本の奇跡――産業政策の発展 1925-1975』勁草書房，2018年（原著1982年）。

ストレンジ，スーザン／櫻井公人訳『国家の退場――グローバル経済の新しい主役たち』岩波人文書セレクション，2011年（原著1988年）。

恒川恵市『従属の政治経済学メキシコ』東京大学出版会，1988年。

ノース，ダグラス・C.／竹下公視訳『制度・制度変化・経済成果』晃洋書房，1994年（原著1990年）。

Baldwin, David A., ed., *Neorealism and Neoliberalism: The Contemporary Debate*, Columbia University Press, 1993.

Frank, A. G., *Latin America: Underdevelopment or Revolution*, Monthly Review Press, 1969.

Gourevitch, Peter, "The Second Image Reversed: The International Sources of Domestic Politics," *International Organization* Vol. 32, No. 4, 1978.

Katzenstein, Peter J., ed., *Between Power and Plenty: Foreign Economic Policies of Advanced Industrial States*, University of Wisconsin Press, 1978.

Milner, Helen V., *Interests, Institutions, and Information: Domestic Politics and International Relations*, Princeton University Press, 1997.

文献案内

- □ **ストレンジ，スーザン／西川潤・佐藤元彦訳『国家と市場――国際政治経済学入門』ちくま学芸文庫，2020 年。**

  ストレンジの基本的アイディア――安全保障，生産，金融，知識という 4 つの権力構造――から国際政治経済をとらえる見方を提示している。

- □ **砂原庸介・稗田健志・多湖淳『政治学の第一歩〔新版〕』有斐閣，2020 年。**

  合理的行為者モデルに依拠して，国内政治から国際政治，国際政治経済を解説している。

- □ **山本吉宣『国際的相互依存』東京大学出版会，1989 年。**

  国際的相互依存論の概念やモデル，政治の新たな特徴について包括的に整理している。

- □ **片田さおり／三浦秀之訳『日本の地経学戦略――アジア・太平洋の新たな政治経済力学』日本経済新聞社，2022 年。**

  グローバル化が進むなかでの，日本政府や企業のアジア太平洋戦略の最近の変化について論じている。

unit 13

国際政治における文化
——「文明の衝突」か？

Keywords
文化，アイデンティティ，オリエンタリズム，多文化主義，文明の衝突

価値の普遍性と多様性をめぐる国際政治

近年，国際政治における**文化**や「**アイデンティティ**」（人種や民族，宗教，習慣など特定の特徴を共有する集団や組織などに対する帰属意識）などの重要性が注目されるようになってきた。

人，モノ，情報，そしてカネが大量かつ高速に国境を越えて移動するグローバリゼーションは，多様な文化的背景を持つ人やそれらに根差す情報が相互にかかわりあい，共存しながら新たな価値を生み出し，あるいは摩擦を起こす。また，国家の分裂や国際協力・統合が，文化やアイデンティティの視点から説明されることもある。宗教的または民族的なアイデンティティの差異が，集団内における「排除」や「差別」の論理を生み出し，他者に対する暴力の肯定や紛争の発生・激化を助長しうることは，1990年代のルワンダにおける虐殺や旧ユーゴスラヴィアの分裂といった事例が示している。その反対に，共通の価値観やアイデンティティが，国境を越えた人々の間の連帯をうながすことに注目する見方もある。また，ときには人類共通の問題に国際社会が取り組む際の障害として，価値観の差異が描かれる。こうした文化の多様性をどのように取り入れ適応させていくかが，国際秩序の安定にとって重要になるだろう。

理論研究においても，国家の行動や国益を規定する要因として，その国特有の文化の役割を重視するコンストラクティヴィズム（→**unit 10**）が注目されて

いる。あるいは，自らの立場や政策が国際社会で受け入れられることを目的に，対外政策として自国の文化理解を促進するパブリック・ディプロマシー（広報外交）のように，文化を政策の対象とする動きも増えている。そこでこの unit では，文化やアイデンティティといった要因が国際政治をどう形作るのかを理解するための考え方を紹介する。

「文化」「文明」概念

「文化」，「文明」は非常に多義的な概念であるが，もともとは近代ヨーロッパで発展した概念である。18 世紀後半，ヨーロッパでは，産業革命によって経済が発展し，民主主義や人権の尊重が重視される近代社会の形成が進んだ。「文明」という言葉は，このような近代社会の発展と結び付き，社会の物質的・精神的進歩を意味する言葉として使われるようになった。また「文化」は当初，人間性を意味する言葉として用いられ，その後，個人のすぐれた教養や精神，あるいは洗練といった意味を経て，学問や芸術，娯楽など，ある集団全体の知的業績を表す言葉となった。

このような由来をもつ「文明」や「文化」という概念であるが，国際政治学においては，人類の歴史的な進歩や洗練を意味する場合と，集団の個性や多様性，差異などを意味する場合とがある。前者の例としては，人間の生活様式や社会の近代化を「文化的」あるいは「文明的」と形容する場合があげられる。より具体的には，日本国憲法第 25 条で国民には「健康で文化的」な生活の権利があるというときの「文化的」や，「文明国」という際の「文明」である。この場合，文化的・文明的かどうかの判断には，ある価値体系に基づく一定の基準が用いられている。

他方，後者の例としては，「異文化交流」や「政治文化」というように，ある集団や国家に特有の生活様式や言語・教養・風習などを意味する場合や，「メソポタミア文明」や「黄河文明」というような共通の文化的特徴をもった圏域を表すようなものがある。

文化・文明と近代化

ヨーロッパにおける近代化の過程では，「国民国家」（→unit **1**, **2**）が国家としての統一に向けて国民を糾合していく概念として発展した。「文化」は，こうした国民国家の形成過程でナショナリズムの覚醒に大きな影響を与えた。たとえば，19世紀初めのナポレオン占領下のドイツでは，哲学者フィヒテの演説「ドイツ国民に告ぐ」が，統一言語と教育の重要性を強調し，ドイツ民族の精神的な統一をうながしたといわれる。

このような国民国家の形成と文化の関連性は，多くの論者によって指摘されている。ゲルナーは，国民国家の成立をめざすナショナリズムを，「国家という“政治的な単位”と“文化的あるいは民族的な単位”の一致をめざす運動」と定義した。ドイチュは，国民形成は，近代化と文化の共通性（たとえば言語など）が促進されてコミュニケーション圏が生成されることによって起こると分析する。また，アンダーソンは，国民とナショナリズムは，経済システムや社会的な権利・義務関係が共有され，近代工業社会が形成されていく過程で必然的に成立し，教育や宣伝などによって共通の神話や歴史的記憶を人々が共有し，同一の集団であると意識するようになる（「想像の共同体」）と述べる。

国民あるいは民族の来歴とそれを象徴する「物語」こそが，国家の存在に重要な影響を及ぼすという考え方は，現在でも根強い。しかし，その考え方が極端になれば，ナチス・ドイツのような選民思想にもつながりかねない。

また，「文明」という概念も近代化と密接に関連づけられてきた。近代の国際社会は，国民主権や民主主義といった近代国家の基本原理や，主権平等・内政不干渉，民族自決といった国際秩序の規範を確立しながら，ヨーロッパからアメリカや日本などに広がっていった。19世紀から20世紀初めにかけて，国際法は「文明国間の法」と呼ばれ，文明が一定水準に達した国だけが「国際社会」の構成員とみなされた。この場合の「文明」とは，個人の権利などを規定する近代的な制度という形式を重視したものであった。それは，日本のような非西欧国家であっても，形式的要件を満たせば，「文明国」，すなわち国際社会の一員であるとみなされることを意味した。明治維新直後の日本は，国際社会に受け入れられるべく，「脱亜入欧」をスローガンに掲げて，西欧の制度や学問，技術から生活様式までを取り入れながら近代化に取り組んだ。その様子を，福澤諭吉がcivilizationの訳語として「文明開化」と表現したのである。

しかし，「文明国」であるかどうかの基準となる形式的要件は，ヨーロッパで発達した社会制度や規範であることに注意すべきである。その意味で，「文明国」の増加は，ヨーロッパ的な国際秩序の拡張であった。主権平等や民族自決が普遍的に尊重される規範となり，近代的，あるいは「文明的」な国際社会が世界全体で確立されたのは，第二次世界大戦後のことであった。このような歴史的経緯ゆえ，「文明」や「文化」という言葉は，西洋的な意味での近代化や進歩を意味する言葉として頻繁に使われてきたのである。

ただし，この西洋的な価値の優位と普遍性を前提とした近代化の議論は，西洋的「文明化」や，「文化的」であることを強いられる側への配慮を欠くという批判を受けることにもなる。アフリカやアジアの植民地における欧米諸国の振る舞いには，すぐれた文明が劣った他の文明や非文明世界を教え導くべきであるという啓蒙主義的な色彩が強く，しばしば現地社会からの反発が生じた。また，アフリカやアジア諸国，ヨーロッパの弱小国のナショナリズムは，欧米列強の啓蒙主義や，勢力均衡（バランス・オブ・パワー）を重視する大国の論理の犠牲にされてきた。

サイードは，中東地域やアジア（オリエント）に関する西洋の著作や言動には，誤ったイメージに基づく差別的な表現や偏見が満ちているとし，これを「オリエンタリズム」と呼んで批判した。サイードによれば，「**オリエンタリズム**」は，西洋（オクシデント）が東洋（オリエント）に対して，政治的・経済的に優位な地位にあり，支配的な立場にあることに由来するという。この議論は，多様な文化や文明を西洋的な近代化という 1 つの物差しで測ることの妥当性に対する有力な反論である。

文化の多様性を重視する考え方

他方で，西洋的な近代化や洗練といった意味ではなく，集団の個別性や多様性を重視し，集団のさまざまな特徴を示す意味で「文化」が用いられる場合もある。この場合，近代化と西洋文化は切り離してとらえられる。このような文化のとらえ方は，文化とはそれぞれが固有のものであり，その間の優劣はつけられないという見方（文化相対主義）や，1 つの社会において複数の文化の共存を志向する「**多文化主義**」の基礎となっている。

このような見方は，1960 年代以降に注目されるようになった。その背景には，この時期，多くの先進国で国民国家というシステムが困難に直面していたこと，またアフリカやアジアの植民地が独立して多様な文化的背景をもった国家が増加したこと，文化や経済面での国際的交流が活発になったことがあった。

1960年代，カナダのケベックやスペインのバスク，イギリスの北アイルランドの独立運動など，他の文化に同化せず，独立を志向する動きが一部の先進国で高まった。また，アメリカで盛り上がった公民権運動は，白人優位の社会においてアフリカ系アメリカ人という民族的少数派の権利を擁護することを目的としていた。この運動は，1つの国の「国民」のなかにも，民族的な差異があり，また差別があることを示していた。このような運動は，社会に民族的アイデンティティの覚醒をもたらし，それとともに政治学の世界でもエスニシティ（民族性）という概念が注目されるようになった。

国家の枠組みとエスニシティの不一致を乗り越えようとする努力も見られる。カナダやオーストラリア，ニュージーランドは，複数の文化をある特定の優勢な文化に同化させる過去の政策と決別し，国内の民族コミュニティ間の文化的差異を認め，多文化を共存させることによって，多民族国家としての統合を維持する多文化主義政策を採用している。

文化の個別性を重視し，異なる文化をそれぞれ相対的に見る場合，ある文化が別の文化の啓蒙によって進化するとか，より先進的な文化に同化されるというような見方はしない。異文化の影響を受ける側の文化は変容に抵抗し，むしろローカルな文化やアイデンティティをより強く意識するようになるといった見方や，たとえ受け手側の文化が変化するとしても，それは選択的に異文化の要素を取り入れた変化だという見方をする。

このような考えを反映し，西洋的な近代化を押し付けるような従来の開発理論に対する代替案として示されたのが，「内発的発展論」である。1960–70年代には，西洋の近代化をモデルに，途上国を発展させる近代化の戦略が描かれた。しかし，近代化に成功した途上国は限られ，多くの国では累積債務問題や先進国との格差拡大などの問題が深刻化した。西洋の近代化モデルが必ずしもすべての国にとって適切ではないことが明らかになったのである。そこで，固有の文化的背景を尊重し，住民が自発的に参加すべきとする内発的発展論が示された。

また，政治制度や外交政策を「政治文化」や「国民文化」を切り口として説明しようとする文化決定論的なアプローチも見られる。たとえばカッツェンスタインは，各国の安全保障政策に差異が生じるのは，行動の基準や利益を規定する「規範」が歴史的経緯を経て形成され，国家の「安全保障の文化」となって，政策の形成に影響を与えるからである，と論じている（→unit **10**）。

「文明の衝突」か，「歴史の終わり」か

1989 年，東西ドイツを分断していたベルリンの壁が崩れ，91 年にはソ連が解体されて，米ソの軍事的・イデオロギー的な対立は消滅した。他方，冷戦後，旧ユーゴスラヴィアの解体やアフリカにおける国内紛争や地域紛争など，民族や宗教上の対立に根差す紛争が増加した。さらに，2001 年 9 月 11 日には，同時多発テロ事件がアメリカのニューヨークとワシントンを襲った（→unit **21**）。これは，ビン・ラディン率いるイスラム教過激派テロ組織アルカイダの構成員によって引き起こされたものであった。冷戦後，イデオロギー対立によって覆い隠されていた，民族や文化，宗教といった問題が，国際政治であらためて脚光を浴びるようになったのである。

ハンティントンは，このような国際政治の状況を「**文明の衝突**」ととらえた。冷戦期のイデオロギー対立に代わって，文明と文明が接する「断層線」，異なる文化間の摩擦があるところで紛争が発生しやすいと主張した。またハンティントンは，西洋文明以外の国々は，西洋化と近代化を区別し，脱西欧を謳(うた)いながら近代化に取り組もうとしていると見る。そして，西洋文明は自分たちの文明が普遍的でないことを認め，文明間の関係を対等なものへと是正していく必要があると主張する。文明間の衝突は，文化や価値観などを他者に強制する過程で発生しやすいため，中国の人権問題やイスラム諸国における非民主的体制といった問題に対しては，アメリカは自らの価値観に基づく過剰な干渉をすべきではないということである。

ただ，ハンティントンの議論には，疑問点も少なくない。本当に文明間の「断層線」が紛争頻発地帯になっているのだろうか。9. 11 テロ事件で自爆テロを行ったテロリストたちは，イスラム教徒のなかの狂信的な少数派にすぎない。多くのイスラム教徒は，そのようなテロ攻撃を正しいとは思っていないし，またイスラム教の教えがそのようなテロ攻撃を正当化しているとも考えていない。

重要ポイント⑬

宗教と現代国際政治

国際政治において宗教の役割は重要である。そもそも，近代的な国民国家を構成単位とする国際社会の形成は，国際政治の脱宗教化の過程でもあった。1648年に成立したウェストファリア条約（→**unit 1**）は，ヨーロッパで30年にわたって続いた宗教的対立（カトリック対プロテスタント）に根差す国家間の相互干渉を終わらせ，国民国家を単位とする近代的な国際関係の成立をうながした。近代国際システムでは，宗教に代わってナショナリズムが国家統一の精神的支柱となり，世俗的な権力が国家を統治した。1970年代までには，植民地の独立などによって近代国際システムがほぼ世界全体に広がり，国際政治における宗教の重要性は大きく低下したかに見えた。

しかし，1979年のイラン革命以降，宗教が国際政治の重要な要素として再び注目されるようになった。イラン革命は，西洋の価値体系に異を唱えイスラムの教義に立脚した国家体制の構築をめざすものであった。その後，中東では，アフガニスタンに侵攻したソ連軍への抵抗勢力ムジャヒディーン，エジプトのジハード団やムスリム同胞団などの活発化に見られるように，イスラム教の原点に立ち戻ろうとする「原理主義」が台頭した。

インドでは，1998年に，世俗主義的な国民会議派に代わって，ヒンドゥー・ナショナリズムを代表するインド人民党が政権の座に就いた。解体後の旧ソ連諸国や東欧でも，ロシアや東欧の正教会，中央アジア諸国のイスラム教など，やはり宗教の復興が見られた。また，ユーゴスラヴィア解体の過程で発生した紛争は，エスニシティと宗教をめぐる争いの様相を呈した。

さらに，イスラム教過激派のアルカイダが起こした9.11テロ事件は，紛争や暴力の原因としての宗教の重要性を印象づけた。アルカイダというテロ・ネットワークは，イスラム教という宗教的なアイデンティティを共有する過激派組織が国家を超えて結び付いたものである。2000年代中ごろから20年代初めにかけては，預言者ムハンマドの代理人たるカリフの指導の下でイスラム教国家の樹立を謳うイスラム過激派組織，「イスラム国」（IS）の活動が中東で広がった。

他方，中国の新疆ウイグル自治区におけるイスラム教徒への措置の事例にみられるように，国家が国内治安対策として特定の宗教や民族グループを抑圧していることに対する批判も，一部で高まっている。

宗教の存在は，グローバルなアイデンティティ形成の要因として，欧米による価値観の押しつけや欧米主導の国際秩序に対する反発への求心力として，主権国家との緊張関係などもありながら，国際政治にさまざまな課題を提示している。

イラクがクウェートに侵攻した湾岸危機（1990年）も，「イスラム文明」内で起きている。そして，ロシアによるウクライナ侵攻（2022年）も，同じ文明圏の中で起きている。

他方，フクヤマは，文化や文明の差異ではなく，歴史の進歩を切り口として冷戦の終焉を議論した（→unit **14**）。フクヤマによれば，自由民主主義（リベラル・デモクラシー）が共産主義とのイデオロギーをめぐる戦いに勝利したことで，人類の進歩と啓蒙の歴史は終わりを迎えた。宗教や民族を媒介とする戦争が起こるのは，それらの地域がまだ近代化の途上にあって自由民主主義が定着していないからであるという。フクヤマのような見方をすれば，自由民主主義は，文化や文明の違いにかかわらず，あらゆる社会に適用されるべき普遍的な政治原理であることになる。

しかし，自由民主主義は，社会の近代化モデルとして，さまざまな文化や宗教，民族の差異を超えて普遍的に妥当性をもつのだろうか。たとえば，独特の社会制度をもつイスラム社会は，いずれは西洋的な自由民主主義へと「近代化」していくのだろうか。あるいは，ハンティントンがいうように，これからは文明間の対立が紛争の原因となる可能性が高いのだから，異なる文明同士は互いの価値観を押し付けたりせずに干渉を避けるべきなのであろうか。

2010年末のチュニジアにおける民衆蜂起をきっかけに中東・北アフリカ地域に拡がった民主化運動「アラブの春」は，権威主義的政権の打倒をめざしたという点で欧米の価値観に合致するものとして欧米からは好意的に受け止められた。しかしその一方で，中東では一時，イスラム教過激派「イスラム国」（IS）の活動が活発化した。この活動には，第一次世界大戦後に欧米によって引かれた国境線や政教の分離といった，欧米主導で構築された既存の国際秩序や価値体系に対する異議申し立ての側面がある。

このように価値や宗教をめぐる対立があったとしても，現実に私たちが住むグローバル化した世界は，異なる「文明」同士の交流なしに存在しえない。世界各地の文化的多様性が維持され，対話を通じて互いに尊重し合いながら，さまざまな文化，文明が共存することは可能なのだろうか。

ソフト・パワーとパブリック・ディプロマシー

文化が国際政治の構造やあり方に与える影響とともに，この文化を管理あるいは活用しながら，自らが望むような結果を相手にも望ませるよううながし，望ましい政治状況を作り上げるために活用すべきとの議論もある。軍事力や経済力によらず，自らの魅力で他国との関係を好ましいものに作り上げる力を，ナイは「ソフト・パワー」と呼んだ。その源泉には，文化，経済発展，技術水準，平和や民主主義といった社会の基本理念などがある。

また，文化的な資源を活用したり，文化交流や広報活動などを通じて自国のイメージの向上を図ることで（ブランディング），自国にとって好ましい国際環境を作り出したり，国際政治におけるアジェンダ・セッティング（国際社会が取り組むべき課題の設定）やルール・メイキングを自国に有利に展開することを，「パブリック・ディプロマシー」という。

ソフト・パワーやパブリック・ディプロマシーには，一方で，疑問も呈されている。たとえば，これらの資源となりうる文化とは元来，国家が管理すべきものではなく，また働きかけの対象となるのは人であり国家ではないので，間接的な効果しかないのではないかという点である。また，「相手の心と思いをつかむ」ことを目的にしたとしても，一方的な働きかけや特定の価値観の押し付けに陥りやすいという点にも留意すべきであろう。しかし，他方で，9.11テロ後の中東におけるアメリカの苦戦には，このような「相手の心と思いをつかむ」ことに失敗したことが影響しているという指摘もある。このことは，パブリック・ディプロマシーの重要性を示唆していると言えよう。

差異を越えて

市場経済の拡大や情報通信の高度化・高速化が，グローバリゼーションを加速化させている（→unit 24）。それにともなって，異文化間のコミュニケーションは飛躍的に増大し，一面では世界はより均質化していく。

そのなかで，世界が均質化していくさまを「欧米化」と見る宗教集団や民族集団からは，グローバリゼーションに対して強い反発が起こっている。それは，個別の文化や民族的アイデンティティの根強さを示唆（しさ）している。

冷戦後の国際社会は，世界各地で民主化支援や紛争後の平和構築に取り組むなかで，受け入れ側の文化や伝統を無視して民主主義や市場経済を「押し付け」たとしても，少なくとも短期的には平和をもたらすわけではないことを学んできた。

他方，政府の腐敗や経済政策の失敗，社会福祉の欠如などによってもたらされた貧困や社会的不平等など，とくに途上国の多くが抱える問題に対して，国際社会は部外者だからといって傍観するのではなく，その解決のためになんらかの協力をすべきである，という考え方も有力になってきている。私たちは，社会・経済的な不平等をその社会特有の問題であると突き放すべきでも，独善的に特定の価値観に基づく制度や思想を押し付けるべきでもない。

現代の国際社会は，異なるアイデンティティや価値観をもつ国，集団，個人が多様な次元で相互に交流しながら成り立っている。交流が深まれば，自然と価値観の相違による摩擦も起こるであろう。価値の優劣の一方的な決めつけを回避し，お互いを尊重しながら対話を深める必要がある。また，このように多様な価値観の交錯する国際社会であるからこそ，文化の多様性や文化的要素に対する洞察は，国際政治におけるさまざまな事象の原因や背景を，より深く理解する手助けにもなるであろう。

引用・参照文献

青木保『異文化理解』岩波新書，2001 年。

アンダーソン，ベネディクト／白石さや・白石隆訳『想像の共同体――ナショナリズムの起源と流行〔増補版〕』NTT 出版，1997 年（原著 1983 年)。

川村陶子「国際関係における文化――系譜とさまざまな視点」日本国際政治学会編『学としての国際政治』（日本の国際政治学 1）有斐閣，2009 年。

ゲルナー，アーネスト／加藤節監訳『民族とナショナリズム』岩波書店，2000 年（原著 1983 年)。

サイード，エドワード・W.／今沢紀子訳『オリエンタリズム』上・下，平凡社ライブラリー，1993 年（原著 1978 年)。

スミス，アントニー・D.／庄司信訳『ナショナリズムとは何か』ちくま学芸文庫，2018 年（原著 2010 年)。

田中明彦『新しい「中世」――相互依存の世界システム』講談社学術文庫，2017 年。

ナイ，ジョセフ・S／山岡洋一訳『ソフト・パワー――21 世紀国際政治を制する見えざる力』日本経済新聞社，2004 年（原著 2004 年)。

ハンチントン，サミュエル／鈴木主税訳『文明の衝突』上・下，集英社文庫，

2017年（原著1996年）。

フクヤマ，フランシス／渡部昇一訳『歴史の終わり〔新版〕』上・下，三笠書房，2020年（原著1993年）。

ブル，ヘドリー／臼杵英一訳『国際社会論――アナーキカル・ソサイエティ』岩波書店，2000年（原著1977年）。

細谷雄一『外交――多文明時代の対話と交渉』有斐閣，2007年。

村田晃嗣『大統領とハリウッド』中公新書，2019年。

ラセット，ブルース／鴨武彦訳『パクス・デモクラティア――冷戦後世界への原理』東京大学出版会，1996年（原著1993年）。

渡辺靖『文化と外交――パブリック・ディプロマシーの時代』中公新書，2011年。

Deutsch, Karl W., *Nationalism and Social Communication: An Inquiry into the Foundation of Nationality*, 2nd edition, MIT Press, 1962.

Katzenstein, Peter J., ed., *The Culture of National Security: Norms and Identity in World Politics*, Columbia University Press, 1996.

文献案内

□ **平野健一郎・古田和子・土田哲夫・川村陶子『国際文化関係史研究』東京大学出版会，2013年。**

国際関係を「文化」という共通の視点を通じて，さまざまな切り口で包括的に論じた論文集。

□ **中西寛『国際政治とは何か――地球社会における人間と秩序』中公新書，2003年。**

国際政治を，安全保障，政治経済，そして価値という3つの位相から解説している。価値の位相について解説した第3章は，グローバル化する国際社会にあって，価値観や文化的な多様性，そして主体の多様化がどう国際政治に影響を及ぼすのか，また普遍性と多様性の融合の必要性を，さまざまな著作を引用しながら論じている。

□ **ハンチントン，サミュエル／鈴木主税訳『文明の衝突と21世紀の日本』集英社新書，2000年。**

1993年に雑誌『フォーリン・アフェアーズ』に発表した論文「文明の衝突？」他2本の論文を収録している。賛否はわかれるが，価値の差異が国際政治の対立を引き起こし，そのために価値や制度などの共通性を見出していくべきと論じている。

第3章

国際政治のしくみ

Introduction 3

この章の位置づけ

第2章は，国家の行動や国家間の関係，あるいは国際システムに焦点を当てて国際政治を分析するための視角を紹介した。本章では，行為主体（アクター）としての国家を中心とした国際政治の見方以外の，多様なレベルの見方を紹介する。

国家の政治体制や対外政策の形成過程，国家による外交交渉過程の分析は，国家の行動の形成要因とその過程に焦点を当てて国際政治のしくみを明らかにする見方である。また国際社会全体の平和や繁栄のために国家間が協調するしくみである，国際連合（国連）の働きや地域主義について見てみよう。そして国家の枠組みを超えた脱国家的な主体という新しいアクターの国際政治における役割についても見てみよう。

この章で学ぶこと

unit 14　国家には民主主義や権威主義など，さまざまな政治体制がある。ここでは，そのような政治体制の違いが国際政治にどのような影響を及ぼしているのかを学ぶ。

unit 15　国家間の関係を中心とした見方では，ブラック・ボックスになっていた国内の政策決定過程を，分析するさまざまなモデルを紹介する。

unit 16　問題解決のための国家間の交渉は，どのように展開されているのか，その態様と本質を，外交の歴史をたどりながら理解する。

unit 17　世界中のほとんどの国が加盟する国連のしくみや，国際社会の平和や繁栄のために果たす役割と，その限界について学ぶ。

unit 18　世界各地で広がる地域統合について，ヨーロッパ統合の歴史を概観しながらその意味を理解し，アジアの地域統合の背後にある政治的ダイナミズムを理解する。

unit 19　市民社会組織や企業といった，国境を越えた活動を行う脱国家的主体の増加や，役割の拡大の実態，背景，国際政治への影響などについて理解する。

unit 14

政治体制
——国家の形態と国際政治

Keywords
全体主義，自由民主主義，権威主義，人権外交，「歴史の終わり」，ポピュリズム

国際政治学と政治体制

すでに見たように，国際政治における最も重要な主体は国家である（→unit 1, 7）が，そのあり方は多種多様である。君主制か共和制か，同じ君主制でも立憲君主制か絶対君主制か，あるいは中央集権的か分権的か，議院内閣制か大統領制か，共産主義か資本主義かなど，国家は多くの基準によりさまざまに分類できる。実際，世界はつねに多様な国家で成り立ってきたが，国際政治学はその多様性をさほど重視してこなかった。国際政治学はそもそも学際的な学問であり，その境界も曖昧（あいまい）であるが，国家のあり方は，主に政治学や比較政治学の研究テーマであった。国際政治学では，現状維持国家か現状変革国家かの区別のみが重視される傾向が強かった。

たとえば，冷戦はたしかに政治体制のあり方にもかかわるイデオロギー対立を重要な側面としていた（→unit 5）。しかし，少なくとも資本主義世界では，現状維持を志向する西側・資本主義陣営に対し，現状変革を志向する東側・共産主義陣営が脅威を突き付けていると認識されていたといえる。冷戦を論じるうえで，たとえば西側諸国間の政治的な多様性を問題にする必要があるとはまず考えられなかったのである。このような傾向は，国際政治学の支配的潮流であったリアリズム（→unit 7）が，国家は一様にパワーの最大化または生き残りをめざす主体であると仮定してきたことによるところが大きい。

このunitで取り上げる政治体制は，国家を分類する1つの基準であり，各国家の性格を示す重要な要素でもあるが，やはり国際政治学における主要な研究テーマであったわけではない。もちろん国際政治学でも，政治体制という言葉や特定の政治体制を意味する言葉は多用される。第二次世界大戦や冷戦終結など，とくに国際政治全体の大きな変動を契機に，特定の政治体制やその変動が注目を集める傾向が見られてきた。しかし，政治体制と国際政治との相関関係は十分に解明されているとはいえない。事実上，関係の不在を前提としてきたリアリズムを批判するかたちで，国内要因を重視する見方は増えてはいる（→unit **8**, **10**）が，必ずしも政治体制に着目するわけではない。

とはいえ，以下に見るように，現実の国際政治，対外政策においては，特定の政治体制がその時々の状況に応じて焦点となることも少なくなかった。

民主主義体制と全体主義・権威主義体制

政治体制とは，「政治権力が，社会内で広範な服従を確保し，安定した支配を持続するとき，それを形づくる制度や政治組織の総体」を意味するとされる。最も一般的には，民主主義体制，全体主義体制，権威主義体制に分けられる。

政治体制の研究は，第二次世界大戦後，ドイツのナチズムやイタリアのファシズムに代表される**全体主義**に関する研究を中心に発展した。いかに民主主義が失われ，個人の自由よりも国家全体の利益を絶対的に優先する全体主義が生まれたのかといった観点から，それは民主主義体制の対極に位置づけられた。またソ連など，共産主義諸国の政治体制も全体主義と認識された。

たしかに排外的な民族主義・国家主義に特徴づけられるナチズムやファシズムは強烈な反共主義をともなうもので，国境を越えた労働者・被抑圧者の連帯をめざす共産主義とは対極にあった。全体主義が民主主義を否定するのに対し，共産主義は，理論上，少数の資本家による多数の労働者の搾取（さくしゅ）を不可避にする資本主義体制を革命により打倒し，労働者のための民主的な社会の構築を説くものであった（→unit **9**）。しかし現実の共産主義国では，革命を主導した共産党の一党独裁下で，一般市民の自由が著しく制限されることになった。ソ連のスターリン，中国の毛沢東，北朝鮮の金日成など，独裁や個人崇拝にいたることも少なくなかった。その意向に反する者は「反革命分子」として弾圧されるなど，厳格な思想統制が行われ，極端な警察国家化が進んだ。その実態は，自由主義者や共産主義者を弾圧したナチズムなどと変わらないものであった。

対照的に，西側資本主義諸国では**自由民主主義**（リベラル・デモクラシー）の発展・成熟が進んだ。元来，とくに資本家階級が王や教会の権威からの政治的・経済的自由を求めた自由主義と，労働者階級も含めた国民多数の意思に基づく政治をめざす民主主義とは相容れないものであった。自由主義を支持した富裕階級は，概して民主主義を衆愚政治に陥りやすいものととらえた。しかし19世紀以降，次第に大衆の政治参加が許容されるかたちで両者の融合が進み，先進資本主義諸国を中心に自由民主主義体制が定着し始めたのである。一般的に民主主義体制とは，この自由民主主義体制を意味する。その特徴としては，公正で自由な選挙が実施され，原則的にすべての成人に参政権や政府批判も含む言論・表現の自由，多様な情報源へのアクセスが保障されていること，そして自律的な政党・利益集団を形成できることなどがあげられる。

若干の例外を残しつつ，ナチズムやファシズムが第二次世界大戦で滅んだ後，アメリカを中心とする自由民主主義諸国にとって共産主義諸国が重大な脅威となった。ただし，それは必ずしも共産主義諸国が全体主義体制であったからではない。共産主義が本来的に普遍化・拡大志向をもっていたこと，第二次大戦以降，ソ連が実際に共産主義圏を拡大させていったうえに，1949年には核保有国となるなど軍事大国化していったことの方が，重要であったと考えられる。そして冷戦という状況下では，共産主義諸国を全体主義体制の事例とする研究は，その残虐さや劣悪さを描き出し，これと対照された自由民主主義体制を正当化する機能も果たしたといえる。

しかし，非民主的な政治体制は，共産主義諸国に代表される全体主義体制だけではなかった。政治学者リンスらが，全体主義にはいたらない**権威主義**体制の存在を指摘したのである。権威主義体制の指導者は，全体主義体制の指導者ほどの強いカリスマ性がなく，強大な権力をもちつつも伝統や慣習・制度に一定程度拘束されているとされた。また，全体主義が政治的な一元化・同質化を強制するのに対し，権威主義は限定的にではあるが多元性を許容するともいわれた。つまり権威主義体制下では，宗教的権威や財界，労働組合などが，ある程度の自律性を有しながら政策に影響を及ぼしている，自由な競争を前提とする複数政党制こそ認められないものの，一定の反対派の存在が容認されている，また議会が限定的ながら機能しているなどとされたのである。イデオロギー支配も権威主義では全体主義ほどには徹底されず，そもそも支配的な政治勢力が強力なイデオロギーを欠く場合もあるといわれた。加えて，全体主義が政府の意向通りに国民の政治への関与を強制するのに対し，権威主義は反政府運動を弾圧しつつ，国民には政治的無関心を望む傾向が強いことも指摘された。

冷戦による権威主義の助長

権威主義体制は第三世界に多く見られたが，これには冷戦によって助長された側面もあった。1955年のオーストリア国家条約で同国の中立化が決まり，ヨーロッパの東西分断線がほぼ確定して以降，東西両陣営間の勢力圏争いは主に第三世界へと舞台を移した。植民地支配を脱した新興独立諸国の共産化を目論むソ連に対し，西側諸国はしばしば反共勢力を支援し，権威主義政権の誕生や存続を助長した。とくにアメリカによる権威主義政権への支援は，台湾の蔣介石・蔣経国政権，韓国の李承晩・朴正熙・全斗煥政権，フィリピンのマルコス政権，イランのパーレビ政権，中南米の多くの軍事政権，ザイール（現コンゴ民主共和国）のモブツ政権など，世界各地で展開された。70年代初めには，自由選挙で成立したチリの社会主義政権を，アメリカが秘密工作により軍事クーデタをうながし崩壊させた。その後，チリでは，ピノチェト将軍の軍事独裁下で人権侵害が深刻化した。

また，北大西洋条約機構（NATO）内にも，ポルトガル，ギリシャなど権威主義体制が長らく存在していた。後に「開発独裁」とも呼ばれるようになるが，国家が近代化・経済発展を遂げる過程では強力な政府の主導が望ましい場合もあるとして，権威主義体制を正当化する向きも見られた。概してその背景には，強力な政府と経済発展が共産主義の拡大阻止に役立つという考えがあった。このように，冷戦は世界各地で権威主義体制の存続をうながしたのである。

他方で，アメリカはしばしば自由を抑圧する政権に圧力をかけた。とくに人権状況の改善を重視する外交は，**人権外交**と呼ばれる（→unit 23）。なかでも有名なのが，1977年に発足したカーター政権の人権外交である。これは，東側諸国の人権侵害を焦点とするものであったが，権威主義政権にも広く適用された。その結果，米ソ関係は悪化し，79 年，ニカラグアでは反政府勢力が親米的な独裁政権を転覆させ，ソ連に接近するといった事態が起こった。同年のイラン革命も，アメリカの人権外交を一因とするパーレビ政権の弱体化によって助長されたといわれた。

このように，カーター政権の人権外交は失敗したと広く評されたが，そもそも人権外交は成功しにくいものである。その対象国において人権侵害は，概して体制を維持するための思想統制と直結しており，人権状況の改善は体制を自ら脆弱（ぜいじゃく）化させる可能性が高い。そのため，人権外交は体制転覆を狙ったものと見られやすく，往々にして対象国の反発を招くのである。たしかにアメリカの人権・民主主義の促進政策は，南アフリカの人種隔離政策（アパルトヘイト）の終焉をうながすなど，一定の成果もあげた。ただし，それは中長期にわたり忍耐強く柔軟に適用された場合であり，性急な適用は関係悪化か対象国の政治的混乱を助長する可能性が高いというのが，冷戦期に学ばれた教訓であった。

続くレーガン政権では，カーター政権の人権外交が全体主義体制と権威主義体制を区別してこなかった点が厳しく批判された。権威主義体制には民主化の可能性があるにもかかわらず，カーター政権が圧力を強めた結果，ニカラグアのように反米勢力を台頭させたとされたのである。さらに，カーター政権が共産主義諸国の人権侵害を事実上黙認してきたとして，その「二重基準」も批判された。倒すべきは共産主義諸国の全体主義体制であり，権威主義体制に対しては漸進的な改善の追求で足るとされた。一般的には，アメリカは共産主義諸国の人権侵害を非難しながら，権威主義政権による弾圧を黙認してきたという「二重基準」が批判されるが，これと正反対の議論が展開されたのである。

実際レーガン政権期には，とくに東欧の共産主義諸国における反政府勢力への支援強化，そして主に中南米地域において共産主義ゲリラなどに悩まされていた権威主義政権への梃子（てこ）入れが行われた。反共を掲げる権威主義政権への支援は，中央情報局（CIA）などの秘密工作として展開されることが多かったが，1983 年のグレナダ侵攻のように公然と軍事力が行使されることもあった。

当然，これに対する反発・批判も起こった。グレナダ侵攻は，同盟国の一部からも批判された。ほかにも，反共勢力支援により中南米各地の内戦を激化させ，カーター政権が実施したチリへの経済制裁を解除してピノチェト政権の延

図 14-1　中米地域

［出典］『平成5年版 外交青書』(http://www.mofa.go.jp/mofaj/gaiko/bluebook/1993_2/h05-3.htm#D7）をもとに作成。

命を助けたといった厳しい批判が展開された。また，対ソ強硬姿勢や共産主義国内の反体制派支援は，新冷戦と呼ばれる状況下で，米ソ関係をさらに悪化させる要因にもなった。しかし，それが後に東欧の民主化，ひいては冷戦終結をうながす一因になったこともまた否定しがたいように思われる。

冷戦後の民主化・民主主義とその後退

1980年代末，「東欧革命」と呼ばれた急速な民主化が進み，冷戦の終結が確実になり始めたころ，アメリカの政治学者ハンティントンは，これが史上3回目の「民主化の波」の一部であることを指摘した（→重要ポイント㉓）。第1の波は，アメリカで選挙権が拡大され，ジャクソンが大統領選挙を制した1828年から1926年までの欧米先進諸国の民主化である。第2の波は43年から62年までで，第二次世界大戦に敗戦した枢軸国から一部の新興独立国にまで民主化が広がったことを指す。第2の波は，63年のブラジルの軍政開始を機に，中南米やアジアで開発独裁型の権威主義政権が増えたことで中断された。そして，第3の波は，74年のポルトガルの独裁政権崩壊など南欧諸国の民主化に始まり，中南米，アフリカ，アジアへと波及していったと論じられた。その重要局面の1つが東欧革命であったといえ，91年12月にはソ連が崩壊し，独立国家となった共和国の多くが民主化に向けて歩み始めた。

このように，冷戦終結は，東側諸国の体制崩壊として具現化したこともあって，広く自由民主主義の勝利と理解されることとなった。フクヤマの**「歴史の終わり」**という議論は，この理解をさらに普及させたといえる。人類の歴史は，支配的な政治体制（正）に異なる政治体制またはイデオロギー（反）が挑戦し，両者の本質的な統合を通じて，よりすぐれた政治体制（合）が生み出され，それがまた支配的な政治体制になるという弁証法的な発展を遂げてきた。自由民主主義もファシズムや共産主義の挑戦を受けてきたが，これに対抗しうるイデオロギーの出現は考えられず，弁証法的発展はもはや起こりえなくなっている。これを「歴史の終わり」と呼んだのである。

ただし現実の世界は，まだ「歴史の終わり」が実体化されていく長い過程の途上にあるとされた。画期的ではあったが，冷戦終結も通過点にすぎないものととらえられていた。つまり，「歴史の終わり」は，世界にはまだ政治体制の最終形態としての自由民主主義を普及させる余地があることを示唆（しさ）するものでもあった。これは，9.11テロ事件後のアメリカで，軍事力を用いてでも民主主義を世界に拡大すべきという，新保守主義（ネオコンサーバティブ）の考え方を助長することにもなる。

実際，アメリカは冷戦後，民主主義の拡大を従来以上に重視するようになった。とくに1993年に発足したクリントン政権は，民主主義国同士は戦争したことがないとする民主的平和論（→**unit 8**）にも強く影響を受け，民主化促進に力を入れたといわれる。またアメリカだけではなく，より間接的にではあったが，国際社会も広くこれを追求するようになった。

開発援助（→**unit 25**）への政治的コンディショナリティの導入も，その一例といえる。従来，援助は経済的必要性のみに基づくべきで，被援助国の政治状況を問題にすることは内政干渉になると考えられてきた。しかし，冷戦終結前後から人権状況や民主化努力などが援助の条件とされることが増え始めた。明確に民主主義を条件とするわけではなかったが，国際復興開発銀行（世界銀行）なども「グッド・ガヴァナンス」を被援助国に求め始めた。援助が有効に活用されるためにも，国民や国際社会に説明責任を果たしているなど，一定の能力を適切な方法で発揮する政府の存在が望ましいと考えられるようになったので

重要ポイント⑭

「歴史の終わり」に立ちはだかる「体制間競争」

自由民主主義に対抗しうるイデオロギーは出現せず，相異なる考え方どうしの「対話」を通じた弁証法的発展は起こりえなくなっているとする「歴史の終わり」という議論は，自由民主主義が絶対であり，これを拡大すべきであるという見方につながりやすい。異なる政治体制やイデオロギーへの不寛容を招きやすいのである。これが，「歴史の終わり」が厳しい批判を惹起し，これを説いたフクヤマが新保守主義者の1人と目された所以でもあった。

イラク戦争後，アメリカの単独行動主義や新保守主義への批判が台頭するなか，フクヤマは，性急な民主主義の拡大は混乱を招くとして，イラク戦争やブッシュ政権の中東民主化構想を批判した。ただし，彼は中東に民主主義が根づかないことを認めたわけではなく，ブッシュ政権が選択した方法を非難したのである。実際，武力を用いた性急な民主化促進政策は，イラク情勢の悪化にともない後退していった。

しかし，アメリカをはじめとする民主主義諸国は自由民主主義の拡大をあきらめたわけではない。速度や方法は変わっても，基本的な人権や自由を否定する政治体制が存在すれば，民主主義諸国はその体制を異質なものととらえ，一定の同質化を求めるであろう。それが物質的な国益を著しく害する場合，あるいはその余力がない場合には，民主化促進は停滞する可能性が高くなるが，それを次善と見る向きも根強く残るであろう。それが自由民主主義の特色でもある。

2021年に発足したアメリカのバイデン政権も，同政権が「専制主義」と呼ぶ中ロなどの権威主義国家との体制間競争を強調し，同年6月には法の支配や人権，公正な貿易など民主主義的な価値の擁護を謳った「新大西洋憲章」にイギリスと合意し，同年12月には「民主主義のためのサミット」を開催するなど，権威主義国家への対抗姿勢を強めてきた。このような姿勢は，権威主義国家の振る舞いへの反発や懸念ともあいまって，かなり広く支持される一方で，「新冷戦」の深刻化を助長するだけといった厳しい批判も惹起してきている。いずれにせよ，民主主義が拡大する見込みは縮小している。依然その途上にあるといえる「歴史の終わり」の実体化は，国際政治の重要な動因となってはいるものの，今日長期にわたり膠着する可能性に直面するようになっているといえよう。

ある。それは，一部では評価されてきた開発独裁を，一時的な成長を可能にするとしても，成長を持続させることはできないとして否定する考えでもあった。

また，人道的介入の増加（→unit 22）などに示される人道主義の台頭にも，民主化促進が国際社会の課題として重要性を高めていることの影響を見てとれる。無論，人道主義は，民主主義体制という政治体制よりも，人権（→unit 23）という価値により直接的に関係する問題ではある。しかし，大量虐殺などを行った政権が国際社会の介入後もそのまま存続することは難しく，政権交代だけではなく体制の変革が求められる場合が多い。また，少なくとも西洋的な人権のとらえ方では，人権の保障は民主主義と密接に関係すると見られがちである。国家権力からの自由という自由権的基本権がとくに重視される以上，それを保障する方策としての参政権や国家に対する請求権も不可欠となり，その保障のためには民主的な政治体制の必要性を否定するのは至難だからである。

他方で，内政不干渉・主権平等原則などと抵触することもあり，民主化促進政策はしばしば厳しく批判される。とくにアメリカが軍事力を背景に，これを推進する姿勢を顕在化させれば，「帝国主義」といった批判も起こる。逆に，不介入が批判を招く場合もある。2010 年末にチュニジアで始まり，中東・北アフリカ各地に広がった「アラブの春」は，一部では民主化の「第 4 の波」とも評されたが，アメリカなど先進民主主義諸国は一貫してこれを支援したわけではなかった。政権が倒れたエジプト，リビアなどへの対応にも逡巡（しゅんじゅん）が見られ，カダフィ独裁政権の崩壊につながる軍事介入が行われたリビアのケースとは対照的に，シリア内戦への介入は見送られた。アメリカのオバマ政権は，アサド独裁政権が化学兵器を使用したと主張しながらも，シリア介入を避け続けた。結局，「アラブの春」は民主化の成功には寄与せず，「イスラム国」（IS）の台頭など，地域の不安定化を助長することにもなった。

このように民主化には多大な危険がともなううえに，民主主義の限界も顕在化している。ナチズムやファシズムもその一例とされる**ポピュリズム**は，独裁や少数支配を打倒する大衆運動として現れることもあるが，近年は，民主主義体制下で旧来の政治に見捨てられたと感じる人々が既成の政治エリートや既得権益層に抵抗・対抗する運動として散見されるようになっている。時には政権を握るほどの熱狂を巻き起こし，政権に就くと，グローバル化や脱国家的統合の推進といった既定の外交方針や政治・外交の慣習を顧みない粗暴な言行で国内外を動揺させることも少なくない。アメリカのトランプ政権はその典型といえる。また，形式的には選挙を経て誕生した政権が，強権化し権威主義体制に転化する，あるいは権威主義体制をさらに盤石にするといった事態も起こってきた。いずれの場合にも，排外的な自国第一主義が掲げられることが多い。

実際，2000年代後半以降は世界的に民主主義の後退が続いているといわれてきた。10年代半ばまでに広く認識されるようになった大国間競争も，民主主義の後退を背景に，体制間競争の色彩を濃くしている（→unit **6**）。21年1月のアメリカ連邦議会襲撃事件に象徴されるように，民主主義の危機や侵食も，国内の分断といった民主国家内の要因だけではなく，民主主義体制の脆弱性につけ込むロ中など権威主義国家の影響力工作によって助長されるようになっている。こうした工作は「シャープ・パワー」の行使として懸念されるようにもなったが（→コラム②），コロナ禍のとくに初期段階には，権威主義体制の方が感染対策や混乱する物流の回復などを進めるには有利であるとして，危機時における民主主義体制の脆弱性を嘆く向きも見られた。政治体制の相違が，再び国際政治を規定する一要因として重みを増しているといえる。

引用・参照文献

岩崎正洋編『ポスト・グローバル化と国家の変容』ナカニシヤ出版，2021年。

大澤傑『独裁が揺らぐとき――個人支配体制の比較政治』ミネルヴァ書房，2020年。

高畠通敏「政治体制」阿部齊・内田満・高柳先男編『現代政治学小事典〔新版〕』有斐閣，1999年。

武田康裕『民主化の比較政治――東アジア諸国の体制変動過程』ミネルヴァ書房，2001年。

ダイアモンド，ラリー／市原麻衣子監訳『侵食される民主主義――内部からの崩壊と専制国家の攻撃』勁草書房，2022年。

ダール，ロバート・A.／高畠通敏・前田脩訳『ポリアーキー』岩波文庫，2014年（原著1971年）。

日本比較政治学会編『民主主義の脆弱性と権威主義の強靭性』（日本比較政治学会年報22）ミネルヴァ書房，2020年。

ハンチントン，S. P.／坪郷實・中道寿一・藪野祐三訳『第三の波――20世紀後半の民主化』三嶺書房，1995年（原著1991年）。

フクヤマ，フランシス／渡部昇一訳『歴史の終わり〔新版〕』上・下，三笠書房，2020年（原著1992年）。

水島治郎『ポピュリズムとは何か――民主主義の敵か，改革の希望か』中公新書，

2016年。

山口定『政治体制』東京大学出版会，1989年。

リンス，J.／高橋進監訳『全体主義体制と権威主義体制』法律文化社，1995年（原著1975年）。

リンス，J.＝A. ステパン／荒井祐介・五十嵐誠一・上田太郎訳『民主化の理論――民主主義への移行と定着の課題』一藝社，2005年（原著1996年）。

Bouchet, Nicholas, *Democracy Promotion as US Foreign Policy: Bill Clinton and Democratic Enlargement*, Routledge, 2015.

Freedom House, *Freedom in the World 2022: The Global Expansion of Authoritarian Rule*, 2022.

Kirkpatrick, Jeane J., *Dictatorships and Double Standards: Rationalism and Reason in Politics*, Simon and Schuster, 1982.

Talbott, Strobe, "The Dilemma of with Dictators," *Time*, Vol. 114, No. 13, September 24, 1979.

文献案内

□ 岡田憲治『はじめてのデモクラシー講義』柏書房，2003年。

他の政治体制との比較も交えながら，民主主義というものを包括的に，かつ身近な問題に引き付けてわかりやすく解説する。

□ 粕谷祐子編『アジアの脱植民地化と体制変動――民主制と独裁の歴史的起源』白水社，2022年。

民主化した国と独裁化した国との差異の原点を脱植民地化の過程に求めながら，アジア15カ国のそれぞれにおける政治体制の形成過程を振り返る。

□ フランツ，エリカ／上谷直克・今井宏平・中井遼訳『権威主義――独裁政治の歴史と変貌』白水社，2021年。

権威主義・独裁に関する最新の研究動向にふれながら，近年，勢いを増している権威主義の事例を幅広く紹介し，巧妙化する支配方法など，その今日的特徴を浮き彫りにする。

unit 15

対外政策決定過程
——「ブラック・ボックス」の内側

Keywords
分析のレベル，アリソン・モデル，グループ・シンク，ツーレベル・ゲーム・モデル，パブリック・ディプロマシー

「分析のレベル」の接点——個人，国家，国際システム

「貿易問題をめぐって米中が協議した」「歴史問題をめぐって日韓両国が妥協を模索している」——毎日のニュースで私たちはこうした表現に接する。もちろん，ここではアメリカや中国，日本，韓国という国は擬人化されている。実際に協議したり妥協を模索したりするのは，あくまでも人である。しかも，多くの人びとである。そして，彼らはさまざまな組織に属し，多様な利害を代弁している。このような観点に立って，国家が「なに」を行ったかだけでなく，国家という「ブラック・ボックス」のなかをのぞき，国家が「なぜ」そうしたのか，さらには，「どのようにして」その決定がなされたのかと問うことが，「対外政策過程研究の始まり」である。

外交についての古典とされる，その名も『外交』という著書で，イギリスの外交官ニコルソンは，外交を「立法的」側面たる対外政策と「執行的」側面としての外交交渉に大別している。ニコルソンがこの古典を刊行したのは1939年であるから，今から80年以上前である。当然，そのころのイギリスに比べて現代の民主主義諸国では，内政がはるかに多元的で複雑になっている。したがって，対外政策を「立法的」側面からだけでとらえることはできない。対外政策をめぐって，世論やメディア，圧力団体，政党などが影響力を競い合っているのである。また，国際的相互依存，さらにはグローバル化の進展した今日，

国外からのさまざまな要因や行為主体（アクター）が対外政策に影響し，また，直接関与することも少なくない。進行中の外交交渉の動向が，対外政策の決定過程にフィードバックされることもある。「国際」(international) と「国内」(domestic) の合成語として，「インターメスティック」という言葉もある。

このように，国際政治を分析する際，因果関係をさまざまなレベルから考察することができるし，また，そうすることが必要である。最も代表的なものは，ウォルツによる個人，国家（国内政治），国際システムという3つの「**分析のレベル**」である。それぞれを第一イメージ，第二イメージ，第三イメージと呼ぶこともある。

第二次世界大戦の最大の原因は，ヒトラーの個性と野心であったろうか。また，ジョージ・W. ブッシュではなくゴアが2000年の米大統領選挙に当選していれば，イラク戦争は起こらなかったであろうか。大統領がプーチンであるからこそ，ロシアはウクライナを侵攻したのか。こうした想定をする場合，私たちは国際政治における個人の役割を重視した第一イメージに立っている。

次に，民主主義国家同士は戦争を起こしにくいとか，資本主義は帝国主義に発展し侵略にはしると論じるものがある。また，国内の政治的不安定が対外強硬論につながるといった議論もある。こうした議論は，国家の性格や国内政治を重視した第二イメージである。国家や先述の個人は，後述の国際システムを構成する単位（ユニット）であることから，第一イメージと第二イメージは，ユニット・レベルと呼ばれることもある。

第3に，19世紀ヨーロッパのような多極構造の世界と米ソ冷戦下の2極構造，そしてアメリカ1極構造の世界では，国家の行動様式は異なるであろう。こうした構造に加えて，主要国の目標と手段が，現状を大きく改変しようとする革命的なものなのか，現状維持的なものなのかも重要である。1930年代の日本は前者の立場にあり，戦後の日本は後者である。また，冷戦期のアメリカは概(おおむ)ね後者の立場にあり，2001年9月11日の同時多発テロ以降数年間のアメリカは前者であったといえよう。21世紀に入ってから，中国も現状変更的になっている。主要国の目的と手段の相違によって，国際政治の展開（プロセス）は過激になったり穏健になったりする。こうした国際政治の構造とプロセスの組み合わせが，国際システムである。米ソ冷戦下の2極構造と2つの超大国の

表 15-1　アメリカの対外政策を規定するもの

独立変数		従属変数
国際システム	→	
社会環境	→	
政府の構造	→	アメリカの対外政策
官僚機構の役割	→	
個人の役割	→	

［出典］ Cox, Michael and Douglas Stokes, *US Foreign Policy*, Oxford University Press, 2018, p. 8 をもとに著者作成。

現状維持志向が「長い平和」（ギャディス）をもたらしたといった議論，あるいは，アメリカ1極構造の下で起こった 9. 11 テロ事件によって，アメリカが強引な単独主義的行動にはしったといった議論，さらには中国の台頭により米中新冷戦を迎えたといった議論は，国際システムから国際政治やアメリカ外交を説明するものである。

第一イメージが最もミクロの視点であり，第三イメージが最もマクロの視点である。マクロの視点から説明しきれない場合，第二，第一とよりミクロのイメージに移って，補完的に考えてみることもできよう。3つのイメージは相互に排他的ではないし，3つ以上の「分析のレベル」を設定することも可能である。ただし，自分がどのような「分析のレベル」に立って議論しているのかをつねに意識することが，重要であろう。

さて，表 15-1 はアメリカの対外政策の多元的な構造を図示したものである。ここではマクロからミクロへと，アメリカの対外政策（結果）を規定する5つの独立変数（原因）が指摘されている。社会環境と政府の構造，官僚機構の役割は，いずれも国内政治レベルに属する。アメリカの国内政治は重層的で多元的であり，国内政治レベルをこのように細分化した方が効果的で分析的かもしれない。これはアメリカのみならず，日本を含む多くの民主主義諸国にも該当する。国際システムと重層的・多元的な国内政治，そして個人の役割——対外政策決定過程は，さまざまな「分析のレベル」が遭遇する場なのである。

アリソンによる理論モデル

国際政治学の多くの理論がそうであるように，対外政策決定過程に関する理論的な研究も，アメリカを中心にして発展してきた。アメリカでは，政府の情報公開度と社会の多元性がともに高いことから，とりわけ，こうした研究は発展しやすかった。しかも，アメリカの対外政策の決定によって，国際政治は大きな影響を受けてきたのである。

古くはスナイダーらの研究やイギリスのフランケルの研究などがあったが，政策決定に関する諸要因の羅列という観が強かった。対外政策決定過程の体系的な研究は，1962年のキューバ・ミサイル危機を事例としたアリソンの『決定の本質』(1971年／邦訳1977年) を待たねばならなかった。国家と人類の存亡にかかわるキューバ・ミサイル危機が政策決定の好例を提供し，国内の政治過程分析の手法が外交研究に応用されることで，研究の上でも国際政治と国内政治が架橋されることになった。

アリソンは3つのモデルを提起している (**アリソン・モデル**)。

第1モデルは，合理的行為者モデルとも呼ばれる。このモデルは，国家は自国の国益の最大化をめざして合理的に行動すると想定する。このモデルでは，国家は最高指導者に代弁され，ブラック・ボックスとしてその中身は問われず，ビリヤードのボールのように，国際システムのなかで同じような立場にある国家は同じような外的刺激に同様に行動すると想定される。冒頭にふれたように，「日米が交渉中」とか「日中が妥協を模索」といった議論は，しばしばこのモデルを前提にしている。大まかに国家の対外行動を予測するには便利だが，このモデルでは特殊・個別的な政策決定を説明できない。

第2モデルは，組織過程モデルともいわれる。外務省や防衛省，経済産業省など，外交政策決定に関与する組織の役割を重視する見方である。それぞれの組織は型にはまった「標準作業手続き」に基づいて行動しがちであり，国家の利益よりも組織の利益を優先しがちである。したがって，組織間の利害調整の結果は，国益の最大化をめざす合理的なものではない可能性が高い。

第3モデルは，政府内政治モデルまたは官僚政治モデルとも呼ばれる。ここでは組織よりもさらにミクロに，政策決定にかかわるさまざまな個人の役割に注目する。このモデルでは，政策は個々のプレイヤーの間の駆け引きであり，

重要ポイント⑮

キューバ・ミサイル危機

1962年10月，ソ連がキューバに中距離核ミサイル基地を建造しようとしていることをアメリカが発見し，その撤去をめぐり米ソ間で約2週間にわたって，深刻な危機が発生した。キューバのカストロ政権に対するアメリカの攻勢に対抗し，核戦力でアメリカの優位を覆すなどの意図が，ソ連にはあったとされる。他方，キューバにソ連のミサイル基地が建設されれば，アメリカ本土がその標的になることから，アメリカは断じてこれを許容できなかった。

この危機に際して，アメリカのケネディ政権は，海兵隊上陸による地上作戦または「外科手術的」空爆によって建造中のミサイル基地の破壊を検討したが，いずれも危機を拡大させる危険が高く，基地建設の進展を阻止するために海上封鎖という選択を選んだ。この間，米ソ間で秘密交渉が展開され，ケネディがキューバに侵攻しないことを約束したことなどから，ソ連の最高指導者フルシチョフはミサイルの撤去に応じた。

最近では異論も見られるが，ケネディ政権の対応は，危機管理の顕著な成功例とされてきた。米ソ間に交渉のチャネル（回路）が存在し，両国の指導者が概ね合理的に行動し，しかも，核戦争回避という認識を共有していたことが，重要であった。また，核戦力でもキューバ周辺の通常戦力でもアメリカが優越しており，このこともアメリカ主導で交渉がまとまった要因である。

キューバ・ミサイル危機は冷戦期最大の危機であり，冷戦の転換点でもあった。翌63年8月には部分的核実験禁止条約（PTBT）が締結されるなど，以後，核をめぐる軍備管理が進展し，米ソ関係もデタントに向かった（→unit 5）。

相互作用の産物である。①誰が政策決定に関与するのか，②個人的な利害から所属する組織の利害，国益まで，彼らはどのような関心を有しているのか，③彼らはどの程度の影響力を保持しているのか，そして，④彼らの間のゲームのルールは何か，が問われることになる。

アリソンのこれらのモデルはきわめて明瞭で，とりわけ第3モデルは今日にいたるまで多くの研究者に応用されてきた。ただし，アリソンのモデルはアメリカの大統領制を前提にしていること，アリソンの事例が核戦争の可能性さえある危機決定であったことを念頭に置いておかなければならない。たとえば，大統領制と議院内閣制では，政策決定にかかわるアクターの役割や影響力が異なろう。また，危機ではない日常型の政策決定では，決定に要する時間や情報も多く，アクターの数も多い。多くの場合，前例・慣行に多少の改善を加えるといった漸増主義（インクリメンタル）的決定になりがちである。アリソンのモデルでは議会が分析から排除されているが（実際，キューバ・ミサイル危機では議会が関与できる時間的余裕がなかった），主として行政府と立法府との関係から対外政策決定過程を分析しようとする研究もある。

さまざまな理論モデル

さらに，政策決定者の思考や心理に分析の射程を伸ばした研究もある。すでにリップマンの古典『世論』（1922年／邦訳1987年）は，イメージが政治に与える影響を鋭く分析していた。その後の心理学や認知科学の発展が，政策決定過程の研究にも応用されるようになってきた。「**グループ・シンク**」（集団思考）は，その一例である。これは政策決定に際して閉鎖的な集団が陥る病理である。その特徴としては，集団の能力や道義性への過信，外部集団をステレオタイプ化（画一化）して決定を合理化する傾向，集団内のメンバーに同一化を（多くの場合，無意識に）強いる傾向などが，指摘できよう。

アリソンの3つのモデルと「グループ・シンク」の特徴は，表15-2のようにまとめられる。

これらのモデルのうち，組織過程モデルと政府内政治モデルは第二イメージに属し，主として国内的な視点から対外政策決定過程をミクロに分析している。これに対して，たとえば，日本の対外決定過程では，しばしば外圧が強調されてきた。このような外的要因や国際関係（システム・レベル）が国内政治に影響を与える側面に着目する視点を，「逆第二イメージ」と呼ぶ（→**unit 12**）。

より明示的に国際関係と国内政治の連動から対外政策決定過程を分析しようとするのが，パットナムの「**ツーレベル・ゲーム・モデル**」である。これは，国際的な交渉のレベルと国内での合意形成のレベルとの2つのゲームに注目する対外政策分析の手法である。このモデルによれば，国内での合意形成の幅（ウィンセット）が大きいほど国際的合意の達成は容易だが，逆に，その幅は国際交渉の進み具合によっても変化する。つまり，この2つのゲームは同時に進行しているのである。

この他，相互依存の進展とともに国際政治経済の重要性が認識されるように

表 15-2　対外政策決定過程モデルの特徴

モデル	決定の構造とプロセス	主たる概念
合理的行為者	集権的・合理的	一国を代表する指導者の目標と信念
組織過程	分権的 相対的に自立的な官僚 機構間の力学	組織構造と役割 組織文化 組織のプログラムとルーティーン
政府内政治	多元的・政治的	政策決定者の信念と個性 政策決定者の役割と力
「グループ・シンク」	集権的・非合理的	指導者の信念と個性 集団の規範と力学

［出典］ Jerel A. Rosati, and James M. Scott, *The Politics of United States Foreign Policy*, 4th Edition, Thomson, 2007, p. 279 をもとに著者作成。

なったことから，コーエンのように国際経済政策の決定過程を独自に分析するものもある。彼によると，アメリカの国際経済政策は，①大統領とその側近の認識，イデオロギー，優先順位，パーソナリティー，②立法過程と議会の意向，③他国の経済動向と国際制度や慣行，④国内の利益団体の圧力，⑤経済関係官庁などの組織に規定されているという。必ずしも危機決定ではないため，アリソンの国内政治モデルよりも広範な国内政治アクターを内包する一方，国際制度や慣行も重視している。

また，先述の大統領制と議院内閣制の違いをはじめ，国内外の制度が対外政策決定過程に与える影響を重視するアプローチや，組織文化や政治文化，また，国際的規範や認識共同体など，文化や規範が対外政策決定過程に与える影響に注目するアプローチもある。前者はリベラリズム（→unit **8**）に，後者はコンストラクティヴィズム（→unit **10**）に連動する。

近年では，ウェルチが対外政策の変更に特化して，組織理論，認知・動機的心理学，そしてプロスペクト理論を用いた理論化を試みている。政府のような巨大組織では惰性が働き，変化を嫌う。また，人はしばしば既存の情報や信念に左右されて，自らの誤りを正さない。とりわけ，政策決定者はつねに大きな不安や圧力に晒（さら）され，真摯（しんし）な反省や軌道修正のための時間を欠いている。さらに，プロスペクト理論によれば，人は確実な損失を避けるためなら賭けに出るが，大きな利益が得られるような賭けは避けて，小さな利益を守ろうとする。

これらを総合して，①民主的で高度に官僚主義的な国家は，独裁的で官僚主義的でない国家よりも対外政策を変更しにくい，②失敗が繰り返されたり大きな破綻（はたん）が迫れば，指導者は対外政策を変更する，③利得と損失が同等なら，指導者は損失回避のために対外政策を変更する，とウェルチは論じている。

今後の課題

以上のように，対外政策決定過程の分析には，アリソンの３つのモデル以外にもさまざまなアプローチがありうる。精緻（せいち）な事例研究の積み重ねや理論の比較などが，さらに必要である。精緻な事例研究を進めるには，政府などの情報公開が重要になるし，近年の事例を研究する場合には，当事者への聞き取り調査によるオーラル・ヒストリーも有効であろう。

また，相互依存の進展とともに，政府諸機関や政府関係者だけでなく，非営利組織（NPO）や企業，業界団体，民間人などさまざまな脱国家的主体が対外政策決定過程に参入し，大きな役割を果たすようになってきた（→unit 19）。

さらに，ツーレベル・ゲーム・モデルでも示唆（しさ）されるように，対外政策決定過程に及ぼす世論の影響も看過できない。自国の世論のみならず，交渉相手国の世論や国際的な世論の動向にも配慮しなければならない。グローバルな市民社会が現出し，情報技術が飛躍的に進展し，また，冷戦後のパワーの概念が変容しているからである。強制より魅力に重点を置きイメージを重視する「ソフト・パワー」という概念が，今では広く受け入れられている（→コラム②）。

そこで，パブリック・ディプロマシーの必要性が，しばしば提起されるようになってきた。**パブリック・ディプロマシー**とは，「外交の目的を達成するためには相手国の政府に働きかけるだけでは十分ではなく，相手国の国民レベルに働きかけていくことが重要である，という認識に基づいて行われる活動」と定義される。パブリック・ディプロマシーは，対象が外国政府ではなく外国の個人や非政府組織（NGO）である点で伝統的な外交とは異なり，しかし，担い手は各国政府である点で民間交流とは異なる。

今後は，こうしたパブリック・ディプロマシーの役割や影響をも視野に入れた，より重層的で多角的な対外政策決定過程の分析が求められようとしている。

引用・参照文献

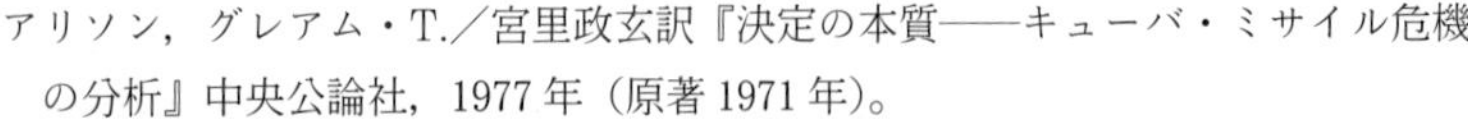

アリソン，グレアム・T.／宮里政玄訳『決定の本質――キューバ・ミサイル危機の分析』中央公論社，1977 年（原著 1971 年）。

有賀貞・宇野重昭・木戸蓊・山本吉宣・渡辺昭夫編『講座国際政治 2 外交政策』東京大学出版会，1989 年。

ウェルチ，デイヴィッド・A.／田所昌幸監訳『苦渋の選択――対外政策変更に関する理論』千倉書房，2016 年（原著 2005 年）。

金子将史・北野充編『パブリック・ディプロマシー戦略――イメージを競う国家間ゲームにいかに勝利するか』PHP 研究所，2014 年。

コーエン，S. D.／山崎好裕・五味俊樹・納家政嗣・古城佳子・明田ゆかり訳『アメリカの国際経済政策――その決定過程の実態』三嶺書房，1995 年（原著初版 1977 年）。

信田智人「対外政策決定――『小泉外交』における政治過程」日本国際政治学会編『学としての国際政治』（日本の国際政治学 1）有斐閣，2009 年。

フランケル，J.／河合秀和訳『外交における政策決定』東京大学出版会，1970 年（原著 1963 年）。

細谷千博・綿貫譲治『対外政策決定過程の日米比較』東京大学出版会，1977 年。

リップマン，W.／掛川トミ子訳『世論』岩波文庫，1987 年（原著 1922 年）。

ローレン，ポール・ゴードン＝ゴードン・A. クレイグ＝アレキサンダー・L. ジョージ／木村修三・滝田賢治・五味俊樹・髙杉忠明・村田晃嗣訳『軍事力と現代外交――現代における外交的課題〔原書第 4 版〕』有斐閣，2009 年（原著初版 1983 年）。

Cox, Micheal and Douglas Stokes, *US Foreign Policy*, Oxford University Press, 2008.

Rosati, Jerel A. and James M. Scott, *The Politics of United States Foreign Policy*, 4th Edition, Thomson, 2007.

Snyder, Richard C., H. W. Bruck, and Burton Sapin, *Decision-Making as an Approach to the Study of International Politics*, Princeton University Press, 1954.

文献案内

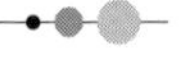

□ アリソン，グレアム／宮里政玄訳『決定の本質――キューバ・ミサイル危機の分析』中央公論社，1977 年。

1962年のキューバ・ミサイル危機を事例に，合理的行為者モデル，組織過程モデル，政府内政治モデルという対外政策決定過程の3つのモデルを提示して比較した研究。原著は1999年に改訂版が出され，その邦訳（漆嶋稔訳，日経BPクラシックス）も2016年に刊行されている。

☐ **櫻田大造・伊藤剛編『比較外交政策――イラク戦争への対応外交』明石書店，2004年。**

イラク戦争への対応を事例に，日本を含む主要7カ国の対外政策決定過程を比較した研究書。

☐ **信田智人『政権交代と戦後日本外交』千倉書房，2018年。**

政権交代が戦後の日本外交にどのような影響を与えたのかを，22の事例から検証した野心的な研究。

☐ **ウェルチ，デイヴィッド・A.／田所昌幸監訳『苦渋の選択――対外政策変更に関する理論』千倉書房，2016年。**

対外政策の変更に焦点を当てて，組織論，認知・動機的心理学，プロスペクト理論を活用し，フォークランド紛争や北方領土問題，ベトナム戦争，カナダの対米自由貿易政策を事例として分析した名著。

unit 16

外交交渉
――平和的解決をめざして

Keywords
2国間外交，多国間外交，旧外交，新外交，先進国首脳会議

外交とはなにか

unit 15では，それぞれの国が対外政策を決定していくプロセスについて見てきたが，それでは国内のさまざまな利害を調整した後に形成された「国益」を，今度はどのように諸外国との間で調整していくのであろうか。それが外交交渉の役割である。

外交史家の細谷雄一によれば，外交とは「主権国家が自国の国益や安全そして繁栄を促進するため，また国際社会において国家間の関係をより安定的に維持しその友好関係を強化するため，政府間で行われる交渉あるいは政策を示す言葉」である。

そのような「外交」は大きく分けて2種類に区別される。1つは2つの国同士の間でお互いの国益が調整される「2国間外交」であり，もう1つは複数の国家の間で地域全体や地球規模での利害が調整される「多国間外交」である。それぞれの外交のあり方については後でくわしく見るとして，まずは「外交(diplomacy)」という言葉そのものの意味を考えてみよう。

そもそも「ディプロマシー」という英語の語源は，ギリシャ語のdiplounという動詞に由来する。これは「折りたたむ」ことを意味するが，古代ローマ帝国の時代，すべての通行券や旅券，運送状が二重の金属板に捺印され，折りたたまれていたため，いつしかこの金属旅券はdiplomasと名づけられた。や

がてそのようなdiplomasを所持して，諸外国にわたって交渉を行う人々のことを「外交官（diplomat）」と呼ぶようになった。

それでは，人類の外交の起源は古代ローマ時代に求められるのか。

外交交渉の始まりとその歴史

歴史上最古の外交文書と呼ばれているものは，古代ローマ帝国の建設から1000年ほど遡(さかのぼ)った太古の時代に存在した。それがアマルナ文書である。西暦1887年に発見されたこの文書が書かれたのは，今から3500年ほど前の紀元前14世紀のことである。時のエジプトの国王(ファラオ)たちが，ミタンニやバビロニア（ともに今日のイラク）といった周辺の国々の諸王と取り交わしたアッカド語（当時の中東の国際語）で記された粘土板である。

さらに，これより100年ほど後の紀元前13世紀半ばには，エジプト第19王朝の最盛期を築いた国王ラムセス2世とヒッタイト（今日のトルコのあたり）の国王ハットゥシリシュ3世との間に世界最古の平和条約が結ばれている。人類が集落を築き，それが「国」へと発展を遂げるとともに，外交の歴史も始まったわけである。

やがて地中海世界の古代ギリシャやローマ帝国へと外交の歴史は引き継がれていった。西暦395年にローマ帝国は東西に分裂し，東のビザンツ帝国（東ローマ帝国）は東方の国々との外交に乗り出し，西ローマ帝国は5世紀後半に滅亡し，さまざまな民族が入り乱れる諸国に分かれた。10世紀後半からは，ローマ教皇を頂点に頂くキリスト教世界と，神聖ローマ皇帝を頂点にいただく世俗世界の下に，かつての西ローマ帝国の末裔(まつえい)たちは置かれるようになった。彼らの外交を司(つかさど)る共通言語はラテン語であった（→**unit 1**）。

こうしたなかで，まずヨーロッパの外交慣行を主導(リード)していったのが，地中海交易で巨万の富を築いたイタリア都市国家群だった。ルネサンス文化の先導者でもあったこれら諸国家は，15世紀半ばには外国に常駐の大使（外交官）を派遣し，自国の利害を相手国に受け入れさせるべく，粘り強い交渉を展開するようになった。『君主論』でも有名なイタリアの思想家マキアヴェリも，フィレンツェ共和国の外交官として外交交渉にあたった1人である。こうして15-16世紀はイタリア諸国がヨーロッパの外交を席巻(せっけん)した。

17世紀になると，ヨーロッパ国際政治をリードするようになったのはフランスであった。三十年戦争（→**unit 1**）で勢力を強化したフランスは1624年の時点で，今日から比べれば初歩的な組織ではあったが，すでに「外務省」を設立していたほどであった。さらに18世紀までには，ラテン語に代わって，フランス語がヨーロッパ国際政治の共通言語として使われるようになった。ナポレオン戦争終結後に，ドイツ語圏であるオーストリア帝国の首都ウィーンでの国際会議（→**unit 2**）に集まったヨーロッパ各国の首脳たちが交渉に用いた言葉も，敗戦国の言語であるはずのフランス語だった。

それも，20世紀に入るとさらに変わった。19世紀末までに7つの海を支配する大英帝国の時代が定着し，イギリスは最盛期に地球の陸地面積の4分の1を支配するまでになった。アジアでもアフリカでも英語を公用語とする地域が急増した。さらに，第一次世界大戦でヨーロッパの時代が終わりを迎え，世界的な覇権国家としてアメリカの文化が拡がるとともに，国際政治経済の分野における共通語としての英語の地位が確立された。第一次大戦の戦後処理問題を話し合うために，1919年にパリ郊外のヴェルサイユ宮殿に集まった各国首脳たちが交渉に用いた言語もフランス語にさらに英語が加えられた（→**unit 3**）。

こうした状況は，アメリカが世界最大の経済・軍事大国としての地位を確実にした第二次世界大戦（→**unit 4**），そしてソ連との冷戦に勝利を収めた後に，さらに定着していった（→**unit 5**）。それと同時に，「外交」といえば，それまでは同じ文明圏に属する者同士の間での交渉であったものが，言語や宗教や習慣の異なる相手とも積極的に話し合いを進めていく「外交」へと変化を遂げたのも，20世紀以降の特色であろう。

そもそも外交交渉とは，「駆け引き」や「値切り（バーゲニング）」のように，先方から最大限の譲歩を引き出す術（すべ）ではなく，双方にとって有利となるよう調整・妥協を図ることに目的がある。こうした交渉を円滑に進めるためにも，人類はその長い歴史のなかで，交渉の場所，交渉者のレベルや人数，席次や使用言語，合意の際の表明様式（協定・条約・議定書・共同宣言・記者会見など）といった，複雑な作法（外交儀礼）を築き上げていったのである。

2国間外交と近代日本——伝統的な外交交渉

以上のように，古代文明の夜明けの時代から連綿と続いてきた外交の歴史ではあるが，常駐の外交官や外務省の設立など，近現代の「外交術」をいち早く切り開き，発展させ，定着させていったのは，ヨーロッパとその影響を受けた白人移民植民地（1783年に独立を果たしたアメリカ合衆国も含む）であった。なぜアジアの大国では，よりすぐれた外交術が確立されなかったのか。大きな理由の1つは，オスマン帝国にしろ清王朝下の中華帝国にしろ，アジアの帝国は基本的に「朝貢（ちょうこう）体制」をとっており，ほぼ対等の者同士で交渉を進めることを基本とする「外交」という習慣がなじまなかったことにあろう。

事実としても，オスマン帝国も清帝国も，ヨーロッパ流の外交関係を諸国と結ぶようになるのは，両帝国の軍事的・経済的な力が弱体化し，その領土がヨーロッパ列強に徐々に侵食されるようになった19世紀半ば以降のことであった。この2つの帝国が盛期を誇った16–18世紀までは，彼らはむしろヨーロッパを蛮族として見下しており，外交関係も通商関係も取り結ぼうとはしなかったのである（→重要ポイント①）。

さらに，ヨーロッパで生まれ，定着した「外交術」に遭遇し，国家全体を大転換させた国がこの日本にほかならない。ペリー提督率いる黒船（アメリカ東インド艦隊）に驚愕（きょうがく）し，1854年にアメリカを筆頭に，イギリス，ロシア，フランスなど，欧米列強と外交関係を結び，58年には通商条約を結んだ日本ではあるが，当初はこの欧米流の「外交術」をきちんとは理解しておらず，苦難の連続であった。

外交文書に特有の微妙な言い回しに慣れていなかったことに加え，江戸時代に栄えた蘭学（西洋学）の発信地であるオランダとは異なる言語の国をも相手にしなければならなかったこともあろう。諸国と結ばれたのは，いわゆる不平等条約であり，日本には諸外国からの輸入品の税額を決める権利（関税自主権）もなければ，外国人の犯罪を裁くこともできなかった（治外法権）。時が移り，明治新政府になってからも，欧米諸国は条約の改正にはしばらく応じようとしなかった。彼らを交渉の席に着かせるには，日本が欧米列強と同じ「文明圏」に属する文明国家であることを示さなければならなかったのである。

そこで明治政府は，欧米流の憲法の制定（1889年），議会の開設（1890年）に奔走し，さらには欧米流の「外交術」を会得すべく，外務省を設置し（1869年），外交官試験も導入するようになった（1894年）。そして諸外国に常駐する外交官たちが，これら一国一国とねばり強く交渉を続けた。当時のヨーロッパ国際政治をリードしていたのは，先に述べたとおり，イギリスであった。1894（明治27）年，ようやくイギリスが条約改正に応じた。するとアメリカ，イタリア，ロシア，ドイツ，フランスなど欧米列強も次々と新しい条約の調印に応じることとなった。

さらに，日露戦争（1904–05年）での日本の優位が確定的になると，1902年に結ばれた日英同盟は，東南アジア・インドの防衛まで視野に入れたさらなる同盟へと拡大し，1905年12月についにイギリスと日本は，外交官の最高官職である「大使」を相互に常駐させることにした。こうした状況もまた他の諸列強に影響を与え，日本はパリ，ワシントン，ウィーン，ベルリン，そして日露戦争で相対したロシアの首都ペテルブルグにまで大使館を設置するようになったのである。

このように，元来が欧米の文明圏とは異なる地域で独自の発展を遂げてきた日本が，列強の植民地にされることなく，最終的には対等の外交関係を築くことができたのは，並々ならぬ努力で欧米流の外交術（これにはもちろん語学も含まれる）を学び，イギリスをはじめとする各々の国と粘り強く交渉を続けたからに他ならなかった。日本が欧米中心の国際政治体制において一定の地位をつかんだのは，これら大国それぞれとの**2国間外交**の積み重ねの結果でもあった。

しかし，明治日本が近代国際体制に入り込んでいった時代は，同時に多国間外交も徐々にヨーロッパに定着し始めていった時期でもあった。とくに日本も参戦した第一次世界大戦の後に，国際連盟を主な舞台とする多国間外交が活発化し，世界全体の平和を討議する場が増えていった。それは，第二次世界大戦後の国際連合（国連）によってさらに充実化した。

とはいえ，それは2国間外交が全く姿を消してしまったことを意味してはいない。たしかに昨今は，ヒト・モノ・カネ・情報が国境を越えて自由に行き交う「グローバル化」の時代であるといわれているが（→unit **24**），国民国家は21世紀の今日にも厳然と力強く存在している。その事例の1つが，いまだに絶えることのない国境紛争であろう。第二次大戦後に，紆余曲折を経ながらも，粘り強い2国間交渉によって周辺諸国と国交を回復した日本といえども，韓国との竹島問題，ロシアとの北方領土問題，中国との尖閣諸島問題はいまだに解決せず，2国間関係に暗い影を落とすことも少なくない。

さらに，第二次大戦後の日米関係も複雑な様相を呈している。一方では，日本の経済力が復興した後に深刻化した，繊維交渉（1971年に紛糾）や自動車・半導体の輸出入をめぐる貿易摩擦（1980年代）など，経済交渉において日米には軋轢（あつれき）がたびたび生じた。他方で，戦後の日本の安全保障にとって最も重要な意味をもってきた日米同盟は，中国の大国化や北朝鮮問題の浮上とも相まって，日本がさらに真剣に検討を進めるべき2国間外交の1つになっている。こうした2国間外交は，日本に限らず，国際社会において相互の友好を進める重要な外交の一翼を担い続けているのである。

多国間外交の展開――地球規模の共存をめざして

人類の歴史とともに登場した2国間外交に加え，より大きな目的をもって，より大きな地域で，お互いの平和共存を進めるために現れたのが，**多国間外交**である。

多国間外交が初めて本格的に登場したのは，三十年戦争の講和を討議したウェストファリア会議のときである。この会議には，神聖ローマ帝国の構成国とフランス，スウェーデン，スペインなどの交戦国はもとより，ローマ教皇庁からも外交使節が派遣され，180名もの代表が一堂に会した。しかし，最終的に結ばれた条約は，2国間交渉の寄せ集めであり，ヨーロッパ全体に永年にわたる平和を構築するといった，安全保障にかかわるより大きな問題は検討されなかった。その後の「長い18世紀」に生じた戦争のたびに開かれた講和会議でも，その点は基本的に変わらなかった（→unit **1**）。

ヨーロッパ全体の平和を話し合う目的で開かれた最初の会議は，ナポレオン戦争の戦後処理問題を討議した，ウィーン会議（1814–15年）である。もちろん，この会議でも，2国間や多国間での交渉に基づいて，参加国間で勢力圏の奪い合いも見られたが，1世紀以上に及んだヨーロッパ大戦争の時代に終止符を打つべく，各国首脳たちは「勢力均衡（バランス・オブ・パワー）」に基づく平和の構築についても真剣に話し合った。その結果，これ以後は紛争が生じそうな場合には，列国間で会

重要ポイント⑯

「旧外交」から「新外交」へ

第一次世界大戦が新たな段階に突入した1917年ごろから，国際政治に新興の大国として登場したアメリカとソ連によって，外交がイデオロギー化されるようになり，両国首脳部は「新外交」の到来を高らかに宣言するとともに，それまでの「旧外交」を強く非難した。

「**旧外交**（Old Diplomacy）」とは，秘密外交を基本としたもので，王侯の宮廷や貴族出身の外交官によって秘密裡に進められる2国間外交が主流であった。国民は自国の外交の現況を知らされず，王侯貴族たちが権謀術数を張り巡らし，お互いの国益を確保しようと粘り強く交渉していくタイプのものである。しかしこのような秘匿（ひとく）性が第一次大戦へとつながる要因になったとアメリカのウィルソンやソ連のレーニンらは批判した（→**unit 3**）。

これに対して「**新外交**（New Diplomacy）」とは，より民主化された外交であり，公開外交を基本とし，国民にも外交の現況が明らかにされるものである。また，王侯や貴族出身の外交官による2国間外交ではなく，民主的な方法で選出された政治家や外交官による制度化された会議外交や国際組織を舞台とする多国間外交が主流となる。一見すれば，民主主義の名の下に外交交渉の方法も改善されたかに思われる。

たしかに外交の民主化は大切なことではあるが，それは同時に政治家や外交官がポピュリズム（大衆迎合的な政治手法）に陥り（→**unit 14**），国内世論の動向にばかり気を使い，時としては攻撃的で排外的な外交政策を推進する原因にもなりうるものである。このため，国民からの反感を恐れるあまり，政治家も外交官も，外交交渉にとって大切な妥協や協調といった姿勢を避け，自分たちだけが正しく，相手が屈服するまで自説を曲げないという危険な方向に向かう可能性も高くなる。21世紀の今日に必要なのは，この新旧双方の外交手法の大切な部分を巧みに使い分け，国際的な対話を進めていくことなのかもしれない。

議を開き，相互に情報を交換するとともに，他の大国が認めない軍事介入は許されないとする方針ができあがった。こののち，1830年代からはイギリス主導型のより柔軟性に富んだ会議が主流となるが，基本的にこの会議を利用しての平和の維持という方針は変わらなかった（→重要ポイント②）。

しかし，19世紀末から20世紀初頭にいたるや，ヨーロッパはもはやいずれか一国が会議をリードして，他の大国からの協力で全体の安全保障を構築できるだけの状況ではなくなった。定期的な会議を開ける実効力をもった国際的な組織が必要となった。第一次世界大戦後に設立された国際連盟にはそのような組織になる可能性があったが，アメリカとソ連から積極的な協力を得られず，2度目の世界大戦を防ぐことができなかった（→unit **3**）。

こうした教訓から生まれたのが，第二次世界大戦後の1945年秋に創設された国連であった。20世紀半ば以降に，世界はこのような会議外交を定例化し，制度化することで，多国間外交を巧みに利用し，地球全体の安全保障体制を強化しようと試みるようになったのである（→unit **17**）。さらに1930年代の世界恐慌から得た教訓を基に，経済問題に関する多国間外交も活発化した。このそれぞれの端緒となったのが，1944年夏にアメリカで開催されたダンバートン・オークスとブレトンウッズでの国際会議であったことは，多国間外交の時代がアメリカ主導型で本格的に幕を開けたことを象徴していたといっても過言ではなかろう（→unit **4**）。

事実，国際平和や経済社会にかかわる問題を協議する，国際組織の数は大幅に増加した。第一次大戦が勃発（ぼっぱつ）する直前の1909年の段階で37しかなかった国際組織の数は，2021年には290に達し，8倍近くに膨れ上がっている。このような国際組織を利用しての多国間外交は，交通機関や情報機器の急速な発達によっても助長された。ウェストファリア講和会議の時代には馬車や帆船を使っての移動しか考えられなかったのが，自動車や飛行機はもとより，電話（携帯電話も含めて）・ファックス・電子メール・オンライン会議システムの発明で，各国の代表がたとえ同じ場所に集まらなくても，いつでも交渉することが可能になったのである。

さらに，国連を離れての多国間外交も時代とともに登場した。1973年の第1次石油危機以後，アメリカ一国だけに頼っての国際経済の安定化に不安を抱いた先進主要各国は，1975年にフランスのランブイエに集まって会議を開いた。いわゆる「**先進国首脳会議**（サミット）」の始まりである。これ以後，参加国が輪番制でホスト国となって毎年開かれる慣例となったサミットは，近年では7カ国体制（G7と呼ばれる）をとり，さらにアジア，アフリカ，中東，南米の国々も招いて，地球規模の問題を討議している（G20など）。21世紀に入り，人類は特定の国や地域に限定されない，地球規模での環境問題や人権問題に直面し，このための話し合いがサミットの重要な中心議題となっている。さらに，もう少し地域を限定した国際組織としても，ヨーロッパ連合（EU），北大西洋条約機構（NATO），東南アジア諸国連合（ASEAN），アジア太平洋経済協力（APEC）など，2国間外交だけでは賄い切れない問題を話し合うための多国間外交の場が重要な位置づけを占めるようになってきた（→**unit 18**）。

また，北朝鮮やイランの核問題をめぐる関係国による協議のように，特定の国際組織に基づくものではなく，状況に応じた多国間外交の場も近年では重要視されている。しかし，関係するすべての国が集まったからといって，即座に問題が解決するわけではない。時機と状況を鋭く見通し，性急に事を進めずに粘り強く交渉を進めるという，先人たちから受け継いできた「外交術」に基づいた真摯な対話こそが，2国間であれ多国間であれ，外交交渉の奥義であるといえよう。

引用・参照文献

五百旗頭真編『日米関係史』有斐閣，2008年。

君塚直隆『近代ヨーロッパ国際政治史』有斐閣コンパクト，2010年。

君塚直隆『カラー版　王室外交物語——紀元前14世紀から現代まで』光文社新書，2021年。

ニコルソン，ハロルド／斎藤眞・深谷満雄訳『外交』東京大学出版会，1968年（原著初版1939年）。

細谷雄一『外交——多文明時代の対話と交渉』有斐閣 Insight，2007年。

文献案内

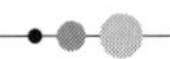

□ **カリエール／坂野正高訳『外交談判法』岩波文庫，1978年。**

ルイ14世時代に活躍したフランスの外交官による外交の手引き書。外交というものの真義を鋭く説いた好著。

□ **キッシンジャー，ヘンリー・A.／岡崎久彦監訳『外交』上・下，日本経済新聞社，1996年。**

ウィーン体制から冷戦崩壊までの国際政治の歴史を，アメリカ外交を国務長官や大統領補佐官として担った自らの主観も取り入れながら描いた大著。

unit 17

国連・国際機関の役割
——平和で平等な世界のために

Keywords
安全保障理事会，集団安全保障，平和活動，持続可能な開発目標（SDGs），安保理改革

国際機関の成り立ち

20 世紀に 2 度の世界大戦を経験した国際社会は，国際社会の平和と安全のために国際連合（国連）を創設した。1945 年の設立時には 51 カ国だった加盟国も，現在では 193 カ国を数える（2022 年 12 月時点）。これは，世界のほとんどの国が加盟していることになる。国連は，その憲章において，「……言語に絶する悲哀を人類に与えた戦争の惨害から将来の世代を救」うという決意のもと，「基本的人権と人間の尊厳及び価値と男女及び大小各国の同権」という信念に立脚し，「共同の利益の場合を除く外は武力を用いないことを原則」として「国際の平和及び安全」のために国際社会が協力することを謳(うた)っている。この国連は，どのようにして成立し，どのような活動を実施し，国際社会のなかでどのような役割を果たし，そして今後どのような役割が期待されるのだろうか。まず，国際社会が平和を達成するために国家間の協調体制の構築に努力してきた「国際社会の組織化」の歴史を振り返ってみたい。

近代ヨーロッパでは，戦争と戦後の国際秩序構想が繰り返された歴史（→unit 1，2，3）を通じて，国家間の連合体による戦争の防止と平和の確保についての思想が発展した。ナポレオン戦争後のヨーロッパ秩序は，ウィーン会議を契機として成立した大国間の協調（「ヨーロッパ協調」）によって保たれた。ヨーロッパ協調は，平和の原理を大国間の勢力均衡に求める一方で，戦争を防ぎ国

際秩序を維持するために，多国間外交の「制度化」がなされたという点でも重要である。ヨーロッパ協調はまた，大国間の協調による平和の確保という，国連安全保障理事会（安保理）における常任理事国の主導的役割へと連なる原理の源泉ともいえる。

その後，1899 年と 1907 年に開催されたハーグ平和会議は，戦後処理としてではなく平時に平和のためのルール作りを行ったという意味で重要である。同会議では，毒ガスやダムダム弾の禁止や陸戦法規条約などが合意された。また，会議にはヨーロッパ諸国だけでなくアメリカやラテンアメリカ諸国なども参加し，より普遍的な国際社会の組織化の一歩となったといえよう。

産業革命による経済活動の拡大にともない，国境を越えた人やモノの交流が活発化したことを受け，ヨーロッパでは国家間で利害の調整や異なる規則・基準を統一する必要性が高まった。19 世紀に，国境を越えた円滑な社会経済活動のために設立された最初の国際協力のための組織は，当時ヨーロッパの交通や物流の重要な柱であった河川の管理を行う「国際河川委員会」であった。その後郵便や通信，鉄道など特定の分野ごとに，機能的な面での国際協力を進めるために国際行政連合と呼ばれる組織が設立されるようになった。このような特定の分野に特化した専門的・技術的な国際機関は，1919 年に設立された国際労働機関（ILO）を皮切りに，現在では世界保健機関（WHO），国際原子力機関（IAEA）など，さまざまな政策領域で設立されている。

また，第一次世界大戦の惨禍を経て誕生した国際連盟は，すべての国に加盟を開放し，平和と安全以外にも，経済社会活動に取り組むなど，幅広い分野を扱う初の一般国際機関であった。国際連盟は，アメリカのウィルソン大統領による 14 カ条の平和原則（1918 年）を基礎に（→unit **3**），平和に対する脅威に対しては地球上のどこであろうと国際社会全体で対応することで平和と安全を推進する，という集団安全保障（→unit **8**, **11**）の原理に立脚している。

しかし，国際連盟は第二次世界大戦を阻止することができなかった。その原因としては，当時着実に国力を増大させ，また国際連盟設立に主導的な役割を果たしたアメリカが議会の反対にあって加盟できなかったことや，ドイツや日本といった有力国による国際連盟規約違反の軍事行動を阻止できなかったなど大国の関与が不十分であったこと，全会一致による意思決定の制度が迅速かつ実効的な意思決定を妨げたことなどがあげられる。

それでも第二次大戦中に戦後の国際秩序構想の一環として，国際連盟に代わる国際組織の設立が進められた。早くも1941年8月には，アメリカのF.D.ローズヴェルト大統領とイギリスのチャーチル首相が発表した「大西洋憲章」で，「一層広範かつ恒久的な一般的安全保障制度」(第8項) の構築が謳われた。さらに1943年のモスクワ宣言で国際組織の設立が示され，それを受けて44年に開催されたダンバートン・オークス会議 (アメリカ) において，加盟国すべてが参加する総会と大国主導の安保理を柱とする集団安全保障機構の設立が決定され，国連憲章草案が作成された。1945年4–6月のサンフランシスコ会議では，拒否権に関する詳細などが詰められ，また，ラテンアメリカ諸国の要請を受け，集団安全保障の例外的措置として個別的または集団的自衛権を認めることが決められた。6月には会議に参加した50カ国とポーランドが国連憲章に署名し，10月，国連が発足したのである。

国連の構成

国際機関には明確な定義はないが，①複数の国家によって，②各国から独立した主体として，③常設的に設置された団体，という3つの要素が求められる。また国際機関と呼べる組織は，一般的には，すべての加盟国が参加する総会，理事会 (国連の場合には，安全保障，経済社会，信託統治という3つの理事会)，事務局から構成される。国連の場合は，これに国際司法裁判所が主要機関として加わる。そのほかに，総会や各理事会によって設立された機関や委員会，そして国連との間で「連携協定」を結び，経済・社会・気象・保健・文化・教育など，特定の問題領域を扱う「専門機関」がある。これらを総称して，「国連システム」とも「国連ファミリー」ともいう。

総会は，国連加盟国すべてが参加し，国際社会の共通の関心事項について討議し，勧告を採択することができる。これは国際社会の民主化を体現したものといえるが，採択された勧告は，あくまで加盟各国に自主的な実施を求めるものであって法的な拘束力はない。とはいえ，総会での決定は，国際社会のメンバーが従うべき規範を指し示すものとして重要である。

それに対して，**安全保障理事会**は，集団安全保障の機構として設立された国連において「国際の平和及び安全の維持に関する主要な責任」(国連憲章第24条1項)を負う。安保理は，5カ国の常任理事国(アメリカ，ロシア，イギリス，フランス，中国)と10カ国の非常任理事国(任期2年)から構成されている。安保理の決議は，常任理事国5カ国すべてを含む9カ国以上の賛成によって可決される。9カ国以上の賛成があった場合でも，常任理事国5カ国のうち1カ国でも反対すれば，その決議は採択されない(これを拒否権という)。また，すべての国連加盟国は，安保理の決定を受諾し履行する(第25条)ことになっている。決議を採択することが政治的に難しい場合，もしくは不適当な場合には，決議の代わりに議長声明や報道声明を出し，国際社会としての意思表明を行うこともある。

事務局は，加盟国による意思決定や決定された事項を国連の活動として実施する際の支援を，専門的な見地から提供することが期待されている。事務局の職員は国際公務員として，すべての加盟国に対して中立であることが求められる。そして事務局職員の頂点に事務総長が置かれている。事務総長は，単に事務局を統括するだけではなく，時には，紛争当事国間の調停や交渉のとりまとめ，あるいはさまざまな提言を出すことによって国連の新しい活動指針の策定を主導するなど，政治的なリーダーシップを発揮することが期待される。

国連をはじめとする国際組織には，大きく分けて3つの働きがある。1つ目は，加盟国間の共通の関心事項に関する対話や議論である。この場合，国連は，加盟国間のフォーラムとして機能する。2つ目は，そのような対話を通じて形成された合意を規範として国際社会に定着させることである。この場合，国連は，その規範を権威づけるための源泉でもある。そして3つ目は，ルールや決定事項を実施すること，もしくは加盟国による実施を促進することである。このとき，国連は自律的な「行為主体(アクター)」となる。

国連の集団安全保障体制

国連の最大の目的はいうまでもなく「国際の平和及び安全を維持すること」(国連憲章第1条1項)である。そして，そのために集団的措置をとるか，もしくは平和的手段によって紛争解決を図るものとされる。したがって，国連加盟国は，「国際の平和及び安全」の維持のために安保理が決議した軍事的強制措

図 17-1　国連機構図

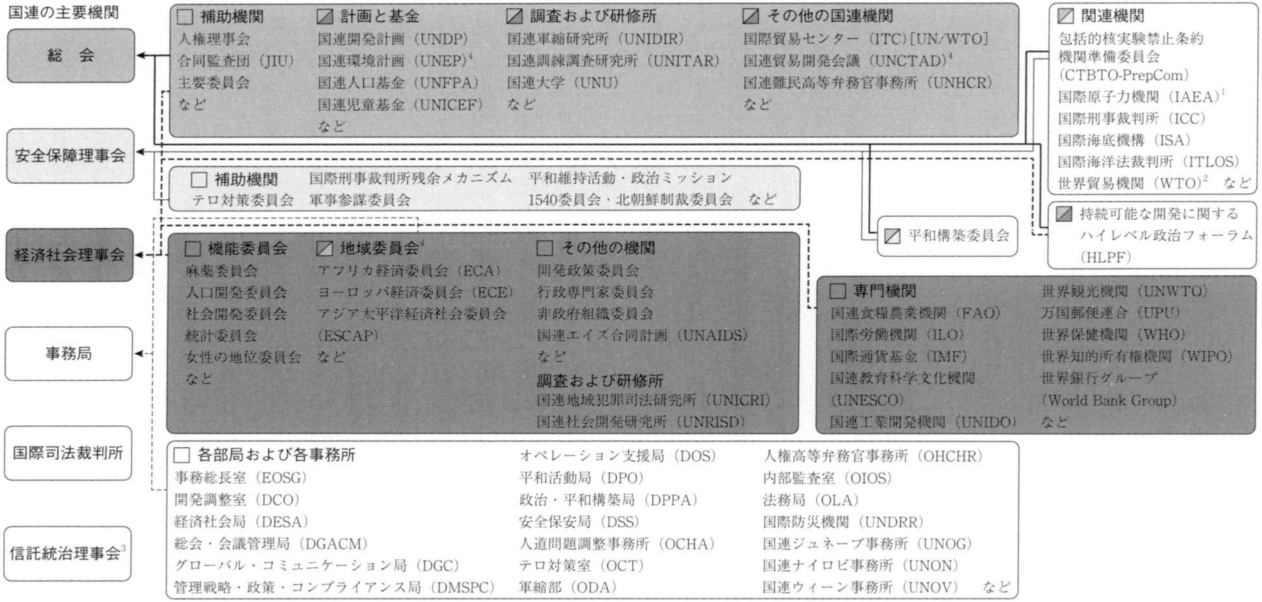

国連の主要機関

総　会

- 補助機関：人権理事会／合同監査団（JIU）／主要委員会／など
- 計画と基金：国連開発計画（UNDP）／国連環境計画（UNEP）[4]／国連人口基金（UNFPA）／国連児童基金（UNICEF）／など
- 調査および研修所：国連軍縮研究所（UNIDIR）／国連訓練調査研究所（UNITAR）／国連大学（UNU）／など
- その他の国連機関：国際貿易センター（ITC）[UN/WTO]／国連貿易開発会議（UNCTAD）[4]／国連難民高等弁務官事務所（UNHCR）／など

安全保障理事会

- 補助機関：テロ対策委員会／国際刑事裁判所残余メカニズム／軍事参謀委員会／平和維持活動・政治ミッション／1540委員会・北朝鮮制裁委員会　など

- 関連機関：包括的核実験禁止条約機関準備委員会（CTBTO-PrepCom）／国際原子力機関（IAEA）[1]／国際刑事裁判所（ICC）／国際海底機構（ISA）／国際海洋法裁判所（ITLOS）／世界貿易機関（WTO）[2]　など
- 平和構築委員会
- 持続可能な開発に関するハイレベル政治フォーラム（HLPF）

経済社会理事会

- 機能委員会：麻薬委員会／人口開発委員会／社会開発委員会／統計委員会／女性の地位委員会／など
- 地域委員会[5]：アフリカ経済委員会（ECA）／ヨーロッパ経済委員会（ECE）／アジア太平洋経済社会委員会（ESCAP）／など
- その他の機関：開発政策委員会／行政専門家委員会／非政府組織委員会／国連エイズ合同計画（UNAIDS）／など
- 調査および研修所：国連地域犯罪司法研究所（UNICRI）／国連社会開発研究所（UNRISD）
- 専門機関：国連食糧農業機関（FAO）／国際労働機関（ILO）／国際通貨基金（IMF）／国連教育科学文化機関（UNESCO）／国連工業開発機関（UNIDO）／世界観光機関（UNWTO）／万国郵便連合（UPU）／世界保健機関（WHO）／世界知的所有権機関（WIPO）／世界銀行グループ（World Bank Group）／など

事務局

- 各部局および各事務所：事務総長室（EOSG）／開発調整室（DCO）／経済社会局（DESA）／総会・会議管理局（DGACM）／グローバル・コミュニケーション局（DGC）／管理戦略・政策・コンプライアンス局（DMSPC）／オペレーション支援局（DOS）／平和活動局（DPO）／政治・平和構築局（DPPA）／安全保安局（DSS）／人道問題調整事務所（OCHA）／テロ対策室（OCT）／軍縮部（ODA）／人権高等弁務官事務所（OHCHR）／内部監査室（OIOS）／法務局（OLA）／国際防災機関（UNDRR）／国連ジュネーブ事務所（UNOG）／国連ナイロビ事務所（UNON）／国連ウィーン事務所（UNOV）　など

国際司法裁判所

信託統治理事会[3]

［注］1 IAEA は安全保障理事会および総会に報告する。
2 WTO には総会に対する報告義務はないが，金融，開発問題などについて総会および経済社会理事会に対してアドホックに報告を行う。
3 信託統治理事会は，最後の国連信託統治領パラオが 1994 年 10 月 1 日に独立したことに伴い，94 年 11 月 1 日以降活動を停止している。
4 これらの機関の事務局は，国連事務局の一部である。
5 経済社会理事会の補助機関の包括的リストについては www://un.org/ecosoc を参照。
［出所］国際連合広報センターのウェブサイト（https://www.unic.or.jp/info/un/un_organization/）の図（2022 年 1 月）を参考に作成。

置（第7章）および緊急避難として個別的または集団的自衛権を発動する場合（第51条）以外は，「武力による威嚇又は武力の行使」を禁止されている（第2条4項)。そのなかで，安保理が強力な権限を有していることは，**集団安全保障**体制が機能するために大国間の結束が不可欠であることを示している。

しかし，国連の集団安全保障体制は，国連設立後まもなく深刻化した米ソの対立とそれに続く冷戦によって機能不全に陥った。1960年までの間に行使された拒否権の数は，102件にものぼる。そのため，国連憲章に予定された「国連軍」は創設されることはなかった。つまり，集団安全保障体制を機能せしめるための軍事的な強制措置がとれなかったのである。唯一，強制措置的な軍事行動がとられたのは1950年に始まった朝鮮戦争であるが，このとき派遣された「朝鮮国連軍」は，憲章に規定された手続きを経て設立されたものではなかった。派遣を認めた安保理決議も，ソ連がボイコットしたなかで可決されたものであった。また安保理における大国間の不一致は，強制措置だけでなく，安保理決議に基づく紛争の仲介や調停などの平和的な解決手段を実施することも困難にした。そして冷戦期の世界は，自衛権（第51条）を根拠とする，東西の同盟関係（東側はワルシャワ条約機構，西側は北大西洋条約機構〈NATO〉や日米安全保障条約）を中心とする2極構造となったのである（→unit **5**, **11**)。

しかし，国連が国際の平和と安全のために何も役割を果たさなかったのかといえば，そうではない。1956年，スエズ危機に際し英仏の拒否権によって安保理の活動が阻止されると，「平和のための結集」決議（1950年）において定められた手続きによって招集された緊急特別総会が第1次国連緊急軍（UNEF I）をシナイ半島に展開することを決議し，停戦の維持に貢献した。この活動を基に，非強制（受け入れ国の同意)，中立，自衛のための最小限の武器使用という原則に則（のっと）り，停戦監視や兵力引き離しなどを通じて紛争の解決を支援する国連平和維持活動（PKO）が確立された。

冷戦後，国連PKOは，地域紛争や国内紛争が多発するなかで，より頻繁に派遣されるようになった。また，その任務も単なる停戦監視や兵力引き離しから，紛争後の治安維持や文民の保護，選挙支援，復興支援やガバナンス支援などを組み合わせ，平和維持と平和構築に相互補完的に取り組む複合的なものになった（→unit **22**)。近年は，政治，人権，法の支配といった分野に取り組む特別政治ミッションとあわせて「**平和活動**」と総称される。

多様な活動分野

国連は，経済・開発や人権，社会分野における活動も重視している。ヨーロッパ各国が保護貿易に走り，世界経済がブロック化したことによって追い詰められたことも第二次世界大戦の要因となったという反省から，戦後の国際秩序の形成にあたっては経済にも大きな関心が払われた。また，第二次大戦中にユダヤ人迫害をはじめ大規模な人権侵害が世界各地で発生したことをふまえ，人権擁護も平和にとって重要な意味をもつことが認識されるようになった（→unit 23）。

また，民族自決の原則が広く受容されるようになると，植民地は次々と独立し，国連への加盟を果たした。その多くは経済発展が遅れた国であり，1960年代以降，北半球に多い先進国と，南半球に多い途上国の間の格差をめぐる「南北問題」が国連の重要な課題の1つになっていく（→unit 25）。1964年には第1回国連貿易開発会議（UNCTAD）が開催され，その2年後には国連開発計画（UNDP）が設立された。1974年には，国連史上初めて資源と開発の問題をテーマに緊急特別総会が開かれた。この特別総会では，「新国際経済秩序（NIEO）」の樹立を謳った決議が採択され，資源主権の概念が打ち出された。また第1回UNCTADにあわせ，途上国が国連において1つのグループとして行動する，いわゆる「77カ国グループ（G77）」が形成され，結束が強化された。

人権・人道の分野では，1948年に国連総会で採択された「世界人権宣言」が，「すべての人民とすべての国とが達成すべき共通の基準」とされ，以降の条約や国連の決議，それに各国内の法律の重要な指針となった。この宣言を基に，1966年の「経済的・社会的・文化的諸権利」（社会権規約）と「市民的・政治的諸権利」（自由権規約）とに関する2つの国際人権規約が作られた。このほか，国連総会は「ジェノサイド条約」（集団殺害罪の防止および処罰に関する条約）（1948年），「人種差別撤廃条約」（1965年），「女子差別撤廃条約」（1979年）などを採択し，人権・人道の分野において国際的な規範を設定する役割を担ってきた。また安保理においても，南アフリカの人種隔離政策（アパルトヘイト）

に反対する決議（1960年）や，ユーゴスラヴィア紛争やルワンダ内戦における著しい人権侵害を裁くための国際法廷を設置する決議が採択されている。

さらに，近年注目を浴びているのは，環境問題に対する国連の取り組みであろう。その先駆となったのは，1972年の国連人間環境会議である。1992年には，リオデジャネイロで国連環境開発会議（いわゆる「地球サミット」）が開かれ，「国連気候変動枠組条約」や「生物多様性条約」「アジェンダ21」など環境問題における国際協調の基盤となる条約や行動計画が採択された（→unit **26**）。「地球サミット」から20年後の2012年には，再びリオデジャネイロにおいて「国連持続可能な開発会議（リオ+20）」が開催され，成果文書として「我々の求める未来」が採択された。気候変動に関する政府間パネル（IPCC）は，世界気象機関（WMO）と国連環境計画（UNEP）によって1988年に設立された政府間組織であり，2021年8月現在，195の国と地域が参加している。また，1992年には国連気候変動枠組条約が採択され，95年以降，気候変動枠組条約締約国会議（COP）が開催されている。

人権や環境などの分野だけでなく，保健や貧困などについても国連は長きにわたり重要な役割を果たしてきた。これらの分野では市民社会との連携を重視しており，国連での政策形成におけるNGOをはじめとする市民社会の役割も拡大している（→unit **19**）。

変容する国連の役割と国連改革

1945年に国連が設立されてからも，国際社会は変化し続けている。いまや冷戦の2極構造は消滅し，国連の加盟国も設立当初の約4倍にまで拡大した。国連は，つねに時代の変化に対応し，自らの存在意義と役割を問い直す作業を続けている。そこで，国際社会が直面する課題により効果的に対応すること，そして国際社会の構成（主権国家の増加や国家間関係の変質，市民社会の活動の役割の拡大など）を組織運営に反映することが求められる。

2000年9月に国連加盟国の首脳を集めて開催された特別総会で出された「ミレニアム宣言」では，安全保障の問題に加え，経済や社会，人道・人権などの問題も同様に重要であるとし，2015年までに達成すべき「ミレニアム開発目標（MDGs）」が採択された。このMDGsの後継として2015年9月の国連

重要ポイント⑰

国際組織における意思決定

国連のような国際組織の意思決定は，決定される内容だけでなく，その手続き自体重要な政治的意味をもつ。

決議などを採択する手続きには，投票による場合と，投票によらないコンセンサス（合意）による場合があり，投票の場合，多数決と投票によるコンセンサスの場合がある。多くの国際組織は，参加する主権国家間の平等性を重視し，投票による，よらないにかかわらずコンセンサスによる決定を重視している。投票によるコンセンサスの場合，1カ国でも反対すれば全体としての意思決定はなされない。他方，投票によらないコンセンサスで合意が形成される場合，内心では反対であるが全体の合意を妨げることはしない，という立場の国も存在しうる。コンセンサス方式では，いったん下された決定はかなり強い政治的拘束力をもちうるが，実際には合意を得ることは非常に困難であり，たとえ合意が得られたとしても当たり障りのない内容にとどまることも少なくない。

国際組織では通常1国1票制がとられているが，各国に平等に割り当てられる基本票に加え，その組織への出資比率などに応じて票数が割り当てられる場合もある。このような加重投票制は，国際通貨基金（IMF）などで採用されている。

また，国連安保理における意思決定はきわめて特殊な形態をとる。安保理での決議採択には，15カ国のうち9カ国の賛成が必要であるが，手続きにかかわる事項以外の事項（非手続き事項または実質事項）では，5つの常任理事国の1つでも反対した場合には採択されない（拒否権）。慣行上，欠席や棄権は拒否権の行使とはならない。なお，手続き事項に該当するかどうかを決める問題は，非手続き事項に当たる。安保理の決議は国連加盟国すべてを拘束するため，大国間の意見が割れていると採択は難しい。その場合大国が拒否権を行使せず国際社会の結束を示すために法的拘束力のない議長声明や報道声明を出すこともある。

サミットで加盟国の全会一致で採択されたのが「持続可能な開発のための2030アジェンダ」であった。2030年までに，地球上の誰一人取り残さない，持続可能で多様性と包摂性のある社会の実現をめざすための「**持続可能な開発目標（SDGs）**」として17の目標が設定された（→**unit 24**）。SDGsは発展途上国のみならず，先進国も主体的に取り組むユニバーサル（普遍的）なものである。

テロリズムや国内紛争，大量破壊兵器（WMD）の拡散，貧困，感染症，環境破壊，国際組織犯罪などに対しては，国家だけでなく，個々人の生存や権利，尊厳，すなわち「人間の安全保障」の観点から取り組むべきだというような新たな考え方も生まれてくる。国連がこれらの課題に効果的に対応するために，その役割を再定義し，活動のあり方を改革することがつねに求められている。

2005年3月，アナン事務総長は『より大きな自由を求めて――すべての人々のための安全，開発および人権に向けて』と題する報告書を公表し，①欠乏からの自由，②恐怖からの自由，③尊厳をもって生きる自由，という概念とともに，国連が新しい時代に見合った役割を果たせるような機構改革が提言された。

国連設立60周年を機に2005年9月に開催された国連首脳会議（サミット）の成果文書では，人権重視の観点から，人権委員会を改組し人権理事会を設立すること，紛争後の平和構築や平和の定着の重要性に鑑みて，安保理の諮問機関として平和構築委員会を設立することなどが勧告され，総会の決議を経て設立された。

2017年1月に就任したグテーレス事務総長は，(1)平和と安全，(2)管理（マネジメント），(3)開発の3分野で改革に取り組むことを表明した。政策をより効果的・効率的に実現するために，事務局の体制，機能，作業方法を大幅に改革する必要性を強調し，加盟国などとの対話を踏まえ，分野ごとの改革案を発表，実施している。

このような組織改革で重要かつ政治的に困難なのは，安保理の改革である。特に，安保理は国際社会の構成や力学が変化するなかで，1990年代から改革の気運が高まってきた。日本やドイツ，インドなどのように，現在の国際社会において重要な役割を果たしている国々や，従来の構成ではその地域の意向が適切に代表されてきたとはいえないアフリカの代表が新たに安保理常任理事国になることに賛成する加盟国も少なくない。しかし，自国の影響力が相対的に弱まってしまうことを懸念する現常任理事国や，自分たちが，常任理事国の候補と目される国々に比べ国際政治における地位が相対的に低くなることを嫌がる近隣のライバル国などの反対があり，**安保理改革**の実現は容易ではない。

このようななか，常任理事国の権限を制限しようとする試みも見られる。2022年のロシアによるウクライナ侵攻では，安保理常任理事国であるロシアが当事国となったことで，安保理が必要な行動をとることができず，緊急特別総会が招集された。その後，国連総会は，常任理事国に拒否権行使の説明を求める決議を採択している。

国連をはじめとする国際機関は，国際社会が直面する課題の多様化や利害調整の困難さ，そして組織の運営面での課題などのために，時に機能不全が指摘されることがある。しかし，ルールや規範作り，国際社会の共通の課題への対処における調整や協力の枠組みの提供など，その役割が減じることはない。

引用・参照文献

大芝亮『国際組織の政治経済学——冷戦後の国際関係の枠組み』有斐閣，1994年。

篠田英朗『国際社会の秩序』（シリーズ国際関係論 1）東京大学出版会，2007 年。

最上敏樹『国際機構論講義』岩波書店，2016 年。

横田洋三編『新版 国際機構論』国際書院，2001 年。

A/59/2005, *In Larger Freedom: Towards Development, Security and Human Rights for All, Report of the Secretary-General*, 21 March, 2005.

国連憲章

国際連合のウェブサイト　http://www.un.org/

国際連合広報センターのウェブサイト　http://unic.or.jp/index.php

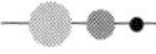

文献案内

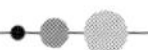

- □ **明石康『国際連合——軌跡と展望』岩波新書，2006 年。**

  国際社会の平和のために設立された国連のこれまでの歴史を振り返り，貧困や環境といった新しい課題にどう取り組むべきかを，元国連事務次長が解説している。

- □ **庄司克宏編『国際機構〔新版〕』岩波書店，2021 年。**

  最近の政策の動向もふまえつつ，政治，法，経済，社会などさまざまな視点から国際機関や地域的国際機構について，その意義，役割，限界を論じている。

- □ **山田哲也『国際機構論入門』東京大学出版会，2018 年。**

  国際社会の「組織化」と国際機関の発展の歴史，思想，機能，そして実態について，最新の動向を取り入れつつ平易に解説している。

unit 18

地域主義
――さまざまな地域協力の形

Keywords
地域主義，ヨーロッパ連合（EU），東南アジア諸国連合（ASEAN），自由貿易協定（FTA），自由で開かれたインド太平洋（FOIP）

広がる地域主義

地域主義とは，一定の利害を共有し，地理的にも近接する国々が，共同体の構築などを通じて相互の関係を強化し，地域の安定や経済発展などの利益を追求する動きを指す。経済においては，戦前の排他的なブロック経済とは異なり，自由で無差別的な国際貿易をめざすという戦後の国際経済体制の大原則に基づきつつ，市場の拡大や投資環境の整備を進め，地域として経済成長や繁栄をめざす。また，域内国間での信頼を醸成し，域内の共通の安全保障上の懸念に対して共同で対処する枠組みをつくりそれに備えることなど，政治・安全保障の面でも地域の国際機構が重要な役割を担うことがある。

地域によって，その目的や統合の度合などは異なるが，現在，世界の多くの地域においてなんらかの地域統合の動きがある。最も古く，統合の度合が高いのがヨーロッパ連合（EU）であるが，その他の地域でも，東南アジア諸国連合（ASEAN），アジア太平洋経済協力（APEC），アメリカ・メキシコ・カナダ協定（USMCA），南アジア地域協力連合（SAARC），アフリカ連合（AU），中東の湾岸諸国協力会議（GCC），南米のメルコスール（MERCOSUR），太平洋諸国フォーラム（PF）といった地域主義の枠組みがある。

最近は，停滞する多国間の貿易自由化交渉を補完するように，特定の国同士で自由貿易協定（FTA）や経済連携協定（EPA）を結び，より自由な貿易やサービス・資本取引の拡大をめざす動きが広がっている。世界貿易機関（WTO）ではFTAやEPAを地域貿易協定（RTA）と呼び，2022年11月の時点で350以上のRTAが報告されている。これらは必ずしも地理的に近接している国同士に限られるものではないが，近隣諸国同士の場合，多角的な自由貿易体制を補完し，締結国同士の経済的相互依存の深化を通じて，全体としての経済発展をめざす新しい地域主義の動きと見ることができる。

ヨーロッパ統合の深化

ヨーロッパは，第二次世界大戦（→unit 4）によって荒廃した地域を立て直し，今後このような惨禍を繰り返さないために，歴史を通じて地域の秩序を揺るがしてきた大国間の対立を乗り越えて融和を図り，不戦共同体を作り上げることを追求した。

1950年，フランス外相シューマンは，独仏の緊張緩和をめざし，国家にとって重要な資源である石炭・鉄鋼の共同管理を西ドイツに求めた。シューマンは，ドイツ人としてルクセンブルクに生まれ，ドイツ領だったアルザス＝ロレーヌ地方が第一次世界大戦後にフランス領になると，フランス国籍を取得したという経歴の持ち主であった。この「シューマン・プラン」をもとにして，1952年，ヨーロッパ石炭鉄鋼共同体（ECSC，初代委員長：モネ）が発足した。加盟国はフランス，西ドイツ，イタリア，ベルギー，オランダ，ルクセンブルクの6カ国であった。さらに1958年には，ヨーロッパ経済共同体（EEC）とヨーロッパ原子力共同体（EURATOM）が発足し，幅広い経済領域において共同市場を創設する方向へ踏み出した。モネやシューマンらが考えるヨーロッパの統合は，特定の領域で協力が深まれば，協力関係は隣接する領域に波及し，ゆくゆくは各国から国家主権を移譲された超国家的共同体へとつながるという新機能主義（→unit 8）的な理念に立脚していた。

1967年，ECSC，EEC，EURATOMの理事会および執行機関を統合するブリュッセル条約が発効し，以後，3共同体は，ヨーロッパ共同体（EC）と呼ばれることとなった。ECは，発足以前から導入されていた共通農業政策（CAP）に加え，関税同盟，共通通商政策，ヨーロッパ通貨制度（EMS）の創設など，さまざまな問題領域における統合を進めた。また政治分野においても独自の歳

図 18-1　EU の深化と拡大

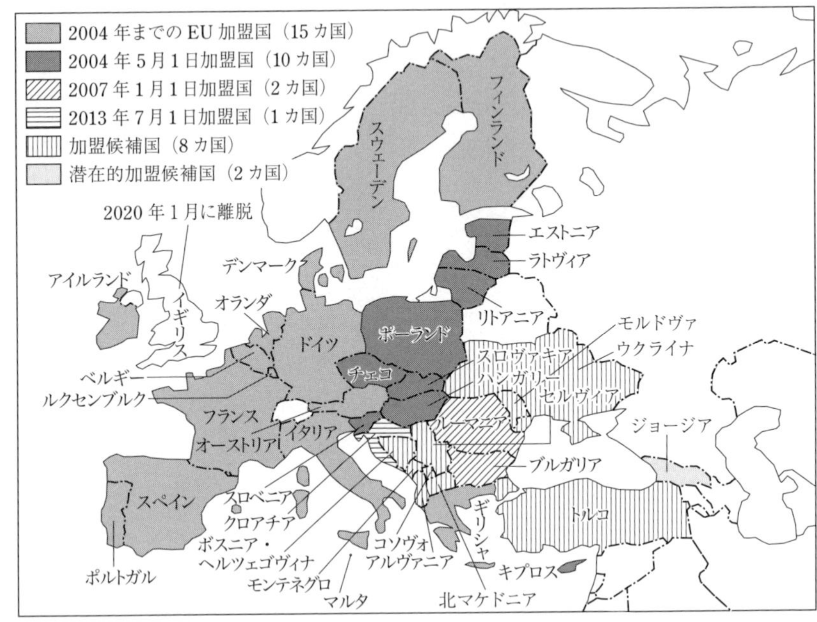

［出典］ EU のウェブサイトをもとに著者作成（2023 年 1 月)。

入権限（1975 年）やヨーロッパ議会の直接選挙制（1979 年）の導入など，統合は深まった。1973 年には，イギリス，デンマーク，アイルランドが加盟した。

EU の誕生と東方拡大

1980 年代，ヨーロッパは大きな転機を迎えた。アメリカ経済の相対的な地位の低下による保護主義化や 2 度にわたる石油危機などを経験し，世界の自由貿易体制は，厳しい競争の時代に入っていった。ヨーロッパにも不況が広がり，経済活動が停滞し，また技術開発でも日米に後れをとるなど産業競争力が低下していた。そのような危機を乗り切るために，ヨーロッパに域内市場を完成させヒト，モノ，カネ，サービスの移動を自由化するという構想（1985 年「域内市場白書」）が持ち上がった。1986 年，ドロール・ヨーロッパ委員会委員長のもと，関税障壁のみならず各国の規制や財政の違いなどに由来する障壁も取り除かれた単一市場の形成に向けて，委員長の権限の強化，およびヨーロッパの経済的・政治的統合の制度的強化を定めた「単一ヨーロッパ議定書」が調印された（1987年発効）。1992年には「ヨーロッパ連合条約（マーストリヒト条約）」が調印され，翌年，**ヨーロッパ連合**（EU）が誕生した。

EUの3本の柱は，①超国家的性格をもつ新たなヨーロッパ共同体（EC）の下で，市民の権利や経済政策について共通化を強めること（ヨーロッパ中央銀行の創設，共通通貨ユーロの導入も含まれる），②共通外交・安全保障政策，③難民・移民政策や麻薬・テロの取り締まりなどを含む警察・刑事司法協力である。市場や通貨において各国の権限が新たなECに委譲され，また安全保障，司法という主権国家の中枢を占めるような機能面でも地域内の共通化（政策調整）が進められるようになったのである。これらの傘となるEUの機構は，加盟各国の政府首脳とヨーロッパ委員会委員長からなる最高意思決定機関としてのヨーロッパ理事会，その下で政策提案を担う行政機関としてのヨーロッパ委員会，ヨーロッパ委員会の提案に基づき政策を決議するEU閣僚理事会，ヨーロッパ議会，ヨーロッパ司法裁判所，ヨーロッパ中央銀行などを中心に構成される。

その後，2004年には既存のヨーロッパ統合に関する諸条約を一本化するための「ヨーロッパ憲法条約」が調印された。しかし，ヨーロッパ憲法条約は，主権の制限が大きく各国の独立性が脅かされかねないことや大国に有利な意思決定方式がとられていることなどから，各国の批准過程で反対が起こった。そのため，主権を制限するような内容を緩和したうえで，2007年にリスボン条約として再調印され，09年12月1日に発効した。同条約により，欧州理事会議長（「欧州大統領」といわれることもある）が常任化され，外務・安全保障政策上級代表の機能が強化され，外交におけるEUとしての存在感が増すことになった。

冷戦が終焉すると，ヨーロッパ統一の動きは東ヨーロッパへと拡大した。東ヨーロッパ諸国には，共同市場に参入することによって経済発展の足掛かりをつかむことや，民主化および市場経済導入の過程で支援を得られることへの期待があった。EUは，徐々に加盟国を増やし，2013年には28カ国が加盟する大きな地域共同体となった。それは，共同体として，地域の安定的な発展のために，経済面だけではなく政治・安全保障の面でもより大きな責任を担うことを意味した。

統合と深化を遂げてきたEUであるが，いくつかの深刻な問題にも直面している。第1に，「ヨーロッパ」という地域をどこまで拡大するのか，という問題である。「ヨーロッパ」の一員となることは政治的にも経済的にもメリットが大きく，トルコやウクライナなどの旧ソ連諸国など，さらなる加盟候補国も存在する。しかし，トルコの加盟プロセスの停滞に見るように，どこまでを共同体の仲間と認めるかは，機能面からだけでなく，アイデンティティの面や周辺国との安定的な関係という面からも問題となろう（→**unit 13**）。

また，イギリスのEU離脱（Brexit）は，ヨーロッパ統合の行方に大きな影を投げかけた。イギリスは，2016年の国民投票によってEUからの離脱を決定し，20年1月に離脱した。イギリス国内には，EUに残ることの通商面でのメリットや，イギリスからの直接投資離れを懸念する声もあった。しかし，人の移動の自由によって東ヨーロッパからの労働者が増加したことや，ユーロ圏においてマクロ経済政策や金融規制の統合が深まるなかで，金融市場における競争力が失われることに対する危惧やEUの規制と国内の規制の調和に起因するストレスといった，統合のデメリットへの懸念がそれを上回った。

アジアにおける地域統合

ヨーロッパ統合は，他の地域における地域主義の機運を高めた。北米では，1994年にアメリカ，カナダ，メキシコの間でNAFTAが発効し（2020年にUSMCAへと改定），95年には南米6カ国が関税撤廃をめざしてメルコスールを発足させた。アフリカでは，2002年にアフリカ統一機構（OAU）が改組され，EUのような共同体の創設をめざすAUが発足した。AUは，EUにならい，安全保障や平和の促進，持続可能な開発，アフリカの国際的地位向上などを通じた政治的統合をめざしているが，他の地域での動きは，主として経済統合による発展をめざすものである。他方で，中国，ロシア，中央アジア4カ国（カザフスタン，キルギス，タジキスタン，ウズベキスタン）の正規加盟国と，オブザーバー，対話パートナーで構成される上海協力機構（SCO）のように，テロや民族分離運動など域内諸国の共通の安全保障上の懸念に対応し，アメリカの影響力の相対化を意図したものもある。

図 18-2　アジア太平洋における国際的枠組み一覧

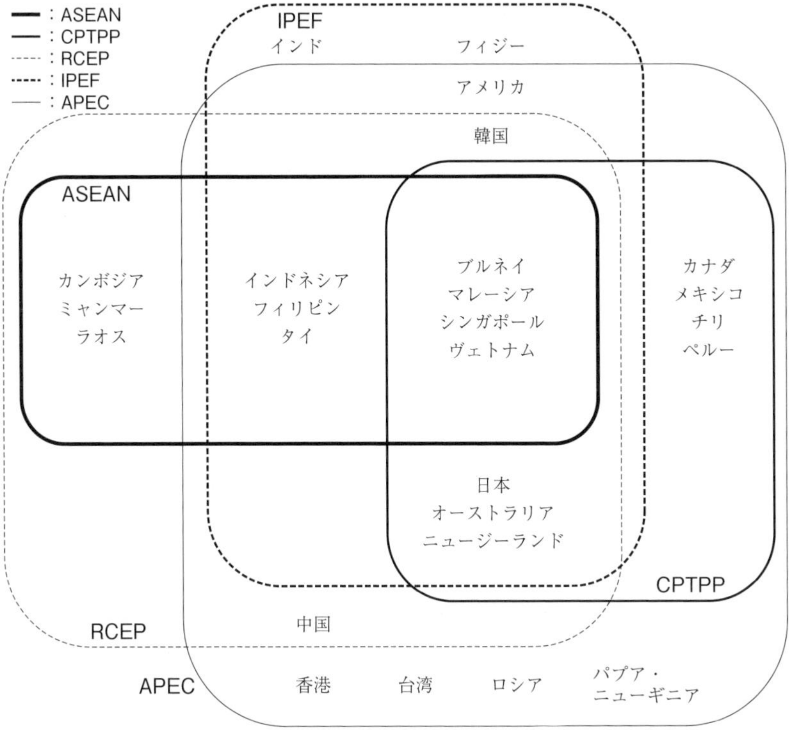

━ : ASEAN
— : CPTPP
---- : RCEP
---- : IPEF
— : APEC

IPEF
インド
フィジー
アメリカ
韓国
ASEAN
カンボジア
ミャンマー
ラオス
インドネシア
フィリピン
タイ
ブルネイ
マレーシア
シンガポール
ヴェトナム
カナダ
メキシコ
チリ
ペルー
日本
オーストラリア
ニュージーランド
CPTPP
RCEP
中国
APEC
香港
台湾
ロシア
パプア・ニューギニア

［出典］ 筆者作成。

アジアにおいても，生産ネットワークの拡大と相互依存の高まり，自然災害のリスク管理や防災，越境犯罪や国際テロ，感染症やエネルギーなど地域各国に共通する課題の顕在化を受けて地域統合の動きが強まっている。地域主義を志向する地域の広がりも「アジア」「アジア太平洋」「東アジア」と多様で，ASEAN，ASEAN ＋ 3，APEC，ASEAN 地域フォーラム（ARF），東南アジア首脳会議（EAS）など，さまざまな枠組みが重層的に存在している（図 18-2）。

このようなアジア太平洋における地域主義の中心にある**東南アジア諸国連合（ASEAN）**は当初，東南アジア諸国（タイ，インドネシア，マレーシア，シンガポール，フィリピン）間の政治的な結び付きとして 1967 年に形成された。その後ブルネイが加わり，冷戦後にはヴェトナム，ミャンマー，ラオス，カンボジアが順次加盟して現在は10カ国で構成されている。また，2022年11月には東ティモールを11カ国目の加盟国とすることを原則的に認めることで合意した。

ASEANには当初，外相会合しか置かれていなかった。域内のライバル関係や政治的な思惑の存在ゆえ，実質的な共通の政策を形成するよりも，友好を確認し対外的に団結を示すことで，地域の存在感を誇示することに力点が置かれていた。しかし，最近では，ASEAN憲章の制定，常設事務局の設置など，制度化が進められている。ASEANは，安全保障，経済，社会・文化の3つの共同体形成を通じてASEAN共同体の実現をめざす第2ASEAN共和宣言を2003年に採択した。2007年の首脳会議では，同年11月に調印されたASEAN憲章の制定を急ぎ，15年までに共同体を実現する，というセブ宣言を採択した。ASEAN憲章は，翌年12月に発効した。さらに，2009年には，「ASEAN政治・安全保障共同体」，「ASEAN経済共同体」，「ASEAN社会・文化共同体」の設立に向けた「ASEAN共同体ロードマップ（2009–2015）」が出され，15年12月には，それら3つの柱からなる「ASEAN共同体」設立が宣言された。

アジア太平洋地域では，国際環境の変化にともない，地域協力の重要性が政治・安全保障面においても高まっている。1994年には，政治・安全保障の問題を討議するARFが設立された。ARFは，①信頼醸成，②予防外交，③紛争解決に段階的に取り組むことを謳っている。内政干渉への懸念から，信頼醸成への取り組みから始められたが，海賊やテロ，人身売買など非伝統的な安全保障分野における協力は，政治的な協調を示すという以上に実質的な政策にまで踏み込んだものとなっている。

また，ASEANは1997年のアジア通貨危機を契機として，日本，中国，韓国を招待し，ASEAN＋3という協力の枠組み作りを主導した。ASEAN＋3は，金融，貿易・投資，エネルギー，食料，防災など，20の分野で協力を推進している。

アジアの地域経済統合とFTA

経済面では，アジア太平洋地域における地域主義の特徴は，「開かれた地域主義」といわれてきた。1989年に設立されたAPECは，その特徴をよく示し

重要ポイント⑱

環太平洋パートナーシップ（TPP）協定と地域的な包括的経済連携（RCEP）協定

近年，アジア太平洋地域における経済連携の動きが加速している。これは，関税やサービス貿易に対する障壁を取り除き，貿易や投資に関するルールを整備することによって域内の経済交流をより活発化させ，各国の活力を自国市場に取り込むことで経済成長を持続もしくは加速させようとするものである。

環太平洋パートナーシップ（TPP）協定は，従来の自由貿易協定が扱ってきた物品の関税や非関税障壁の撤廃だけでなく，サービスや投資，さらには，知的財産，金融サービス，電子商取引，あるいは労働や環境などにいたるまで，幅広い分野において共通のルールを構築することで，加盟国間の経済活動がより一層緊密化することをめざしている。2006年に，ニュージーランド，シンガポール，ブルネイ，チリが締結した協定がもとになり，日本やアメリカを含む12カ国が交渉に参加した。2017年，アメリカが交渉から離脱し，18年に11カ国で包括的・先進的TPP協定（CPTPP）が調印された。

他方，地域的な包括的経済連携（RCEP）協定は，2012年，ASEAN諸国とそのFTAパートナー諸国である，日本，中国，韓国，オーストラリア，ニュージーランド，インドの6カ国が交渉の立ち上げを宣言し，2013年5月に交渉が開始された。国内総生産（GDP）で世界の約4割，人口でいえば世界の約半分が参加する巨大な経済協力圏が誕生することが期待されたが，交渉の最終段階でインドが離脱し，20年に14カ国で協定が調印された。RCEPを通じた自由化とルールの共通化の水準は，TPPほど高くはない。

TPPから離脱し，RCEPに不参加のアメリカは，中国の影響力拡大を念頭に，2021年にインド太平洋経済枠組み（IPEF）を立ち上げた。IPEFは，条約や協定の形をとらず，各国は参加したい経済協力の項目を選択することができ，また関税の引き下げは協力の分野に含まれていない。このように枠組みが緩やかなのはアメリカ国内において自由貿易に対し強い反対があることも一因である。

ている。APECは加盟国を拘束しない緩やかな協議体で，ブロック化を抑え多国間貿易体制のなかで貿易の拡大をめざすものであった。その加盟国は，ASEAN，日本，中国，韓国，オーストラリア，ニュージーランド，アメリカ，カナダ，南米諸国など21カ国を数える。

ヨーロッパや北米地域の**自由貿易協定**（**FTA**）や関税同盟のような制度化された経済統合とは異なり，アジアは，経済協力を制度によって促進するということに対して慎重な姿勢を示してきた。それは，参加国の間で経済発展のレベルが異なること，さまざまな政治体制が混在していること，文化や価値観などが多様であることなどによる。また，アジア諸国の経済は従来アメリカなど域外の市場への依存度が高く，市場統合を進める誘因に乏しかったことと，域内の経済連携の強化が閉鎖的と見られるのを恐れたことも，地域的な経済統合の制度化をためらわせる要因であった。

しかし，近年，地域経済統合の動きが活発化している。アジア域内のサプライチェーン（調達，製造，在庫管理，物流販売までの一連の流れ）の構築が進み，それによって域内貿易が増大するとともに実質的な相互依存が深まることになった。東アジア地域における全貿易量に占める域内貿易の割合は1990年には46%であったが，2017年には57.8%にまで拡大している。アジアにおいては，市場における企業活動を通じて自然と経済的な統合が進んできたといえよう。

さらに，1997年のアジア通貨・金融危機は，アジアにおける地域協力の必要性を痛感させた。経済危機を乗り越え，アジア諸国がさらなる経済成長を遂げるために，地域全体として域外からの投資を呼び込み，域外との関係を強化するための体制づくりが進められた。

市場の動きを補完する政策として，域内各国は，国内の規制緩和や国営企業の民営化など経済自由化を進めるとともに，域内分業を促進するしくみを作り，域外からの投資や域外との貿易をうながすために，FTA締結の動きを強めた。2010年に交渉が開始された環太平洋パートナーシップ（TPP）協定は，財やサービスの取引や投資などにおける共通のルールを形成することをめざしていた。2018年には，アメリカ抜きではあるが，11カ国で署名にこぎつけた（重要ポイント⑱参照）。また，中国や韓国も含む東アジア地域包括的経済連携（RCEP）は，TPPとは異なり漸進的な市場の自由化をめざし，2022年1月に発効した。

FOIPと一帯一路――「アジア太平洋」から「インド太平洋」へ

アジアにおける地域主義の動きには，アメリカと中国という大国の動向が大きな影響を与えている。伝統的にアジアにおける安全保障システムは，アメリカを中心に，アジア各国がアメリカと2国間で安全保障協力を行うという「ハブ・アンド・スポーク」の形をとってきた（→**unit 5, 11**）。他方で，民主主義や人権といった価値を押し付けるかのようなアメリカからの政治的干渉を嫌う国もある。「東アジア共同体」をめぐる議論と中国の台頭は，あらためてアジアにおける地域主義のあり方に関する問題を提起した。

中国は従来，地域協力に積極的ではなかったが，地域主義的な動きを積極化させている。2013 年，中国の習近平国家主席は，「一帯一路」構想を提唱した。同構想は，「平和協力，解放と包容，相互学習，相互利益とウィンウィン」を理念に，アジアから中東，ヨーロッパにいたる経済圏の構築をめざすものであった。中国は，鉄道や港湾といったインフラ投資を中心に，ASEAN の唱える「連結性」と「一帯一路」を結び付ける形で ASEAN との協力を強化してきた。このようなインフラ投資などのプロジェクトは東南アジアにとどまらず，中東やアフリカ，東ヨーロッパなどでも展開されている。

ただ，中国の提供する有償資金協力にはガヴァナンスやコンプライアンス（法令遵守）の基準に反するものや受領国のモラルハザードを招きやすいといった批判がある。過大な開発規模や融資額のインフラ開発プロジェクトの結果，いくつかの発展途上国は債務超過に陥り，債務の減免の代償として港湾などインフラの権益を譲渡するように迫られる，いわゆる「債務の罠」ではないかという批判もある。また，対象となる港湾などが戦略的要衝に位置していたこともあり，中国は一帯一路構想のインフラ投資を通じて途上国を自らの政治的影響力の下に置き，地域秩序におけるアメリカの影響力を減じ，自らの影響力を高めることを意図していると見られている（→**unit 28**）。

他方，日本の安倍晋三首相は，2016 年にケニアで開催された第 6 回アフリカ開発会議（TICAD VI）において「**自由で開かれたインド太平洋（FOIP）**」を提唱した。FOIP は，アジアとアフリカという 2 つの大陸と太平洋とインド洋という 2 つの大洋の交わりと連結のダイナミズムで国際社会の繁栄をめざす構想である。この構想の柱は，①法の支配，航行の自由，自由貿易等の基本的価値の普及・定着，②経済的繁栄の追求，③平和と安定の確保，である。このうち「経済的繁栄の追求」では，「質」の高いインフラ整備を通じた物理的連結性，教育や友好関係などを通じた人的連結性，FTA や EPA による調和やルールを通じた制度的連結性が重視される。

アメリカも日本に呼応するように，2017 年に FOIP への賛意を示し，18 年には米ASEAN会議において自らも「自由で開かれたインド太平洋」のビジョンを提示した。この背景には，一帯一路構想を通じた中国の影響力の拡大に対する強い警戒感があった。ASEAN諸国は当初，このFOIPが一帯一路を主導する中国に対抗する戦略で，アメリカと中国の間で選択を迫られることになるのではないかという懸念から慎重な姿勢をとった。しかし，その後，インフラ整備や経済のデジタル化の促進などの分野において，日米とASEANとの間には協力も進展している。また，アメリカは，トランプ政権期に離脱したTPPに代わり，協定に基づく制度化された経済連携ではないインド太平洋経済枠組み（IPEF）構想を打ち出した。これは，サプライチェーンの強化，質の高いインフラや脱炭素，再生可能エネルギーへの投資に加え，汚職対策などのガヴァナンスの強化などでの連携の強化をめざすものである。

アジアにおける地域協力のあり方をめぐっては米中の戦略的関係が大きな影響を与えている。両国関係における対立や競争の側面が強調されるようになるなか，ASEANなど域内各国の動きが注目される。ASEANにとっては，中国との経済関係は重要であり，また民主主義や人権といった価値をめぐるアメリカとの温度差がある一方，中国の影響力の増大は望まない。域内各国は，米中のいずれかを選択せざるをえないような状況を避け，より安定的な地域秩序を模索することになるだろう。

また，米中の戦略的関係は，経済と安全保障のつながりを際立たせ，地域協力の枠組みをめぐる各国の動きが経済面だけでなく，安全保障や政治的な思惑にも大きく左右されている。気候変動問題やインフラ整備，あるいは新型コロナ対策などの分野や外交・安全保障での連携をめざすクアッド（Quad）という，日本，アメリカ，オーストラリア，インドの協力体制は，インド太平洋地域の戦略環境の醸成を意図したものであるといえよう。

引用・参照文献

遠藤乾編『ヨーロッパ統合史〔増補版〕』名古屋大学出版会，2014年。

岡部明子「EU・国・地域の三角形による欧州ガバナンス――多元的に〈補完性の原理〉を適用することのダイナミズム」『公共研究』第4巻第1号，2007年

6月。

大庭三枝「逆風の中でRCEP始動――東アジア経済秩序の将来に与える意味あいとは」nippon.com　(2022年1月24日)（https://www.nippon.com/ja/in-depth/d00782/）。

大矢根聡・大西裕編『FTA・TPPの政治学――貿易自由化と安全保障・社会保障』有斐閣，2016年。

田辺智子「東アジア経済統合をめぐる論点」『調査と情報』第489号，2005年7月。

谷口誠『東アジア共同体――経済統合のゆくえと日本』岩波新書，2004年。

鶴岡路人『EU離脱――イギリスとヨーロッパの地殻変動』ちくま新書，2020年。

寺田貴「地域主義の時代――東アジア共同体の可能性」『外交フォーラム』192号，2004年7月。

中村健吾『欧州統合と近代国家の変容――EUの多次元的ネットワーク・ガバナンス』昭和堂，2005年。

安江則子『欧州公共圏――EUデモクラシーの制度デザイン』慶應義塾大学出版会，2007年。

山田敦「グローバル化と反グローバル化」大芝亮編『国際政治学入門』ミネルヴァ書房，2008年。

文献案内

□ **山本武彦編『地域主義の国際比較――アジア太平洋・ヨーロッパ・西半球を中心にして』早稲田大学出版部，2005年。**

世界のさまざまな地域における地域主義の動態をとりあげ，地域統合と国際システムの変容の関係など，地域主義について，多角的に分析されている。

□ **益田実・山本健編『欧州統合史――二つの世界大戦からブレグジットまで』ミネルヴァ書房，2019年。**

戦後ヨーロッパの統合の歴史と現状を制度の発展，共通政策分野の広がり，加盟国拡大という3つの流れから解説する。

□ **大庭三枝『重層的地域としてのアジア――対立と共存の構図』有斐閣，2014年。**

さまざまな地域制度が重層的に存在するアジアにおいて展開される政治的ダイナミクスを分析しながら，地域主義の発展を論じる。

unit 19

脱国家的主体
——国家の枠組みを越えて

Keywords
多国籍企業，ネットワーク，国家主権，市民社会組織，私的権威

国境を越えた主体の活動

国境を越えて活動する脱国家的主体（トランスナショナル・アクター）と聞いて，何を思い浮かべるだろうか。地球環境の保護のために活躍する非政府組織（NGO）や，特定の政策をもって政府に働きかける利益集団，国境を越えて武力紛争下の人々に医療を提供する国境なき医師団（MSF）のような組織かもしれない。あるいは，テロリスト・ネットワークやマフィアなどの犯罪組織を想像するだろうか。これ以外にもエスニック集団，カトリック教会などの宗教組織なども国境を越えて活動することがあるし，多くの企業が，原材料や部品調達のために海外支社を設置したり，国外業者とサプライチェーン（供給網）で結び付いている。このような，国家以外で，国境を越えて活動する主体の存在を，私たちは常日頃からさまざまなメディアで目にしている。

脱国家的主体としての企業　1960年代のアメリカで，海外に支社や子会社をもち複数の諸国にまたがって事業を行う**多国籍企業**（MNC）が登場し，日本企業も80年代半ばから海外への進出を加速させた。こうした企業活動は，初めは製造業中心であったが70年代以降はサービス産業も進出し，いまや多国籍企業の親会社数は約60000社以上にのぼり，国境を越えて世界中で事業を行うようになっている。多くは先進諸国を母体とする企業であり，合併や買収を通じてグローバルな組織となっている。マイクロソフト，ネスレなど，その

製品やサービスは私たちの日常に欠かせないものになっている。もちろん単純に比較できるものではないが，多国籍企業の経済規模を理解するうえで，多国籍企業の収益と中規模の国家の国内総生産（GDP）は，しばしば比較されてきた。たとえば2021年の値を見ると，多国籍企業の第1位にランクされるウォルマート（アメリカの小売業）の収益は，ベルギーやタイのGDPに匹敵し，ポルトガルやニュージーランドの2倍以上であった。

グローバルな資本の動きは一国の政情を左右するほどになっている。タイ，インドネシアなど東アジア諸国は，国内の規制緩和を進めることによって外資を呼び寄せ，発展を遂げてきた。1990年代には大量の短期資本が流入したが，タイでは経済成長の鈍化とともに，欧米などのヘッジファンドがタイの通貨バーツをいっせいに売り払ったためバーツが暴落した。こうして1997年に発生したアジア通貨危機は，一瞬にして近隣諸国にも及んだ。インドネシアのように経済発展が国民による開発独裁型政権への支持のよりどころであった諸国では，この問題が政権の安定性を揺るがす一因となった（→unit 14）。

□ **国境を越えた市民社会，専門家**　また unit 10 でも見たように，国境を越えて活動する市民社会によるNGOや，その**ネットワーク**もまた，他国の状況や国際関係に影響力をもつようになっている。環境保護，女性の権利向上など社会変革にかかわる共通の目標のために，個人，NGO，そしてそれらのネットワークが集合行動をとり，社会運動を形成している。核兵器廃絶国際キャンペーン（ICAN），地球温暖化防止に取り組む気候行動ネットワーク（CAN）などのNGOがかかわるグローバルな社会運動は，人道問題や環境問題といった，新たに登場したグローバルな争点領域における政策形成に影響を及ぼしている。

専門家グループのように，科学的知識を提供することによって国際的な環境ガヴァナンスのあり方に影響を与える行為主体（アクター）もある。たとえば1970年代にはオゾン層破壊による危険性が科学者によって指摘され，フロンガスの規制にかかわる新しい政策を国連環境計画（UNEP）が導入するよううながした。また1980年代には科学者たちが国際会議において，二酸化炭素濃度の上昇による地球温暖化の危険性を指摘したことが，その後の気候変動防止に関する政府間協力につながるきっかけとなった。

□ 非合法な脱国家的主体　脱国家的主体は，いわゆる公共財を提供するものだけではなく，海賊，マフィアなどのように違法な行為にかかわる場合もある。犯罪組織であるマフィアは古くから存在していたが，グローバル化の下で彼らの国境を越えた活動が拡大し，一部の諸国では政府に匹敵する影響力をもつようになっている。イタリアやアメリカのマフィアを中心としたネットワークは，ロシアや中国など世界各地の犯罪組織とのネットワークを形成し，麻薬や武器の密売，人身取引など，グローバルで非合法な市場において莫大な資金を得ている。いくつかの国では，こうした組織が銀行や企業を実質支配しており，非合法の活動が政府職員の腐敗・汚職を引き起こしたり，さらには武力紛争の長期化にもつながったりする。

また，国際テロ組織が国境を越えて活動できるのは，大麻栽培や麻薬密売，石油など資源の収奪と密売など，非合法な手段で得た資金を洗浄する（マネー・ロンダリング）など，グローバルな金融システムの隙間を利用して資金を調達することが可能だからである。さらに，国際テロ組織は，インターネットを用いたプロパガンダを通して，自分たちの主張を直接支持者に訴えることができたりする。

シリアやイラクで活動する「イスラム国」（IS）に関連する組織のネットワークは，リビア，イエメン，パキスタン，トルコなどでも活動が観察された。従来型のテロ対応は，各国政府が国内政策として行うことが多かったが，とくに2001年以降は，国際テロに対して多国間で協力して対応するという強い方向性が見られるようになった。これにはテロ防止関連の13条約の批准の促進，国家の専管事項の根幹であると考えられてきた刑事分野（たとえば，犯罪人の逮捕・引き渡し）での国際協力などが含まれる。

このように脱国家的主体の数や活動の幅は，近年，大きく増加しているように見える。このことは，国際関係にどのような影響を与えるのだろう。

企業活動と国家

まず企業の活動が国際関係においてどのような意味をもつのか，影響力の源泉は何であるのかについて考えてみる必要があるだろう。

今日の企業の部品製造・組み立て・販売は世界的戦略の下で行われており，

多国籍企業XのA国における子会社とB国に所在する子会社との間では，企業内貿易を通じて財やサービスの国際取引が行われる。これらの子会社は基本的には同じ企業の傘下に置かれているので，移転価格を意図的に変更することによって関税によるコストを回避することができる。多国籍企業による企業内ネットワークを利用した戦略は，主権国家が本来もつ機能であるはずの，財やサービスの国際取引，国際貿易へのコントロールを低下させてきた。政府と企業との「イタチごっこ」の例は他にもある。国内における企業活動に対して，政府が税制，環境基準，労働基準などのさまざまな規制をかけようとしても，企業側はより低い基準の国に移動するなどして国家によるコントロールを逃れることができる。他方，受け入れ側の政府にとってみれば，企業が国内で操業することによって，雇用を生み出し技術が移転され，また税収につなげることもできる。そのため1980年代には，多国籍企業による投資を誘致するために，国内規制を緩和する諸国が途上国をはじめとして増えていった。

多国籍企業に対する国際政治学の関心は1970年代に始まった。当時バーノンは『多国籍企業の新展開――追いつめられる国家主権』(1971年／邦訳1973年)という著書を示し，多国籍企業の発展によって**国家主権**は揺らいでいくだろうと述べた。国家と企業との間での力関係を考えると，市場の方が優位であると評価したのである。これに対して，ギルピンは，企業が国力を大きく左右する状況において，国家は企業と密接に結び付き，企業に対して強い影響を及ぼしていると述べた。すなわち自国企業の技術力を高め国際競争力を強化するために，国家は戦略的な関与を行うようになっており，そのため「今日，国際経済競争はますます他の手段による外交政策の延長となっている」と述べた。

以上の2つは両極端な見方であるが，多くの諸国においてグローバル化の波にうまく適応していくことが，国家にとってますます重要な役割になっていることは否定できない。

□ **グローバルな再規制？**　企業の活動が国際的になり，各国による労働や環境基準の違いをうまく利用してコストを回避しようとする動きが増加している。それにつれて一国が規制を行うよりも，グローバルな基準を設けて，企業活動に網をかけようとする再規制の動きも見られるようになっている。こうした活動には国家間の国際協力もあるだろうし，政府とNGO，企業などが連携

重要ポイント⑲

グローバルな再規制における脱国家的レジームの活動

グローバルな企業活動による環境や社会への負荷（森林破壊，労働者の人権侵害など）は，パリ協定など政府間の取り決めによって規制されている場合もあるものの，政府間の国際レジームにおいて十分に規制されてきたわけではない。こうした状況で，非政府主体が単独で，また他の主体と連携して規制にかかわっている。

グローバル報告イニシアティブ（GRI）は，NGO，国際機関，経済団体などが協力する枠組みで，企業自身による環境面，社会面におけるサステナビリティ（持続可能性）を促進する活動を行っている。Race to Zero は，企業，投資家，自治体，高等教育機関などの非政府主体が中心となって気候変動問題に取り組むために，温室効果ガス排出実質ゼロを目標として活動するグローバル・キャンペーンである。このように非政府主体がかかわる「公的」な活動領域が登場している。その背景として，非政府主体が市民によって権威として認められるようになってきたことがあげられる。こうした主体は，まとめて「私的権威」と呼ぶことができる。国際関係や社会において多様な主体が，これらの組織が発する情報や評価を信頼して採用するようになってきている。

たとえば，国際 NGO の一つフリーダム・ハウスが毎年発表する民主主義のデータや，国際危機グループ（ICG）が発する国際危機の警報は，市民だけでなく政府も注目している。また，環境負荷が少ないかどうかを評価した環境ラベリングを見た消費者が，それを付加価値と認識して製品を購入するのは，実施している主体が NGO であっても，その権威が認められているからである。

した形態をとる，国際連合（国連）グローバル・コンパクトなども含まれる。

市民社会組織は，なぜ重要なアクターとなったのか

NGO の一般的な意味は非政府組織であり，**市民社会組織**（CSO）と同義である。営利的な活動を行わず，日本の法制下においては非営利組織（NPO）と呼ばれることが多い。国際的な影響力をもつ NGO は一国を拠点とするものと，複数の国に拠点を置き連携して活動する国際 NGO（INGO）に分けることができる。前者にはアメリカの自然保護団体シエラ・クラブや日本の開発 NGO のシャプラニールなどがある。INGO には私たちもよく知っているアムネスティ・インターナショナル，ワールド・ヴィジョンなどがある。

NGOの機能を大きく分けると，第1に，特定の政策的主張を訴えていくこと（アドヴォカシー：唱道）がある。人道規範などを政府に受容させるための議題設定，アドヴォカシー，またロビー活動を行うNGOとして，たとえば複数のNGOのネットワークであるICBLがある。ICBLは，対人地雷禁止の規範を国際的に浸透させることに成功し，1997年の対人地雷禁止条約（オタワ条約）採択への原動力となった。NGOのネットワークであるICANは，世界に核兵器の非人道性を訴えかけ，核兵器を禁止することを主張し，2017年の核兵器禁止条約の採択を促進した。これらは，政府や政府間組織である国際機関の活動が，国境を越えた市民社会の連携によって大きく影響を受けた例である。

第2に，特定の政策的な主張を推し進める（アドヴォカシー）よりは，実際に具体的な事業を実施している組織もある。MSF，日本のAMDA（設立時の名称であるアジア医師連絡協議会の略称）などは，武力紛争によって打撃を受けた諸国や貧困にあえぐ諸国において医療活動を行っている。その活動の資源は，専門的な知識や技術を直接に提供できることにある。

NGOが国境を越えて影響力を及ぼすことができる資源として，主に，①特定分野における専門性（医療や地雷除去技術など），②政府が対応できないような特定の分野や地域への対応能力，③行動の迅速性，④活動の「中立性」への信頼，⑤掲げる価値の正当性への社会の支持があげられる。近年のインターネットなど情報通信技術の発展は，NGOの資金集め，広報，活動における他のアクターとのネットワーキングなどをさらに促進することとなった。

□ **国連とNGOとの協働**　トランスナショナルな活動を行うNGOのなかには，国連の経済社会理事会（ECOSOC）との正式な協議関係をもつものもある。国連に対する権限や関係性の強い順に総合協議資格，特殊協議資格，ロースターと呼ばれる。こうした協議資格をもつNGOは1990年代前半には1000弱であったのが，2021年現在で約6000団体へと急増している。その背景には，グローバル化の進展やインターネットの発達にともない国際的な関心をもつNGOが国連との連携を求め，国連の側でもパートナーシップを拡大する必要性に迫られたことがあげられるだろう。すなわち，今日のグローバルな問題に取り組むにあたって，国連システム（国連本体と分野別の専門機関からなる）だけでは不十分であると認識されているのである。国連難民高等弁務官（UNHCR）

事務所と事業契約を結んで活動する実施パートナーNGOの数は700を超え，難民や国内避難民の保護において欠かすことができない機能を提供している。

グローバル・ガヴァナンスの方向性

このunitで描いてきたような世界は，リアリズム（→unit 7）の世界観とはかなり異なるように見えるが，実際はどうであろうか。これまで見てきたように，市民社会組織の活動領域が拡大し，多国籍企業は世界中の人々の生活へますます大きな影響を及ぼすようになった。脱国家的主体のグローバルな活動を，国家はもはや管理できないという見方から，「主権の侵食」「国家の衰退」といった議論が登場したが，この説には少し留保が必要である。むしろ，国家がどのように主権を行使するのかが，以前と比べて大きく変わってきているといえるだろう。すなわち，1国だけで経済的相互依存関係，人や情報の交流を管理する能力は限られるようになった。しかし，それにともない，国際的なルールを作り規制することも，また国家以外の主体と協力していくことも，国家に託された新しい仕事となっている。

国際システムにおいて非政府の**私的権威**が登場し一定の位置を占めるようになったことは，グローバル・ガヴァナンスにおいてどのような意味をもつのだろうか。第1に，企業，市民社会組織など脱国家的主体は，それぞれの活動に応じた責任を負うことが求められるようになっている。NGOの場合には，自らの資金を透明にし，活動について情報を公開するという説明責任を果たすことが重要になっている。

さらに企業の場合にも，その活動がグローバル化することにより，雇用，環境に関して，また製品やサービスの提供を通じて，各国で暮らす人々の生活に直接影響を及ぼすようになっている。これまでの企業の責任の範囲は株主と消費者であった。しかし，企業の国境を越えた活動の幅が拡大するにつれて，多様な利害関係者（ステークホルダー）に対して，人権，労働，環境といった分野における基準遵守（じゅんしゅ）という責任を果たすことが求められるようになっている。これを企業の社会的責任（CSR）と呼ぶ。それだけでなく，人々の生活の向上につながるような社会や国際社会への積極的貢献もまた行われるようになった。関心のあるグローバル企業のウェブサイトで「社会的責任」の項目をクリックして，その取り組みを見てみるとよい。そこにはたとえば，小学校の建設，難民キャンプへのテントの提供，マラリア感染を予防するためのハイテク蚊帳の提供などが持続可能な開発目標（SDGs）への貢献として書かれているだろう。グローバルに操業する企業にとって，もはや国際貢献は不可欠な活動の1つとなっているのである。

第2に，NGOが単独ではなく，政府，国際機関，企業などと連携して，共通の目標を達成するために，それぞれに比較優位をいかして活動するネットワークが形成されるようになっている。先にあげた国連グローバル・コンパクトは，その例である。また，気候変動枠組条約や生物多様性条約の締結国会議（COP：条約を批准した国が集まる会議）のように，政府間の会議であっても，NGOがオブザーバーとして参加できる仕組みが増えている。

世界システムには中央政府（世界政府）は存在しない。そのなかで，従来は覇権国が貿易レジームや金融レジームなどの公共財を提供したり，あるいは主権国家が政府間協力によって多様な領域におけるレジームを形成したりしてきた（→unit 8）。今後は，こうしたパターンに加えて，NGOや企業など多様な主体同士が結び付いて，「公共の領域」において共通の目標に取り組むような現象がさらに増えていくであろう。

引用・参照文献

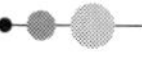

ギルピン，ロバート／佐藤誠三郎・竹内透監修，大蔵省世界システム研究会訳『世界システムの政治経済学――国際関係の新段階』東洋経済新報社，1990年（原著1987年）。

バーノン，レイモンド／霍見芳浩訳『多国籍企業の新展開――追いつめられる国家主権』ダイヤモンド社，1973年（原著1971年）。

三浦聡「人権」大矢根聡・山田高敬編『グローバル社会の国際関係論〔新版〕』有斐閣コンパクト，2011年。

Hall, Rodney B. and Thomas J. Biersteker, eds., *The Emergence of Private Authority in Global Governance*, Cambridge University Press, 2002.

Keck, Margaret E. and Kathryn Sikkink, *Activists beyond Borders: Advocacy Networks in International Politics*, Cornell University Press, 1998.

Willetts, Peter, “Transnational Actors and International Organizations in

Global Politics," in John Baylis and Steve Smith, eds., *The Globalization of World Politics: An Introduction to International Relations*, 3rd ed., Oxford University Press, 2005.

文献案内

□ **ストレンジ，スーザン／櫻井公人訳『国家の退場――グローバル経済の新しい主役たち』岩波人文書セレクション，2011年。**

グローバルな経済において国家の権威が衰退している要因を分析し，「新しい権威」として多国籍企業，国際監査法人などの影響力のあり方を分析。

□ **田中明彦『新しい中世――相互依存の世界システム』講談社学術文庫，2017年。**

世界システムを3つの圏域（新中世圏，近代圏，混沌圏）に分類し，新中世圏においては，脱国家的主体がもたらす新たな国際政治の特徴についても論じられている。

□ **クラズナー，スティーブン・D.／河野勝訳「グローバリゼーション論批判――主権概念の再検討」渡辺昭夫・土山實男編『グローバル・ガヴァナンス――政府なき秩序の模索』東京大学出版会，2001年。**

国家主権をいくつかの機能から理解することにより，「国家主権の侵食」という論調に対して反論を行っている。

第4章

国際政治の課題

20　核

21　新しい戦争

22　国連 PKO，平和構築，多国籍軍

23　人権と民主主義

24　グローバリゼーション

25　開発援助

26　地球環境問題

27　科学技術とエネルギー

28　米中関係

Introduction 4

この章の位置づけ

安全保障，人権，経済，環境，大国間関係などの具体的テーマをとりあげ，国際政治の現代的課題について掘り下げて学ぶ。これまでの章に出てきた基礎概念や理論を用いて，なぜ大量破壊兵器が拡散してきたのか，なぜ人権が国際政治の関心事項になったのかなどを分析してみよう。

この章で学ぶこと

unit 20 20世紀半ば，原爆や水爆が開発され，核抑止という考え方が登場した。核拡散の危険性に直面する国際社会の取り組みなどについて学ぶ。

unit 21 国家間の戦争だけでなく国内紛争，テロ，大量破壊兵器の拡散，ハイブリッド戦争などが，今日の安全保障上の課題となっている。「新しい戦争」に対して，国際社会がどう対応してきたのかを考える。

unit 22 国連平和維持活動や，紛争後地域での武装解除・選挙・復興などの包括的業務を担う平和構築，人道的介入など，国際社会による平和実現のためのさまざまな活動やその課題について学ぶ。

unit 23 世界の人権や民主主義の状況，制度や政策について概観する。また途上国が国際政治に大きな影響力を及ぼすようになり生じてきた，新たな体制間競争について学ぶ。

unit 24 ヒト，モノ，カネの国境を越えた動きがどれほど進展しているのかを概観し，新たな主体の登場など，現代社会への影響を考える。

unit 25 持続可能な発展のために国際社会はどのような途上国支援を行ってきたのか。また国際政治の変動にともない国際協力のあり方はどう変化してきたのかについて学ぶ。

unit 26 地球環境ガヴァナンスにどのような主体が参画し，どのようなルールや実施メカニズムが導入されているのかを学ぶ。

unit 27 科学技術の進歩が，国際政治のあり方にどのような影響を及ぼしているのかを学ぶ。

unit 28 21世紀は米中関係が国際政治の基軸となってきた。経済的なつながりをもちつつも，政治制度や安全保障上の利益において大きく異なる両国のもとで，今後の国際政治がどのように展開するのかを考える。

unit 20

核
——核抑止と核軍備管理・核不拡散

Keywords
核戦略，相互確証破壊（MAD），核不拡散体制，核軍備管理，拡散対抗

核兵器・核戦略の登場

核兵器とは，核反応による巨大な爆発を利用した大量破壊兵器（WMD）の一種で，主に原子爆弾（原爆）か水素爆弾（水爆）を意味する。1945 年 8 月，アメリカが広島，長崎に原爆を投下し，核兵器は劇的に国際政治の舞台に登場した（→unit 27）。ドイツや日本も研究開発を行っていたが，第二次世界大戦中に原爆を完成させたのはアメリカだけであった。アメリカの核独占は，1949 年 8 月，ソ連の原爆実験成功によって破られる。危機感を強めたアメリカは，ソ連も開発を進めているとの認識から，50 年 1 月，原爆よりもはるかに強力な水爆の開発を決定する。そして，52 年以降，米ソが立て続けに水爆実験に成功する。なお，52 年にはイギリスも原爆実験に成功していた。

威力増強により，核を使いにくくなっているという「核の手詰まり」状態が出現するなか，核の低威力化も進む。とくにヨーロッパでは，1949 年の北大西洋条約機構（NATO）発足後も，西側陣営が通常戦力面で東側に対し劣位にあったため，西ドイツなどへの局地的・限定的な侵略を防ぎきれないという危機感が強まった。アメリカは通常戦力の強化を求めたが，西欧諸国にはその余力がなかった。結局，53 年に発足したアイゼンハワー政権は，翌年 1 月，いかなる侵略に対しても大規模な核報復で応じるという「大量報復戦略」を打ち出すとともに，西欧諸国に戦術核兵器の配備を開始する。

この戦略は，アメリカにとって初の本格的な**核戦略**であったが，「大量報復」の威嚇の信憑性に疑問を残す戦略であった。たとえば西ベルリンが攻撃されただけで，アメリカは本当に大規模核報復を行うのかが疑問視されたのである。その弱点を補ったのが西欧諸国に前進配備された戦術核（射程の短い，比較的低威力の核兵器）であり，これはアメリカ本土に配備された戦略核兵器（大規模報復用の射程の長い核兵器）への「導火線」と位置づけられた。ソ連が西欧諸国に侵攻すれば導火線に火がつくというしくみにより，通常戦力劣位を補いつつ，ソ連を抑止しようという戦略であったといえる。

この戦略は，アメリカ側の非脆弱性とそれを支える圧倒的な核戦力優位を要するものであったが，1957年秋のソ連による人工衛星スプートニクの打ち上げ成功は，この前提を揺るがすことになった。その成功は，ソ連がアメリカ本土を直接攻撃できる大陸間弾道ミサイル（ICBM）の能力を獲得したことを意味すると考えられた。実際，ソ連は同年夏，初のICBM発射実験に成功していた。アメリカも翌年にはICBM実験に成功するが，国内には「スプートニク・ショック」と呼ばれる敗北感が蔓延した。それまで核兵器の運搬手段としては中・長距離爆撃機が主力であったが，50年代後半からミサイルが加わり始め，ICBMの出現後まもなくして潜水艦発射弾道ミサイル（SLBM）も登場する。核軍拡競争の重点は，運搬手段の量と質に移行していったのである。

その後，アメリカは，核弾頭を搭載した中距離弾道ミサイル（IRBM）を西ヨーロッパに配備するなど，核戦力の多様化を図った。それは，侵略を受けた際の大規模報復未満の選択肢を増やすという大量報復戦略の修正の一環でもあった。しかし，この修正は通常戦力の強化など高コストを要し，均衡財政を重視したアイゼンハワー共和党政権ではさほど進まなかった。それでもアメリカの軍備拡張（軍拡）は加速し，アイゼンハワー大統領は退任に際し，「軍産複合体」の台頭に警鐘を鳴らした。政府，とくに軍部と軍需産業の癒着状態によって不要に軍拡が進んでいるとしたのである。

核戦略の変遷

戦略の見直しは，より財政支出に寛容なケネディ民主党政権発足後，「柔軟反応戦略」への移行によって進展する。柔軟反応戦略では，通常戦力による限定的な侵略に対しては，まず通常戦力で反撃した後，必要に応じて戦力規模を順次拡大し（エスカレーション），通常戦力で対処不能な段階に達した場合には，まず戦術核の導入で「核の敷居」を越えることが想定された。その後，戦略核を導入する際にも，まずは軍事拠点を標的とし（カウンターフォース），都市への大規模攻撃（カウンターバリュー）は最終手段とされた。エスカレーションを制御しながら，可能なかぎり早期の停戦をめざす戦略であった。

それは，大量報復とそれに対する反撃によって相互破滅するしかないという状況と比べれば，合理的であったかもしれない。だが，柔軟反応戦略は，とくに通常戦力の大幅な増強を要するものであった。あらゆる段階で敵の攻撃に優位し，戦争を有利な条件で終結させようとするのであれば，軍事力の全段階で優位を築く必要があった。また，敵の近接地域での通常戦力増強や即応性向上を要するため，敵から見れば非常に好戦的・挑発的な戦略でもあった。とくに多段階での通常戦力強化には，安価な大量報復戦略に満足していた西欧諸国が抵抗し，NATO による柔軟反応戦略の採用は 1967 年まで遅れた。

その間，アメリカの核軍拡はさらに進み，これを懸念したマクナマラ国防長官は，1965 年，「確証破壊」概念を提示する。これは，敵の先制核攻撃を受けた後でも，残存する核戦力で敵に耐えがたい打撃を与えられることとされ，アメリカはすでに確証破壊能力をもっていると述べることで，軍拡の抑制を試みたのである。他方，ソ連の核軍拡もとくに 62 年 10 月のキューバ・ミサイル危機後に加速し，67 年ごろから米ソ双方がこの能力をもつにいたったという認識が広まり，「**相互確証破壊**」（**MAD**）状況の出現が指摘されるようになる。米ソともに先制攻撃に利がない状況である。それが大量の核に依拠することから文字通り「狂気」の沙汰と批判されることもあったが，核廃絶が至難である以上，互いに核を使えない状況として評価されることも少なくなかった。

1972 年に妥結した米ソの第 1 次戦略兵器制限交渉（SALT I）は，この MAD 状況を制度化したとされるが，その後も MAD 脱却の試みは見られた。MAD 状況下で相互核抑止を安定的に維持するには，報復能力の残存性（非脆弱性）が鍵となるが，敵の報復能力を標的とする動きや，ミサイル防衛の推進など敵の報復攻撃を無効化しようとする動きが，その後も散見されたのである。80 年代にレーガン政権が推進した大規模なミサイル防衛計画「戦略防衛構想」

表 20-1　核弾頭数の推移

年	核不拡散条約（NPT）上の核兵器国					総計
	アメリカ	ソ連／ロシア	イギリス	フランス	中国	
1945	2					2
1950	299	5				304
1955	2, 422	200	10			2, 632
1960	18, 638	1, 627	105			20, 370
1967	31, 255	8, 400	355	36	25	40, 071
1970	26, 008	11, 736	375	36	75	38, 230
1975	27, 519	19, 235	500	188	180	47, 622
1980	24, 104	30, 665	500	250	205	55, 724
1986	23, 317	40, 159	350	355	224	64, 405
1990	21, 392	32, 980	350	505	232	55, 459
1995	10, 904	18, 179	234	500	234	30, 051
2000	10, 577	12, 188	280	470	232	23, 747
2005	8, 360	7, 000	280	350	235	16, 225
2010	5, 056	5, 215	225	300	240	11, 036
2015	4, 571	4, 500	215	300	260	9, 846
2021	3, 708	4, 495	180	290	350	9, 023

その他の核保有国（2021 年現在）	インド	イスラエル	パキスタン	北朝鮮
	160	90	165	20

［注］1967 年はアメリカの，86 年はソ連および総数のピークとされる。数値はすべて推定値であり，過去の数値も含め，近年，下方修正される傾向にある。米ロについては，2022 年時点で，それぞれ 3708 発，4477 発となっており，そのほかに，それぞれ 1720 発，1500 発の解体待ち核弾頭があるとされる。

［出典］"Nuclear Notebook: Nuclear Arsenal of the World," *Bulletin of the Atomic Scientists*（https://thebulletin.org/nuclear-notebook-multimedia）に基づいて作成。

(SDI）は，その典型であった。SDI は難航するが，すでに衰退期にあったソ連には相当な重圧となった。他方，アメリカが MAD 脱却を試みた理由としては，ソ連が MAD に甘んじていないという疑念が大きかった。

核不拡散体制の構築

このように主に米ソの保有する核は，時に核戦略の修正にともない，そして概して相互不信から，ほぼ冷戦期を通じて増え続けた。ピークとなった1986年には地球上の核は6万4000発を超えたが，その威力の総計は広島型原爆の100万倍を超え，地球を数十回破壊できるともいわれた。しかし，核の増殖を止めようとする動きも核の登場直後から存在していた。

発足直後の国際連合（国連）では，核・原子力の国際管理案が議論された。しかし，実質的にはソ連の核保有を阻止しようとするアメリカと，アメリカの核を放棄させようとするソ連の思惑が衝突し，進展は見られなかった。具体的な進展は，1960年代の**核不拡散体制**の形成で始まったといえる。

その契機は，まず原子力発電の技術が確立され，アメリカが1953年「平和のための原子力」という名の下にその輸出推進を打ち出したことで，これにともなう核拡散への懸念が高まったことであった。54年には，アメリカの水爆実験で日本の漁船「第五福竜丸」が「死の灰」を浴びるというビキニ環礁事件が起こり，とくに放射性降下物をまきちらす大気圏内核実験の規制を求める声が高まった。また，57年のスプートニク成功は，事故・誤認などで核ミサイルが発射される事態への懸念を強めた。こうして，58年には，地下核実験探知および偶発戦争防止に関する専門家会議が米ソも含む多国間で始まった。一般的に軍備管理・軍縮条約では加盟国が義務を履行しているかを検証できることが必要とされるが，核実験禁止については，大陸国が内陸深くで実施する小規模な地下核実験を探知できるかが重要な懸案となっていた。

そして，人類が最も核戦争に近づいたといわれる1962年のキューバ・ミサイル危機後，米英ソ間で交渉が加速し，翌63年7月，部分的核実験禁止条約（PTBT）が署名のために開放される（同年10月発効）。結局，当時の技術では地下核実験は完全には探知できないこと，また米ソ以外には地下核実験を実施できる国がなかったことから，PTBTでは地下を除く大気圏内・宇宙・海中での核実験が禁止されるにとどまった。米英ソの主な目的は新規核保有国の出現阻止であったが，60年にはフランスが，64年には中国が核実験を成功させた。

しかし，その後も核不拡散体制作りは進み，1968年7月，核不拡散条約（NPT）が署名のために開放される（70年3月発効）。NPTは，67年初めまでに核爆発実験を実施した国を「核兵器国」とし，核兵器の譲渡などを禁じる一方で，それ以外の「非核兵器国」には，核兵器の開発・製造・保有を禁止し，また原子力発電など原子力の「平和利用」を行う場合には，軍事転用防止を目的に国際原子力機関（IAEA）の保障措置（代表的な方法が「査察」）の受け入れを義務づけた。核兵器国は核軍縮に向け誠実に交渉する義務も負ったが，核兵器国はこれをあくまで交渉義務であり，軍縮義務とは考えてこなかったといえる。

その意味でもNPTは不平等な条約ではあったが，これに近隣国が加盟すれば，自ら核開発を行う必要が低下するという意味で，非核兵器国にも有益な条約であった。実際，43カ国で発効したNPTの加盟国は，今日190を超えている。インド，パキスタン，イスラエルなどの未署名や近年の北朝鮮の「脱退」など，限界はあるものの，核保有国が今日でも10カ国未満にとどまっていることは，NPTの多大な効用を示している。なお，この間，偶発核戦争防止策の一環として，米ソ間にホットライン（直接通信回線）も設置された。

米ソ核軍備管理の進展

こうしてNPTを中核とする核不拡散体制の基盤が整った後，**核軍備管理**は，米ソの核兵器についても進み始める。1972年に妥結したSALT Iでは，米ソが戦略核に上限を設けるとともに，核弾頭を使うミサイル防衛兵器であった弾道弾迎撃ミサイル（ABM）の配備を厳しく制限するABM条約に合意した。ABM条約は，報復攻撃の有効性を脅かすABMをほぼ無意味化することでMAD状況を制度化し，防御兵器面にも軍拡競争が及ぶのを防ぐものであった。79年には第2次戦略兵器制限条約（SALT II）が調印される。これは，ICBM・SLBM・戦略爆撃機という戦略核の「三本柱」の総量を規制し，若干ながら削減するものであったが，アメリカ議会での批准審議は難航する。実際SALT I妥結後もソ連の核軍拡は続き，アメリカも進めていたミサイルの個別誘導多弾頭（MIRV）化によりソ連の核弾頭数は急増していた。結局，同年末ソ連がアフガニスタンに侵攻すると，カーター政権は批准をあきらめ，SALT IIは未発効に終わる。

続くレーガン政権は，ソ連の核軍拡により「脆弱性の窓」が開かれたとして，核戦力増強を進め，1983年にはSDIを打ち出す。ソ連を「悪の帝国」と呼び，対ソ核戦争勝利をめざすかのようなアメリカの姿勢は，世界を「第三次世界大戦」の不安に陥れた。70年代末，ソ連の中距離核戦力（INF）強化を懸念した

重要ポイント⑳

核兵器の安定化効果

「相互確証破壊」(MAD) 状況が，一方では「狂気」と批判されながらも，他方では一定の評価を受けてきたのは，大量の核兵器の存在が，冷戦が「冷たい」ままで終わったことに少なからず寄与したという見方がかなり広く支持されてきたことを示している。主要大国間の戦争が長期にわたり不在であるという意味で，冷戦を「長い平和」と呼んだ歴史家ギャディスも，それが可能になった一因として核の「安定化効果」を挙げている（→unit 5)。

しかし，安定化効果は単に核兵器があれば生じるわけではない。「1000発の核爆弾よりも1発の核爆弾の方がよほど危険である」という皮肉もあるように，米ソの核に安定化効果があったとすれば，それが大量に存在していたことも重要であった。米ソの相互核抑止はしばしば「恐怖の均衡」といわれたが，その「恐怖」が絶大であったからこそ抑止が機能しえたともいえる。また核廃絶が至難である以上，互いに先制攻撃に利がない状況を，大量の核に依存してでも何とか維持しようとした核軍備管理の努力も一定の重要性をもった。逆に，一方的に相手の報復攻撃を無効化しようとする動きが，繰り返されながらも成功しなかったということも重要であった。当然，核兵器が厳重に管理されていることも必要条件の1つであった。

今日拡散しつつある「核」に，このような諸条件を要する安定化効果を期待することは困難であろう。だからこそ，核不拡散が重視されるのである。他方で，核兵器国の核が今後も「安定化効果」を発揮し続ける保証はないということにも留意すべきである。冷戦期でさえ安定化効果の諸条件が当然に満たされていたわけではない。プーチン政権下のロシアは，戦術核を戦略核から切り離し，通常戦力攻撃への反撃に使う姿勢を鮮明にしている。冷戦期にも同様の動きはあったが，緊迫した状況において想定通りにエスカレーションを制御できるのかは誰にもわからない。

「長い平和」は少なくとも部分的には僥倖(ぎょうこう)にすぎなかったということも認めつつ，核の安定化効果と，それを確保することの難しさの双方を直視すべきなのである。

西欧諸国はアメリカに対応を求めたが，83年末にアメリカが西ヨーロッパにINF配備を始めるころには，配備に難色を示す国もあった。

1985年，ソ連書記長にゴルバチョフが就くと，状況は一変する。久々に開催された米ソ首脳会談では戦略核の半減までが議論され，87年末にはINF全廃条約という画期的な条約も締結された。これは，互いに武力を行使しにくい状況の維持をめざす「軍備管理」条約であると同時に，一兵器体系を廃絶する

「軍縮」条約であった。次期ジョージ・H. W. ブッシュ政権まで持ち越されたものの，戦略核半減も91年7月の第1次戦略兵器削減条約（START I）でほぼ実現された。同年9月にはソ連国内の不安定化を受け，アメリカが戦術核の一部撤去を発表し，後にソ連／ロシア側も同様の措置で応じた。また93年1月には，米ロが，戦略核弾頭をSTART Iの6000発から3000発に削減することを定めた第2次戦略兵器削減条約（START II）に調印した。

冷戦後における核不拡散の突出

このように冷戦終結前後には，米ソ（ロ）核戦力の削減が急速に進んだ。だが次第に米ロの核削減は失速し，代わって核不拡散の重視が際立つようになっていった（→unit **6**）。その契機は，1991年の湾岸戦争後にイラクの核開発が予想以上に進んでいたことが発覚し，不安定化していた旧ソ連地域からの核技術・核物質などの流出が懸念されるようになったことであった。北朝鮮の核開発疑惑も浮上し，とくに冷戦後の新たな脅威としての「ならず者国家」による核保有への危機感が強まったのである。

その後，アメリカの主導で核不拡散体制は多方面で強化されていく。1974年のインドの核実験を機に原子力技術先進国で形成された原子力供給国グループ（NSG）による輸出管理の強化，IAEAの保障措置強化などが進められ，95年にはNPTの無期限延長も決まった。開発した核兵器を廃棄したことを告白した南アフリカが，仏中に続いて加盟するなど，NPTの普遍化も進んだ。未発効ではあるが，96年の包括的核実験禁止条約（CTBT）も，非核保有国の核開発をより難しくするものであった。非核兵器地帯条約も複数締結された。またアメリカは，旧ソ連からの「核流出」を防ぐために，核弾頭解体支援などを行う「協調的脅威削減」（CTR）計画も開始した。

さらにアメリカは，すでに生じているWMDおよびミサイルの拡散に対処するという「**拡散対抗**」を1993年末に打ち出した（→unit **21**）。拡散対抗にはWMD開発拠点などへの武力攻撃も含まれ，「弾道ミサイル防衛」（BMD）など，必要な軍事態勢の整備も重視された。クリントン政権は，ならず者国家などの短・中距離ミサイルに対処する「戦域ミサイル防衛」（TMD）を重視したが，議会では共和党勢力がアメリカ本土を標的とする長距離ミサイルに対処する「本土ミサイル防衛」(NMD) の推進を強く求めた。ABM 条約違反となりうる NMD の推進にはロシアが強く反発し，結局これが主因となって START II は未発効に終わった。99 年には上院が CTBT 批准決議を否決し，他国には武力を使ってでも核不拡散を強制しようとするアメリカが，自国の核戦力を維持し，またミサイル防衛網を築こうとしていることへの批判も強まった。

2001 年に発足したジョージ・W. ブッシュ政権は，そうした批判を意に介さず，ミサイル防衛の積極的推進を掲げ，9. 11 テロ事件後の同年 12 月，ABM 条約脱退を通告する。従来の戦略核の三本柱に代え，戦略核を含む攻撃力，ミサイル防衛を含む防御力，柔軟な防衛基盤という「新三本柱」を打ち出し，防御力を強化できれば攻撃力削減，つまり核削減も可能になるとして，ミサイル防衛の正当化も試みた。ミサイル防衛が米ロ核抑止関係を不安定化させるという懸念は，ロシアが「もはや敵ではない」以上，相互核抑止自体の意味が低下しているとして退けられた。そのロシアとは，02 年 5 月，実戦配備の戦略核弾頭を 1700–2200 発に削減するという戦略攻撃能力削減条約 (SORT，モスクワ条約) が結ばれたが，これは検証規定もない，きわめて緩い条約であった。

またブッシュ政権は，ならず者国家の核施設などを念頭に核先制攻撃をも示唆(しさ)するようになった。2002 年には「先制攻撃ドクトリン」(ブッシュ・ドクトリン) が打ち出され，翌年 3 月にはその発動ともいえるイラク戦争も始まった。抑止の対象が，武力行使から兵器開発や非国家レベルのテロを含むものへと拡大したことで，先制の威嚇が強調されるようになったのである。また，核保有国の核戦力への固執は今日ますます強まっているが，現実には情報技術も駆使した通常戦力の重要性が増しており，核戦力の意義は相対的に低下していた。

一方，イラク戦争が泥沼化し，先制攻撃の高コストが実感されるようになるなか，北朝鮮は 2006 年に初の核実験を行い，イランの核開発問題も深刻化していった。また，パキスタンの原爆開発に寄与した「核の闇市場」が露呈したこともあり，テロ組織など，非国家レベルでの核拡散への懸念が強まり，先制攻撃の威嚇だけでは不十分だという認識も強まった。また地球温暖化や原油価格高騰を背景に原子力発電の再評価が進み，原子力のさらなる普及 (「原子力ルネサンス」とも呼ばれる) に備え，軍事転用の防止体制や核セキュリティを強化すべきという認識も強まっていた。

不拡散偏重の代償

しかし，突出した軍事力も背景に核不拡散を偏重するアメリカの姿勢は，NPT 体制に内在する不平等性を際立たせ，非同盟運動（NAM）諸国など非核兵器国側の不満を増大させた。また，イランなど中東諸国のミサイル脅威に対抗するとして，アメリカ・NATO が推進したミサイル防衛のヨーロッパ配備は，ロシアの核戦力依存を助長し，大国間の核抑止関係が再び重要性を増す「核の復権」を顕在化させる一因となった。米ロ関係の悪化は，北朝鮮やイランの核拡散問題への対応も難しくしていた。09 年に発足したオバマ政権が，対ロ関係の「リセット」を掲げ，同年 4 月のプラハ演説で「核兵器のない世界」の追求を打ち出したのも，動揺する核不拡散体制の立て直しを狙ったものであった。翌年 4 月には，米ロが配備戦略核弾頭を 1550 発まで削減することを規定する新戦略兵器削減条約（新 START）への調印にこぎつけ，5 月の NPT 再検討会議も決裂を免れた。

難航の末，2015 年 7 月にはイランの核開発に一定の歯止めをかける「イラン核合意」も結ばれるが，北朝鮮は 17 年までに 6 回の核実験を行い，ミサイルの長射程化も進展させていた。17 年に発足したトランプ米政権は，当初北朝鮮に対し挑発的な強硬姿勢をとり危機を助長したが，翌年には態度を一変させ，6 月，初の米朝首脳会談を強行した。しかし，その後の会談でも何ら実質的な合意は得られず，北朝鮮は ICBM や SLBM の実験を繰り返し，また迎撃困難な極超音速滑空体（HGV）の技術も獲得しつつあると見られている。トランプ政権はイラン核合意からも離脱し，イランとの衝突寸前にまでいたった（→**unit 6**）。21 年に発足したバイデン米政権はイランとの新たな合意を追求してきたが，成功にはいたっていない。

核拡散に加え，大国間における「核の復権」も深刻化している。INF 条約については，ロシアの不遵守が疑われていたが，トランプ政権は中距離ミサイルを増強する中国が締約国ではないことを問題視し，同条約からの離脱を通告した（2019 年 8 月失効）。同政権は中国抜きでの米ロ核軍備管理を重視せず，期限切れ寸前の 21 年 2 月に新 START 条約の 5 年間延長に合意したのも，発足直後のバイデン政権であった。それ以上の進展が何も見られないまま，翌年 2 月末に始まったロシアのウクライナ侵攻では，プーチン政権が核使用の威嚇を発し，核の有用性を認識させかねないとして広く批判された。トランプ政権が逆行させたものの，オバマ政権が進めた核兵器の役割低減を再び進展させると期待されていたバイデン政権も，核軍縮志向の後退を余儀なくされている。

2017年7月には，核兵器禁止条約（TPNW）という全面的な核軍縮条約も採択され，21年1月には発効するにいたっていたが，NPT上の核兵器国および他の核保有国，日韓豪やNATO諸国など，アメリカから拡大核抑止（「核の傘」）の提供を受けている同盟国は加盟していない。中国を交えた核軍備管理は俎上にすら上がらず，米ロの相互核抑止さえも安定性を低下させるなかで，TPNWの普遍化は今日ますます遠のいているといえよう。

引用・参照文献

秋山信将・高橋杉雄編『「核の忘却」の終わり——核兵器復権の時代』勁草書房，2019年。

秋山信将『核不拡散をめぐる国際政治——規範の順守，秩序の変容』有信堂，2012年。

浅田正彦・戸﨑洋史編『核軍縮不拡散の法と政治』信山社，2008年。

梅本哲也『核兵器と国際政治 1945–1995』日本国際問題研究所，1996年。

梅本哲也『アメリカの世界戦略と国際秩序——覇権，核兵器，RMA』ミネルヴァ書房，2010年。

小川伸一『「核」軍備管理・軍縮のゆくえ』芦書房，1996年。

ギャディス，ジョン・L.／五味俊樹ほか訳『ロング・ピース——冷戦史の証言「核・緊張・平和」』芦書房，2002年（原著1987年）。

黒沢満『核軍縮と国際平和』有斐閣，1999年。

黒澤満編『大量破壊兵器の軍縮論』信山社，2004年。

森本敏・高橋杉雄編『新たなミサイル軍拡競争と日本の防衛——INF条約後の安全保障』並木書房，2020年。

Freedman, Lawrence, *The Evolution of Nuclear Strategy*, 3rd ed., Palgrave, 2003 [1981].

Jervis, Robert, *The Meaning of the Nuclear Revolution: Statecraft and the Prospect of Armageddon*, Cornell University Press, 1989.

文献案内

- □ **防衛大学校安全保障学研究会編／武田康裕・神谷万丈責任編集『安全保障学入門〔新訂第 5 版〕』亜紀書房，2018 年。**

  第 9 章で「核と安全保障」，第 10 章で「軍備管理・軍縮」を扱っている。他の章でも国際政治・安全保障における核の意味合いを広く学ぶことができる。

- □ **岩田修一郎『21 世紀の軍備管理論』芙蓉書房出版，2016 年。**

  第 1 部で軍備管理の歴史や関連概念，また国際政治における位置づけなどを解説し，第 2 部で主要な分野ごとに軍備管理の実態を包括的に扱う。

- □ **ロバーツ，ブラッド／村野将監訳『正しい核戦略とは何か――冷戦後アメリカの模索』勁草書房，2022 年。**

  日本語で本格的な核戦略・核抑止論を詳細に学べる貴重な邦訳。冷戦後の核戦略・核抑止にかかわる主要な問題を包括的に理解することができる。

unit 21

新しい戦争
――冷戦後の「戦争」の変遷

Keywords
ならず者国家，拡散対抗，テロとの戦い，大国間競争，ハイブリッド戦争，グレーゾーン事態

「ならず者国家」脅威の台頭

冷戦終結後，西側先進資本主義諸国にとっての主要脅威は，ソ連から「ならず者国家」へと大きく変化した（→**unit 6**）。

その最大の契機は，1991年の湾岸戦争であった。90年8月，イラクが隣国クウェートに侵攻し，湾岸危機が発生した。翌年1月，ソ連も賛同した国際連合（国連）安全保障理事会（安保理）決議678号に基づき，米軍主導の多国籍軍がイラクへの攻撃を開始し，湾岸戦争が始まった。イラクは周辺国にスカッド・ミサイルを撃ち込むなどして抵抗したが，多国籍軍は2月末までにイラク軍をクウェートから撤退させることに成功した。しかし，フセイン政権は生き残り，イラクは「ならず者国家」の典型として広く認識されることとなった。

また，湾岸戦争の停戦決議に基づき実施された査察では，イラクが核兵器開発を秘密裡に進めていたことが発覚した。イラクには，1980–88年のイラン・イラク戦争で弾道ミサイル，化学兵器を使用したという過去もあった。フセイン政権は自国内のクルド民族に対しても化学兵器を使用していた。湾岸戦争後まもなくして顕在化する北朝鮮の核開発疑惑も，「ならず者国家」脅威に対する危機感を増幅させた。

「**ならず者国家**」とは，このイラクや北朝鮮のように，核・生物・化学兵器などの大量破壊兵器（WMD）およびミサイルを開発・保有し，地域的にはかなり大規模な軍事力をもち，その行使や威嚇により現状変革をめざす国家であるとされた。加えて，テロ支援または国家テロ，および自国内での人権抑圧を行っているという特徴ももつとされた。北朝鮮を例にとれば，紙幣偽造，麻薬密売，最近では暗号資産の窃取など，違法な外貨獲得手段を用いるという要件も追加できる。1990年代には，イラク，北朝鮮に加え，イラン，シリア，リビア，キューバなどが「ならず者国家」に該当すると見られてきた。

「ならず者国家」脅威論の伏線になったのが，アメリカが1979年末に開始した「テロ支援国家」指定であった。この制度が始まった背景には，67年の第3次中東戦争などで，イスラエルの圧倒的優位を見せ付けられたイスラム諸国の一部が，反イスラエル・テロを支援し始めたことがあった。また79年にイスラム革命を成功させたイランが，「革命の輸出」を唱え，イスラエルや近隣の世俗政権に対するテロをうながしたことも重要であった。79年11月には，イランの首都テヘランで，イスラム主義者らによるアメリカ大使館人質事件も発生した。このような国家支援テロや国家テロへの対策の一環としてアメリカがテロ支援国家に指定した国の多くが，冷戦後，「ならず者国家」と呼ばれるようになったのである。

そして，その「ならず者国家」がすでに拡散していた短射程の弾道ミサイルや化学兵器を使用することに加え，核兵器を入手することへの懸念が強まった。アメリカのジョージ・H. W. ブッシュ政権は，湾岸戦争直後に化学兵器禁止条約（CWC）の早期妥結を掲げ，CWCは93年1月に署名開放にいたった（97年発効）。同じく湾岸戦争後には核不拡散体制の強化が開始され（→**unit 20**），92年にはミサイル関連技術の輸出管理体制であるミサイル技術管理レジーム（MTCR）の強化も合意された。

1993年1月に発足したクリントン政権は，WMD・ミサイルの不拡散体制強化を引き続き主導する一方で，軍事的な対応能力の整備も進めた。短・中距離ミサイルの迎撃をめざす「戦域ミサイル防衛」（TMD）計画の推進も，その一環であった。またWMDやミサイル拡散がすでに進展しているという前提に立ち，その配備・開発拠点への攻撃も含め，これに対処していくという「**拡散対抗**」を打ち出した。「ならず者国家」が，すでに保有している短・中距離ミサイルで近隣諸国を「人質」にとる可能性も危惧されたため，TMDは拡散対抗の柱と位置づけられた。

1998 年末の米英軍によるイラク空爆など，拡散対抗措置としての武力行使も見られた。同年夏には，アフガニスタン，スーダンにおいて，後に 9.11 テロ事件を起こすアルカイダの拠点および化学兵器工場と目された施設に対する巡航ミサイル攻撃も実施された。これは，ケニア，タンザニアのアメリカ大使館が爆破された自爆テロ事件に対するアメリカの報復でもあった。

このように，アメリカとテロとの戦い，そして WMD 拡散の動きに対する武力行使は，9.11 テロ事件前からすでに散見されるようになっていたのである。

内戦と「破綻国家」

また冷戦後には，国家間戦争に代わり国内紛争が急増しているとする指摘が多く見られた。たしかに冷戦末期から終結直後には内戦が急増したが，図 21-1 にも示されるように，実際には内戦は冷戦終結前からつねに国家間戦争以上に多発してきた。

むしろ冷戦終結前後には，米ソがそれぞれ支援する国内勢力どうしが争う代理戦争型の紛争が終結することもあった。しかし他方では，米ソの支援を失い，諸勢力間のパワーの均衡が崩れたことで，助長される紛争もあった。また，ユーゴスラヴィアのように，ソ連という「共通の敵」が消失したことで顕在化する民族紛争もあった。いずれも，冷戦の「たが」が外れ，武力紛争が勃発（ぼっぱつ）するという構図であった。

内戦が注目を集めるようになったのは，単にそれが増えたからではなく，衛星テレビ放送などのグローバル・メディアの役割拡大や「人間の安全保障」論の台頭などによるものであったと考えられる。時にその政府も含め，多様な勢力が一主権国家の内部で武力紛争を展開するという内戦は，国家主権の尊重を大原則とし，国家間戦争を想定した集団安全保障体制としての国連には扱いづらいものであったという点も重要であった（→unit **17**, **22**）。

そのためもあって，冷戦後しばらくして，「新しい戦争」という言葉が使われるようになった。その特徴として，国家間戦争に代わる内戦の台頭，その要因としてのイデオロギー対立および政治権力闘争の後退，非正規軍の関与，麻

図 21-1　継続中の武力紛争数の推移

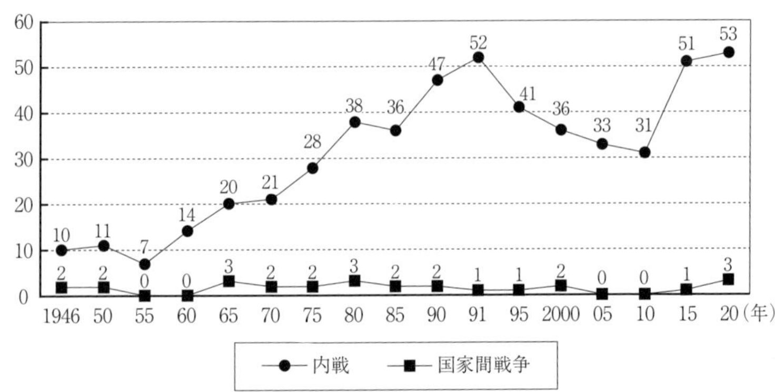

［注］ 内戦には近年増大している「国際化した内戦」も含まれる（2020 年には半数近い 25 が該当）。また，同じ年に同一の国家で複数の内戦が生じていることもある。

［出典］ “UCDP/PRIO Armed Conflict Dataset version 21.1,” Uppsala Conflict Data Program and International Peace Research Institute in Oslo, 2021（https://ucdp.uu.se/downloads/ucdpprio/ucdp-prio-acd-211-xlsx.zip）を参考に作成。

薬や密輸など違法な手段による戦費調達などが指摘された。戦争が，形態や様式，要因・主体などの面で変質していることをふまえて対処していく必要が指摘されたのである。

また内戦は，「破綻(はたん)国家」を生み出す一因にもなった。これは，政府が統治能力を著しく低下させ，武力紛争や犯罪・飢餓・伝染病などの深刻な社会問題が放置されているような国家を意味する。冷戦後にはソマリア，スーダン，ルワンダなどで，そうした状況が生じた。破綻国家は内戦の結果として生じることが多かったが，その原因になることもあった。

破綻国家は，国際社会にとって，人道的な課題，周辺国の介入を誘発する危険性，そしてテロの温床と化す危険性を突き付けるものであったが，内戦と同様に，放置されることも少なくなかった。しかし，9. 11 テロ事件後，破綻国家がテロの温床になることへの懸念が急激に高まり，あらためて注目されるようになった。また 9. 11 テロ事件後には，「新しい戦争」という言葉も別の意味で多用されるようになった。

9. 11 テロ事件と「テロとの戦い」

2001 年 9 月 11 日，ハイジャックされた民間航空機がニューヨークの世界貿易センタービル，ワシントンの国防省に激突するという 9. 11 テロ事件が起こった。ジョージ・W. ブッシュ米政権は，これを国際的なテロ組織アルカイダによる「戦争行為」として，「テロとの戦い」に乗り出した。アメリカの自衛権発動を認める国連安保理決議も採択された。北大西洋条約機構（NATO）は，発足以来初めて集団的自衛権の発動を宣言した。

こうして始まった「**テロとの戦い**」は，しばしば「テロに対する新しい戦争」と呼ばれ，「新しい戦争」という言葉は「テロとの戦い」を意味するようになった。9. 11 テロ事件後，アメリカは，アフガニスタンに潜伏していたアルカイダの指導者ビンラディンらの引き渡しを求めた。しかし，タリバン政権が引き渡しを拒否したため，10 月 7 日，アメリカ主導の有志連合軍がアフガニスタンへの攻撃を開始した。1979 年に同国に侵攻したソ連が泥沼に陥った過去もあり，一部では苦戦が予想されたが，タリバン政権と対立する北部同盟軍の協力も得て，12 月初めまでには一応の勝利を収めた。

この勝利は，後に幻想であったことが判明するが，この時点ではアメリカに過剰な自信をもたらした。ブッシュ政権は，まもなく「テロとの戦い」における次の標的として WMD 開発疑惑を抱えるイラクの脅威を強調し始めた。イラクは湾岸戦争の停戦決議で WMD 開発の放棄と査察の受け入れを課されていたが，WMD 開発疑惑と査察妨害を理由に米英軍の空爆が行われた 1998 年 12 月以降，査察を拒み続けていた。

ブッシュ大統領は，2002 年 1 月の一般教書演説で，イラク，イラン，北朝鮮を「悪の枢軸」と呼び，6 月には，「ならず者国家」やテロ組織への WMD 拡散の危険性を強調し，これに対する先制行動を打ち出した（ブッシュ・ドクトリン）。また，WMD 拡散およびテロを阻止する手段として「体制転換（レジーム・チェンジ）」の必要性を強調した。フセイン政権を打倒し，イラクに親米的な民主的政府を樹立できれば，隣国イランの封じ込めを強化し，イスラム過激派が反発していた米軍のサウジアラビア駐留も終了できると期待されたのである。

イラクは，2002 年 12 月に査察を受け入れたが，アメリカはイラクの協力が不十分であるとして，翌年 3 月，イギリスらとともにイラク戦争を開始した。

国際社会には武力行使への反対が強く，湾岸危機時の安保理決議678号以外に，明確な武力行使容認決議がないままの開戦となった。

アメリカ主導の多国籍軍は予想以上の速さで進軍し，5月初めには「大規模戦闘の終結」が宣言された。フセイン政権は崩壊し，逃亡したフセインは同年12月に拘束された。しかし，イラクの占領・復興は難航を極め，テロが頻発し，内戦状態に陥っていった。近隣諸国からもテロリストが流入し，イラクを拠点に「テロとの戦い」を大きく前進させるというアメリカの思惑とは正反対の結果になった。イラク暫定政権への主権移譲後も十数万規模の米軍がイラク駐留継続を強いられ，「テロとの戦い」は行き詰まることとなったのである。イラクのWMD開発が確認されなかったことも，「テロとの戦い」に対する不評や世界的な反米主義の高揚を助長した。

それでも2007年以降の米軍増派が奏功したこともあり，イラク情勢はいくらか改善したが，逆にアフガニスタンの状況は悪化していった。09年に発足したオバマ米政権は，イラクからの早期撤退と，前政権末期に始まっていたアフガニスタンへの増派を進めた。11年5月には，米軍特殊部隊が潜伏先のパキスタン内でビンラディンを殺害した。同年末までに米軍のイラク完全撤収も実現された。しかし，アフガニスタンでは，リーマン・ショック後の財政悪化や厭戦気分の高揚で増派が難航し，オバマ政権が多用した無人航空機（UAV）による隣国パキスタン内への越境攻撃や副次的被害への批判も強まった。14年末には米軍・NATO軍が戦闘任務を終了するにいたったが，アフガニスタン軍への訓練・支援業務を担う1万人弱の米軍がNATO諸国らの部隊とともに残留した。

このように2つの戦争の終結に努めてきたオバマ政権にとって，2010年末に始まった「アラブの春」（→**unit 14**）は難題を突き付けるものであった。逡巡の末にNATOによる軍事介入を決めたリビア内戦では，アメリカは「後方からの主導」に徹し，アサド政権による化学兵器使用が認定されてもシリア内戦への直接介入は避け続けた。しかし，事実上放置されたシリア内戦に乗じて，イラクから逃れてきた「イスラム国」（IS）が勢力を伸ばし，2014年半ばにかけて急速にイラク内へと支配地域を拡大した。その結果，アメリカは再びイラクで，そして，ついにはシリアでもISとの戦いを強いられることとなった。

15年にはロシアも政権側を支援してシリア内戦に介入し，米軍と衝突する危険性も懸念されるようになった。

大国間競争の接近と変質する戦争

このように，アメリカは長期化する「テロとの戦い」から抜け切れないまま，次第に**大国間競争**の現実に直面することになった。この間，多分にアメリカの拡散対抗としての武力行使や「テロとの戦い」を批判的に観察してきた側の対応策に促されて，戦争の変質も進んだ。

ロシアは，自身も同意したリビア内戦へのNATOの介入でカダフィ政権の転覆が助長されたという認識から，西側への不信感を増幅させたといわれる。2014年にはウクライナの西側接近を契機に，クリミアを併合し，ウクライナ東部での戦争を開始した。この際，ロシアは，NATOの介入を回避するために，非正規主体・手段を多用し，実際には介入していた正規軍の存在を希薄化しようとした。またロシアは，支配地域での人心掌握（しょうあく）や行動の正当化，サイバー攻撃も用いた情報操作・攪乱（かくらん），あるいは西側の介入阻止などを目的に広範な情報戦も実施していた。それ以前から使用され，実践例も複数見られていたが，この戦争を典型例として，正規戦と非正規戦，さらにはサイバー・情報戦などを組み合わせた「**ハイブリッド戦争**」という言葉が広く使われるようになった。

ハイブリッド戦争は，有事と平時の区別を曖昧（あいまい）にすることで，明確な有事であれば発動される可能性の高い反撃の回避を狙う元来は弱者の戦略である。同様の挑戦を突き付けるものとして，近年広く懸念されるようになっているのが，「**グレーゾーン事態**」である。武力攻撃にはいたらない武力の行使により，領土の一部を奪うなど現状変更を図る行為である。たとえば，中国が活発化させてきた海洋活動でも，軍・政府機関の艦船に加え，民間船を装った船舶が多用されてきたが，日米はこれをグレーゾーン事態が起こりやすい状況として警戒を強めてきた。

現状変更行為に対する反撃を阻む方法としては，アメリカのような域外大国を介入させないための「接近阻止・領域拒否」(A2/AD) 能力の整備も懸念されている。中国の対艦弾道ミサイルや，イランなどの使用も散見されるようになっている無人攻撃機などの比較的安価な手段で，空母のようにはるかに高価な装備の投入を阻もうとするのである。なお，アメリカも多用してきた無人機の戦闘での利用は，すでにかなりの広がりを見せている。最近では2020年秋に起こった大規模戦闘で，アルメニアに圧勝したアゼルバイジャンが大量の無人機を導入して注目を集めた。この際にとくに重要だったのが，人工知能（AI）搭載型の無人機であったとされる。このようにすでに一般化しつつあるAIの利用は戦争を革命的に変質させるともいわれている。

以上のような手法の変化に関連して，戦闘領域の拡大も指摘されてきた。伝統的な陸海空の3領域に加え，宇宙・サイバー空間・電磁波という新領域が加わり，国家中枢や社会・経済基盤へのサイバー攻撃の可能性はもちろん，武力攻撃やそれにいたらない実力行使が多数の領域にまたがって展開される可能性が広く想定されるようになったのである。冷戦後のアメリカの軍事介入は相手の軍事的中枢へのサイバー攻撃をともなって行われるようになっていたが，いまや敵の「領域横断（クロス・ドメイン）」作戦に対処する領域横断作戦の準備が必要になっている。日本もその例外ではなく，各領域の能力を増幅させる領域横断によって個別領域に存在しうる劣勢を克服できるといった可能性も強調されている。

大国間競争のゆくえ

以上のように，戦争が複合的な変質を遂げるなかで，アメリカはとくに中ロとの大国間競争に備え，終わらない「テロとの戦い」からの脱却を時に強引に試みるようになっている。トランプ政権では，大統領が唐突なシリアからの米軍撤退発表を繰り返し，アフガニスタン政府抜きでタリバンと結んだ和平合意でも米軍の全面撤退が約束され，さらには2020年11月の大統領選挙で敗れた後にも次々と在外米軍の撤退・縮小が発表されるなどした。翌年1月に発足したバイデン政権はその一部を停止したものの，同年8月にアフガニスタンからの米軍全面撤退を強行し，タリバン政権の復権を許すこととなった。

そのアメリカの足元を見るかのように，ウクライナへの露骨な軍事的圧力を強めたロシアは，翌2022年2月，「特殊軍事作戦」と称して同国への大規模侵攻を開始した。非正規戦も併用しつつ正規戦に大きく依存した攻撃となったが，NATOの反撃を惹起（じゃっき）することはなかった。しかし，ウクライナの激しい抵抗

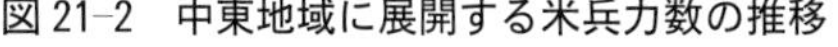
図 21-2　中東地域に展開する米兵力数の推移

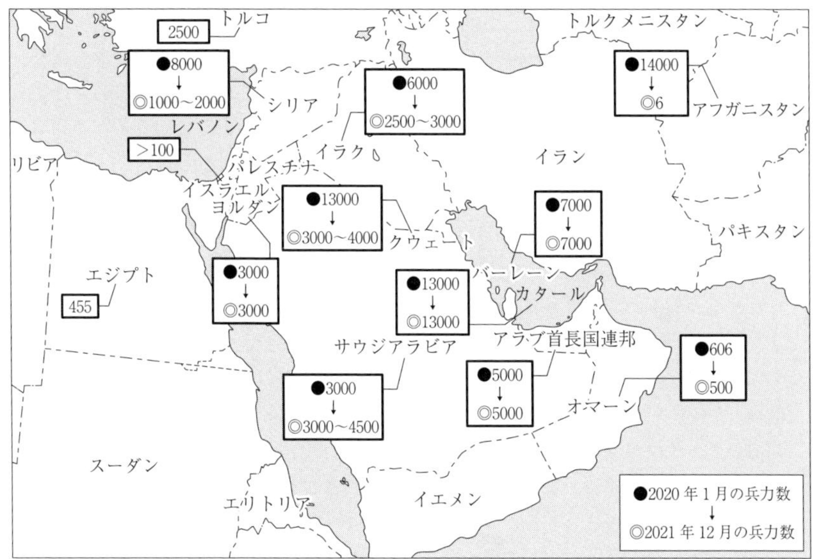

［注］ トルコ，イスラエル，エジプトの数値は，Mike Sweeny, “A Plan for U.S. Withdrawal from the Middle East,” Defense Priorities, December 2020 に拠る。アフガニスタンの 21 年 12 月の兵力数のみは米国防省に拠るが，「全面撤退」後も数百人が残っているともいわれる。他の数値はすべて概算・推定値であるが，これよりもかなり小さい国防省発表の数値よりも実態に近いと見られる。

［出典］ *The Washington Post*, January 4, 2020; “US Military Presence in the Middle East,” International Institute for Global Strategic Analysis, April 22, 2022 (https://iigsa.org/us-military-presence-in-the-middle-east/) を基に作成。

にあい，当初の目的達成には失敗したと見られる。ロシアは大々的な情報戦も展開したが，ロシア国内・親ロ国などを除けば多分に空虚に響くのみで，むしろウクライナの方が情報戦では優位に立ってきたと見られている。しかし，到底楽観はできない。おそらくはウクライナ領土の一部割譲が容認されるまで，被害をますます拡大させながら戦争が長期化していく可能性が高い。イラクに並んで，小規模ながらいまだ米軍が留まっているシリアでは，米軍とロシア軍の直接衝突があらためて懸念されるようにもなっている。

国際社会のウクライナ支援もいつまで続くかわからない。コロナ禍でも注目された相互依存の武器化がやはり生じており，エネルギー価格，物価一般の高

重要ポイント㉑

武器化される相互依存

経済的相互依存の深化が戦争を起こりにくくすると論じた相互依存論でも，相互依存の非対称性がパワーの源泉になることが指摘されてきたが（→**unit 8**），近年，顕在化している大国間競争では，相手を強制・強要する手段として相互依存が利用される場面が目立つようになっている。

コロナ禍発生直後の2020年4月にオーストラリアがウイルス発生源の調査を求めたことに反発した中国が，同国からの石炭や農産品の輸入を制限し，両国の関係悪化がさらに進むといった事態が発生した。また，マスクや医療用品等の不足に苦しむ多くの国々が「サプライチェーン」（供給網）の脆弱（ぜいじゃく）性に対する危機感を募らせた。2010年，尖閣諸島付近での中国漁船と海上保安庁巡視船との衝突事件の後，中国にレアアース（希土類）の輸出を止められた経験をもつ日本でも，「経済安全保障」がにわかに重視されるようになった。

拍車をかけたのが，2022年のウクライナ侵攻である。「テロとの戦い」でもイラク戦争にイラン核問題が重なり，原油価格の高騰を助長したが，それに乗じて急速に国力と自信を回復させてきたロシアは，従前からウクライナのロシアへのエネルギー資源依存を「武器」として用いてきた。侵攻後も西欧諸国などのエネルギー資源の対ロ依存を経済制裁に対抗する武器として用いており，その影響から容易に脱け出せない国も少なくない。すべてがロシアの意図的な武器化によるものではないものの，世界的な食料危機の到来も懸念されている。無論，武器として使う方にも痛みがともなうが，ロシアの痛みを和らげていると目される中国は，習近平国家主席自ら，他国の対中依存度を増大させ，他国による供給遮断に対する反撃力・抑止力を強化する必要を主張している（→**unit 28**）。

とくに大国間競争では，直接的な軍事衝突の危険性が高い分，経済的な対抗手段が重用されることが予想される。その経済的な影響は必然的により大きくなるということも懸念されるが，同時に，かつて米ソ冷戦を「長い平和」と呼んだギャディスが（→**unit 5**），それを可能にした要因の一つに，米ソ間の経済的相互依存度の低さを挙げていたということにも留意しておくべきであろう。

騰も背景に，一部にはすでに支援疲れの兆候も指摘されている。2022年末までに1700万人を超えたとされる国外への避難民が，いずれ避難先で排外的なナショナリズムを惹起しないという保証もない。ソーシャル・メディアの発達を背景に，少なからぬ一般市民が，なぜか既成メディアを疑うようには出所不明の虚偽情報を疑うことをせず，その拡散を助長するといった危険も常態化している。とくに権威主義国家との大国間競争では，人心掌握の必要性はきわめて広範囲で高まっているといえる。

時に戦争の終わり方はその後の国際政治のあり方を大きく規定するとされるが，ウクライナ戦争の終わり方はとくに大きな影響を及ぼしうる。たとえば，中国による台湾の併合を助長するような勝利をロシアが得て終わるのか。あるいは，たとえプーチン大統領が「軍事的勝利」を誇示することになったとしても，あからさまな侵攻が自制される可能性が高い世界が維持されて終わるのか。国際政治は今日，重大な岐路に立たされている。

引用・参照文献

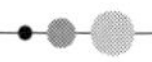

ウッドワード，ボブ／伏見威蕃訳『ブッシュの戦争』日本経済新聞社，2003 年（原著 2002 年）。

ウッドワード，ボブ／伏見威蕃訳『攻撃計画――ブッシュのイラク戦争』日本経済新聞社，2004 年（原著 2004 年）。

ウッドワード，ボブ／伏見威蕃訳『オバマの戦争』日本経済新聞社，2011 年（原著 2010 年）。

カルドー，メアリー／山本武彦・渡部正樹訳『新戦争論――グローバル時代の組織的暴力』岩波書店，2003 年（原著初版 1999 年）。

小泉悠『現代ロシアの軍事戦略』ちくま新書，2021 年。

シンガー，P. W.／小林由香里訳『ロボット兵士の戦争』日本放送出版協会，2010 年（原著 2003 年）。

シンガー，P. W., エマーソン・T. ブルッキング／小林由香里訳『「いいね！」戦争――兵器化するソーシャル・メディア』NHK 出版，2019 年（原著 2018 年）。

末近浩太『中東政治入門』ちくま新書，2020 年。

高岡豊・溝渕正季編『「アラブの春」以後のイスラーム主義運動』ミネルヴァ書房，2019 年。

千々和泰明『戦争はいかに終結したか――二度の大戦からベトナム，イラクまで』中公新書，2021 年。

福田毅『アメリカの国防政策――冷戦後の再編と戦略文化』昭和堂，2011 年。

マクマスター，H・R.／村井浩紀訳『戦場としての世界――自由世界を守るための闘い』日本経済新聞出版，2021 年（原著 2020 年）。

マン，ジェームズ／渡辺昭夫監訳『ウルカヌスの群像――ブッシュ政権とイラク戦争』共同通信社，2004 年（原著 2004 年）。

森孝一・村田晃嗣編『アメリカのグローバル戦略とイスラーム世界』明石書店，2009年。

Colby, Elbridge A., *The Strategy of Denial: American Defense in an Age of Great Power Conflict*, Yale University Press, 2021.

Drezner, Daniel W., Henry Farrell, and Abraham L. Newman, eds, *The Uses and Abuses of Weaponized Interdependence*, The Brookings Institution Press, 2021.

Lindsay, Jon R. and Erik Gartzke, eds, *Cross-Domain Deterrence: Strategy in an Era of Complexity*, Oxford University Press, 2019.

Roberts, Brad, *On Theories of Victory, Red and Blue*, Center for Global Security Research, Lawrence Livermore National Laboratory, June 2020.

Tanter, Raymond, *Rogue Regimes: Terrorism and Proliferation*, Updated ed., Palgrave Macmillan, 1999.

Wigell, Mikael, Sören Scholvin and Mika Aaltola, eds., *Geo-economics and Power Politics in the 21st Century: The Revival of Economic Statecraft*, Routledge, 2020.

文献案内

- □ **酒井啓子『9.11後の現代史』講談社現代新書，2018年。**

  9.11テロ事件後の国際政治・安全保障のあり方を大きく変えた対テロ戦争とその多大な影響を受け続けた中東政治の展開を，わかりやすく解説する。

- □ **廣瀬陽子『ハイブリッド戦争――ロシアの新しい国家戦略』講談社現代新書，2021年。**

  ロシアが各地で展開・関与する「ハイブリッド戦争」のさまざまな実例を解説し，その背景や政治的意味合いを浮き彫りにする。

- □ **フリードマン，ローレンス／奥山真司訳『戦争の未来――人類はいつも「次の戦争」を予測する』中央公論新社，2021年。**

  戦略論・戦争史の大家が，19世紀以降，次の戦争がどのように考えられてきたかという観点から，戦争の変遷を描き出す。第3部ではハイブリッド戦争，サイバー戦，無人化など最近の動きも取り上げられる。

unit 22

国連PKO，平和構築，多国籍軍
――紛争解決のためのさまざまな活動

Keywords
平和維持活動（PKO），『平和への課題』，平和構築，人道的介入，多国籍軍

国際平和活動のさまざまな形態

平和維持活動（PKO）とは，紛争の終結後に紛争当事者の間に入って停戦や軍の撤退を監視して事態を鎮静化させることで紛争の再発を防止するとともに，紛争を平和的に解決するための環境を整備したりする活動である。基本的には，紛争当事者間での武力衝突が終了した後に，国際連合（国連）安全保障理事会（安保理）の決議を受けて，国連加盟各国が供出した兵力や文民スタッフによって組織される。

冷戦後，宗教や民族対立などに根差す国内紛争や，さまざまな勢力が国境を越えて関与する地域紛争など，武力紛争の態様が多様化し，またその数も増加している。それにともないPKOへの期待も高まり，必要とされる活動も多様化している。

近年よく使われる概念に「平和構築」がある。紛争後の社会において平和が永く保たれ，紛争が再発しないような国づくりを目的とし，紛争当事者間の和解，緊急援助，統治機構の構築（ガヴァナンス）支援，社会経済復興支援，社会的弱者支援などの幅広い活動を包括する概念である。PKOは，従来の停戦監視業務に加え，選挙監視や文民警察，それに平和構築の要素を含む複合的な任務を担うようになった。ただし，平和構築の役割を担うのは，国連PKOだけでなく，多国籍軍や国際機関，各国政府や非政府組織（NGO）などの多様な

行為主体（アクター）である。

国際社会が紛争に関与し，平和を確立しようとする活動は，国連 PKO にとどまらない。国連安保理の決議によって権限を授けられ（授権），自らの意思と能力に基づいて編成された「多国籍軍」や，地域機構などによる平和活動もある。また，著しい人権侵害や人道的危機に市民が直面している場合には，国際社会はそのような人々に対して「保護する責任」があるとして，強制的に事態に介入する「人道的介入」も実施されてきた。

国連 PKO の成立と冷戦期の国連 PKO

そもそも PKO には，国連憲章のなかに明文化された根拠がない。国連憲章は，国際秩序の維持を重視する観点から，武力行使を原則的に禁止し（第2条4項），憲章第6章では，紛争の平和的解決を規定している。しかし，平和的解決が不可能な場合には，武力不行使原則の例外として，第7章において「平和に対する脅威，平和の破壊及び侵略行為」に対し安保理決議の下での強制措置（武力行使を含む）を認めている。国際社会の平和に対して脅威を与える行為には国際社会が団結して強制行動をとることを規定することで，侵略行為が無益であることを加盟国に知らしめ，そのような行為を未然に防ぐことが期待されていたのである（集団安全保障）。

冷戦期には，この集団安全保障体制は，国連安保理において拒否権をもつ米ソの対立によって機能不全に陥った。しかし，そのなかでも，国際の平和と安全のために国連が果たすべき役割が模索された。1948年，イスラエル共和国の樹立に反対するアラブ諸国がそれを武力によって阻止するという行動に出た（第1次中東戦争）。このとき，国連安保理は，関係諸国に休戦を要請し，休戦を監視するための国連休戦監視機構（UNTSO）を設立することを決議した。パレスチナ地域に派遣された UNTSO は休戦協定の履行を監視した。これが，国連による休戦・停戦監視活動の始まりであり，PKO の嚆矢（こうし）であるといわれている。

また国連総会は，1950年に「平和のための結集決議」を採択し，平和が脅かされている事態に対してすべての常任理事国の合意が得られないために安保理が責任を果たせない場合には，国連総会が必要と思われる措置を加盟国に対して勧告することを決議した。そして，この決議に基づいて国連が初めて具体的な措置をとったのは，1956 年のスエズ危機に際してであった。

1956 年，エジプトはスエズ運河の国有化を宣言した。これに対しイギリス，フランスが反発し，イスラエルもパレスチナ解放運動を支援するエジプトに対する反感から，3 カ国は呼応するようにして軍事行動に出た。英仏という常任理事国がかかわる事態において，両国の拒否権の前に安保理は手を打つことができず，国連は「平和のための結集決議」に基づいて緊急特別総会を開催した。緊急特別総会では停戦決議が採択され，続いてハマーショルド国連事務総長とカナダのピアソン外相のイニシアティブにより，停戦監視のために第 1 次国連緊急軍（UNEF I）を派遣することが決定された。UNEF I は，スエズ運河地帯とシナイ半島に展開して，停戦およびエジプト領からの英，仏，イスラエル軍の撤退を監視し，その後もエジプトとイスラエルの間に緩衝地帯を設け，武力衝突を防止した。

UNEF I は，国連憲章第 7 章が規定するような国連軍ではなく，その果たした機能も憲章の想定するような集団安全保障ではなかった。平和の破壊者に制裁を加えるのではなく，あくまで紛争当事者間に入って停戦合意の監視や兵力の引き離しを非強制的かつ中立的に実施し，武力行使は自衛の場合に限られていた。第 6 章の定める平和的解決ではないが，第 7 章の定める国連軍でもなく強制行動をとるわけでもない。このように，憲章第 6 章と第 7 章の間に位置することから，PKO は「6 章半」の活動（ハマーショルド事務総長）とも称された。

UNEF I の経験を受けて 1958 年に発表された「UNEF I の設置及び活動に基づく研究摘要」には，その後の PKO 活動の指針となる原則が示されていた。すなわち，PKO は，①受け入れ国の同意を前提とし，また要員の提供も提供国の自発的な意思によるという同意原則，②当事者に対して不偏・中立であること，また受け入れ国の内政に干渉しないこと，③武力の行使は自衛のための必要最小限にとどめること，である。これらに加えて，PKO を組織する際の原則として，④派遣された部隊は国連事務総長の指揮下に置かれ，派遣国ではなく国連に対して忠誠を誓い義務を負うという国際性の原則，⑤中立原則を維持するために常任理事国の部隊を加えないという大国排除の原則がある（ただし，近年では中国など大国の派遣も増えている）。また，受け入れ国は部隊の構成に対しても同意を与えることができるので，利害関係国の部隊派遣も排除される。

国連 PKO は，機能不全に陥った集団安全保障機能を補完する方策として，国連憲章を柔軟かつ現実的に解釈・適用することで，国連が紛争解決に寄与することを可能にした。その一方，国連憲章に準拠規程をもたないがゆえに，実際の活動や議論を経て慣習的に確立された原則や行動規範は，内政不干渉，国家主権の尊重，武力不行使という，伝統的国際秩序規範との整合性に十分に配慮したものであった。

1948 年から 88 年の冷戦期の 40 年間に，国連は 15 件の PKO を実施している。その少なさも国連 PKO の限界を反映するものであった。国家主権尊重などに配慮した同意原則ゆえに，関与できる紛争は限られていた。また，派遣先での中立性の維持も困難な課題であった。たとえば，政府と分離派が激しく争うコンゴに派遣されたコンゴ国連軍（ONUC，1960-64 年）は，自身が紛争の当事者として分離派と衝突を繰り返す事態に陥った（なおハマーショルド事務総長は，ONUC 訪問中に飛行機事故で殉職している）。

国連はさまざまな経験を経て，主権や中立性の尊重といった規範を重視しながら，停戦監視など限定的かつ穏健な PKO のあり方を確立していった。実施された PKO の数は限定的とはいえ，その多くは地域紛争の拡大防止に一定の役割を果たしてきており，1988 年には国連による安全保障活動の柱としての役割が認められ，ノーベル平和賞を受賞している。

冷戦後の PKO

冷戦後，社会的差別，民族・宗教的な対立に根差す地域紛争や内戦が，平和に対する脅威として浮上してきた。また，米ソ対立構造の消滅により，冷戦期から継続していた地域紛争や内戦に終結の機運が生まれてきた。そうしたなか，地域紛争や内戦への対応策として PKO への期待も高まった。1989 年から 2021 年までに 56 件の PKO が実施されているが，その数は，冷戦終結前の 40 年間で派遣された PKO の 3 倍以上にのぼる。

冷戦後の PKO は，単なる停戦監視や軍事監視団の派遣にとどまらず，文民警察，選挙の実施，難民帰還支援，武装解除，行政・統治の支援，戦後復興の支援など複合的な任務を担うようになった。1992 年から 93 年にかけて展開した「国連カンボジア暫定統治機構（UNTAC）」がその例であり，紛争後のカンボジアにおける国家建設に大きく貢献した。このような複合的な役割を担う冷戦後の PKO は，「第 2 世代 PKO」と呼ばれる。

1992 年のブトロス＝ガリ事務総長による**『平和への課題』**は，国連の紛争対応能力を向上させるためのさまざまな提言を行った。「平和維持」については，軍事要員と警察要員に加え，文民も含む活動とすること，および，PKO の量的・質的拡大にともなって不足がちになる人員，装備，財政などの問題の解決に向けて加盟国に協力を呼び掛けている。他方，「予防外交」「平和創造」「平和構築」は，国連 PKO の新たな可能性を示唆するものであった。「予防外交」は，武力紛争を未然に防ぐための政治的仲介や PKO の予防的展開といった措置である。「平和創造」は，平和的手段での平和創造が成功しなかった場合に，違法な侵略行為や武力行使に対し，軍事的能力を強化した PKO 部隊によって強制措置をとることを可能にする平和執行部隊の構想を含むものである。そして，「平和構築」とは，紛争後に，武装解除，難民の帰還，治安部門改革（SSR），法の支配や民主的な統治機構の確立，人権の促進などを支援して，永続的な平和のための基盤を確立することである。PKO の予防的展開や平和執行など，従来の国連 PKO に比べてより野心的な活動を提案した『平和への課題』は，国際社会から一種の戸惑いや驚きをもって迎えられたが，冷戦後の国連の平和に対する役割を示すものとして大きな注目を浴びた。

1992 年には，これらの概念を実践するように，マケドニアへの PKO の予防的展開が実施された。1992 年にボスニアに派遣された「国連保護隊（UNPROFOR）」や 1993 年の「第 2 次国連ソマリア活動（UNOSOM II）」では，PKO の任務として，国連憲章第 7 章に基づく武力行使を含むあらゆる必要な措置をとることが認められた。ソマリアでは，自衛の範囲を超えた武力行使による武装解除も試みられ，ボスニアでは人道支援活動の保護が行われた。これらの活動は「第 3 世代 PKO」と称され，PKO の新たな時代が始まったともいわれたが，肥大化する任務に兵力や装備の充実がともなわず失敗に終わる。ソマリアでは武装勢力からの抵抗が強く，その攻撃を受けて PKO 要員が死亡し，さらに国連を支援する米軍の即応部隊にも犠牲者が出るにいたって，米軍および国連

PKOは撤退ないしは任務の縮小を余儀なくされた。強制力をともなった平和執行型の「第3世代PKO」は挫折したのである。

この経験はのちに国際社会の平和活動における2つの潮流を生み出すことになる。1つが，平和構築活動重視の流れであり，もう1つが，単独もしくは複数の有志国による多国籍軍や有志連合による介入である。

平和構築の重要性の高まりと複合型PKO

平和執行型PKOの試みが失敗する一方で，持続的な平和を作り出すための復興支援や人道援助を通じた長期的な関与，つまり平和構築はより重視されるようになった。『平和への課題——追補』(1995年) では，伝統的PKO活動への回帰とともに，紛争後の復興における国連の役割が強調された。長期的に見れば国連が平和執行能力をもつことが望ましいが，現状ではそれは難しく，安保理による加盟国 (多国籍軍) への授権が平和執行の方法としては現実的であるとした。また，予防外交，平和創造，平和維持は，中立性や紛争当事者の同意など伝統的な諸原則を尊重して行う活動であり，制裁と平和執行は国連憲章第7章下での強制措置であるとされた。そして，紛争後の社会において平和の基盤を固めるための平和構築の重要性が強調された。

平和構築は，2000年にブラヒミ国連事務次長がまとめたPKOの機能強化についての報告書『ブラヒミ報告』でも取り上げられ，法の支配，人権擁護，武装勢力の武装解除・動員解除・社会復帰 (DDR)，地域住民のための即効性のあるプロジェクトなどの重要性が強調された。同報告書はまた，PKOの運用に関し，平和構築と平和維持は密接不可分であり，統合的に実施していくべきであるという考え方を提示した。この統合的なPKOという考え方は，1999年の国連東ティモール暫定行政機構 (UNTAET) や国連コソヴォ暫定行政ミッション (UNMIK) 以降のミッションに反映されている。

2005年12月には，「平和構築委員会」が国連総会と安保理の下に設立された。これは，平和構築に関し安保理に助言を行う機関であり，持続可能な平和や国家建設の支援に対する国連の姿勢を示すものであるといえよう。

また，平和構築は時にNGOなど市民社会の活動をも含む包括的平和活動を意味する用語としても使用される。また，平和構築活動は「人間の安全保障」

図 22-1　展開中の国連の平和維持活動（PKO）

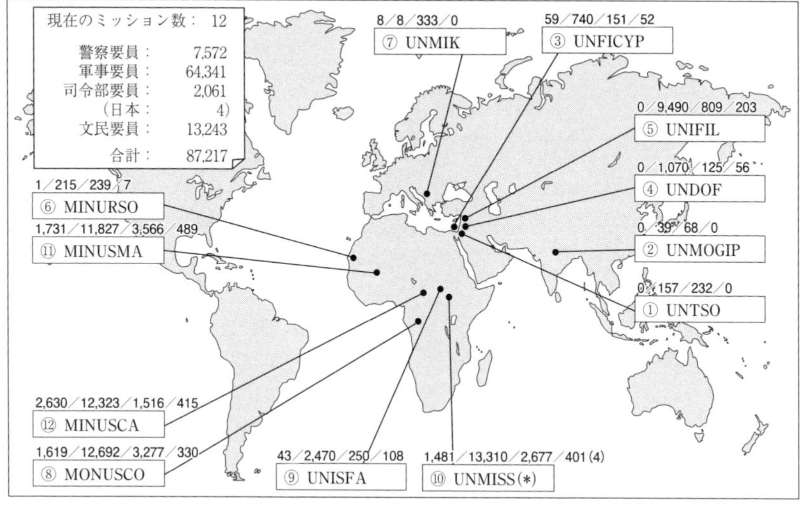

ミッション名　／　開始年月

① 国連休戦監視機構（UNTSO）　／　1948 年 6 月～
② 国連インド・パキスタン軍事監視団（UNMOGIP）　／　1949 年 1 月～
③ 国連キプロス平和維持隊（UNFICYP）　／　1964 年 3 月～
④ 国連兵力引き離し監視隊（UNDOF）　／　1974 年 5 月～
⑤ 国連レバノン暫定隊（UNIFIL）　／　1978 年 3 月～
⑥ 国連西サハラ住民投票監視団（MINURSO）　／　1991 年 4 月～
⑦ 国連コソヴォ暫定行政ミッション（UNMIK）　／　1999 年 6 月～
⑧ 国連コンゴ（民）安定化ミッション（MONUSCO）　／　2010 年 7 月～
⑨ 国連アビエ暫定治安部隊（UNISFA）　／　2011 年 6 月～
⑩ 国連南スーダン共和国ミッション（UNMISS）　／　2011 年 7 月～
⑪ 国連マリ多面的統合安定化ミッション（MINUSMA）　／　2013 年 4 月～
⑫ 国連中央アフリカ多面的統合安定化ミッション（MINUSCA）　／　2014 年 4 月～

［注］　各ミッション名の上部にある数字は，左から警察要員／軍事要員／文民要員／司令部要員を示している。
　＊は日本が PKO 法に基づき要員を派遣中のミッション。（　）内は派遣人数（国連統計）。
［出典］　外務省ウェブサイトをもとに著者作成（2022 年 10 月現在）。

概念（→unit 23）とも密接なかかわりをもつ。すなわち，内戦のように国家がその国民（もしくは市民）に対し，安心して暮らすことのできる環境や人権を保障できない場合，あるいは国家自身が国民の人権を侵害したり人道的危機を引き起こしたりする場合，守られるべきは国家ではなく個々の人間ということになる。平和構築とは，まさに人間が安心して暮らしていくことができる社会を実現することにより，紛争の再発を防止することを目標としているのである。

図 22-2　国連政治・平和構築ミッションの展開状況

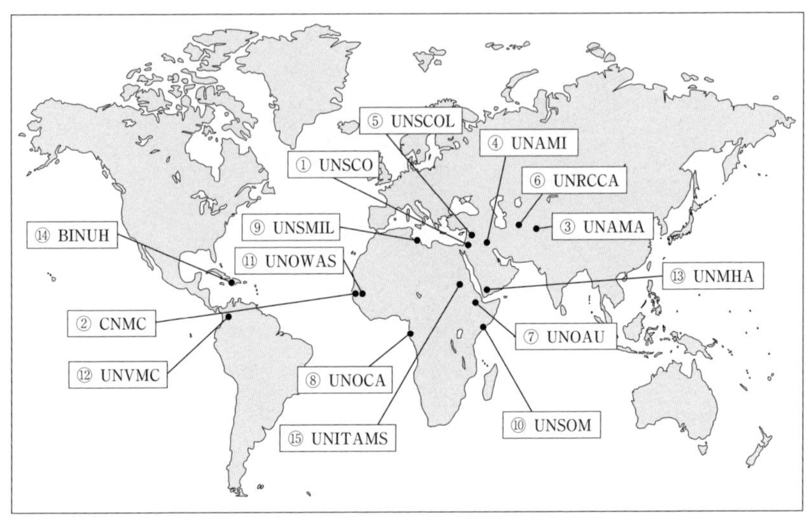

ミッション名　／　開始年月

① 国連中東和平プロセス特別調整官事務所（UNSCO）／ 1999年10月～
② カメルーン・ナイジェリア混合委員会（CNMC）／ 2002年11月～
③ 国連アフガニスタン支援ミッション（UNAMA）／ 2002年3月～
④ 国連イラク支援ミッション（UNAMI）／ 2003年8月～
⑤ 国連レバノン特別調整官事務所（UNSCOL）／ 2007年2月～
⑥ 国連中央アジア予防外交センター（UNRCCA）／ 2007年12月～
⑦ 国連アフリカ連合事務所（UNOAU）／ 2010年7月～
⑧ 国連中央アフリカ地域事務所（UNOCA）／ 2011年3月～
⑨ 国連リビア支援ミッション（UNSMIL）／ 2011年9月～
⑩ 国連ソマリア支援ミッション（UNSOM）／ 2013年6月～
⑪ 国連西アフリカ・サヘル事務所（UNOWAS）／ 2016年1月～
⑫ 国連コロンビア検証ミッション（UNVMC）／ 2017年9月～
⑬ 国連ホデイダ合意支援ミッション（UNMHA）／ 2019年1月～
⑭ 国連ハイチ統合事務所（BINUH）／ 2019年10月～
⑮ 国連スーダン統合移行支援ミッション（UNITAMS）／ 2020年6月～

［出典］ 国連ウェブサイトをもとに著者作成（2022年3月）。

近年では，平和維持と平和構築を相互補完的に実施するために，軍事，警察，文民の機能を組み合わせた複合型PKOが派遣されている。複合型PKOは，伝統的な停戦監視のほか，治安部門改革やDDR，選挙支援やグッド・ガヴァナンスの確立などの平和構築，人道支援・復興支援，とりわけこれらの活動の基盤ともいえる文民保護（POC）などを合わせて実施しており，国連憲章第7章のもとでの強力な権限を付与されたミッションも再び増えている。そのほかに，軍事・警察要員を中心に展開してきた従来の PKO と異なり，文民要員を中心に現地の情勢に応じて政治，人権，法の支配などの分野で柔軟に展開する特別政治ミッション（SPM）も展開されている。

2015 年に「平和活動に関するハイレベル独立パネル」が提出した報告書では，国連 PKO がより効果的，効率的にニーズに応えられるようにするための本質的な転換として，政治的解決の重視，対応力のある柔軟な活動，より強力なパートナーシップ，および現場重視・人間中心の任務を提示した。さらに，2018 年にはグテーレス事務総長は「PKO のための行動（A4P）」を打ち出し，紛争の政治解決の重視，PKO 要員の安全性の向上，PKO 活動のパフォーマンスの向上，パートナーシップの強化，そしてジェンダーの視点の強化など，PKO 改革を進めている。

人道的介入と多国籍軍

人道的介入とは，著しい人権侵害や人道的危機に人々が直面している状況において，当該政府がその人々の安全を確保する能力や意思をもたない場合に，国際社会が当該政府の同意なしに強制的に武力を用いて介入することをいう。

ソマリアでの PKO が失敗した後，1994 年にルワンダでフツ族によるツチ族の大量虐殺が発生した。80 万人以上が犠牲になったといわれるが，このとき国連ルワンダ支援団（UNAMIR）は，虐殺を止められず撤退を余儀なくされた。また，ボスニア紛争では，1995 年，安保理決議で安全地帯として設定されていたスレブレニツァに避難していたムスリム系住民約 8000 人が，セルビア人によって虐殺されるという事件が起こった。これは，現地の国連保護隊（UNPROFOR）が安保理から適切な任務とそれにふさわしい実力を与えられていなかったために起こった悲劇であった。これらの事例は，平和執行型 PKO の失敗例としてあげられるが，国連以外の強制力を含めた，人道的介入のあり方を考える契機ともなった。

1991 年の湾岸戦争では，安保理が加盟国に対して強制措置を行う権限を付与し，PKO とは異なる**多国籍軍**を通じた紛争解決の形を示した。ボスニア紛争の終結には，1995 年の北大西洋条約機構（NATO）軍による空爆が決定的な役割を果たした。1999 年のコソヴォ紛争でも，アルバニア系住民の虐殺を防

重要ポイント㉒

保護する責任

大量虐殺や民族浄化，避難民の大量発生など，大規模な人権侵害や人道的危機が発生したとき，もし当事国がその事態を止めることができないとき，国際社会は何をすべきか。

2001年12月，カナダ政府が主導した「介入と国家主権に関する国際委員会」が報告書『保護する責任』をとりまとめた。これによると，「保護する責任」とは，次のような基本理念に基づく。まず，主権国家は元来，自国の人々を保護する責任を負う。しかし，もし主権国家が保護する責任を果たす意志や能力がない場合には，国際社会の保護する責任は，国家主権や内政不干渉原則に優越し，その責任を担うとされる。この考えは，国連においては国連サミット（2005年）の成果文書で初めて確認され，2009年の国連事務総長報告では概念の整理と精緻化がなされた。同報告書では，保護する責任を，ジェノサイド，戦争犯罪，民族浄化，人道に対する罪の4つの危機をその対象と定め，①人権の尊重や関連条約の履行を通じ国民を保護する「国家の保護責任」，② PKOの展開，経済的軍事的支援といった「国際支援と能力構築」，そして③制裁や，時には強制的な武力行使をともなう「適時かつ断固とした対処」，という3つの柱でとらえる。2010年代には人道危機に関する国連安保理決議でもたびたび言及されるようになった。

しかし，伝統的な国家間の秩序を重んじる立場からすれば，主権や内政不干渉は国際関係における最も重要な原則であるとされ，いかなる理由があろうとも当事国の承認がなければ外国の勢力はその事態に関与すべきではないとする。かつて人道を理由に欧米諸国から干渉を受けてきた歴史的経緯から，主権と独立を重視し，一方的な価値観の押しつけを嫌う旧植民地の途上国や，国内の秩序維持を名目として一部の住民に対して抑圧的な政策をとっている権威主義体制の国家を中心に，このような主張が展開されている。

ただし，途上国のすべてが「保護する責任」に反対しているわけでもなく，また介入する側となることが想定される先進国も，介入の是非を国連によって決められることに対する懸念から慎重な立場をとる国もあるなど，一枚岩ではない。

ぐ目的でNATO軍が空爆を行った（→unit 16）。この武力行使は，国連安保理の決議を事前に得ていなかったため，違法ではあったが，人道的悲劇を防ぐという意味では正当であったといわれる（のちに安保理決議1244によって正当性が認められた）。

人道的介入は，人権や人道といった価値規範を重視して，主権平等や内政不干渉といった伝統的な規範を破るべきなのか，それとも国家間秩序を維持するために伝統的な規範を尊重すべきなのか，という問題を提起した。このジレンマに対する1つの回答が，「保護する責任」という概念であろう（重要ポイント㉒）。すなわち，国家の人民を保護することは一義的には国家の責任であるが，もし保護責任を国家が放棄した場合には，国際社会がその責任を引き継ぐ，という考え方である。この考え方によれば，人道的介入は正当化されうる。

問題は，どの程度の人権侵害・人道危機が介入の対象になるのか，どのような手段が適切なのか，である。民主主義や人権といった価値が重視されるようになる中で，国家主権という伝統的な価値がそれらに対してつねに優越的な地位にあるとはいえない。しかし，その一方で強制的な手法による介入は「帝国主義的」との批判を招きかねない。

「多国籍軍」と「有志連合」には明確な定義はないが，安保理決議によってマンデート（権限）が与えられているものを「多国籍軍」，安保理決議が出ないものを「有志連合」と区別する場合が多い。安保理決議に基づくPKOのUNTAETが派遣される前に展開された「東ティモール国際軍（INTERFET）」は，オーストラリア軍を中心にした「有志連合」である。有志連合には，米軍を中心に編成されたアフガニスタンの国際支援部隊（ISAF），ホルムズ海峡における航行の安全維持，ソマリア沖の海賊対処やイスラム国（IS）掃討（→**unit 21**）を目的とするものなどもある。

国際社会は，さまざまな形態の活動によって平和を追求する。国連PKO，平和構築，人道的介入といった活動は，その時代の平和に関する要請を反映して，その正当性の論理や活動主体，活動内容を変化させてきている。今後も，信頼性に富み，より普遍的で，なおかつ実効的な国際平和活動への要請がなくなることはないであろう。私たちは，そのような国際平和活動のあり方について，引き続き構想していかなければならないのである。

引用・参照文献

上杉勇司『変わりゆく国連PKOと紛争解決――平和創造と平和構築をつなぐ』明石書店，2004年。

斎藤直樹『新版 国際機構論――二一世紀の国連の再生に向けて』北樹出版，

2001年。

日本国際連合学会編『人道的介入と国連』(国連研究第2号) 国際書院, 2001年。

日本国際連合学会編『平和構築と国連』(国連研究第8号) 国際書院, 2007年。

広島市立大学広島平和研究所編『人道危機と国際介入——平和回復の処方箋』有信堂高文社, 2003年。

最上敏樹『人道的介入——正義の武力行使はあるか』岩波新書, 2001年。

山田満『「平和構築」とは何か——紛争地域の再生のために』平凡社新書, 2003年。

A/59/2005, *In Larger Freedom: Towards Development, Security and Human Rights for All*, Report of the Secretary-General, 21 March, 2005.

The Responsibility to Protect: Report of the International Commission on Intervention and State Sovereignty, December 2001.

国連平和維持活動関連のウェブサイト 「Reforming Peacekeeping」
https://peacekeeping.un.org/en/reforming-peacekeeping

文献案内

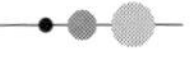

□ **上杉勇司・藤重博美編『国際平和協力入門——国際社会への貢献と日本の課題』ミネルヴァ書房, 2018年。**

国際平和協力の発展の歴史の概説, 日本の国際平和協力政策の発展過程, そしていくつかの具体的な事例の紹介を通じて, 国際平和協力という政策の全体像や争点, さらには問題点などが見えてくる。

□ **東大作『平和構築——アフガン, 東ティモールの現場から』岩波新書, 2009年。**

紛争の解決, 再発防止のために開発途上国に対して何をなすべきなのか, アフガニスタン, 東ティモールの事例を交えてわかりやすく説明する入門書。

□ **篠田英朗『パートナーシップ国際平和活動——変動する国際社会と紛争解決』勁草書房, 2021年。**

国際平和活動は, 国連PKOから多様化し, またアフリカ連合など地域組織とのパートナーシップを含む協力の形態も発展してきた。本書は, このような平和活動の展開を, 自由民主主義という価値の普遍化や安全保障の態様といった国際政治の大きな潮流の中に位置づけ論じている。

unit 23

人権と民主主義
――理念の普及と対立

Keywords
国際人権レジーム，民主的平和，体制間競争

世界における人権・民主主義の現状

人権の保障は，一国内の問題であるが，国際的に強い関心を呼ぶ場合がある。南アフリカで行われていた人種隔離政策（アパルトヘイト）は1960年代後半には国際的な関心を集め始め，その後，国際連合（国連）による制裁が行われ，欧米諸国では南アフリカで操業する企業への不買運動が起きた。1989年，民主化を求める市民への政府軍による鎮圧が行われた「天安門事件」に際して，欧米諸国は中国に対する経済制裁を決定した。

世界における人権や民主主義の状況を継続的に調査し公開している非政府組織（NGO）に，アムネスティ・インターナショナルやフリーダムハウスがある。アムネスティは，人権侵害を調査し，状況改善のためのキャンペーンを行うことを専門としている。具体的には，政府による拷問（ごうもん）や不当な拘禁，表現の自由への侵害，女性の権利の侵害などに目を光らせている。

フリーダムハウスは，1941年に平和と民主主義への関心をもつ人々によってアメリカで設立された。民主主義の達成状況を評価するために，「政治的権利」と「市民的自由」という2つの基準が用いられている。政治的権利とは政治過程への自由な参加を意味し，参政権や自由な選挙の実施が保障されていることを指す。市民的自由とは，表現や信条の自由，結社の自由，法の支配，国家からの介入に対する個人の自由などが保障されることを指す。それぞれ1か

図 23-1　世界の諸国の自由度

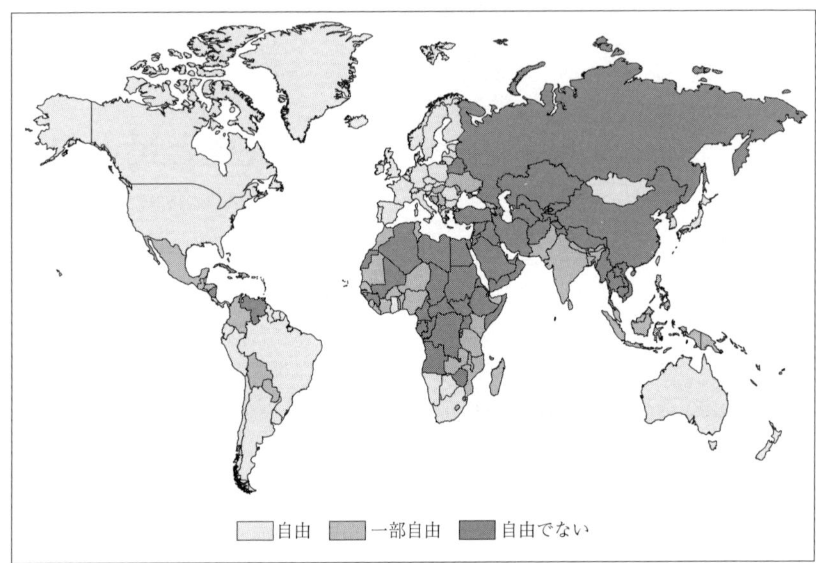

［出典］ Freedom House, *Freedom in the World, 2021: the Annual Survey of Political Rights and Civil Liberties*, Rowman & Littlefield Pub Ind., 2022, pp. 18–19 をもとに著者作成。

ら7までの度数で測り，その数が大きくなるほど自由への制約が高くなる。

2021年のデータによれば，世界195カ国のうち「自由」と評価された国（政治的権利達成度と市民的自由度の平均値が1から2.5まで）は約83カ国，「自由でない」と評価された諸国（5.5–7.0）は56カ国で，残りの56カ国は両者の中間にあたる「一部自由」（3.0–5.0）である。図23-1は「自由」「一部自由」「自由でない」の国々を図示したものである。ヨーロッパや北米は「自由」な諸国からなり，民主主義の歴史が長いラテンアメリカはそれに次ぐ。「自由」が極端に少ないのが中東・北アフリカとロシアを中心とするユーラシアであり，アジアやアフリカ（サハラ以南）は3つのカテゴリーが混在している。表23-1は各地域の国の人権・民主主義の状況を例示したものである。アジアでは日本・韓国などが自由，インドなどが一部自由，中国・ミャンマー・北朝鮮は自由でないと評価される。

民主主義の後退は，今世紀になってからの一つの特徴であり，少しずつでは

表 23-1　自由度のランク

		ランク	政治的権利	市民的自由
アジア太平洋	日本	自由	1	1
	インド	一部自由	2	4
	韓国	自由	2	2
	北朝鮮	自由でない	7	7
	台湾	自由	1	1
	中国	自由でない	7	6
	ミャンマー	自由でない	7	6
アフリカ（サハラ以南）	南アフリカ	自由	2	2
	スーダン	自由でない	7	6
	ソマリア	自由でない	7	7
中東・北アフリカ	イスラエル	自由	2	3
	トルコ	自由でない	5	6
	シリア	自由でない	7	7
	エジプト	自由でない	6	6
ユーラシア	ロシア	自由でない	7	6
ヨーロッパ	ドイツ	自由	1	1
	イギリス	自由	1	1
	フランス	自由	1	2
	ブルガリア	自由	2	2
	ボスニア	一部自由	4	4
南北アメリカ	アメリカ	自由	2	2
	ブラジル	自由	2	3
	ハイチ	自由でない	6	5

［出典］ Freedom House の 2021 年のデータをもとに著者作成（https://freedomhouse.org/countries/freedom-world/scores）。

あるが，非民主主義諸国の世界全体に占める割合が増えてきている（→unit **14**）。ミャンマーの軍事クーデタ，ロシアでの言論弾圧，香港の民主化運動への弾圧などは，その例である。また，2020 年ごろからの新型コロナウイルス感染症の拡大に際しては，多くの国でロックダウン（都市封鎖）など市民生活への制約が課せられた。中国やイランといった非民主主義諸国では，政府の新型コロナ対策を批判した人々が逮捕されるような事例もみられた。

国際的人権保障制度の誕生と発展

それでは，人権はなぜ国際的な関心事項となってきたのだろうか，また，人権保障のために，どのような国際的なルールや手続きが形成されているのだろうか。人は生まれながらにして人としての権利をもつという考え方は，アメリカ独立宣言（1776年），フランス人権宣言（1789年）に遡る。19世紀までは，国家による介入からの市民生活の自由，すなわち自由権（市民的・政治的権利：「第1世代の人権」）が主たる内容であった。次第にドイツのワイマール憲法（1919年）に見られるような，政府が貧富の格差などを是正し，市民の生活を保障することを意味する経済的・社会的権利（「第2世代の人権」）もまた認められるようになっていった。第二次世界大戦後，植民地が独立すると，発展の権利など「第3世代の人権」も主張されるようになった。

人権は，基本的には主権国家の国内的な管轄事項であるため，国際的な課題として人権を扱い，地域的あるいは国際的な機構が人権保障にかかわるようになったのは，比較的新しい現象である。まず，19世紀後半，ヨーロッパ諸国の海外への進出にともない，自国民の活動の自由を海外でも保障することを目的とする国際的約束ができた。また，オーストリア＝ハンガリーやオスマン帝国などの帝国の解体により国境線が変更される過程で少数民族の問題が登場し，地域の国際秩序の不安定化につながることが懸念された。そのため，第一次世界大戦後に新興独立諸国と列強との間で少数民族保護条約が結ばれ，国際連盟の下で国際的関心事項とされた。

こうした初期の動きは，自国民の活動の保障や地域の安定を目的としたもので，人権の普遍的保障が第一の目的であったとはいえない。両大戦間期には，国際法学者たちを中心に国際的な人権宣言の策定を模索する動きもあったが，その実現には第二次世界大戦の経験を経なければならなかった。

国際的人権保障という考え方の登場には，国際秩序の安定という政治的理由と，国家に人権保障を任せられない場合には国際的関与が必要であるという人道的，道義的関心の，2つの背景がある。1930年代のイタリアのファシズム，ドイツのナチズム，日本の軍国主義など，連合国側は抑圧的な体制下にある諸国が国際秩序に挑戦するという傾向を問題にした。また，ナチス・ドイツによるユダヤ人大量虐殺（ホロコースト）の経験から，人権は国内管轄事項ではあるが，国家が自国民の人権を抑圧する事例がある以上，国家のみに任せることはできないという意識が国際的に高まった。

1941 年，F. D. ローズヴェルト大統領は一般教書演説のなかで「4 つの自由」（言論と表現の自由，信仰の自由，欠乏からの自由，恐怖からの自由）を国際秩序の基本原則として提示した。1944 年の米英ソ中によるダンバートン・オークス会議では，戦後国際秩序のための国際機構に関する議論がなされた（→unit 4）。さらに，そこでの人権と基本的自由の扱いが十分ではないと考える諸国や NGO が，積極的に国連憲章の起草過程にかかわるようになった。1945 年のサンフランシスコ会議では，米州諸国やフランス，カナダ，ニュージーランドなどの主張によって人権についての文言が強化された。1945 年 6 月に署名された国連憲章では，第 1 条（目的）において「国際の平和及び安全の維持」「人民の同権及び自決の原則の尊重」とならんで「人権及び基本的自由」の尊重が掲げられた。また経済社会理事会の下に人権委員会を設置することが定められた。

国連人権委員会は 1946 年に設置されるとすぐに，すべての国が尊重すべき共通の人権基準を定めた人権宣言の草案作成に着手した。これが 1948 年に国連総会で採択された「世界人権宣言」であり，その内容には，社会保障や労働権なども含まれるものの，全体としてはいわゆる第 1 世代の人権（思想・良心の自由，表現の自由，集会結社の自由，生命・身体の自由，経済活動の自由，参政権など）が中心であった。

その後，人権委員会は国際人権規約の策定に着手し，市民的・政治的権利を中心とした原案が 1950 年に総会（第 3 委員会）に提示された。これに対し，経済的・社会的権利を導入するべきであるという社会主義国や途上国の強い意見によって，経済的・社会的・文化的権利に関する A 規約と，市民的・政治的権利に関する B 規約の 2 つが起草されることになった（1966 年採択，76 年発効）。A 規約は，漸進的に実現するように各国が最大限に努力するという性格のものであり，締約国は 6 年ごとに国連に対して報告する義務を負う。B 規約には，次のような実施のための具体的な制度がある。①規約委員会への報告義務，

②締約国の規約違反に対して他の締約国が通報する権利，規約人権委員会に斡旋を求める権利，さらに，③選択議定書を別途批准した国についてのみ，被害を受けた個人が（国内的措置を尽くした後に），B規約委員会に通報することを認めた規定である。

当初，国連人権委員会は規範設定に活動範囲を限定していたが，1960年代後半になると，これまでよりも積極的な国際人権保障に乗り出した。その背景には，脱植民地化の動きを背景に，南アフリカのアパルトヘイトなどへの関心が高まったことがあげられる。国際的な人権保障のしくみは，基本的には加盟国単位のものであり，国連の下には被害を受けた個人が直接訴えるような裁判所はない。しかし，1970年には経済社会理事会により，大規模で信頼できる証拠のある一貫し継続した人権侵害に関する個人の通報を，国連人権委員会が取り上げるという手続き（決議1503手続き）が導入された。

□ **分野別人権保障の制度**　分野別にも人権条約が形成されるようになった。1948年には，総会においてジェノサイド条約（集団殺害罪の防止及び処罰に関する条約）が採択された（51年発効）。第二次世界大戦によって発生した難民の庇護に関して，難民の地位に関する条約が1951年に成立し，61年には条約の対象を普遍化した難民条約へと発展した。1960年代には植民地独立の動きを受けて，人種差別撤廃条約（65年採択，69年発効）ができた。このほかにも，女子差別撤廃条約，拷問等禁止条約，児童の権利条約などがある。現在，世界で1億6000万人（UNICEF/ILOによる2020年値）の児童が労働に従事している。児童の権利条約は，そうした18歳未満の児童を対象として，搾取や虐待から守ることを目的としている。

こうした**国際人権レジーム**の形成と発展は，それを支持するNGOや政府のネットワークを活性化させていった。これらの行為主体（アクター）たちは，国際的な人権の規範に触発され，国際的な人権の基準に基づいて自己の活動の正当性を主張している（→unit **10**）。

□ **地域的な人権保障体制**　これまでに述べたような国際的な進展と同時に，人権の尊重を地域の固有の状況に即したかたちで，地域の関心事項として扱う動きが発展した。ヨーロッパではヨーロッパ審議会が1949年に設置され，翌年にはヨーロッパ人権条約が採択された（1953年発効）。その後，ヨーロッパ人権委員会，ヨーロッパ人権裁判所も設置されており，他の地域よりも厳格なルールや手続きの下に，加盟国は国内における人権保障を求められるようになった。さらに，冷戦が終結すると，ヨーロッパ審議会の新しい役割として，旧ソ連・東欧諸国の体制移行（トランジション）プロセスを支援することが加わった。法律家の養成，法律の草案作り，人権尊重のためのセミナーの開催などを通じて，人権の尊重，民主主義や法の支配の確立において，これらの諸国への法的，技術的支援を行った。

アジアの場合には，国連などの場で人権保障のための制度づくりが奨励されてきたものの，長い間進展が見られなかった。その理由としては母体となるべき地域機構の不在や，地域諸国の国家主権へのこだわりと内政干渉への懸念，個人の人権よりも国家としての経済開発を優先する諸国の存在などがあげられる。それでも，フィリピン，インドネシア，タイなどでは国内に人権委員会が設置され，2008年12月に発効した東南アジア諸国連合（ASEAN）憲章には地域としての人権組織の設置が盛り込まれ，12年にはASEAN人権宣言が首脳会合で採択されるなどの漸進的な進展が見られる。

人権外交

人権外交とは，一国（あるいは複数国）が自国の尊重する価値としての人権を他国に投射しようとすることであり，多国間で共通の規範を設定して相互に遵守を確認し合う国際人権レジームとは異なる。人権外交の例としてよくあげられるアメリカは，1951年に国際人権規約の締約国にならないと宣言して以来，ほとんどの多国間人権条約を批准しなかった。その背景には，当時の国内における黒人差別の存在，共産主義に対抗するうえで友好国における人権問題を外交政策の課題とすることは適切でないという主張などがあった。しかし，ヴェトナム戦争の経験，国内での公民権運動の収束，アメリカが支援した権威主義体制の下での人権侵害の表面化，また一方では，対ソ外交上の批判材料として人権を利用しようとする動きによって，1970年代末から人権外交を導入する政権があらわれた（→**unit 14**）。

1977年に登場したカーター大統領は，アメリカ外交の重要な目的として人権問題を扱った。たとえば人権侵害を理由にラテンアメリカ諸国への軍事援助を停止したり，ソ連・東欧における反体制運動を公に批判したりした。しかし，一国が人権を外交上の重要目的と掲げる場合には，人権保障という目的とその他の優先されるべき目的との間で対立が生じる可能性がある。その場合に，外交政策の非一貫性や二重基準の問題に陥りやすい。カーター政権も，次第に実際の外交上の必要性から，一貫性のなさを批判されることが多くなっていった。そのため，次のレーガン政権では，人権外交の政策手段として，外交の裏舞台で説得するような「静かな外交」や，制裁だけでなく必要に応じて報奨を与える「建設的関与」といった多様な手法が取り入れられた。

その後，あらためて人権外交を推進しようと試みたのはクリントン大統領であった。彼は，1992年の大統領選挙期間中，中国の人権問題へのジョージ・H. W. ブッシュ政権の対応が甘かったと批判し，人権問題を重視する姿勢を示した。しかし，そのクリントンも米中の貿易関係への考慮から，次第に中国の人権状況よりもアメリカの経済的利益を優先せざるをえなくなった（→**unit 6, 28**）。1994年には，人権問題と貿易を結び付けないという考えを発表し，中国への最恵国待遇の更新を決定した。こうした事例からうかがえるのは，国家が人権を外交の目標として追求することの難しさであり，政治，経済など他の目標と合致しない場合には妥協を余儀なくさせられるということである。

民主主義の拡大と民主的平和論

欧米諸国の間では，国際関係や外交上，人権とならんで民主主義もまた共通の規範として扱われるようになった。この背景には，非民主主義諸国が民主化することが，国際秩序の安定に寄与するという考え方の存在がある。

ラセットらは，民主制の諸国同士のペア，民主制の国と非民主主義国のペア，そして非民主主義国同士のペアを列挙し，そのなかでの2国間の戦争発生確率を統計的に分析した。その結果，民主制の国は非民主制の国と戦争をすることはあるが，民主主義体制をとる国家同士の戦争の確率はきわめて低いということが明らかになった（**民主的平和論**と呼ぶ）（→**unit 8**）。政策決定過程が透明であるために相互の行動が予測可能であること，政治制度が多元的であるためにチェック・アンド・バランスが働き，危機，戦争を抑制すると考えられている。

他方で，民主的平和論自体やその検証方法には問題があるという批判もある。

重要ポイント㉓

体制間競争

かつて，ハンティントンは民主化の波について次のように論じた。世界的に政治体制の分布を見ると，1920 年代までには西ヨーロッパやラテンアメリカを中心とした民主化の第一波，第二次世界大戦から 1960 年代には，日本や西ドイツなど敗戦国や新しく独立した諸国を中心とする第二波があった。そして，1970 年代半ばから 1980 年代の南ヨーロッパや旧ソ連・東欧諸国を中心とした体制移行（民主化の第三の波）という段階をふんで，途中には揺り戻しもあったものの，全体の趨勢（すうせい）として世界に占める民主主義国の割合は上昇しているという内容であった。

しかし，こうした民主化の流れは 2000 年代以降，徐々に後退してきた。2007 年に「自由」と評価された国がおおよそ 47%，「自由でない」が 22% であったのに対して，21 年にはそれぞれ 43%，29% であった。たとえば，タイは，「自由」「一部自由」から「自由でない」へ，トルコは「一部自由」から「自由でない」へと移行した。国際政治の重心が欧米諸国から，急速な経済発展を遂げる中国など非民主主義諸国へと移っていくなかで，民主主義と非民主主義（一党独裁体制や権威主義）との間の**体制間競争**が目立ってきている。自信をつけ，雄弁に自国の非欧米型発展モデルの有用性を説くこれらの諸国の政策は，南側諸国にとって魅力的に映るようになっている。「民主化の波」から「体制間競争」への移行が見られる。

たとえば，この仮説は，民主制の国の数が少なかった第二次世界大戦以前には当てはまらないという研究結果がある。また，民主主義が平和を創出しているという仮説は誤りで，経済交流の増大こそが，一方では民主主義を促進し，他方では平和を創出するという因果関係があるのではないかという指摘もある。

民主的平和の考え方は，欧米の政策決定者の間で広く共有されるようになり，途上国や紛争後の社会などにおいて民主化を進める際の，強力な理論的支柱となってきた。しかし，現実には，民主主義への移行過程はむしろ不安定である。たとえば，諸民族が分断された社会においては，自由な選挙を行うことによって特定民族の優位を主張する政党が選出され，かえって不安定化をもたらすことがあった。このことから，単に民主化を進めるのではなく，体制移行の過程を適切に管理することにも，国際社会の関心が向けられるようになってきた。また，2010 年にチュニジアから始まった「アラブの春」を民主化の第 4 の波とみるむきもある。しかしここでも，エジプトではクーデタが発生し，シリアでは内戦が激化するなど，体制移行過程の不安定さが露呈している。

異なる価値間の相克

地域機構や国際機関，政府が援助の供与条件として，人権や民主主義を提示することは今日一般的になっている。また，紛争後の平和構築のプロセスにおいては，国連や先進諸国が民主主義，人権，法の支配を基盤とした国造りを進めることが常である。外交政策や国際機関の政策を通じて，欧米諸国の主張する価値が対象国に移植され，拡散するという過程が進んでいる。そこで生じる1つの問題として，これを価値の押し付けや主権への介入と受け取る現地政府との間での軋轢（あつれき）がある。

1990年代半ばには，経済成長によって自信をつけた東アジア諸国の指導者が，欧米諸国の主張する人権の普遍性に反発し，「アジア型人権」を主張したことがあった。その特徴は，内政不干渉原則の強調，経済的・社会的権利の主張，開発政策の優先，固有の文化や歴史の考慮などであった。1993年にウィーン世界人権会議に先立って開催されたアジア地域会合では，この考え方を反映したバンコク宣言が採択された。こうしたアジア諸国の反応は，ハンティントン流「文明の衝突」の，価値をめぐる相克（→unit 13）にも見えた。さらに，2000年代になると，非民主主義諸国が著しい経済発展を遂げることで，非欧米諸国の国際政治における影響力が増大した。これらの諸国は，一党独裁体制や権威主義体制をとり，経済発展で成功を遂げたことを正統性の根拠として国内外に主張する一方で，国内では民主主義や人権に大きな制約を課している。中国の新疆ウイグル自治区での人権侵害，ロシアでの反政府活動家への弾圧などである。非民主主義諸国による発展モデルは，これまでの欧米を中心とした民主主義の規範に対する挑戦となっている。

ジェンダーと人間の安全保障

このように現代の国際関係において，人権問題は国家間の対立点となっている一方で，依然として国際協力における重要なアジェンダでもある。市民社会や国際機関，政府が取り組むべき課題としての人権には，新たな人権も含まれるようになり，さらなる広がりを見せている。たとえば，ジェンダー平等や，性的指向や性同一性などを理由とする差別に苦しむ人々（LGBTQ）の人権保障などがあげられよう。

F. D. ローズヴェルトが示した「4つの自由」や人間としての尊厳に対する脅威から一人ひとりの安全を守ることを，最近の言葉では「人間の安全保障」という。第二次世界大戦終結直後に，国家間の集団安全保障を目標に設立された国連でも，今日では，人間の安全保障ないしは人間中心のアプローチを，平和構築，開発など，さまざまな分野にとり入れていくことが重要視されるようになった。こうした地道に行われる人権をめぐる国際協力の発展もまた，国際政治の一側面なのである。

引用・参照文献

有賀貞編『アメリカ外交と人権』日本国際問題研究所，1992 年。

田畑茂二郎『国際化時代の人権問題』岩波書店，1988 年。

ハンティントン，サミュエル／坪郷實・中道寿一・藪野祐三訳『第三の波——20 世紀後半の民主化』三嶺書房，1995 年（原著 1991 年）。

ラセット，ブルース／鴨武彦訳『パクス・デモクラティア——冷戦後世界への原理』東京大学出版会，1996 年（原著 1993 年）。

Rummel, Rudolph J., "Power, Genocide and Mass Murder," *Journal of Peace Research*, Vol. 31, No. 1, 1994.

文献案内

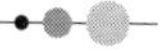

□ **筒井清輝『人権と国家——理念の力と国際政治の現実』岩波新書，2022 年。**

普遍的人権と国際的な人権保障システムの誕生と展開を歴史的に概観している。

□ **ダイアモンド，ラリー／市原麻衣子監訳『侵食される民主主義——内部からの崩壊と専制国家の攻撃』上・下，勁草書房，2022 年。**

世界的潮流としての民主主義の後退と権威主義の台頭について論じている。

□ **渡邉昭夫編『アジアの人権——国際政治の視点から』日本国際問題研究所，1997 年。**

アジア諸国における人権状況と，国際社会による関与を多面的に論じている。

unit 24

グローバリゼーション
——ヒト・モノ・カネ・情報の移動

Keywords
グローバル・サプライチェーン，直接投資，情報通信技術（ICT），規制緩和，反グローバリゼーション

グローバリゼーションという言葉を私たちは頻繁に耳にする。国境を越えた企業の生産活動，直接投資，金融市場の自由化，情報伝達・通信手段の発展など，ヒト，モノ，カネ，情報・知識の国境を越えた動きが進んでいる。Apple，トヨタなど国境を越えて事業を展開する多国籍企業（MNC）の商品やサービスは，世界の人々の消費生活に影響を与えている。私たちはインターネットなど多様なメディアを通じて，自宅にいながら世界のニュースや文化にふれることができるようになった。新型コロナウイルス感染症の拡大の副産物として，在宅勤務やオンライン授業の頻度が増加した。

他方で，グローバル化にともなう問題点も指摘されるようになった。GAFA（Google, Apple, Facebook, Amazon）などの巨大な企業がインターネットを通じて世界中の顧客データを管理していることにより，個人情報保護の上での弊害なども指摘されている。また，新型コロナウイルス感染症が，人の移動にともなって，瞬く間に世界中に広まったこともグローバル化の負の側面である。つまり，今日の社会や経済において自由な金融・資本市場，情報の流通や自由な人の移動は不可欠であるが，時として深刻な危機をもたらすこともある。

グローバリゼーションはどの程度進展し，国家の役割，社会や文化のあり方，個人の生活にどのような影響を与えているのであろうか。急激に進行するグロ

重要ポイント㉔

グローバリゼーションと新型コロナ・パンデミック

国境を越えた人の移動が増えると，感染症の世界的な大流行（パンデミック）も発生する。2002-03年に発生した重症急性呼吸器症候群（SARS），09年の新型インフルエンザ（A/H1N1）など世界的な感染症の流行が続いている。2019年末に新型コロナウイルス感染症の感染者発生が報告されると，またたく間にパンデミックとなった（2022年12月までの感染者は約6億6000万人）。新型コロナウイルス感染症によるパンデミックは，グローバリゼーションの進展による感染症リスクをあらためて認識させただけでなく，世界規模で結び付いた経済や社会にとってのリスクも顕在化させた。たとえば，感染による労働力不足等によって，経済活動も大きく制約を受けた。人や財の移動が滞ることによって，グローバル・サプライチェーンに依存した生産は打撃を受けた。こうしたなかで，各国政府はパンデミック対策として国内での外出規制にとどまらず，国境を越えた人の移動・出入国にも制限を課したが，それによって，社会や経済のデジタル化が進展した側面もあった。情報通信技術（ICT）を利用したさまざまなコミュニケーション手段の普及やデジタル化が加速し，オンライン上での電子商取引や映画配信サービスなども拡大した。

ーバル化を監督し管理するための能力や制度を，国家や国際社会はもっているのであろうか。

ヒト，モノ，カネ，情報の交流

グローバリゼーションは，「世界の一地域での事件が遠隔地の人々や社会にいっそうの大きな影響を及ぼすような，社会相互の連結性の増加過程」と定義される。それがどれだけ進行しているのかをめぐって，主に2つの立場がある。第1に，グローバリゼーションは明確に進展しつつある，新しい現象であるとみなす立場である。第2に，16世紀以降の世界の流れのなかで，それは目新しい現象ではない，国境を越えた貿易・投資関係は19世紀以来大きく変わっていない，という主張である。実際に何が起こっているのかを完全に把握することは難しいし，グローバル化が私たちにとって良いことなのかについても明確な答えはない。まずは実態としてグローバル化をとらえることから始めよう。

□ 貿易　世界貿易は，1950年代以降持続的に拡大している。図24-1は，

図 24-1　世界の貿易額と関税率の推移

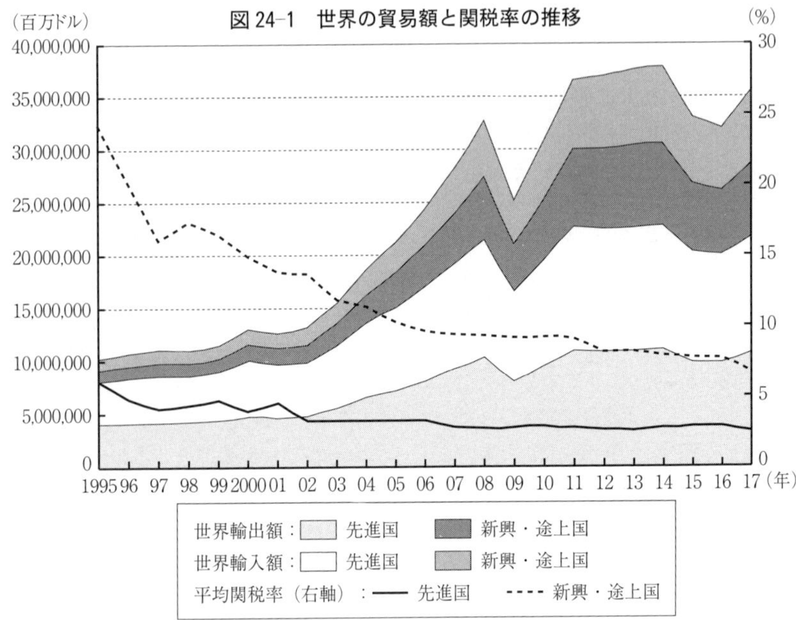

［資料］ 国際通貨基金（IMF）の Direction of Trade Statistics（DOTS）と世界銀行の World Development Indicators（WDI）から作成。

［出 典］ 経済産業省『通商白書 2019 年』2019 年，117 頁（https://www.meti.go.jp/report/tsuhaku2019/pdf/2019_zentai.pdf）。

世界の貿易額と関税率を示したものである。世界の貿易が以前と比較して増加してきたことがわかる。なお，2008 年秋ごろからの「リーマン・ショック」で落ち込んだ後はいったん回復したが，新型コロナウイルス感染症の世界規模の拡大によって再びその伸びは鈍化した。さらに，貿易を通じた新興国・途上国経済の世界経済への一体化が顕著となり，これらの諸国が世界貿易に占める割合も上昇した。なかでもそれを牽引するのは，中国・インドなど新興国であった。世界の名目国内総生産（GDP）に占めるシェアの上昇に比べると，輸出面でのシェアの上昇は緩やかなものとなっているが，新興国や開発途上国の役割は着実に高まっている。その背景には，開発途上国における直接投資の拡大による生産力の向上に加えて，世界貿易機関（WTO）への加盟やさまざまな自由貿易協定（FTA）を締結したことによって関税率が下がってきたことがある。また，企業が製造工程における途中の段階の製品や部品などを輸出して，他の

図 24-2　世界の対内直接投資の推移

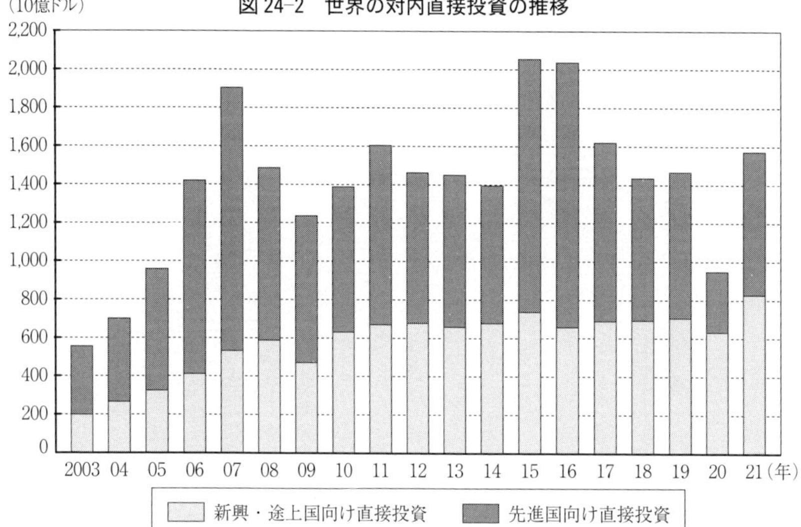

［出典］　ジェトロ「第Ⅱ章 世界と日本の直接投資」『ジェトロ世界貿易投資報告　2022 年版』2021 年，1 頁（https://www.jetro.go.jp/ext_images/_world/gtir/2022/2_s1.pdf）。

国で最終製品を組み立てるような，生産の連鎖（**グローバル・サプライチェーン**）を展開してきたことも，近年の貿易量増大の一因である。

□ **直接投資**　　国際資本移動には，取引期間の長い直接投資と，各国の金利差・為替相場・株式相場の変動によって，短期間に金融市場を移動する短期資本移動がある。

直接投資とは，海外事業や子会社・支店の経営などを行うための対外投資のことである。直接投資は 1970 年から 97 年までの間に 7 倍，さらに，97 年から 2014 年までの間に約 3 倍に拡大した。直接投資の伸びの背景には，1990 年代後半から超多国籍企業と呼ぶべき，海外に子会社を設立し，数カ国にまたがって操業する多国籍企業がいくつも登場したことがあった（→**unit 19**）。2010 年代以降は直接投資額の大幅な増大は見られなくなったものの（図 24-2），企業のグローバルな資本ネットワークの展開は続いている。

直接投資の流れにおいて，かつては先進諸国間の直接投資比率の高さが特徴であったが，近年は開発途上国，なかでも新興国の存在感も高まってきた。開発途上国向け対内直接投資は世界全体の 5 割前後を推移し，アジア・オセアニ

図 24-3　日本の地域別直接投資（残高）の推移（製造業）

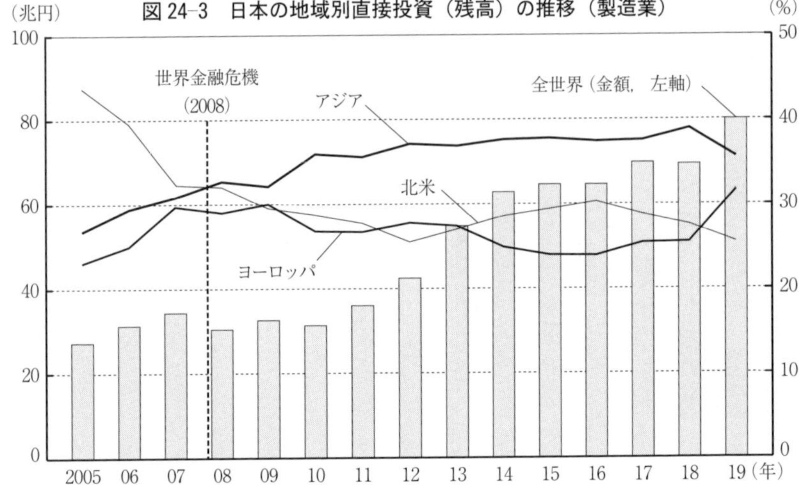

［資料］　財務省「国際収支統計」から作成。
［出典］　経済産業省『通商白書　2021 年　概要版』2021 年，16 頁（https://www.meti.go.jp/report/tsuhaku2021/pdf/2021_gaiyo.pdf）。

ア地域向けが多くを占める。中国に対する直接投資は 2021 年値で世界の 11% を占めたが，中国は対外的な投資も大幅に増大させてきた。日本企業も 1980 年代末から海外での操業が増え，対外直接投資の増加が見られる。

□ **国際金融**　国際金融市場は，実体経済を上回る規模で急速に成長し，貿易や直接投資と比べても著しく統合が進んでいる分野である。1970 年代に変動相場制に移行したことにより，為替レートの変動を利用し利益を得る短期資本の移動が，為替市場の変動を左右するようになった。また，1970 年代にアメリカで始まった金融自由化は，情報化や企業の多国籍化とも相まって世界的な潮流となった。主要国では 1980 年代以降に自由化が進み，日本でも 90 年代に金融制度改革が行われた。さらに，1980 年代には新しい金融手法が発達し，株式や債券などの従来型の金融商品から派生した多様な取引形態（デリバティブ）が生み出された。こうして今日では，有利な資本調達と運用の場を求めて，多くの資本が多様な形態で，世界規模で国境を越えて動くようになっている。他方，アメリカのサブプライム住宅ローン問題にともなう金融市場の混乱（2008 年のリーマン・ショック）は，欧米を中心に急速に発展したグローバルな金融市場の危機を生み出した。

□ **コミュニケーション**　携帯電話やインターネットの普及は先進諸国から始まり，今日では開発途上国でも拡大している。さらに今日では，さまざまな**情報通信技術**（ICT）を用いたコミュニケーション手段が発達している。とくに，新型コロナウイルス感染症の拡大により，オンラインのデジタル技術の活用が急速に拡大している。たとえば，2020 年から zoom（ビデオ会議システム）による会議開催回数は急上昇し，日本にいながら海外の相手と会議を行うことも日常的になった。

グローバル化の進展の度合いを評価することは，簡単ではない。総量のみを観察するのか，GDP 比で比較するのか，地域や国内の集団に分けるのかによっても，結論には差が出る。貿易，投資，金融，情報，人の移動など分野によっても，その進展の度合いは異なってくる。グローバリゼーションは世界全体の厚生の底上げをしているようであるが，地域別に見ると不均衡な過程をたどっている。国連貿易開発会議（UNCTAD）の統計によれば，一人あたり GDP における世界の経済格差は拡大している。グローバリゼーションは，全体の厚生の増大という側面と格差の創出という側面があわさった複雑な過程である。

新しい現象か

グローバリゼーションのどの側面が新しい現象といえるのだろうか。

第 1 に，制度としての資本主義システムの世界規模の拡大があげられる。1990 年代には，旧ソ連や東欧諸国が市場経済・民主主義体制へと移行し，中国やヴェトナムが実質的には市場経済へと動き始めた。第 2 に，新しいグローバルな市場の発展である。また，銀行，保険などサービス分野における市場拡大，新しい金融商品の開発や遠隔地との瞬時取引など金融市場の発展があげられる。とくに金融市場の自由化にともなう民間資金の拡大は新しい現象である。

第 3 に，ヨーロッパ連合（EU），北米自由貿易協定（NAFTA）などの地域統合の枠組みや（→unit 18），2 国間や複数国間の FTA，投資や人の移動にまで対象を広げた経済連携協定（EPA）など，地域内や複数国間での交流の増加がある。FTA や EPA は 2022 年において世界中で 380 件に達するといわれる。日本も，近年，アジア諸国との 2 国間 FTA や EPA に加え，環太平洋パートナーシップ協定（TPP），日EU経済連携協定（日EU・EPA），地域的な包括的経済連携（RCEP）協定などを締結した。

1970年代までのFTAは同程度の経済発展レベルにある先進国同士が大部分であったが，その後は先進国と開発途上国の間の取り決めが増加した。また，同一地域内ではない諸国間のFTAやEPAも重要となっている。この背景には，国境を越えたグローバルな分業と貿易が，先進国，新興国，開発途上国との間で拡大し，異なる経済レベルの地域間で統合を進めるメリットが高まったことなどがあろう。

第4に，より高速で手軽な，新たな情報伝達や移動手段が登場し，時間や空間が以前と比べて縮小したことがあげられる。インターネット，携帯電話，スマートフォンの普及や航空機の発展などは，より速く，しかも安価な手段を提供する。第5に，多国籍企業，非政府組織（NGO），大規模な犯罪ネットワークなど，新しい主体の登場とその影響力の増大をあげることができるだろう（→unit 19）。国境を越えた企業の合併・買収の動きの加速化が，よりいっそう顕著になっている。また，地球規模の諸問題への対応においては，NGOが国際的なネットワークを形成し，環境問題，途上国の債務問題，人権問題などの分野でグローバルに活動している。安価なコミュニケーション手段は，NGOや個人が活動を組織化する能力を大きく高めている。その半面，テロや犯罪組織の国境を越えたネットワーク化など新しい政治問題も引き起こしている。

第6に，国際標準をめぐる競争の登場があげられるだろう。グローバル化した市場においては，ある製品の標準がいったん国際規格として認められると，その標準を備えた製品を世界中で販売できるというメリットがある。逆に，国際標準の取得に失敗すると，開発や製造に新たな投資を要するため費用がかかる。そのため，国際標準の獲得が国際競争力を左右するようになっており，国際標準化機構（ISO）などにおいて，自国の方式を国際標準として認めさせることが，国家の重要な目標にもなっている。

これまで述べてきたグローバリゼーションの特徴に共通するのは，主体間の直接的な「相互連結性」「一体性」である。ネットワークやコミュニケーション手段の発展により，個人や企業の水平的なつながりが密接になったことや，金融市場などのグローバルなインフラストラクチャー（社会的基盤）の形成などが，その基盤となっている。従来の「相互依存」は，貿易など経済的交流を通して諸国家が相互の経済状況や政策にインパクトを与える現象として理解されてきた（→unit 12）。グローバリゼーションにとって相互依存の概念は重要な出発点となるが，加えて，海外直接投資などに見られる企業の国境を越えた生産ネットワークの形成，国境を越えた資本の移動，企業の合併・買収，国境を越えたNGOのネットワークといった，1つの目標に向けた結び付きの強化が注目される。地域レベルで見ても，EUが1990年代初頭にはヒト，モノ，カネの移動を自由化した共同市場を発足させ，東南アジア諸国連合（ASEAN）も2000年代になって，単一市場・生産拠点に向けた統合をめざす具体的計画をうち出し，2015年にASEAN経済共同体が発足した。これらの密接な相互連結と一体化の動きは，「統合」という言葉で呼ぶほうがふさわしいだろう。

複雑な過程としてのグローバリゼーション

グローバリゼーションは，私たちの社会でどのような意味をもつのだろうか。第1に，グローバリゼーションを肯定的にとらえる立場がある。財や資本のグローバリゼーションは，市場の効率性や資源の配分を増大させ，消費者の利益に資すると考える。また，国境を越えた相互理解の促進や，インターネットがもたらす自由な情報へのアクセスなどの恩恵をもたらすものと理解される。

第2に，グローバリゼーションによるマイナス面を強調する立場がある。アメリカのテレビドラマが世界中で配信されるなど，欧米文化の影響が拡大しており，その結果，個別の文化が失われ，均質化が進むという危惧がある。そのような均質化は，文化だけでなく政治体制や社会組織のあり方においても進行している。さらに，情報伝達手段の利用機会，経済的便益の配分においては，むしろ不均衡が拡大していると主張される。

これら2つの立場に対して，グローバリゼーションの進展は問題領域によって濃淡があり，どのような影響を社会に及ぼすかは，国際的なルールや制度の有効性によって異なると考えることもできる。グローバリゼーションはプラス，マイナス双方を私たちの生活にもたらしうる。グローバリゼーションに直面して，政府は既存の機能を強化したり，あるいは新しい役割を担う必要性に迫られたりしている。市場が効果的に機能するための教育，訓練，産業技術育成などのインフラストラクチャーの提供，規制緩和にともなうリスク管理のために，社会保障などの制度の再建が必要であろう。グローバリゼーションは国家，企業，社会集団，個人の間で新しい役割と相互関係を生み出している。

影響の方向性はグローバルからローカルへの一方向だけではない。人の移動，地域ごとの格差の拡大，他国の文化の流入は，その進行とともに，ローカルなあるいは地域的な反応を生み出すことがある。たとえば，少数言語を保護するなど，固有の文化アイデンティティを維持しようとする動きもあるだろうし，民主主義の制度をローカルな社会の文脈に沿うようなかたちでつくりかえることもあるだろう。つまり，統合化と断片化，同質化と多元化が同時に進行しているのである。こうした状況を，グローカリゼーションと呼ぶ。

グローバリゼーションの管理

国家や国際社会は，グローバリゼーションを管理できるのだろうか。為替の安定性の確保，気候変動や生物多様性など地球規模の環境問題への対応（→unit **26**）などがあげられるが，ここでは貿易分野を例に考えてみよう。

1994年のマラケシュ協定により，95年1月に世界貿易機関（WTO）が発足した。WTOには2022年12月現在で164カ国・地域が加盟し，まさに世界規模のレジームとなっている。WTOはグローバリゼーションの管理を意図するとともに，グローバリゼーションの進展にも影響を及ぼしている。同協定では，従来から「関税及び貿易に関する一般協定」（GATT）が主に扱ってきた商品貿易に加えて，金融・通信などのサービス分野，著作権や特許権などの知的財産権の新しい分野の多国間協定が生まれ，グローバルな交流を管理するルールが設定された。これらは，今日にいたるグローバリゼーションの推進力となっている分野である。さらにいえば，アメリカが中心となって1990年代初頭に自由化を推し進めようとしていた分野であった。

今日ではWTOにおける貿易ルールの公正性についても，より大きな関心がもたれるようになってきた。2001年に開始された，WTOになって初めての多角的貿易交渉（ドーハ・ラウンド，正式には「ドーハ開発アジェンダ」と呼ぶ）は，途上国の強い意見を反映して開発の問題も議題として扱ってきた。しかし，新興国の台頭もあるなかでコンセンサスによる意思決定が制約となり，20年以上が経っても交渉が続いている。

反グローバリゼーション運動

グローバリゼーションのもたらす負の側面は，グローバリゼーションへの反対運動を生み出した。アジア通貨危機と国際通貨基金（IMF）の政策を中心に，この問題を見てみよう。1980 年代以降，IMF は支援とひきかえに，市場開放，**規制緩和**，政府支出の削減などを対象国に求め，グローバリゼーションの推進者として作用した。1990 年代，IMF は東アジア諸国に対しても，国内金融・資本市場の自由化を迫った。その結果，自由化・国際化した金融市場を求めて，従来の直接投資だけでなく株式や債券への投資が流れ込み，東アジア諸国経済に大きな影響を与えるようになった。

このような状況下で 1997–98 年にアジア通貨危機が発生した際，IMF は東アジア諸国に緊縮財政を導入させた。この過程で，保健医療予算の圧迫，失業，生活必需品の高騰といった状況が生じ，さらに経済状況の悪化が社会不安や政治の混乱を引き起こした。たとえば，インドネシアでは貧困層への食糧や燃料の補助金が削減され，暴動が発生した。タイでは失業した都市部人口が地方へと流入した。IMF の政策が東アジアでもたらした結果は，グローバリゼーションの推進勢力に対する抵抗（**反グローバリゼーション**運動）へとつながった。

1999 年に開催された WTO のシアトル会議では，開発 NGO，環境 NGO，労働組合など 5 万人が集まって，グローバリゼーションに反対する大規模な抗議運動を行った。これらの団体は，WTO が推進する自由化が，多くの社会で健康面や，環境，労働条件などの面で被害を及ぼすと主張した。この抗議運動が要因となって，WTO は新ラウンドをすぐに立ち上げることができなかった。2001 年 11 月，途上国の開発への取り組みを新たにアジェンダとして導入することで，その立ち上げが決まったのである。

アジア通貨危機直後に公刊された国連開発計画（UNDP）の『人間開発報告書』は，「グローバリゼーションは人間の前進に大きな機会をもたらすが，それは強力なガバナンスがあって初めて可能となる」と述べた。「暴走する世界」（ギデンズ）が，暴走せずに「人間的な顔をしたグローバリゼーション」（スティグリッツ）となるには，環境や貧富の格差などに配慮したルールや政策を国際・地域・国レベルで構築することが，今日でも求められる。

引用・参照文献

ギデンズ，アンソニー／佐和隆光訳『暴走する世界——グローバリゼーションは何をどう変えるのか』ダイヤモンド社，2001年（原著1999年）。

国連開発計画（UNDP）『人間開発報告書1999 グローバリゼーションと人間開発』国際協力出版会，1999年。

国連開発計画（UNDP）『人間開発報告書 2003 ミレニアム開発目標（MDGs）達成にむけて』国際協力出版会，2003年。

藤原帰一・李鍾元・古城佳子・石田淳編『国際政治講座3　経済のグローバル化と国際政治』東京大学出版会，2004年。

ヘルド，デヴィッド編／中谷義和監訳，高嶋正晴・山下高行・篠田武司・國廣敏文・柳原克行訳『グローバル化とは何か——文化・経済・政治』法律文化社，2002年（原著2000年）。

Baylis, John and Steve Smith, eds., *The Globalization of World Politics: An Introduction to International Relations*, 3rd ed., Oxford University Press, 2005.

文献案内

□ **スティグリッツ，ジョセフ・E.／鈴木主税訳『世界を不幸にしたグローバリズムの正体』徳間書店，2002年。**

IMF，WTO，世界銀行が途上国の経済自由化においてどのような役割を果たしたのか，その功罪を明快に論じたノーベル経済学賞受賞者による書。

□ **ボールドウィン，リチャード／遠藤真美訳『世界経済　大いなる収斂——ITがもたらす新次元のグローバリゼーション』日本経済新聞社，2018年。**

グローバル化を歴史的に分析しながら，ICTの進展がもたらしうる世界経済の新しい段階について論じている専門書。

□ **フリードマン，トーマス／伏見威蕃訳『フラット化する世界——経済の大転換と人間の未来〔増補改訂版〕』上・下，日本経済新聞出版社，2008年。**

ITなどの技術革新が，グローバルな経済における産業のあり方や，競争にどのような影響を及ぼすのかを考える。

コラム③

新型コロナウイルス感染症とワクチン外交

2019年12月に中国の武漢から広がった新型コロナウイルス感染症（COVID-19）は，パンデミック（世界的大流行）となった。22年末までに全世界で約7億人が感染し，700万もの命が失われた。このようなグローバルな公衆衛生の危機においては，一部の地域だけが感染の封じ込めに成功したとしても，いずれは感染が広がるし，封じ込めができない地域があればそこで変異種が発生する可能性が高まる。ゆえに，症状やウイルスの特性や感染状況に関する情報を共有し，各国間で検疫体制を調整し，さらに医療用資機材を相互に融通するような国際協調が望ましい。

しかし，感染症の拡大にともなってマスクや人工呼吸器などの医療器材やワクチンが世界的に不足する状態に陥った。そしてこれを逆手に取り，医療器材やワクチンの提供を通じて自国の影響力を浸透させる，いわゆる「マスク外交」，「ワクチン外交」を展開する国も出てきた。

パンデミックを収束させるためには，ワクチンの開発と製造，診断や治療の方法開発の加速化，および世界全体のワクチンへの迅速かつ公平なアクセスが必要である。2020年，世界保健機関（WHO），Gaviワクチンアライアンス（低所得国の予防接種率を向上させるための，国際機関，各国政府，民間財団や研究機関が連携するパートナーシップ），感染症流行対策イノベーション連合（CEPI）が中心となって，COVAX（コーヴァックス）ファシリティ（COVID-19 Vaccines Global Access Facility）が設立された。これは世界の国々が共同でワクチンを確保し，購入する枠組みである。この枠組みのなかで高・中所得国は資金を拠出してワクチンを購入し，途上国へはドナー（供給国）からの拠出金でワクチンを供給する。また，高・中所得国の拠出金は，ワクチンの開発や製造設備投資にも使われる。

しかし，当初COVAXファシリティは供給力が追い付かず，ワクチンの公平な分配は困難に直面した。資金力があり，製薬会社と直接交渉が可能な高所得国は，ワクチン購入契約を積み増して供給を確保した。各国政府にとって国民の生命と健康を守ることは最優先で致し方ない面もあるが，各国の利己的に見える行動は「ワクチン・ナショナリズム」との批判もある。他方，中・低所得国は，COVAXファシリティからの供給が不足するなかで，中国，ロシア，インドに依存することになった。中国やロシアは，COVAXファシリティの供給が届かず，アメリカなどと影響力を競う国や地域（たとえばアフリカや中東など）にワクチンを供給し，友好関係の増進や影響力の拡大を意図する「ワクチン外交」を展開した。

「ワクチン外交」は大きな成果を上げているとはいいがたいが，グローバルな危機にあっても各国の思惑が先立つなかで国際協調体制の確立が容易ではないことを示す事例といえよう。

unit 25

開発援助
——持続可能な開発と多様化する援助のあり方

Keywords
政府開発援助（ODA），南北問題，ベーシック・ヒューマン・ニーズ，持続可能な開発，持続可能な開発目標（SDGs）

国際協力とは

世界銀行によれば，現在，地球上で1日2.15ドルという極度の貧困ラインの下での生活を強いられている人は，約6億5000万人に上る。これらの人々は飢えや貧困に苦しみ，医療や福祉，教育などの社会サービスが十分に受けられないので，つねに生活の不安に脅かされている。

これらの人々が飢えることなく，自立して安心した生活をおくることができ，そして途上国が地球規模の問題に対処できるようになるためには，社会的・経済的な発展が不可欠である。

また，このような貧困層の人々に限らず，国際社会全体は気候変動や環境汚染，エボラ出血熱や新型コロナ，あるいはマラリアなどの感染症といった地球規模の問題にも直面している。世界がグローバル化するなかで，こうした問題は世界全体を脅かしており，開発途上国だけの問題ではないことに留意すべきである。グローバルな課題を解決し，国際社会全体の平和と安定，開発途上国の社会・経済の発展や福祉の向上，社会の安定のために資金や技術を提供し，協力するのが国際協力である。

国際協力には，さまざまな形態がある。政府による協力には，相手国に対して2国間で実施するもの，国連機関や世界銀行などの国際組織を通じて実施されるものがある。また，市民社会の非政府組織（NGO）など民間の主体や自治体，あるいは企業などが実施する支援事業もあり，特に国際 NGO の役割は増大している。

政府による開発援助は，**政府開発援助（ODA）**といわれる。経済協力開発機構（OECD）の下にある開発援助委員会（DAC）の定義によれば，ODA とは，次の 3 つの条件を満たす資金の流れを指す。第 1 に，政府ないし政府の実施機関によって供与されるもの，第 2 に，途上国の経済開発や福祉の向上に寄与するもの，第 3 に，資金協力については，その供与条件が途上国にとって緩やかなもの，である。金利と融資期間によって算出されるグラント・エレメント（GE）と呼ばれる指数が高い方が条件は緩やかである。DAC の定義では，GE が 25% 以上の場合のみ ODA に当たるとされる。

ODA の形態には，大きく分けて，有償資金協力（借款），無償資金協力（贈与），技術協力の 3 種類がある。有償資金協力は，市中の金融機関よりも金利や借り入れ期間などにおいて，より有利な条件で，途上国の経済開発や安定のために必要とされる資金を途上国に貸し付けるものである。日本の場合は，円建てで貸し付けを行うので，「円借款」とも呼ばれる。無償資金協力は，返済や金利の支払いを要さない資金を，途上国が必要とする食糧や医薬品，および学校や病院のように生活の向上にとって必要性の高い物資を購入するために提供する協力である。技術協力は，途上国の人材開発を目的に，経済政策から農業，工業，行政にいたる幅広い分野において，途上国の人材を受け入れ，あるいは途上国に専門家を派遣して，教育・訓練を実施するものである。

また，国際社会には，途上国への支援活動を行う国際組織が多く存在する。各国政府からのこうした国際組織への拠出も ODA として計上されている。

国際協力の動機

国際協力の動機は，大きく分けて 3 つある。第 1 に，人道的・道義的な動機である。貧困にあえぐ人々を救済し，あるいは人道的な危機にある人々に対して緊急の支援を提供するという理屈である。第 2 は，狭い意味での国益である。自国にとって政治的・経済的に重要な国との間に良好な関係を構築する手段として援助を活用する，という考え方である。第 3 が，国際システムの安定化を通じた平和の確立である。先進国と途上国の間にある経済的不均衡を是正し，国際社会全体が自由貿易を通じて発展し，世界中の人々が安心して生活できるようになれば，紛争が減り，病気や災害などによって人命が失われる可能性が低下する。また，地球環境問題（→unit **26**）や人道危機，感染症などの地球規模の問題の解決を図ることで，持続可能かつ安定的に国際システムが維持され，それが国際平和につながる，という考え方である。

もちろん，各国の援助はいずれか1つの動機に基づくわけではなく，さまざまな要因が組み合わさっている。たとえば，自らにとって望ましい，安定的な国際システムの構築は国益の追求を容易にするため，広い意味では国益を増進するための活動になる。

第二次世界大戦後，アメリカを中心とした西側諸国は，ドイツや日本などが経済のブロック化や保護主義によって不利益を被ったことも戦争の一因であると考え（→unit **4**），戦後，自由貿易および為替の安定を基盤とする，ブレトンウッズ体制（IMF＝GATT 体制）と呼ばれる国際経済秩序を構想し推進した。1945年，通貨と為替相場の安定のために国際通貨基金（IMF）を創設し，同時に復興資金の貸し付けや途上国の開発を援助するために国際復興開発銀行（IBRD，のちに国際開発協会とあわせて世界銀行と呼ばれる）が設立された。

1940年代後半，米ソの冷戦が勃発する。アメリカは，共産主義の脅威に直面していたトルコ，ギリシャに対する緊急の支援を実施し，また，ヨーロッパの復興支援のためにマーシャル・プランを実施した。この受け入れのために1948年に設立されたのが，のちにOECDへと改組される欧州経済協力機構（OEEC）である。東欧諸国は，マーシャル・プランに参加せず，結果として西欧諸国の戦後復興と西側陣営の結束強化につながった。途上国の貧困や経済開発の遅れに国際社会が注目し始めたのは，西欧諸国の復興の目処がつき，米ソの対立が束の間の緊張緩和を迎えた1950年代後半のことであった。

南北問題と新国際経済秩序

1950年代から60年代にかけ，アジア・アフリカ地域の植民地が次々と独立を果たした。これらの国々の多くは，政治的には米ソどちらの陣営にも属さず，国際連合（国連）などの場においては，非同盟運動として結束し，政治的発言力を高めていった。経済的にも，旧宗主国や先進国への依存から脱却し，経済的な自立をめざすようになっていった。しかし，多くの旧植民地諸国は，農作物や天然資源など一次産品の輸出に依存するか，あるいは輸出に適した産品さえもない状況にあり，経済発展が著しく遅れていた。1950 年代，先進国と途上国の経済格差は，1 人当たりの国民総生産（GNP）でおよそ 10 対 1 であった。途上国の多くは南半球に位置していたため「南側」，先進国の多くは北半球に位置していたため「北側」と呼ばれた。両者の経済格差をめぐる対立を「**南北問題**」という。

このような状況のなか 1961 年の国連総会では，1960 年代を「国連開発の 10 年」とすることが宣言され，開発途上国の GNP 成長率を年率 5% に引き上げることを目標とする「国際開発戦略」決議が採択された。また，1960 年には開発援助グループ（DAG）が設立され，翌 61 年には OECD の発足とともに，DAC としてその傘下に組み入れられた。DAC は，対途上国援助の量的拡大や質的向上などをめざし，各国の援助計画や実施などについての審査や重要な開発問題に関する意見交換を行う機関である。

南北間の経済格差の問題は，世界経済の構造をめぐる問題へと展開する。1964 年，国連貿易開発会議（UNCTAD）が開催された。そこで中心となったのは，工業化された「中心国」によって生産された工業製品価格に対して，「周辺国」の生産する一次産品（原材料）価格は相対的に低下していくので，国際貿易においては「周辺国」は次第に不利な立場に追い込まれる，という議論であった。そのため，南側諸国の経済発展のためには北側諸国に有利なブレトンウッズ体制の変革が必要であるという主張が展開された。

また途上国側では，自らの保有する天然資源への主権を主張し，資源開発に関する決定権を先進国の多国籍企業から取り戻そうという動きも出てきた。1973 年に第 1 次石油危機が起こり，世界経済に衝撃を与えたが，これは資源を武器に国際経済秩序の変革をめざそうとする途上国に勇気を与えた。1974 年には「国連資源特別総会」が開催され，途上国の主導によって「新国際経済秩序（NIEO）」の樹立に関する宣言が採択された。これは，国際経済の構造的な不平等を，天然資源の配分や価格決定の主導権を取り戻すことによって是正することをめざす宣言であった。他方で，先進国はそのような「資源ナショナリズム」の動きを，自由貿易と経済発展の妨げになると批判した。

援助政策における優先分野の変遷

開発援助にはどのような効果があるのか。援助政策の基盤となる考え方についてみてみたい。途上国の経済発展に対する考え方として当初唱えられていたのは，農業・工業生産が拡大すれば，経済成長の果実から果汁がしたたり落ちるように低所得層の所得水準が向上し生活が改善されるという，「トリクル・ダウン」仮説であった。1950–60年代，世界銀行などではこのような仮説に依拠して，道路や港の整備などインフラストラクチャー（社会基盤）の整備を中心とする開発援助戦略がとられていた。しかし1970年代になって，この仮説に疑問が投げかけられるようになった。すなわち，途上国では，経済成長の成果が国民に還元されず，むしろ国内の貧富の格差拡大を助長し，「絶対的貧困」の問題も解決されないという状況が際立つようになったのである。

そこで，食糧や保健・衛生，教育，農業生産など，生活の基本的な要素を重視した援助の必要性が強く認識されるようになった。1970年代，世界銀行は，貧困層を重点対象とし，人間らしい生活をおくるのに欠かせない基本的な要素を充足させて労働生産性を改善することをめざす，「**ベーシック・ヒューマン・ニーズ**（BHN，基礎生活分野）」重視の開発戦略を提唱した。

1980年代に入ると，途上国，とりわけ非産油途上国の対外債務の拡大が問題となった。経済が苦しくなり，国際収支が悪化すると，急場しのぎのためにさらに外国から融資を受けるという悪循環で，途上国の債務は雪だるま式に膨らんだ。1982年，メキシコが債務返済繰り延べを申請する状態に陥ると，デフォルト（債務不履行）がその他の途上国にも発生して国際経済体制が危機に陥るのではないかという懸念が高まった。そこで，IMFが緊急に資金を提供して経済を安定させ，さらに債務国の返済能力向上のために，世界銀行が途上国との政策対話を通じて経済運営の改革を促すという「構造調整」アプローチがとられるようになった。世界銀行やIMFからの融資を得るために改革プログラムを実施することが条件となる。これを「コンディショナリティ」と呼ぶ。

開発と人権，環境，持続可能な開発目標

1980年代になると，先進国の財政状況の悪化や，援助の効果が表れてこないといった状況から，開発援助に対する否定的な見方，いわゆる「援助疲れ」

が見え始めた。援助の対象を絞り，いかに効果的に限られた資金を活用するかが，援助国側の関心事となった。

また，1980年代後半以降，援助政策には，開発以外の要因への配慮が求められるようになった。地球環境問題もその1つである（→**unit 26**）。開発の進行や途上国における人口の増加などにより，資源・環境問題への関心が高まった。そのなかで将来世代のニーズを満たす能力を損なわないよう配慮しながら開発を行うべき，という「**持続可能な開発**」という概念が提唱されるようになった。経済・産業開発にあたって環境に配慮することの重要性が認識される一方，途上国側では，これまで先進国が資源を利用し経済発展を遂げてきた結果として地球環境が悪化したのであり，今になって環境保全のために途上国の開発の権利が犠牲になるのは不公平であるという不満が募った。現在，環境と開発の両立のために，いかに技術と資本を途上国に移転していくのかが，大きな課題となっている。

また，開発によってもたらされた利益を地元住民が実感でき，また住民が意思決定プロセスに参画できるような，「参加型開発」という考え方がDACによって示された。住民の参加をうながすということは，開発を進めるにあたって人権の尊重や民主的な意思決定，公平な利益分配などを考慮することを意味する。また，開発における女性（ジェンダー）の役割や視点の重要性についても認識が高まった。さらに，援助の担い手として，国際機関や各国政府だけではなく，住民に密着したかたちでのニーズの発掘やプロジェクトの実施を担えるNGOの役割が大きくなっていったのも，このころである。

2000年9月，ニューヨークで国連ミレニアム・サミットが開催された。この会議は21世紀の国際社会の目標として，平和と安全，開発と貧困，環境，人権とグッド・ガヴァナンス（→**unit 13**），アフリカの特別なニーズなどに関する取り組みを謳った「国連ミレニアム宣言」を採択した。この宣言と1990年代のさまざまな国際会議やサミットなどで採択された国際開発目標を統合し，国際社会が共同で取り組むべき課題として，貧困と飢餓の撲滅や初等教育の普及，感染症対策，環境保全など8つの「国連ミレニアム開発目標（MDGs）」がまとめられた。

MDGsの期限であった2015年には，MDGsの達成度が報告され，それを引き継ぐ開発目標として「持続可能な開発のための2030アジェンダ（あるいは**持続可能な開発目標〈SDGs〉**）」が策定された。SDGsでは，MDGsに取り組む過程で浮き彫りになったいくつかの問題点に配慮しながら17の目標が設定されている。たとえば，気候変動や社会的包摂性，経済成長の領域で浮上した新たな課題への取り組みなどである。また，MDGsでは，縦割り，トップダウン型の意思決定や実施プロセスであったが，SDGsでは，ボトムアップ型の意思決定や全員参加型の実施，目標の設定を全世界共通から国や地域の状況などを勘案してそれぞれのレベルでも行うようにしている。そのほかにも近年，企業による企業の社会的責任（CSR）活動や環境・社会・ガバナンスに配慮した投資（ESG投資）への意識がますます高まっている。そうしたなか，民間企業を含む多様なステークホルダーの関与も重視されている。

日本のODA

日本の経済援助の歴史は，被援助国として始まる。日本は，第二次世界大戦直後の食糧難を乗り切るためにアメリカ政府から食糧援助としてガリオア資金を，また経済復興の足掛かりとしてエロア資金を供与された。1950年代になると世界銀行からの融資も始まり，53年から66年までの間に総額8億7000万ドルの融資を受け，その資金は東名高速道路や東海道新幹線，黒部ダムなどの建設に使われた。なお，世界銀行からの融資は1990年に完済された。

援助の供与は，1954年にビルマ（現ミャンマー）との間に，平和条約と賠償・経済協力協定を結んで以降，インドネシア，フィリピンなど東南アジア諸国に対する「戦時賠償」という位置づけから出発している。1961年にはDACに加入し，援助国の仲間入りを果たした。

従来の日本のODAは，アジア地域への集中，インフラストラクチャー整備重視の円借款中心，タイド比率（請負企業をあらかじめ日本企業に限定する援助プロジェクトの割合，俗に「ひも付き（＝タイド）」とも呼ばれる）の高さなどが特徴とされた。これらは，日本経済が成長し，ODA供与額が拡大するにつれ，日本は，自国の経済発展のために，援助を通じてアジア市場を開拓し，またひも付き援助で日本企業を利し，ODA資金を日本に還元していると批判されるようになった。日本国内においても，日本の開発援助によって途上国の環境が破壊されたり，ダム建設など大規模な開発プロジェクトによって住民の人権が侵害されたりしている，といった批判が出た。

とはいえ，アジア諸国の成長に円借款が果たした役割は小さくない。インフラストラクチャー重視の円借款は，経済成長の基盤を提供するとともに，アジア諸国の自助努力をうながす効果もあった。

1980年代後半から90年代になると，日本の国際社会の平和と繁栄への貢献のあり方が問われるようになった。同時に，1989年には世界第1位の供与額にまでなったODAを，外交の目的や国益の増進のためにいかに有効に活用していくか（戦略援助）という議論も活発になった。

そこで日本政府は，1992年にODA大綱を制定し，①環境と開発の両立，②軍事用途への使用の禁止，③軍事支出や大量破壊兵器（WMD）の開発・製造，武器の輸出入などの動向に注意を払う，④民主化の促進，市場経済の導入，基本的人権および自由の保障に注意を払う，という開発援助政策の方針を明らかにした。

その後，日本経済のバブルが崩壊し，財政状況が厳しくなるなか，日本の援助額は減少し，援助の質（途上国の発展や国際システムの安定化への貢献）と，外交政策としての効率性および効果（国益への貢献）とがますます厳しく問われるようになった。2003年には，途上国のグッド・ガヴァナンスに基づく自助努力支援，「人間の安全保障」（→unit 23）の視点，日本の経済発展の経験と知見の活用などを含む新しいODA大綱が策定された。

さらに，2015年には，ODAで対処すべき課題が多様化し，かつ複雑になり，また開発途上国における資金ニーズが増大するなかで，日本は，新たな政策の方針として「開発協力大綱」を策定した。そこには，平和・安定の実現に向けた支援（非軍事分野での他国の軍への支援を含む），中所得層や被援助卒業国への支援，質の高いインフラ整備のための民間投資との連携など従来のODAの枠に入らない取り組みも含まれている。また開発協力大綱は，重点課題として，①「質の高い成長」とそれを通じた貧困撲滅，②普遍的価値の共有，平和で安全な社会の実現，③地球規模課題への取組を通じた持続可能で強靭な国際社会の構築をあげ，高い戦略性をもった，日本の強みを生かす開発援助を実施するとしている。そしてさらに現在「自由で開かれたインド太平洋（FOIP）」構想

重要ポイント㉕

ミレニアム開発目標（MDGs）から持続可能な開発目標（SDGs）へ

ミレニアム開発目標とは，2000年9月の国連ミレニアム・サミットで採択された国連ミレニアム宣言と，1990年代に開催された主要な国際会議や先進国首脳会議などで採択された開発目標を統合し，1つの共通枠組みとしてまとめられたものである。2015年までに国際社会が達成すべきとして掲げられた8つの目標とその主要な内容は，①極度の貧困と飢餓の撲滅，②初等教育の完全普及の達成，③ジェンダー平等の推進と女性の地位向上，④乳幼児死亡率の低減，⑤妊産婦の健康の改善，⑥HIV/エイズ，マラリア，その他の疾病の蔓延防止，⑦環境の持続可能性確保，⑧開発のためのグローバルなパートナーシップの推進，であった。

MDGsの達成は，基本的には各国政府の責任にゆだねられ，政策やプログラムの策定，予算における優先課題としての取り扱いなどが求められた。それに加えて，国連開発計画（UNDP）を中心に，国連システムの諸機関は，MDGs達成のために各国で支援プロジェクトを実施した。

他方，MDGsを引き継いだ持続可能な開発目標（SDGs）は，2015年の国連サミットにおいて全会一致で採択された，2030年までに持続可能でより良い世界を作り上げるために達成されるべき目標である。17のゴール（目標），169のターゲットから構成されており，ゴールは，貧困の撲滅，飢餓の撲滅，健康と福祉，教育，ジェンダー平等，安全な水と衛生，エネルギーへのアクセスとクリーンエネルギー，働きがいと経済成長，産業と技術革新，不平等の撲滅，気候変動対策，海洋資源の保全，陸の生態系の保護や生物多様性，平和と公正，ゴール達成のためのパートナーシップである。

MDGsが政府の主導した世界全体で統一された取り組みであったのに対し，SDGsは，企業や個人が取り組めるようにターゲットを設定したこと，各国が地域の多様性に配慮し，それぞれターゲットを設定できるようにしたボトムアップ型のアプローチにすることで，より多くのアクターが目標達成に向けて行動をするようにうながすことを意図している。

に沿った，より戦略的な開発援助政策の実施に向けて新たな大綱の策定作業が進められている。

国際社会が直面する課題や，戦略環境が変化していく中，国際協力政策も変革が求められる。中国の「一帯一路」構想の下でのインフラ投資や融資などの資金提供は，DACのガイドラインに準拠しておらず，ガヴァナンスやコンプライアンスの問題を提起する。しかし，途上国側の開発ニーズにタイムリーに応えるものとして，破綻のリスク（あるいは「債務の罠」に陥るリスク）を知りつつ受け入れる国は少なくない。こうした国々に対し，より適切で持続可能な開発資金を提供していくことも必要であろう。日本と国際社会との密接なかかわりを考えれば，その安定と繁栄のために国際社会のニーズに適合し，また日本自身を取り巻く国際環境をより好ましいものに改善していくための国際協力をつねに構想し，提供していくことは非常に重要かつ有効な対外政策である。

引用・参照文献

新井美希「近年の国際開発目標をめぐる動向――MDGsから2030アジェンダへ」『調査と情報』第898号，2016年3月。

外務省『2008年版 政府開発援助（ODA）白書　日本の国際協力』。

草野厚『ODAの正しい見方』ちくま新書，1997年。

下村恭民・中川淳司・齋藤淳『ODA大綱の政治経済学――運用と援助理念』有斐閣，1999年。

田中義晧『援助という外交戦略』朝日選書，1995年。

多谷千香子『ODAと人間の安全保障――環境と開発』有斐閣，2000年。

日本国際政治学会編『国際政治（特集 国際援助・国際協力の実践と課題）』186号，2017年。

松井一彦「我が国のODAの在り方――ODA改革を中心に」『立法と調査』第256号，2006年6月。

外務省ウェブサイト「ODA　政府開発援助」 http://mofa.go.jp/mofaj/gaiko/oda/index.html

国連開発計画（UDNP）東京事務所ウェブサイト　http://www.undp.or.jp

文献案内

□ **下村恭民『開発援助政策』日本経済評論社，2011年。**

援助政策の理念，目的，政策の構造などについて解説し，ドナー・コミュニティのさまざまなステークホルダーについても論じている。

□ **蟹江憲史『SDGs（持続可能な開発目標）』中公新書，2020年。**

「持続可能な開発目標（SDGs）について，その成立の経緯や背景，各目標の具体的な説明，そして現代のわれわれの生活とのかかわりなどの観点から解説している。

☐ **下村恭民・辻一人・稲田十一・深川由起子『国際協力――その新しい潮流〔第3版〕』有斐閣選書，2016年。**

途上国支援の理論，政策のさまざまな枠組みや支援の方策について，わかりやすく解説している。さらに，中国の台頭など途上国援助をめぐる新たな潮流や課題についても論じている。

unit 26

地球環境問題
——グローバルな課題に対するグローバルな取り組み

Keywords
地球温暖化，地球規模の問題，持続可能な開発，国連気候変動枠組条約，京都議定書，パリ協定

地球規模の問題としての地球温暖化

地球の大気中には，温室効果のあるガスが含まれていて，太陽光を浴びて暖められた地球の表面の温度が放射して逃げないようになっている。もしこの温室効果ガスが存在しなければ，地球の表面温度の平均は，理論上マイナス 18 度とされているが，温室効果ガスにより，地球の温度は平均約 15 度と比較的穏やかに保たれている。

しかし最近，この温室効果ガスの増加によって**地球温暖化**が起こっているといわれている。温室効果ガスの代表的なものとしては，二酸化炭素やメタンがある。最近，二酸化炭素の大気中の濃度が急激に上昇しているといわれている。国際連合（国連）の「気候変動に関する政府間パネル」（IPCC）が 2021 年に出した第 6 次評価報告書によれば，産業革命前の 1750 年に，278.3 ppm であった大気中の二酸化炭素濃度は，2019 年には 409.9 ppm を超えた。過去 65 万年間の二酸化炭素濃度の自然変動幅が 180〜300 ppm であったことと比較すると，約 250 年という期間の変動幅としては驚異的であるといえよう。同報告書が示す最悪のシナリオでは，今世紀末までに地球の平均気温は 3.3–5.7 度上昇するとされる。また，1901 年から 2018 年の間に海面は 20 センチ上昇したと推測される。今後，温暖化が進むと，海水の温度が上昇して膨張したり，氷河が溶け出して海に流入したりすることによって，2100 年までに温室効果ガス排出

量の推測シナリオの中でも確信度の高いシナリオのもとでは，最大101センチ上昇すると予測されている。

地球の温度の上昇は，降水パターンや降水量の変化を世界各地にもたらす。干ばつや酷暑，あるいは豪雨や洪水，台風やハリケーンなどの異常気象が増加する可能性がある。

降水量の減少による深刻な水不足のために農作物の生産に影響が生じたり，気温の上昇によって農作物に高温障害が発生したりするところも出てくる。逆に，従来，寒冷地で農作物の栽培に適さなかったところでも，農作物がとれるようになったりする。また，このまま海面が上昇すれば，大雨や台風などによって洪水や高潮の被害を受ける沿岸地域が拡大するであろうし，それどころか，国土が水没する危機に見舞われる国も出てくるだろう。

地球温暖化は，地球上に住むすべての人間の生活，そして動植物の生態系に深刻な影響を及ぼす可能性があるという意味で，まさに「**地球規模の問題**（グローバル・イシュー）」であるといえよう。将来の世代がより快適で安心した生活をおくれるように，国際社会はただちに取り組みを強化しなければならない。その一方で，国際社会が一致団結して問題に取り組むためには，さまざまな障害もある。

地球環境問題の重要性の高まり

地球環境問題は，1950年代に先進諸国が高度経済成長を遂げる過程において注目されるようになった。1962年に発表されたカーソンの『沈黙の春』は，有害化学物質による環境汚染の危険性を訴え，環境問題に対する世論の関心を高めた。公害は国内にとどまらず，国境を越えて近隣諸国に影響を及ぼすこともあった。北欧では，イギリスや西ドイツといった近隣の工業国で発生した硫黄酸化物や窒素酸化物などの汚染物質が気流によって運ばれ，雨や雪に混じって降り注ぐことで森林が枯れる酸性雨問題が顕在化した。

1972年，酸性雨など，環境問題の深刻化を重視したスウェーデン政府の呼びかけで，同国の首都ストックホルムにおいて国連人間環境会議が開かれた。「かけがえのない地球」をテーマに開かれたこの会議では，人間環境宣言と世界環境行動計画が採択され，またこれらを実施するために国連環境計画（UNEP）が設立された。この会議を通じ，地球は限られた資源しかもたず，またゴミの廃棄場所のない「宇宙船地球号」（ボールディング）であり，人類は皆この宇宙船に乗り合わせた乗員であって，資源・環境問題を解決するために協力する必要がある，という認識が共有されるようになった。環境の保全は，「現在及び将来の世代のために」「人類にとって至上の目標，すなわち平和と，世界的な経済社会発展の基本的かつ確立した目標と相並び，かつ調和を保って追求されるべき目標」として位置づけられたのである（「人間環境宣言」）。1979年には，長距離越境大気汚染条約が成立し，酸性雨対策のための国際規制の枠組みが定められた。

1972年にはまた，ローマ・クラブが『成長の限界』を発表し，このまま人口増加や経済成長が続いた場合には，資源の有効利用を考えなければ，100年以内に資源は枯渇して，人類の成長は限界に達すると論じた。成長が限界に達した後は，工業生産と食糧生産が減少する一方で，環境汚染が進み，人口は減少するという予測が，コンピュータ・シミュレーションを使って示された。『成長の限界』は，環境問題が，経済・産業，社会，自然・生態系，人口など，さまざまな要素が絡み合う問題であることを示すとともに，一国単位ではなく地球全体の視点から考えるべき問題であることを示している。

また，工業化による汚染の拡大や農地を拡大するための森林伐採などによって生態系が破壊され，多くの野生生物が絶滅の危機に瀕するようにもなった。そこで，湿地の環境を保全して水鳥や湿地帯の生態系を守るために，ラムサール条約が1971年に制定され，絶滅の恐れのある野生動植物を守るために，それらの国際取引を規制するワシントン条約が1973年に制定された。

1980年代には，地球規模の問題としての環境問題という認識が高まった。酸性雨などの越境公害問題だけでなく，フロンガスによるオゾン層の破壊など地球規模の問題が注目され始めたためである。オゾン層の破壊は，加害国と被害国が明確に特定できず，その影響は地球全体に及ぶものであった。1985年には，オゾン層保護に関するウィーン条約が合意され，オゾン層破壊物質のフロン生産規制のためのモントリオール議定書が1987年に成立した。また，1986年にソ連ウクライナ共和国のチェルノブイリ原子力発電所で発生した事故は，ヨーロッパのほぼ全域に放射能汚染の恐怖をもたらした。ごく微量ではあったが，飛散した放射性物質は遠く日本やアメリカでも観測されている。環境汚染による地球規模の影響を示す事例といえよう。

近年では，海洋に投棄されているプラスチックごみやマイクロプラスチックがもたらす生態系を含めた海洋環境への影響が関心を集めており，国連，主要7カ国（G7），主要20カ国・地域（G20）などで取り組みが議論されている。

持続可能な開発――環境と開発の両立に向けて

環境問題への取り組みを進めるうえでの大きな課題は，経済開発といかに調和を図るかである。

日本の提唱によって設立された「環境と開発に関する世界委員会（ブルントラント委員会）」が1987年に発表した報告書『地球の未来を守るために』は，環境と開発を両立させる必要性を強調し，「**持続可能な開発**」を提唱した。「持続可能な開発」とは，将来世代のニーズを満たす能力を損なうことなく，今日の世代が資源を過剰に利用せず，また環境保全に努めながら節度ある開発を行うというものである。「持続可能な開発」は，その後の地球環境問題への取り組みにおいて最も重要な原則となっている。

国連人間環境会議の開催から20周年にあたる1992年にブラジルのリオデジャネイロにおいて国連環境開発会議（UNCED，地球サミット）が開かれた。地球サミットには，182カ国の代表と非政府組織（NGO）や産業界からの参加者，延べ4万人が参加した。これは国連史上最大の会議となった。この会議では，全人類の権利を尊重しつつ環境と開発の両立をめざす「環境と開発に関するリオ宣言」，これを実行するための行動計画「アジェンダ21」に加え，「森林原則声明」「国連気候変動枠組条約」「生物多様性条約」が採択された。2002年には，アジェンダ21の進捗状況を検証するために，「持続可能な開発に関する世界首脳会議（ヨハネスブルグ・サミット）」が開催された。

2015年の国連サミットで採択された「持続可能な開発目標（SDGs）」では，17の目標のうち，13の目標が環境に直接的に関連しているとされる。

地球温暖化問題への国際的な取り組み

地球温暖化問題については，1985年，オーストリアで各国の政府関係者や科学者によるフィラハ会議が開かれたことをきっかけに一般にも知られるよう

表 26-1　地球環境問題への国際的な取り組み

年	公害・環境汚染	自然保護・生態系	気候変動
1962	『沈黙の春』出版		
1971		ラムサール条約*	
1972	国連人間環境会議(ストックホルム)，UNEP 設立，ロンドン条約（廃棄物その他の物の投棄による海洋汚染の防止)		
1973		ワシントン条約**	
1977			UNEP 国連砂漠化防止会議
1979	長距離越境大気汚染条約		
1982	UNEP 計画管理理事会特別会合（ナイロビ会議）		
1985			ウィーン条約(オゾン層破壊物質に関する研究と対策)
1987			モントリオール議定書(オゾン層破壊物質の段階的削減を規定)
1988			IPCC 発足
1989	バーゼル条約（有害廃棄物の越境移動の制限)		
1990			モントリオール議定書（フロンガス全廃）
1992		生物多様性条約，森林原則	国連気候変動枠組条約
	リオ地球サミット，アジェンダ 21，リオ宣言		
1994			砂漠化対処条約
1995			COP1
1997			COP3，京都議定書採択
1998		世界遺産条約	
2001	ストックホルム条約(残留性有機汚染物質に関する条約)		
2002	ヨハネスブルグ地球サミット，持続可能な開発に関するヨハネスブルグ宣言		
2005			京都議定書発効
2011			COP17，京都議定書第 2 約束期間設定
2015	持続可能な開発目標（SDGs)		COP21，パリ協定

［注］　* とくに水鳥の生息地として国際的に重要な湿地に関する条約

** 絶滅のおそれのある野生動植物の種の国際取引の制限に関する条約

［出典］　著者作成。

になった。さらに1988年にはアメリカ上院の公聴会で地球温暖化説が取り上げられたほか，G7によるトロント・サミットでも温暖化問題が議題となり，国際的な認識が高まった。

現在，地球温暖化問題をめぐる科学的な議論において大きな影響力をもつのが，先に述べたIPCCの報告書である。IPCCがUNEPと世界気象機関（WMO）の出資により設立されたのも1988年である。1990年に発表されたIPCCの第1次評価報告書は，地球温暖化と人為的な活動との因果関係について断定はしなかったものの，温室効果ガス濃度が上昇して地球の平均気温が上昇するモデルを提示し，地球温暖化問題に関する国際社会の議論を方向づけた。

1992年の地球サミットでは，温室効果ガス排出量の削減を目的とし，問題解決の方向性を定めた**国連気候変動枠組条約**（UNFCCC）が締結された。その後，現在にいたるまでこの条約にもとづき，国連気候変動枠組条約締約国会議（COP）が開催され，気候変動問題への取り組みが協議されている。1997年に京都で開かれたCOP3では，「**京都議定書**」が合意され，先進国および市場経済移行国（旧社会主義諸国）が温室効果ガス排出量を削減する義務を負うことになった。具体的には，1990年の排出量を基準として，2008年から12年までにヨーロッパ連合（EU）が8%，アメリカが7%，日本が6%の削減を達成することなどが決められた。

この京都議定書は，2001年にアメリカが離脱したほか，中国，インドという経済発展の著しい途上国も削減義務を負わないなど，主要な二酸化炭素排出国が加わっていなかった。そのため，議定書には実効性に欠けるとの批判があった。

2015年，パリで開催されたCOP21において，京都議定書の後継にあたる新たな温室効果ガスの削減に関する協定，いわゆる「**パリ協定**」が合意された。「パリ協定」の重要な点は，世界の平均気温上昇を産業革命以前と比べて2度より十分低く保ち，1.5度以内に抑える努力をするという世界共通の長期目標を掲げていること，そしてすべての締約国を対象に温室効果ガス削減の目標の策定・提出が義務づけられていることである。

すべての締約国は，各国の事情を勘案しながら「国が決定する貢献（NDC）」と呼ばれる削減目標を5年ごとに自主的に作成・提出することが義務づけられる。このようにして各国が設定（誓約＝プレッジ）した削減目標は，その達成状況について専門家による評価（レビュー）を受けることになっている。これを「プレッジ＆レビュー方式」といい，各国は5年ごとに実施状況を確認し目標を更新すること（「グローバル・ストックテイク」）になっている。

このほか，先進国から途上国への資金や技術面での支援，技術イノベーション（温室効果ガスの排出の削減に貢献する低炭素・省エネ製品の開発や再生可能エネルギーなど）の重要性，市場メカニズム（たとえば緩和成果〈削減量〉を2国間で移転する「2国間クレジット制度」）の活用なども謳われている。

公正な負担をめぐる政治

地球環境問題の特徴としては，責任や役割の公正な分担を定めるのが困難であることがあげられる。第1に，原因と結果を明確にするのが困難なので，責任の特定，対策を実施する際の適正な役割分担が難しい。地球温暖化問題については，IPCCの報告書が有力な科学的議論の基盤を提供しているとみなされてはいるが，温室効果ガスの人為的な排出を温暖化の原因とする見方に対しては反論も根強い。

地球温暖化問題ではまた，誰が加害者で，誰が被害者なのかを特定することも困難である。人類の営みはすべて，多かれ少なかれ地球温暖化に影響を及ぼすといえる。長期的に見れば深刻な問題でも，短期的に見ればその影響は地球全体に薄く広く拡散しているので，温暖化対策を自らの利益と認識し，当事者意識をもって積極的に取り組むインセンティブ（動機）は低くなる。

第2に，環境と開発のバランスをめぐっては，南北間の対立も存在する。これまで二酸化炭素を大量に排出しながら経済発展を遂げてきた先進国と，温室効果ガス排出を制限されることで今後の経済発展のコストが高まるのを嫌う途上国との間には，当然ながら温室効果ガス削減の義務について見解の相違が生じる。過去に排出された温室効果ガスによって現在温暖化が進んでいるとすれば，それは先進国の責任であり，途上国が同じような義務を課されるのは不公平ともいえる。

しかし，地球環境問題を人類共通の，世代間の問題として見ると，環境悪化を食い止めることは，先進国と途上国の間で程度の差こそあれ，すべての国の

重要ポイント㉖

環境における「共有地の悲劇」問題

地球温暖化問題の場合，加害者が誰であれ，その影響は，広く浅く地球上の不特定多数の者に及ぶ。また，加害者は単独ではなく，むしろ人類全体が程度の差こそあれ多少なりとも責任を負っているともいえよう。その場合，誰が加害者であるのか責任の所在が明確にならない。これは，いわゆる「共有地の悲劇」を招きやすい状態を意味する。

「共有地の悲劇」とは，次のような状況を指す。ある村に誰もが利用できる放牧地（共有地）があった。個人で所有する放牧地であれば，牛が牧草を食べ尽くさないように調整をしながら放牧することができる。しかし，共有地では，自分一人だけで調整をしても，他の人たちが牧草を食べさせ放題にしておけば，いずれにしても牧草地は荒れる。それならば，自分だけが損をしないように自分の牛にも牧草を食べたいだけ食べさせようとする。共有地を利用するすべての人がこのように考えれば，いずれこの共有地は荒れ果て，すべての人にとって損失となる。

地球環境を誰にとっても利用可能な共有地（国際公共財）になぞらえてみよう。ある国が環境対策をしたとしても，その便益は地球全体で広く浅くしか共有されず，その効果を実感するのは難しい。また，いかに一国で厳格な環境対策を導入したとしても，他国が環境対策を実施しなければ，効果が上がらない。となれば，環境対策を実施した国は，自らが相対的に損をすると感じることになる。また，一部の人たちが好き勝手に自分たちの利益だけを追求すれば，その人たちの利益は一時的には増えるかもしれないが，そこから発生する負担はすべての人が負うことになる。

「共有地の悲劇」は，各国が近視眼的な利益追求に走ることの危険性と地球温暖化問題におけるグローバルな協力の必要性をあらためて認識させるものである。

今の世代がすべての国の将来世代に対して負っている責務ともいえる。そこで，「共通だが差異ある責任」という考え方が，先進国と途上国の間で合意されUNFCCCにも盛り込まれている。これは本来，主張が異なる先進国と途上国を交渉や取り組みに関与させるための論理であるが，温室効果ガス削減義務を回避するために都合よく解釈する国もあった。「パリ協定」においては，ボトムアップ型のアプローチをとることによって，途上国を含めすべての締約国に排出削減の努力を求めている。

地球環境問題と経済

環境問題は，エネルギー，貿易や開発，人権といった他の問題領域と密接に関連し合っている。

従来，エネルギーの生産に用いられてきた，石炭，石油，天然ガスといった化石燃料は，これらを燃焼させると，二酸化炭素が排出される。各国は，パリ協定の目標達成のために経済の脱炭素化を進めている。脱炭素化とは，人間の活動から生じる二酸化炭素の排出量から，森林などによる吸収量を差し引いた総和をゼロにすることである。そのためには，繰り返し利用が可能で資源の枯渇の懸念がなく，エネルギー生産の過程で二酸化炭素をあまり排出しない，風力や太陽光といった再生可能エネルギーの拡大が必要とされる。原子力も，原子力災害の懸念が指摘される一方，二酸化炭素排出量が比較的小さく，温暖化対策に貢献するといわれている。「脱炭素化」はまた，エネルギー産業や，自動車や船舶などの輸送機器産業など，これまで経済において大きな割合を占めてきた産業には，重大な構造転換を迫ることになる。同時に，半導体や情報通信産業，資源循環関連産業など，新たなビジネス・チャンスの創出にもつながる。エネルギー・サプライチェーン（供給網）の多角化，化石燃料からのシフト，産業構造の変革は，国家の競争力にも大きく影響を与える。

貿易のルールと環境の調和に関しては，2021年に世界貿易機関（WTO）において，「貿易と環境持続可能性に関する閣僚声明」が出された。また，世界銀行主導で設立された地球環境ファシリティ（GEF）は環境分野におけるプロジェクトに対して資金援助を実施している。2国間の政府開発援助（ODA）でも，途上国の開発に環境配慮を取り込むために，環境に特化したプロジェクトに重点的に資金や技術を支援する「環境ODA」が増えている。

地球環境問題のガヴァナンス

また，地球環境保護をめぐる国際政治には，多様な行為主体（アクター）がそれぞれ異なる利害や関心をもって参加しているのである。そのなかでもとくに着目すべきなのが，科学者コミュニティの果たす役割，NGOなど市民社会の関与，企業の役割であろう。

環境問題における因果関係の科学的証明に絶対はない。しかし，温室効果ガスの人為的な増大と温暖化との間の因果関係や温暖化の影響による被害予測などに関する科学的調査やデータの蓄積は膨大な量にのぼる。これらのデータは，国際社会に問題の緊急性をアピールし，取り組みの重要性を認識させる基になっている。そして，現在の温室効果ガスの削減という政策目標も，こうした科学的知見に基づいて形成されている。

IPCC は，気候変動に関する科学情報の評価，環境・社会経済的影響の評価，対応戦略について5年ごとに報告書を出すほか，政府間の交渉（COP）の論拠となるデータや知見を提供している。たとえば，第4次 IPCC 報告書は，130 カ国以上の国から 450 名以上の代表執筆者，800 名以上の執筆協力者，そして 2500 名以上の査読者の参加を得て作成されたことが記されている。特定の領域において専門性と能力があると認められ，政策に関連する知識を正統に主張しうる専門家のネットワークを「エピステミック・コミュニティ（知識共同体）」というが，地球環境問題におけるエピステミック・コミュニティの役割は小さくない。

NGO や市民社会，そして企業といった脱国家的主体の関与が大きいことも，環境問題に対する国際的な取り組みの重要な特徴である（→**unit 19**）。公害・環境問題は市民運動の盛り上がりによって社会問題化し，政治課題となっていった。1992 年の地球サミットに NGO などからの参加者も含め延べ4万人もの人々が集結したことは，地球環境問題の深刻さをより広く認知させる効果をもった。京都議定書やパリ協定の策定過程において，政策提言を行ったり，各国の政策的立場を評価し公表したりするといった，いわゆるアドヴォカシー（唱道）型の活動を行った NGO もある（→**unit 19**）。このような NGO が国際ネットワークを形成し，大きな勢力となって，世論の形成や，政府機関とは異なる知見の提供などで政策形成に一定の役割を果たした。

企業の役割も見逃せない。温室効果ガスの排出削減は，企業による削減努力に大きく依存する。企業の社会的責任（CSR）という観点から，企業の活動をいかに環境に負荷をかけずに行えるかを企業自身が構想し実施すること，およびそのような企業の活動様式を国際規範として定着させていくことも大切である。その取り組みの一環として，環境（E），社会（S），企業統治（G）に配慮した企業に投資を行う，ESG 投資が拡大している。

また，従来，市場の論理とは相反すると考えられてきた環境対策を，逆に市場メカニズムを活用して推進していくことで，企業側の行動様式や利益構造のなかに環境への配慮を組み込む工夫が構想，実施されている。温室効果ガスの排出枠を国際的に取引する排出権取引制度や，先進国が途上国で実施した排出削減に効果のあるプロジェクトによる削減分を自国の削減量に算入できる，京都議定書におけるクリーン開発メカニズム（CDM）や「パリ協定」の「2国間クレジット制度」，あるいは二酸化炭素の排出量に応じて企業活動に税金を課す炭素税などである。2009年には，環境対策と経済対策，開発の両立をめざし，UNEPが「グローバル・グリーン・ニューディール」を提唱した。

このように，地球環境問題への取り組みにおいては，国家だけでなく，科学者，NGO，企業など多様なアクターが関与し，さまざまな協力の枠組みや条約が作られ，それらが重なり合ってグローバルな「ガヴァナンス」が形成されているのである。

引用・参照文献

沖村理史「グローバル・イシューズとしての地球環境」大芝亮編『国際政治学入門』ミネルヴァ書房，2008年。

環境と開発に関する世界委員会編／大来佐武郎監修・環境庁国際環境問題研究会訳『地球の未来を守るために』福武書店，1987年（原著1987年）。

佐和隆光『地球温暖化を防ぐ――20世紀型経済システムの転換』岩波新書，1997年。

高村ゆかり・亀山康子編『京都議定書の国際制度――地球温暖化交渉の到達点』信山社，2002年。

信夫隆司編『環境と開発の国際政治』南窓社，1999年。

Intergovernmental Panel on Climate Change (IPCC), *Climate Change 2007 Synthesis Report, Report of the Intergovernmental Panel on Climate Change*, Cambridge University Press, 2007

IPCC, *Climate Change 2021: The Physical Science Basis*, 2021 https://www.ipcc.ch/report/sixth-assessment-report-working-group-i/.

O'Neill, Kate, *The Environment and International Relations*, 2nd ed., Cambridge University Press, 2017.

環境省のウェブサイト 「気候変動の国際交渉：関連資料」 https://www.env.

go.jp/earth/ondanka/cop/shiryo.html

文献案内

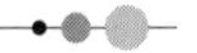

□ **石弘之『地球環境「危機」報告——いまここまできた崩壊の現実』有斐閣，2008年。**

災害，資源，感染症，化学汚染など，地球規模で進行する環境問題の実態を，人間や社会とのかかわりをふまえてわかりやすく解説している。

□ **角倉一郎『ポスト京都議定書を巡る多国間交渉——規範的アイデアの衝突と調整の政治力学』法律文化社，2015年。**

京都議定書の第2約束期間設定に強く反対し，それに代わって先進国のみならず中国を含む主要国すべてを入れた新たな枠組みを主張した日本外交を，交渉当事者がコンストラクティヴィズムとレジーム論の枠組みを用いて分析している。

□ **宇治梓紗『環境条約交渉の政治学——なぜ水俣条約は合意に至ったのか』有斐閣，2019年。**

水銀に関する水俣条約は，各国の国内規制制度のあり方を規制する条約であるが，いかに内政への干渉になりかねないような合意が可能になったのか，規制の実効性と合意可能性の調和を探る交渉過程を描き出す。

unit 27

科学技術とエネルギー
──国際政治に変動をもたらす源泉

Keywords
軍事力，経済安全保障，汎用技術，偽情報，エネルギー安全保障

科学技術と国際政治

人類の歴史は，科学技術の発展とともにあるといっても過言ではない。科学技術の進歩は人々の生活をより豊かにした。たとえば，医療や保健技術の進歩によって人間の平均寿命は 20 世紀初めの 31 歳から，2014 年には 70 歳にまで伸びた。さらに，近代になって産業化が進展すると，石炭，石油，天然ガス，原子力，太陽光，風力など，さまざまなエネルギーを利用するようになったのをはじめ，農業，工業，運輸，通信など，あらゆる分野の科学技術が目覚ましい発展を遂げた。科学技術は，人々の活動を，規模，領域で拡大した。その領域は，国境を越え，さらには空，宇宙そしてサイバー空間へと広がっている。

科学技術はまた，国際政治における国家のパワーを構成する要素のうち（→unit 7），経済の役割を相対的に高めた。経済には製造業と金融が重要な要素として含まれるが，これらを支えるのも科学技術である。産業の競争力を獲得するうえでの研究開発の重要性，大量の資金が瞬時に国境を越えて行き来する現代の金融取引における情報通信技術の役割などを考えると，科学技術が一国の経済力を支えているといっても過言ではない。そのため，国家は，研究開発体制を支援するなど科学技術政策の充実に力を入れる。しかし，同時に科学技術はグローバリゼーションとの親和性も高い。

第 1 に，科学技術の進歩が経済のグローバリゼーションを促進している。情

報通信，船や飛行機などの運輸・輸送システムにおける技術の発展は，ヒト，モノ，カネの国境を越えた移動をスピード，量の両面で向上させた。その結果，市場のグローバリゼーションが進んだ（→unit 24）。それを受けて，企業が世界中の市場でビジネスを展開するようになると，販売だけでなく，製品の生産や研究開発の拠点も，それらの活動にとって，より最適な場所に位置するようになり，企業自体のグローバリゼーションが進む。

第2に，科学技術はそれ自体がグローバル化する。コンピュータや携帯電話などのハイテク製品の多くは，世界共通の仕様を採用し（技術の標準化），世界中で同じような製品が消費，使用されるようになった。

第3に，研究開発における国際的な競争と合従連衡が同時に起きている。たとえば，バイオテクノロジーの分野では，医療の飛躍的な発展に貢献するといわれているヒトゲノム解読などで，各国の研究チームが先を競うように研究に取り組み，特許の取得を競っている。しかしその一方では，宇宙ステーションや核融合など，メガ・サイエンスと呼ばれるような，予算的にも人員的にも大規模な研究プロジェクトでは，多国間のコンソーシアム（共同事業体）が形成されている。また，企業は研究開発を充実させるために国籍を問わず優秀な人材を集め，国境を越えた研究開発プロジェクトを推進する。技術が国家の競争力を規定する要素である一方，企業の技術力，競争力を，その国家の技術力，経済力と同等に考えることが難しいのも事実である。

科学技術と安全保障

さらに，科学技術の進歩は，国家安全保障の考え方も変えた。象徴的なものは，兵器の発達である。**軍事力**は，現代の国際政治において依然として国家のパワーを規定する重要な要因である。軍事力は，科学技術によって支えられている。鉄，銃，飛行機の発明は，兵器の性能と軍事戦略に大きな変革をもたらし，戦争の社会的な意味も変えた。戦争は次第に大規模になり，核兵器の登場は，戦争を，国家が国益を追求するための「他の手段をもってする政治の継続」（クラウゼヴィッツ）としてのみ考えることを困難にした。ひとたび核戦争が起これば，勝者も敗者もなく，破滅しかない。核兵器を含む巨大な戦力をもつ国同士では，お互いが核の脅威で抑止し合うことで，戦争は起こりにくくなった。地域紛争など，伝統的な様式の戦争は世界各地に残るものの，核という技術は，戦争に勝利するための戦略だけでなく，いかに相手の敵対的行動を抑止するかという戦略の重要性を飛躍的に高めた（→unit **20**）。

最近では，衛星や情報通信技術などとの融合により，軍事革命（RMA）と呼ばれる軍事部門のイノベーション（技術革新）が，戦術の大きな変容をもたらしている（→unit **21**）。衛星や無人航空機（ドローン）（UAV）などを通じて得られた情報を高度な画像解析技術や人工知能（AI）を用いて分析して，敵の動向を把握し，ネットワークで結ばれた陸や空の部隊同士が相互に情報を交換しながら連携し，あるいは遠隔地からUAVを操作して，標的に攻撃を実施するといった方法が用いられるようになっている。極超音速滑空体（HGV）などの新たな技術が次々に兵器に応用されるようになり，将来的には，大規模データの高速処理を可能にする量子技術が従来の常識を覆すような変化をもたらすと予測されている。なお，このような従来のものごとのあり方を根底から覆しかねないインパクトのある技術を，破壊的技術（disruptive technology）と呼ぶ。

経済安全保障

近年，アメリカ，中国，ロシアという大国間の戦略的競争が激化し（→unit **28**），安全保障環境が厳しくなるなかで，国家の安全保障における技術的優位の重要性はますます高まっている。先端技術開発をめぐる競争が激化し，グローバル化したサプライチェーン（製品の原材料・部品の調達から販売にいたるまでの一連の流れのこと）は国家間の戦略的競争のなかで，その脆弱（ぜいじゃく）性を高めた。また，情報通信技術の発達による産業基盤のデジタル化・高度化は，サイバー攻撃などの脅威の増大をもたらした。自国の安全保障を担保するためには，このような経済活動におけるリスクや脅威に対処することが不可欠となっており，重要な産業基盤の強化，他国への過度な依存の回避，先端技術の研究開発の推進，機微技術の流出防止など，経済上の手段を用いることが求められる。すなわち「**経済安全保障**」が重視されるようになっているのである。

たとえば，半導体の分野では，国際的な競争をリードするうえで不可欠な先端技術の開発において競争優位を獲得し，維持していくために，競争相手から機微技術の情報を保全し，サプライチェーンから切り離す「ディカップリング」が進められている。それにより，アメリカや日本などは，対中依存度を低減して脆弱性を低下させるのである。

ロボット工学，AI，情報通信，電子工学や光学をはじめ，さまざまな分野の民生技術は軍事用途でも高い性能を発揮しうる。民生用にも軍事用にも利用可能な「**汎用技術**」が安全保障上の脅威になる国に流出・移転されるのを規制する貿易管理も，経済安全保障政策としての重要性をますます高めている。

なお，科学技術の水準が世界的に向上したこともあり，核に限らず，ミサイルやその他の機微技術の流出は，先進国から途上国への一方的な流れだけでなく，途上国間でも発生するようになった。たとえば北朝鮮とイランなど，国際的なルールを遵守（じゅんしゅ）する意識の低い国家同士の技術の取引は，国際的な制度の抜け穴をふさぐことが困難であることを物語っている。

情報と政治

インターネットなどの情報通信技術や，それらを使ったソーシャル・ネットワーキング・サービス（SNS）のような新しい情報伝達方法の普及は，政府による情報の独占や統制，あるいはマスメディアを通じた情報の管理をより困難にしている。他方，誤情報や偽情報による政治の操作や混乱など政治と情報の関係に新たな課題を提示する。

携帯電話の普及率は世界では100％を超え，後発開発途上国に限っても75％を超えている。携帯電話は，テレビやラジオといったマスメディアと並ぶ，重要な情報伝達の手段となりつつある。

携帯端末などを通じたコミュニケーションは，マスメディアと2つの点で大きく異なっている。第1に，情報は送り手から受け手に対して一方的に伝達されるのではなく，双方向のコミュニケーションで，ネットワークを介して情報が瞬時に「拡散」される。すべての人が情報の受信者にも，発信者にもなりうる。第2に，正確な情報，誤った情報，重要な情報，重要ではない情報など，ありとあらゆる情報がネットワーク上にあふれ，その取捨選択は送り手ではなく受け手に委ねられる。情報量の増大は，一般的には市民に対して多様な選択肢や参加の機会を提供することになるため，民主主義にとって好ましい。しかし，情報が氾濫した状態でその取捨選択が受け手に委ねられると，（客観的に見

重要ポイント㉗

サプライチェーン

サプライチェーンとは，製品が，その最終的なユーザーに届くまでの，原材料や部品の調達，製造，在庫管理，流通，販売といった一連のプロセスを指す。現在，多くの商品や製品のサプライチェーンはグローバル化しており，最終ユーザーに製品が届くまでには複数の国を経由することが多い。その際，原材料や部品の供給，生産拠点が1カ所に集中していたり，その供給が途絶すれば国民の生活を営むうえで重要な影響が出る製品や部品，素材などの供給を不安定な地域に依存していたりした場合に，サプライチェーンは脆弱性を抱えることになる。たとえば，2020年に発生した新型コロナウイルス感染症のパンデミックは原材料の供給，製造，そして流通などに多大な影響を与え，サプライチェーンの脆弱性がより強く意識されるようになった。また2022年2月に始まったロシアによるウクライナ侵攻もエネルギーや食糧のサプライチェーンの脆弱性を露呈させた。あるいは，先に述べた新型コロナのパンデミックのように，各国の社会経済活動を大きく停滞させるグローバルなリスクもある。

しかし，それにもまして米中の戦略的競争が激化したことで，サプライチェーンの管理は，安全保障上も重要な課題となった。日本や欧米の企業は，安い労働力や市場規模などの理由から，その多くが中国に生産拠点を置いてきた。しかし，中国との対立が激化するなか，災害やパンデミックのみならず政治的なリスクが増大することで，中国への生産拠点の集中は製造業にとってサプライチェーンの脆弱性を高めることになった。そこで，生産拠点を国内に移転したり，分散させたりするなど，サプライチェーンの強靭化が図られるようになった。このようなサプライチェーンの強靭化の取り組みは，半導体に代表される，重要な戦略物資・技術の生産基盤の強化や研究開発の促進を通じ，日本の研究や産業が国際社会にとって不可欠な分野を拡大すること，技術の流出を阻止するための輸出管理などと並び，「経済安全保障」政策の一環としてとらえられる。

こうしたサプライチェーンの強化では，アメリカやヨーロッパ諸国など，有志国との連携が不可欠である。その一方で，中国に依存しないサプライチェーンの構築は，中国の巨大市場へのアクセスが制限されることを意味し，企業にとってはいかにその影響を抑制するかが鍵であるとともに，中国との取引が他国の規制に抵触し，制裁を受けるリスクなどへの配慮も求められる。

て）不正確な情報が広がり，正しい判断が下されない場合も多くある。

1989年に中国で起きた天安門事件では，そこに集まった人々の間の情報伝達手段は，壁新聞であり口コミであった。同じころ東欧で起きた民主化では，市民が隠れて受信していた西欧の衛星放送からの情報が大きな役割を果たした。現代では，その役割を携帯電話が担う。2011年末ごろに発生した，中東における一連の民主化運動，いわゆる「アラブの春」（→**unit 14**）では，携帯電話のメッセージ・サービスやSNSが市民の間の情報伝達の手段として使われた。

その一方で，SNSを通じた情報の伝達が悪意をもって利用される懸念も指摘される。ネットワークを経由する通信は匿名性が高く，同時にハッキングを行うことによって遠隔地から不法にサーバーや端末に侵入し，データの改竄（かいざん）や盗取，あるいは妨害行為を行うことが可能である。情報の保全や社会的混乱の回避といったサイバー空間をめぐる安全をいかに確保していくかは，政府にとって，また社会や個人にとっても大きな問題である。

たとえば2016年のロシアによるアメリカ大統領選挙への干渉のように，特定の勢力がSNSを通じて**偽情報**（あるいは「フェイク・ニュース」）を拡散したり，サイバー攻撃によって盗んだ情報を暴露したりするなどして他国の政治に干渉するといった深刻な問題も起きている。また，2022年のロシアによるウクライナ侵攻では，ウクライナが化学兵器や生物兵器を製造しているといった偽情報がインターネット上に流れ，ロシアはこのような情報操作を行って核兵器使用を正当化すべく，いわゆる「偽旗作戦」を展開しているのではないかという懸念が高まった。それにとどまらず，災害が発生したり，感染症のパンデミックが起こったりしたときには，間違った情報や虚偽の情報などが社会の混乱や分断を引き起こすリスクも指摘されている。AIや機械学習の技術を利用して偽の映像を作り出す（ディープフェイク）など，偽情報が巧妙化する中で，情報の真偽を確認する「ファクトチェック」の重要性が増している。

公共空間をどう管理するか

情報の自由な流れはサイバー空間の利点であると同時に，情報の保全という面から見て脆弱性の原因である。情報の自由な流れと保全は両立できるのか。あるいは情報の自由な流れを規制し情報の保全や社会（あるいは政府）の安定を優先させるべきなのか。インターネットの規制や検閲をめぐっては，国家間で考え方の違いが存在する。欧米などでは，情報の自由を前提とした規制やセキュリティが構想されている。他方，中国などの権威主義国や一部のイスラム諸国などでは，政府の方針や宗教的価値観とは相入れないインターネット上のコンテンツへのアクセスや情報の流れを遮断したり，個人の情報発信を監視・取り締まったりする政策がとられている。情報の自由よりも政府の判断による社会の秩序が重視されているのである。

インターネットは，各国を網の目状に結んでいるため，情報はさまざまな場所を経由して到達する。したがって，サイバー犯罪や攻撃では，発信元を特定することが困難な場合が多い。規制や取り締まりの対象となる行為が国家主権の及ばない場所から行われた場合，発信元を特定するために他国とのインテリジェンス（情報収集）協力も求められることになるだろう。しかし，そのような緊密な協力が可能な国ばかりではない。逆に，発信元を特定するのが困難であることを利用して，国家が他国に対してサイバー攻撃を仕掛けることもある。

サイバー空間は，善意の者も，悪意をもった者も，誰もが利用することができ，グローバル化する人々の活動を支えるためのインフラとして不可欠な「グローバル・コモンズ」である（コモンズについては，重要ポイント㉖参照)。「グローバル・コモンズ」といわれるゆえんは，誰もが利用可能であるということだけではない。自由なアクセスを悪用したり利益を独占したりするような使い方をすれば，そのコモンズでは提供されるサービスへのアクセスが制限されるようになる。こうしたサービスの低下によってやがては社会の発展が阻害されるリスクが潜んでいる。サイバー空間には，有限な「公共財」としての特徴も備えているのである。

同様の性質をもつ領域には他にも海洋秩序や宇宙空間などがある。とりわけ宇宙空間は，衛星の利用を通じて通信や気候・天気の予測，測位情報の提供など大きな便益をもたらす。他方で，使い終わった衛星が宇宙ゴミ（デブリ）と化し，静止軌道上で衛星を載せることができる空間という「資源」が枯渇してきている。また，この空間は対衛星攻撃兵器（ASAT 兵器）による攻撃が行われると，破壊された衛星がデブリとなって，他の衛星を壊したり，利用ができなくなってしまうことから，各主体の協調的で責任ある行動が求められている。

科学技術をめぐる南北問題

科学技術は，人類の生活の向上に多大な貢献をしているが，その一方で，科学技術の発展にともなう副作用の拡大についても見ていく必要がある。

第1に，技術移転の管理をめぐっては，南北間に対立が生じている。先進国と途上国の経済格差を是正する方策の1つに技術移転がある。産業にかかわる技術を途上国に移転することによって途上国の経済成長を促進する。途上国は，自国の市場を開放する代償として技術移転を企業側に求めることがある。しかし，技術は，それを保有する企業にとっては重要な資産である。技術に関する知的財産権の保護は，企業にとってみれば市場における優位性を確保するために，また研究開発への莫大な投資を回収し，新たなイノベーションを起こすためにも重要である。途上国の開発促進と企業の利益の保全を，どのように両立させるかは大きな課題である。

他方で，安全保障上の理由から実施される輸出管理は，実施する側にも正当な理由はあるが，先進国から途上国への技術移転の妨げにもなり，南北間の経済格差を縮めるどころか，さらに拡大しかねない。途上国の側で輸出管理に対して不満が強いのはそのためである。

第2に，イノベーションは従来の比較優位の構図を変えてしまう可能性もある。たとえば，途上国がこれまで比較優位をもっていた労働集約型の産業においても，先進国のもつ情報通信技術や生産過程の制御技術などが，途上国がもつ労働要素における優位性を打ち消してしまうこともありうる。その結果，先進国から海外に移転していた生産拠点が，再び先進国内に回帰するという現象も起きている。また，測位システムや気象観測，資源探査など，衛星を活用した技術を利用することが可能な先進国は，それを利用して新たなビジネス・チャンスを開拓し，途上国における資源開発でも主導権を握ることができる。

第3に，生物学・医学の分野でも，遺伝子解析の技術の進歩は，医療に大きな貢献をしているが，途上国に存在する植物などの固有種の遺伝子を先進国の企業が解析し，自らの特許として登録し，医薬品の開発に独占的に利用するというようなことも起きている。これは，途上国のものであるはずの生物資源が先進国の企業によって収奪される行為，すなわち「バイオ・パイラシー」であるという批判も高まっている。他方で，多額の研究費を投じてHIV/エイズなどの感染症の特効薬が開発されたとき，それが高価なために途上国の人々には入手が困難な場合がある。患者の治療という人道的な問題と企業の利益をどのように両立させられるかは，困難な課題である。

資源・エネルギーと国際政治

科学技術とならび現代の国際政治のあり方を規定する要因に資源エネルギーがある。これは，科学技術とも密接な関係にある。

資源やエネルギーを大量に消費する現代社会では，資源の安定供給は国家の活動，とくに安全保障にとってきわめて重要であり，国際政治の中心的争点の1つとなっている。

エネルギーは，石油，石炭，天然ガスといった化石燃料，原子力，それに水力，風力，太陽光，地熱などの再生可能エネルギーによって作られる。1970年の時点では，エネルギー源に化石燃料が占める割合は9割を超えていた。しかし，1970年代の2度にわたる石油危機は，エネルギー供給の安全保障上の重要性を国際社会に再認識させた。化石燃料の一大供給地である中東地域が不安定なこともあり，資源開発と安定供給の確保やエネルギー源・輸入先の多角化は，資源輸入国にとって戦略性の高い外交問題であった。同時に，資源生産国にとっても，自国の経済発展や政治力を向上させるための資源管理は国家戦略として重要な意味をもっている。中東諸国を中心とする産油国は，石油輸出国機構（OPEC，1960年設立）を通じて先進国をはじめとする消費国に対して交渉力を確保し，需給調整によって石油価格の値崩れを防止するなどして，自らの利益を確保しようとしてきた。ただし，最近では産油国間での利害の対立などから産油国間での調整が難航する場面も見られる。

資源輸入国側は，資源供給における脆弱性を低減し，「**エネルギー安全保障**」を図るために，供給国との関係強化，供給地の分散化，エネルギー源の多角化，市場メカニズムの強化，供給途絶に備えた戦略備蓄などの措置を講じてきた。国際エネルギー機関（IEA）は，エネルギー安全保障における国際協調体制を支える国際機関である。

科学技術はエネルギー安全保障にも貢献しうる。原子力は化石燃料資源をもたない国にとって，地政学上のリスクを低減するための有力な手段として考えられた。とくに，原子炉でウラン燃料を燃焼させた後の使用済み核燃料を再処理して得られるプルトニウムは，再び核燃料へと加工され，これをさらに高速増殖炉で燃焼させれば再びプルトニウムが生成されるという，核燃料サイクルを確立することで「準国産」のエネルギー資源が得られるとされた。日本でも，この核燃料サイクルが政策として採用されたが，青森県六ケ所村の再処理施設や福井県敦賀市の高速増殖炉「もんじゅ」の相次ぐ事故やトラブルの発生によって政策は大幅に見直されることになった。なお，原子力技術には，核兵器拡散や，東日本大震災によって引き起こされた東京電力福島第一原子力発電所の事故のような環境汚染のリスクという負の側面もあることはいうまでもない。

また化石燃料でも，いわゆる「シェールガス」など新たな採掘技術が開発され，従来採掘が不可能であったり，採算が取れなかったりした油田やガス田からの採掘が可能になった。その結果，資源の可採埋蔵量の増加や，アメリカが資源輸出国になるなど，エネルギーをめぐる地政学の構図に変化が起きている。

エネルギー源の転換は，気候変動問題への対応という観点からも進められている。18 世紀にイギリスで起こった産業革命以降，石炭や石油，天然ガスといった化石燃料が大量に消費され，莫大な二酸化炭素が排出された。近年では，二酸化炭素などの温室効果ガスが気候変動につながるとして対策が急がれている（→**unit 26**）。そのなかで，各国は国連気候変動枠組み条約（UNFCCC）のもと，パリ協定を通じて二酸化炭素の排出を大幅に削減する公約を掲げ，それに向けて化石燃料の使用を削減するために再生可能エネルギー利用の拡大や産業の脱炭素化を進めている。

太陽光発電や風力発電のような再生可能エネルギーは，海外からの資源に依存しない国産のエネルギーを生み出し，エネルギー安全保障にも貢献しうる。同時に脱炭素化を通じた産業構造の転換は，国家間の競争力に影響を及ぼすだろう。加えて，脱炭素化が進む中で，電気自動車や省エネ家電，風力発電などに使用されるレアアース資源の調達・獲得が国家間競争の争点の一つになっている。また，ロシアによるウクライナ侵攻では，ロシアに対する経済制裁によってロシアからヨーロッパへのエネルギー供給に対する不安が高まり，ヨーロッパのみならず世界規模でエネルギー価格が高騰している。

科学技術の発達は，国家間のパワー分布やパワーの性質だけでなく，国家と民間の関係，市民の政治へのかかわり方など，政治そのもののあり方をも変化させてきた。今後もさまざまな技術の登場やイノベーションによって国際政治は変容していくであろう。

引用・参照文献

伊藤亜聖『デジタル化する新興国──先進国を超えるか，監視社会の到来か』中公新書，2020年。

城山英明編『科学技術ガバナンス』(未来を拓く人文・社会科学シリーズ1) 東信堂，2007年。

鈴木一人編『技術・環境・エネルギーの連動リスク』(シリーズ日本の安全保障7)』岩波書店，2015年。

スコルニコフ，ユージン・B.／薬師寺泰蔵・中馬清福監訳『国際政治と科学技術』NTT出版，1995年。

十市勉『シェール革命と日本のエネルギー』電気新聞ブックス，2014年。

日本国際政治学会編『国際政治（特集 科学技術と現代国際関係)』179号，2015年。

山田敦「科学技術と日本外交」大芝亮編『対外政策　課題編』(日本の外交　第5巻) 岩波書店，2013年。

文献案内

□ **小山堅『エネルギーの地政学』朝日新書，2022年。**

エネルギー市場の構造や，資源をめぐり錯綜する国家間の利害や対立の構図をわかりやすく解説し，エネルギー安全保障のあり方について論じている。

□ **日本国際政治学会編『国際政治（特集 科学技術と現代国際関係)』179号，2015年。**

科学技術がさまざまな形で現代の国際関係の重要なイシューを構成しているかを論じた論文を収録している。

□ **佐藤靖『科学技術の現代史──システム，リスク，イノベーション』中公新書，2019年。**

アメリカでの科学技術開発を中心に，システム，リスク，イノベーションという3つの視点から国家と科学技術の関係を論じている。

unit 28

米中関係
――新冷戦か？

Keywords
2つの中国，アジア・ピボット，100年のマラソン，一帯一路，アメリカ・ファースト，懸念される10年，危機の20年

歴史的背景

21世紀に入ってから，中国の急速な台頭とアメリカの国力の相対的な低下から，米中関係が国際政治の基軸になった。しかも，両国は政治制度や価値観を大きく異にしている。2010年代には米中対立が顕在化し，20年代に入ると米中冷戦が語られるようになってきた。

まず，19世紀末から21世紀初頭までの米中関係の変遷を概観しておこう。

19世紀の末に世界の列強が中国を蚕食（さんしょく）する中で，アメリカ政府は自国の経済的進出のために，中国の門戸開放と領土，行政権の保全に最も熱心であった。また，アメリカのキリスト教プロテスタント諸教会は，アジアへの宣教に強い使命感をもっていた。ドル外交と宣教師外交である。さらに，1912年に中華民国が成立すると，アメリカ社会全体に，アジア初の共和国に対する親近感が加わった。

この間，日露戦争を経て日本が軍事大国化すると，アメリカでは日本への警戒感が強まり，1931年の満洲事変で日本への敵視は決定的になった。これに呼応して，日本に侵略される中国への同情が高まった。移民問題でも，排華（中国人排斥（はいせき））から排日へと，アメリカの重心は移っていった。41年に日本が真珠湾を奇襲攻撃して太平洋戦争が勃発（ぼっぱつ）すると，アメリカと中国はついに同盟国になったのである。第二次世界大戦の末期には，アメリカのフランクリン・

D. ローズヴェルト大統領は，米ソ英に中国を加えた「四人の警察官」による戦後の世界平和を構想するにいたった（→unit 4）。

実際，1945年に国際連合（国連）が発足すると，米ソ英中，そしてフランスが安全保障理事会（安保理）常任理事国の地位を得た（→unit 17）。だが，日本という共通の敵を失った中国では，国民党と共産党による内戦が勃発した。49年には国民党は台湾に落ち延び，共産党が大陸を制して中華人民共和国が成立した。50年早々にはイギリスが英領香港などの権益を守るために中華人民共和国（以下，中国）を承認したが，国連総会では中華民国（以下，台湾）が多数の支持を得て，国連での地位を維持した。以後，**「2つの中国」**は国際政治の大きな争点であり続けた。とりわけ，1950年に始まった朝鮮戦争に中国義勇軍が参戦したため，米中対立が東アジアの国際政治を大きく規定した。54年には，米華相互防衛条約が締結され，アメリカは台湾防衛の姿勢を明確にした。

やがて，中国はソ連と対立し，1964年に核実験に成功しながら，66–76年まで文化大革命という権力闘争で大混乱に陥った。この間，中ソ対立はイデオロギー論争を超えて，69年には国境紛争にまで発展した。他方，アメリカもヴェトナムに軍事介入して，多大な犠牲に苦しむようになった。国境を接する軍事大国を牽制（けんせい）するために，中国はアメリカを必要とし，北ヴェトナムを和平交渉のテーブルにつかせてヴェトナム戦争から脱出するために，アメリカは中国を必要とした（中国は北ヴェトナムに強い影響力を持っていた）。赤裸々な国益の前に，両国はイデオロギーの相違を棚上げして，慎重に接近を図った。

その結果，1971年7月にアメリカのニクソン大統領の訪中計画が発表され，翌年2月にこれが実現した。71年11月には，台湾が国連から追放され，中国が国連加盟を実現した。その後，ウォーターゲート事件でニクソンが失脚したことなどから，米中国交樹立はカーター政権下の1979年1月1日にようやく実現した。折から，米ソ関係は再び悪化しており，アメリカは対ソ牽制として「チャイナ・カード」を活用しようとしていた。中国では，実権派の鄧小平が権力を掌握（しょうあく）しつつあった。

ただし，アメリカ議会は，台湾の安全保障のために台湾関係法を制定して，台湾への支援を続けた。ただし，同法は台湾有事の際のアメリカの軍事介入を義務化してはおらず，その是非は「戦略的曖昧（あいまい）性」の範囲にとどまっている。

図 28-1　軍事支出および対 GDP 比の推移（1990–2021 年）

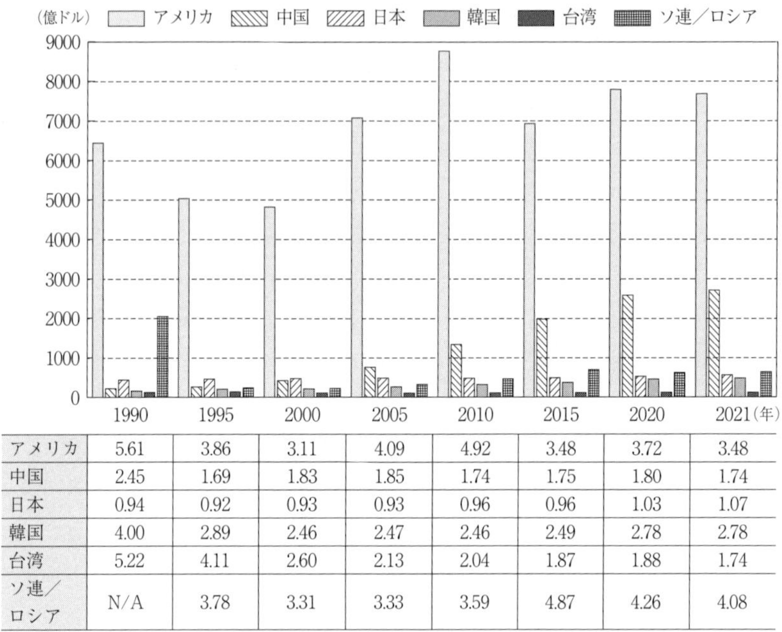

	1990	1995	2000	2005	2010	2015	2020	2021
アメリカ	5.61	3.86	3.11	4.09	4.92	3.48	3.72	3.48
中国	2.45	1.69	1.83	1.85	1.74	1.75	1.80	1.74
日本	0.94	0.92	0.93	0.93	0.96	0.96	1.03	1.07
韓国	4.00	2.89	2.46	2.47	2.46	2.49	2.78	2.78
台湾	5.22	4.11	2.60	2.13	2.04	1.87	1.88	1.74
ソ連／ロシア	N/A	3.78	3.31	3.33	3.59	4.87	4.26	4.08

［注］ 上図が軍事支出（2020 年度ドル換算），下表がその対 GDP 比（%）の推移。
1990 年のソ連軍事支出の対 GDP 比については，14% 前後との推測も見られる。北朝鮮については，北朝鮮政府によって発表された額がごく一部のみ記載されてはいる（たとえば，2018 年には名目で 16.04 億ドル）が，信頼性が非常に低いとされている。

［出典］ SIPRI Military Expenditure Database, Stockholm International Peace Research Institute（https://www.sipri.org/databases/milex）の数値をもとに作成。

米ソ冷戦が終焉に向かうころ，1989 年 6 月に中国政府は民主化運動を軍事力で排斥した。天安門事件である。アメリカは中国に経済制裁を発動し，中国は国際的に孤立した。しかし，ジョージ・H. W. ブッシュ政権は水面下で米中関係の安定を図り，次のクリントン政権も当初は中国を人権問題で強く批判したが，すぐに対中関与政策に転じた（→unit **6**）。ジョージ・W. ブッシュ政権も中国の台頭を警戒しつつも，2001 年の 9.11 テロ事件以降は対テロ戦争で中国との協力を必要とし，中国に国際社会の「責任ある利害当事者」（ゼーリック国務副長官）たることを求める関与政策を維持した。同年末には，中国は世界貿易機関（WTO）への加盟を認められた。これを機に，中国の経済力は急速に拡張した。

ソ連の崩壊後はアメリカの一極支配が危惧されたが，21世紀に入ってアメリカはアフガニスタン，イラクの軍事作戦で急速に消耗していった。しかも，2008年のリーマン・ショックで，アメリカ経済も世界経済も大打撃を被った。だが，中国は大規模な公共事業投資を行って，比較的ダメージ少なくこの金融危機から脱出した。10年には中国は国内総生産（GDP）で日本を抜き，世界第2位の経済大国の地位を獲得した。中国は南シナ海や東シナ海でも高圧的態度をとるようになってきた。そこで，オバマ政権はアメリカを「太平洋国家」と位置づけ，戦略の重心を中東での対テロ戦争からアジアでの大国間競争に移行させるという，「**アジア・ピボット**」または「アジア・リバランス」戦略を標榜することになった。ただし，オバマ政権下で，この戦略が十全に達成されたわけではなかった。何しろ，中国はすでに1兆ドル以上の米国債を保有していた。オバマ政権内では，米中のより対等な「新型大国関係」を構築しようという声もあったのである。

米中対立の顕在化

2012年には，中国で習近平が党総書記に就任した（翌年には国家主席を兼務）。13年には，中国は東シナ海に一方的に防空識別圏（ADIZ）を設定してアメリカや日本を驚かせ，国内的にも思想統制を強化していった。やがて，習総書記は「中華民族の偉大な復興」を語るようになった。中華人民共和国建国100周年に当たる2049年までに，アメリカを抜いて世界一の強国になるという意思表示であり，中国は「**100年のマラソン**」（ピルズベリー）を走っていると受け止められた。

習はまた，中央アジア経由の「シルクロード経済ベルト（一帯）」とインド洋経由の「21世紀海上シルクロード（一路）」からなる大規模なインフラ整備の経済圏構想（**一帯一路**構想）を提唱し，15年にはそれを支えるべくアジアインフラ投資銀行（AIIB）を発足させた。資本金の目標は1000億ドルで，創設時に57カ国が参加した（日本やアメリカは不参加）。本部は北京にあり総裁は中国人であり，中国が議決権の26%以上を保有している。このAIIBは，日米が主導してきたアジア開発銀行（ADB）と競合する存在になっている。

図 28-2　中国の海洋進出

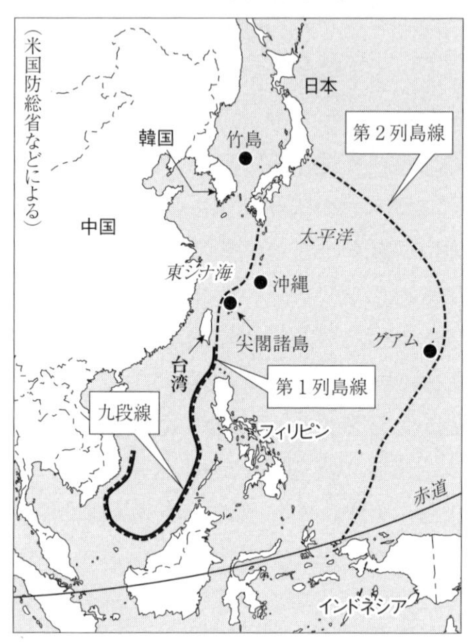

［出典］ 共同通信社（2017 年 9 月 16 日）をもとに作成。

産業政策でも，2015 年に中国は「中国製造 2025」という政策文書を公表した。次世代情報技術や新エネルギー車など 10 の重点分野と 23 品目を設定して，製造業の高度化をめざし，25 年までに「製造強国」をめざすとされた。アメリカの官庁や企業，大学，研究所などでは，中国による知的所有権の侵害や産業スパイへの懸念も急速に高まった。

さらに，中国は軍事力の増強をより一層加速化させた。中国人民解放軍はミサイル戦力などの向上により，南シナ海，東シナ海，日本海を含む第 1 列島線の内で，米軍に対して「接近阻止・領域拒否」（A2/AD）能力を獲得していった（→**unit 21**）。かつて，1996 年の台湾総統選挙の際に，中国は軍事演習と称して台湾海峡にミサイルを発射して，台湾世論を威嚇した。これに対して，クリントン政権は空母機動部隊を派遣し，中国を牽制した（台湾海峡ミサイル危機）。米軍は中国人民解放軍に対して，もはやこのような優越をもちえない。伊豆・小笠原諸島からグアム，サイパンを含むマリアナ諸島群までを結ぶ第 2

列島線の内でも，中国は海空軍力を強化してきた。さらに，宇宙空間やサイバー空間でも，中国は攻撃的な能力を向上させてきた。

こうしたなかで，アメリカは2014年の「4年ごとの国防計画見直し」（QDR）などの政策文書で対中警戒を示し，軍事技術の近代化に努めながら，15年9月の米中首脳会談では気候変動などのグローバルな課題での米中協力を重視していた。だが，アメリカの世論でも過半数が中国に批判的になり，専門家の間でも対中関与政策への悲観論が高まっていった。同年10月には，アメリカは南シナ海で「航行の自由」作戦を展開し，中国の領土的野心への対抗姿勢を明確にした。

だが，中国は地図上にいわゆる九段線を設定して，その内に位置する南シナ海でスプラトリー諸島やパラセル諸島などをすべて自国領と主張している。南シナ海での中国とフィリピンとの領有権争いをめぐって，16年7月に国際海洋裁判所が中国の主張を退ける判決を下すと，中国政府はこれを拒絶し，元高官にいたってはこれを「紙屑（かみくず）」と称した。また，同年5月に，台湾で「2つの中国」の立場に立つ民主進歩党の蔡英文が総統に就任すると，中国は台湾に対してもより強硬な姿勢で臨むようになっていった。

米中冷戦？——トランプ政権と中国

2017年1月にアメリカで，「**アメリカ・ファースト**（自国第一主義）」を提唱する共和党のトランプ政権が発足した。大統領選挙でトランプは，中国が経済面でアメリカを「レイプ」していると批判し，当選すれば中国を為替操作国に指定すると語っていた。他方，民主党のヒラリー・クリントン候補（前国務長官）も中国の人権問題などに批判的であった。同年4月には早くも習総書記が訪米し，フロリダ州にあるトランプ大統領の別荘で米中首脳会談に臨んだ。11月には，トランプ大統領が訪中した。両者には，北朝鮮の軍事的挑発行動を抑制する点で協力が必要であった。また，両国はアメリカの対中貿易赤字削減のために総額2535億ドルの商談をまとめた。トランプは習を「高い尊敬を集めている」，さらには「中国史上最も偉大な指導者」とすら呼んだ。

しかし，2017年末にトランプ政権が公表した「国家安全保障戦略」は，中国とロシアがアメリカの繁栄と安全を侵食し，北朝鮮とイランがアメリカおよびその同盟国を脅かしていると指摘し，国際テロリズムにも警鐘を鳴らした。トランプ流の「アメリカ・ファースト」のレトリックを用いながら，アメリカ外交に伝統的な現実主義路線を継承する内容であった。

その後，米中貿易摩擦も激化し，2018年3月にトランプ大統領は中国からの輸入に関税をかける大統領令に署名した。トランプは「関税男」を自負していた。中国からアメリカへの輸入品818品目（340億ドル相当）に25％の関税が課され，中国もアメリカからの輸入品目に同様の報復関税を課した。しかし背後では，トランプは大統領選挙で「自分が勝てるよう習の協力を乞うた」し，新疆ウイグル自治区での強制徴用所建設を奨励さえしたという（ウッドワード）。これが事実だとすれば，国益と自己利益の明らかな混同である。

同年10月には，ペンス副大統領がワシントンのハドソン研究所で講演し，「邪悪な中国共産党」との闘いを国民に呼びかけた。間近に迫る中間選挙や20年の大統領選挙を意識して，中国の貿易政策や産業政策を批判し，支持基盤の拡大を図ったと見られる。このペンス演説は，米中冷戦の宣戦布告とも呼ばれた。

だが，同年11月の中間選挙で共和党が下院の多数を失い，12月に主要閣僚や大統領首席補佐官が相次いで辞任すると，トランプ外交はより不安定になった。トランプは再選を強く意識して，時には個人外交に走り，しばしば内政的考慮を最優先した。前者の例としては，2019年2月にシンガポールで2度目の米朝首脳会談が行われたが，全く成果が上がらなかった。後者の例として，トランプ大統領の対中強硬姿勢に拍車がかかった。5月には中国の通信機器メーカー華為（ファーウェイ）技術への輸出規制を発表し，8月には中国を「為替操作国」に指定し（20年1月に解除），9月には制裁・報復関税の第4弾を発動した。トランプ政権下では最終的に，アメリカの対中追加関税は5745品目で2000億ドル規模に膨らみ，中国側は5207品目，620億ドルに達した。米中両大国が国際協調を攪乱（かくらん）しているとして，現状はG2ではなくGマイナス2だとする識者もいる（スブラマニン）。

2020年には，世界的に新型コロナウイルス感染症が拡大した。トランプ大統領は迅速に中国とヨーロッパからアメリカへの渡航を禁止したものの，その後は専門家の助言や科学的な分析を軽視し，感染の急速な拡大と死者の増大を許してしまった。新型コロナウイルス感染症の発生源が中国の武漢と推測されたため，トランプは「武漢ウイルス」「チャイナ・ウイルス」と連呼して中国の責任を追及し，貿易のみならず投資や人的交流でも対中強硬策を相次いで打ち出した。コロナ禍への不安と中国の対応への不満，中国の「戦狼外交」（高圧的で攻撃的な外交姿勢）や香港での民主化弾圧（20年6月に香港国家安全維持法が成立）への反発もあって，アメリカ世論の反中感情も急速に拡大していった。

他方，トランプ政権は台湾への軍事支援を拡大し，2020年8月には，国交断絶後初めてアメリカの閣僚（保健福祉長官）が台湾を訪問して，蔡総統と会談した。すでに18年には，アメリカ議会が超党派で台湾旅行法を制定して，アメリカと台湾の高官の相互交流を促進してきた。

「アメリカは戻って来た」？――バイデン政権と中国

2020年11月の大統領選挙で民主党のバイデン前副大統領が当選し，大きな国内的混乱の末，翌年1月にバイデン政権が発足した。上下両院でも民主党が多数を制した。「私たちは同盟関係を修復し，再び世界に関与する」とバイデン大統領は語り，トランプ前大統領の単独行動主義と孤立主義的傾向からの軌道修正を表明した。

しかし，中国政策については，バイデン政権も強硬な姿勢を基本的に継承した。「冷たい内戦」とすら呼ばれる国内対立の中で，対中強硬姿勢は数少ない超党派的な合意である。同政権の「国家安全保障戦略」の暫定指針（2021年3月）は，中国を「唯一の競争相手」とみなしている。21年9月には，アメリカとイギリスが，オーストラリアによる原子力潜水艦の開発に協力することで合意した（いわゆるAUKUS）。これも中国への対抗措置と見られる。習はこうした動きを「小さなグループ」と呼んで，牽制している。

また，バイデン大統領自身が「専制主義と民主主義の闘い」を強調し，2021年12月には世界111の国と地域を招いてオンラインで民主主義サミットを開催した（→重要ポイント⑭）。中国やロシアは招待されず，台湾は招待された（中国を過度に刺激しないように，蔡総統ではなくデジタル担当大臣のオードリー・タンが出席）。バイデン政権は前政権よりも，人権や民主主義といった価値を重視しており，それらを軸に西側諸国の結束を固めようとしている。新疆ウイグル自治区での人権侵害でも，アメリカはヨーロッパ連合（EU）と共同で中国政府当局者らに個人制裁を発動した。ただし，「邪悪な中国共産党」といった刺激的な表現も回避しており，中国の体制転換（レジーム・チェンジ）ではなく行動の変化を求めているようである。

さらに，これも前政権とは異なり，バイデン大統領はケリー元国務長官を閣僚級の気候変動問題担当大統領特使に起用したように，気候変動問題などグローバル・イシューを重視している（→**unit 26**）。こうした分野では，米中の協力がまだ模索されている。

2022年2月にロシアのプーチン大統領が北京冬季オリンピックの開会式に出席した。これに先立ち発出された中ロ共同声明では，欧米による内政干渉を批判し，中ロ双方の核心的利益の擁護を重視した。両国の友情には「限界はない」とも謳われた。その直後に，ロシアはウクライナに侵攻した。アメリカをはじめとした先進諸国は，ロシアを厳しく非難し，厳しい経済制裁を発動した。しかし，中国はこうした非難や制裁には加わらず，ロシアから安価な原油の輸入を拡大している。このため，欧米と日本，カナダ，オーストラリアなどと中ロの対立の構図がより鮮明になりつつある。

今後の展望——「懸念される10年」か「危機の20年」か？

一方で，2033年に米中のGDP逆転が生じるとの予測があり（日本経済研究センター），他方で23年にはインドの人口が中国を抜くと予想されている（国連推計）。21年に中国国家統計局が発表した国勢調査によると，中国の合計特殊出生率（一人の女性が一生の間に産む子どもの数）はすでに1.3にまで下落している（人口の維持には2.06〜07が必要）。両国は対立しながら相互依存する「フレネミー（友人にして敵）同士」にとどまるのか。アメリカが多国間協力を駆使し，国内対立を乗り越えて，中国の追撃を振り切るのか。それとも，中国がAIやITを活用して人口オーナス（人口減少による社会的・経済的な負荷）を克服し，アメリカを凌駕するのか。

2020年代を通じて米中が激しく競合し，「**懸念される10年**」になるとの見方がある。この間に，中国が力尽きてアメリカがこれを抑え込めば，冷戦末期の新冷戦（1979年末のソ連のアフガニスタン侵攻から10年ほどの期間）に似たパター

重要ポイント㉘

台湾有事

2021年3月に米上院の軍事委員会で，インド太平洋軍司令官のデービッドソン提督は中国を「最大の戦略的脅威」と呼び，中国が軍事力で台湾の現状を変更しようとする可能性を指摘して，「今後6年の間に脅威は明確化する」と予想した。後任のアキリーノ提督も，現在から45年までの間に中国は台湾への軍事侵攻を決断するだろうとして，「多くの人々が予測しているよりも間近だと思う」と証言した。

こうした情勢のなかで，同年4月には菅義偉首相が訪米し，バイデン大統領との日米共同声明で「台湾海峡の平和と安定の重要性を強調するとともに，両岸問題の平和的解決を促す」と表明した。日米共同声明が台湾問題にふれたのは，実に52年ぶりのことであった。1969年に佐藤栄作首相とニクソン大統領の間での共同声明が，「台湾地域における平和と安全の維持も日本の安全にとってきわめて重要な要素である」と言及していた。いわゆる台湾条項である。台湾をめぐる日米中関係は，ニクソンによる米中接近や日中国交正常化の前に戻った感がある。

さらに，2022年2月のロシアによるウクライナ侵攻を受けて，中国が台湾に軍事侵攻するのではないかとの懸念が高まった。5月には，米軍トップのミリー統合参謀本部（JCS）議長が，中国は27年を台湾侵攻の能力確保の目標に定めていると発言した。同年には，アメリカは台湾を防衛すると，バイデン大統領が再三にわたって発言した。これらは公式な発言ではなく，「曖昧戦略」の放棄を意味するのか否かは不明である。もとより，ロシアとウクライナは地続きだが，中国と台湾の間には台湾海峡（最短で130 km）が横たわっている。ロシアのウクライナ侵攻の長期化に鑑みて，中国は通常戦力，核戦力，サイバー戦力で十二分の準備がなければ，台湾侵攻には踏み切らないかもしれない。

しかし，偶発的な衝突やそのエスカレーションの可能性は否定できない。たとえば，2022年8月にペロシ米下院議長が台湾を訪問すると，中国はこれに強く反発して台湾周辺で大規模な軍事演習を実施した。ウクライナに比べて台湾は，アメリカにとっての戦略的，経済的な重要性がはるかに高い。また，与那国島と台湾本島の距離はわずか110 kmで，台湾海峡よりも狭い。さらに，台湾にはおよそ2万人もの日本人が在住する（2022年10月現在)。どうすれば台湾有事を防げるのか，有事の際に日本は，日米は何ができるのか。多角的で深い議論と備えが必要になっている。

ンになるが，中国がアメリカを凌駕すれば，第二次世界大戦後の国際秩序の大きな変更につながろう。

さらに，米中対立が「懸念される10年」で決着しなければ，今世紀半ばまで「**危機の20年**」が続くのかもしれない。アメリカがGDPで再逆転するのか（日本経済研究センター），それとも中国が目標通り「100年のマラソン」を走破するのか。米中対立が長期化して戦争のような破局にいたれば，20世紀の両大戦間期と同様になるし，長期化しつつ穏便に終息すれば，冷戦の終焉と同じようになろう。

2つの超大国の力が拮抗すれば，対立は不可避となるのか。政治体制やイデオロギーの相違は，どの程度重要なのか。経済的相互依存は，対立をどこまで緩和できるのか。また，国内の政治的対立や社会的不安，経済的な格差拡大，ナショナリズムの高揚が，米中関係をどのように規定するのか。さらに，オバマやトランプ，バイデン，習近平といった指導者の資質や経験，信念は，どれほど米中関係を左右するのか。本書が提示したさまざまな分析の枠組みを駆使して，今後の米中関係を分析してもらいたい。

引用・参照文献

ウッドワード，ボブ＝ロバート・コスタ／伏見威蕃訳『PERIL 危機』日本経済新聞出版，2021年（原著2021年）。

スブラマニン，アルビンド「覇権国の責務果たさぬ米中新時代」『日本経済新聞』（電子版）2020年12月23日。

ピルズベリー，マイケル／野中香方子訳『China 2049――秘密裏に遂行される「世界覇権100年戦略」』日経BP，2015年（原著2015年）。

村田晃嗣『トランプvsバイデン――「冷たい内戦」と「危機の20年」の狭間』PHP新書，2021年。

「米中GDP，逆転は2033年に後ずれ 中国の民間統制で」『日本経済新聞』（電子版）2021年12月15日。

文献案内

□ **梅本哲也『米中戦略関係』千倉書房，2018年。**

米中の戦略関係を歴史的，理論的に再考し，今後の予測をも展開した，詳細かつ重厚な学術研究。

□ **朝日新聞取材班『米中争覇――「新冷戦」は始まったのか』朝日新聞社，2020 年。**

トランプ政権末期の米中関係を，経済，技術，軍事など多角的な観点から生々しく描いた力作。

□ **佐橋亮『米中対立――アメリカの戦略転換と分断される世界』中公新書，2021 年。**

米中関係の半世紀を，主としてアメリカの政策や議論から詳細に論じた好著。

unit 29

さらに国際政治学を学ぶために

ここまで読み進んできて，国際政治学の輪郭（りんかく）や醍醐味（だいごみ）をつかめたであろうか。

国際政治学を学ぶ目的は人それぞれであろう。教養教育科目として学ぶ者，専門科目として学ぶ者，さらには，大学院進学まで視野に入れて学ぶ者もあろう。あるいは，仕事の必要から学ぶ社会人もいるかもしれない。

いずれにせよ，せっかく本書を手にした読者には，さらに国際政治学を学び続けてもらいたい。以下，そのために有益と思われるいくつかの指針を提示してみたい。

まず，当たり前のことだが，国際政治学への関心を持ち続けることが大事である。

①とくに関心の強い分野やテーマを見つける

本書を一読してもわかるように，国際政治学は非常に幅の広い学問領域である。そのすべてに通暁（つうぎょう）することは，望ましいとはいえ，実際にはすこぶる困難である。そこで，1つでも2つでも，自分がとくに興味のある分野やテーマを見つけてみよう。リアリズムやリベラリズムのような理論でもよいし，中国やアフリカのような地域でもよい。また，国連改革や地球温暖化問題のような，具体的なテーマかもしれない。歴史，とくに近現代史への理解は，国際政治学の基盤である。日本の近現代史と主要国のそれを比較したり，関係づけたりして学ぶことも有益である。近年では，グローバル・ヒストリーという視点も重視されている。

たとえば，本書の 28 の unit のなかで，どれが一番興味深かったであろうか。そして，それはなぜか。できれば，理論と地域とか，理論と具体的なテーマなど，少し種類の異なる複数のものに興味がもてるとよい。学習が進むにつれて，2 つの点が線でつながれたり，3 つの点が面になったりして，国際政治学への理解が深まるからである。

その際に，本書の各 unit で紹介されている文献案内も，大いに活用してほしい。

②新聞や雑誌を継続的に読む

本書の冒頭でも述べたように，国際政治学には理論の側面と時論の側面がある（→unit **0**）。最終的には両者が結び付かなくてはならない。そのためには，新聞や雑誌を通じて，継続的に情報を吸収しなければならない。もちろん，インターネットやテレビからも情報は収集できる。情報量，速報性という点では，これらのメディアの方が優れている。しかし，単なる情報収集以上に，理論や歴史の観点を加味しながら，時事的な出来事を検証するには，丁寧に，場合によっては繰り返し，文章を読む作業が有益である。また，新聞の社説や解説，雑誌の分析を通じて，各分野の専門家や有識者の「相場感覚」をつかむこともできる。

重要な事件が発生した場合は，複数の新聞を読み比べてみるとよい。また，雑誌は週刊，月刊，季刊と射程の異なる雑誌を併読すると，複眼的視点の涵養（かんよう）に役立とう。主要紙が週に一回掲載する書評も，さまざまな分野の知的トレンドをつかむのに役立つ。

③文学や演劇，映画などに親しむ

①が国際政治学のなかで関心を集中させる営みだとすれば，③は国際政治学以外に関心を拡散させる試みである。いかに広範とはいえ，国際政治も，より幅広い人間の営みの一部である。ある文学や演劇，映画などの生まれた政治的・歴史的背景を知り，それらの芸術のなかに描かれる社会現象を見つめるこ

とで，国際政治と人間に対する理解が広がり，深まるであろう。もとより，文学や演劇，映画に描かれる出来事は，必ずしも客観的な事実ではないが，そこには作者の認識や読者の求める認識が投影されている。それらを知ることもまた，重要である。

たとえば，トルストイの長編小説『戦争と平和』は，同時代人の視点でナポレオン戦争の様子をくわしく伝えているし，戦争はなぜ起こるのかという国際政治の根源的な問題を正面から扱っている。また，シェークスピアの戯曲による登場人物の造形は，政治家像を理解する一助になろう（ハムレットは懊悩（おうのう）し，マクベスは野心に躓（つまず）き，オセロは嫉妬（しっと）のために最も大切な人を失う）。

映画も参考になる。たとえば，クリント・イーストウッド監督『アメリカン・スナイパー』（2014年，アメリカ）は，イラク戦争で160人を射殺したアメリカの狙撃兵が主人公で，戦争を肯定するものではないかと論争になった。また，北朝鮮の金正恩第一書記暗殺をテーマにしたコメディー映画『ザ・インタビュー』（2014年，アメリカ）は，上映に際して製作会社が大規模なハッカー攻撃を受け，それ自体が国際問題になった。文学や映画が描く未来（ユートピアにせよディストピアにせよ）から科学技術や環境問題，人口問題などについて考え，さらに深く学ぶことも，国際政治の理解には重要である。

④英語を学ぶ

以上がどちらかといえば，動機づけの問題だとすれば，以下は方法の問題である。

いまや，英語は「世界共通言語（リングァ・フランカ）」である。世界中の外交官やビジネスパーソンの多くは，英語で交渉を行っているし，国際会議に赴く政治家のなかにも，英語で丁丁発止のやりとりをこなす者が少なくない。また，世界中に流通しているインターネット情報のおよそ60%は英語によるものだという。英語の運用能力をもたなければ，初めからこうしたコミュニティに参画できず，こうした情報にアクセスできない。学問分野で国際政治学を牽引しているすぐれた学術書や学術雑誌の多くも，英語によるものである。国際政治の実践面でも研究面でも，英語の運用能力は不可欠なのである。時に英語無用論を唱える論者もいるが，そういう論者の多くが，実は英語の運用能力を備えている。

もとより，英語を母語とする人たち（いわゆるネイティブ）と同じような水準に達しなくてもよい。大切なことは，研究や実務の上で十分に意思疎通できるだけの英語能力（コミュニカティブ・イングリッシュ）を習得することであり，安易に英会話だけに偏らず，読解や文法，ライティング，リスニングにも精力を注ぐことである。

先述の②とも関連するが，英語の新聞や雑誌に定期的に目を通すことも重要である。英語力の向上だけでなく，日本の新聞・雑誌の視点との比較にも有益だからである。毎日英語の新聞を読むのは大変だが，オンラインで気軽にアクセスすることができる。アメリカのメディア以外の論調を知るには，少し難しいかもしれないが，イギリスの週刊誌『エコノミスト』が格好の材料であろう。世界中の政策エリートや国際政治学者，経済学者が，この雑誌を読んで議論している。

また，英語で国際政治学の教科書をひもといてみるのもよい。たとえば，ナイとウェルチによる『国際紛争』を参考にしながら，原著 *Understanding Global Conflict and Cooperation* に挑戦してはどうだろうか。さらに，アメリカの大学で広く読まれている John Baylis, Steve Smith, Patricia Owens, *The Globalization of World Politics: An Introduction to International Relations*, 9th edition（Oxford University Press, 2023）も大部だが，英語は平明である。

⑤古典を読む

国際政治学は第一次世界大戦後に発達した，比較的新しい学問分野である。しかし，国際政治学は単独で成立しているわけではなく，政治学や歴史学，哲学，経済学など，より古い学問分野に支えられている。たとえば，リアリズムを理解するには，トゥキディデスの『戦史』やマキアヴェリの『君主論』，ホッブズの『リヴァイアサン』を無視するわけにはいかない。リベラリズムをより深く理解するために，アダム・スミスの『国富論』に挑戦するのもよいかもしれない。

もとより，これら古典の書は決して平易な読み物ではない。だが，これらの書物は一時的な流行を超えて，多くの読者を獲得してきた。それだけ味わい豊かなものなのである。古典にふれることで，これまで国際政治学を学んできた人々と，その味わいを共有することができる。先人たちが古典をどう読んだかを考えながら，自ら古典を読み進めることもできよう。また，難解な古典を読了することは，知的な自信にもつながる。読まず嫌いは禁物である。

さらに，国際政治学のなかでも，すでに古典と呼ばれるべき書物がいくつもある。カーの『危機の 20 年』やモーゲンソーの『国際政治』は，その代表例であろう。日本のものでも，たとえば，中江兆民の『三酔人経綸問答』は国際政治学の古典と呼んで差し支えない。まずは試しに，『危機の 20 年』と『三酔人経綸問答』を読み比べてみてはどうであろうか。本書でも多くの古典的著作が紹介されている。これらを題材にして，国際政治学を学んでいる身近な仲間と読書会をもつのもいいかもしれない。

ここで注意すべき点がある。古典や研究書と本書のような教科書とでは，同じ書物でも読む姿勢が異なるべきだということである。古典はもとより研究書の場合でも，まずは著者の主張を理解しようという姿勢がなければならない。つまり，頭から否定してかかったり，あまりに批判的な態度で接したりしては，学ぶところが少ないのである。これに対して，教科書の場合，基本的には通説の紹介が行われているはずだが，教科書だからといって，これを鵜呑みにしてはいけない。むしろ，意識的に批判的な態度で接するべきである。

本書もその例外ではない。できるだけ，最新の学界の通説に従ったつもりだが，通説が確立されていないテーマも多く，執筆者の見解に偏りや誤りがあるかもしれない。複数の教科書を読み比べるのも，有益であろう。

⑥インターネットを活用する

国際政治学を学ぶにあたって，インターネットの情報だけに頼ってはならない。それは②でも指摘したところである。しかし，インターネット抜きで国際政治学を学ぶこともできない。インターネットは情報の宝庫である（この宝庫の扉を開くためにも，英語の運用能力が必要になる）。

とりわけ，さまざまな政府機関や国際機関のホームページは，当該分野でのまとまった情報と資料を提供してくれる。日本語でも，首相官邸や外務省，防衛省などのホームページからさまざまな情報が得られる。また，国際政治学者の田中明彦らによって運営されているデータベース「世界と日本」は，日本外交を中心とした国際政治の貴重な情報や資料を網羅している。英語では，アメリカ政府の諸機関（ホワイトハウス，国務省，国防省など），国際連合（国連），各国政府などのホームページにアクセスできる。最近では，非英語圏の政府でも，多くの場合，英語によるホームページを有している。

インターネットによる情報収集は，たしかに便利である。しかし，それゆえの危険もある。フェイク・ニュースも氾濫している。自分の好む情報のみを選んで，偏見を補強してしまう危険もある。複数のホームページや新聞や雑誌，書籍を通じて，可能なかぎり情報の再確認（クロスチェック）をしなければならない。また，インターネットから情報をコピーして，若干の字句修正や配列変更を施しただけで，自分のレポートに貼り付けるような営為は，明らかに剽窃であり，盗作である。断じて避けなければならない。

⑦旅に出て，人と出会う

これまでの話は二次元の世界に属していたが，実際の人間は三次元の世界に生きている。この三次元の世界を広く体験することは，国際政治学を学ぶ者だけでなく，すべての者にとって有益である。幸い，今日では海外旅行もかなり容易になっている。

「百聞は一見にしかず」とは半面の真理であり，体験はそれなりの予備知識や事後の学習に支えられなければならない。「百聞」だけでも「一見」だけでも不十分で，時には危険である。たとえば，日本人によるアメリカ論が「百聞」だけで観念論に陥り，「一見」だけでステレオタイプ（固定観念）に嵌まることも，過去には少なくなかった。

コロナ禍を経て，「百聞百見」が再び可能になりつつある。私たちはそれを心がけるべきであろう。そして，多くの人々と出会い，大いに語り合うことである。これは古今東西を問わず，人間の糧である。

一方では，きわめて現代的な現象がある。昔なら思いもよらなかった所にも旅行できるし，インターネットを開けば情報が氾濫している。他方で，古典は時代を超えてわれわれに語りかけるし，人との出会いはいつの世にも求められる。グローバリゼーションがこれだけ進展し，人々がその恩恵に浴しながら，戦争はなぜ起こるのかという古典的な問いかけに，国際政治学はいまだに十分な答えを見出していない。非同時代的なものが同時代に共存していることが，今日の国際政治の大きな特徴であろう。

そのような国際政治を学ぶには，広い視野と柔軟な発想と弛まぬ努力が求められる。そして，それらは21世紀に生きるすべての者に必要とされるのである。

引用・参照文献

亀井俊介「百聞のアメリカ 一見のアメリカ」亀井俊介編・解説『日本人のアメリカ論』（アメリカ古典文庫23）南雲堂，1977年。

文献案内

- □ **カー，E. H.／原彬久訳『危機の20年——理想と現実』岩波文庫，2011年。**

  国際政治学を代表する古典。第一次世界大戦と第二次世界大戦の間の「危機の20年」に，ユートピアニズムが紛争の再発を防げなかったことを，リアリズムの観点から批判しつつ，軍事力と経済力，国際世論のバランスを説くなど，リアリズムの限界をも見据えた名著。

- □ **中江兆民『三酔人経綸問答』岩波文庫，1965年。**

  民権論と国権論の対立を背景にして，洋学紳士君，豪傑君，南海先生の酒席での議論に託して，理想主義と権力政治との間のバランスを説き，「過慮」を戒めた書物。著者は明治を代表する思想家である。

- □ **ユヴァル・ノア・ハラリ／柴田裕之訳『21 Lessons——21世紀の人類のための21の思考』河出文庫，2021年。**

  イスラエルの気鋭の歴史学者が宗教や移民，テロ，戦争など国際政治に深くかかわる21のトピックから人類の未来を分析した刺激的なエッセイ集。

事項索引

（太字数字は，Keywords として表示されている語句の掲載ページを示す）

あ 行

か 行

さ 行

た　行

な　行

は　行

ま　行

や 行

ら 行

わ 行

A

B

C

W

人名索引

あ　行

か　行

さ 行

た 行

な 行

は 行

ま　行

ら　行

わ　行

著者紹介　村田晃嗣（むらたこうじ）
同志社大学法学部教授

君塚直隆（きみづかなおたか）
関東学院大学国際文化学部教授

石川　卓（いしかわたく）
防衛大学校総合安全保障研究科教授

栗栖薫子（くるすかおる）
神戸大学大学院法学研究科教授

秋山信将（あきやまのぶまさ）
一橋大学大学院法学研究科教授

【テキストブックス［つかむ］】

国際政治学をつかむ〔第3版〕

The Essentials of International Politics, 3rd ed.

2009年11月30日　初版第1刷発行
2015年9月10日　新版第1刷発行
2023年3月30日　第3版第1刷発行
2024年5月20日　第3版第3刷発行

著　者　村田晃嗣・君塚直隆・石川　卓
栗栖薫子・秋山信将

発行者　江草貞治

発行所　株式会社有斐閣
〒101-0051 東京都千代田区神田神保町 2-17
https://www.yuhikaku.co.jp/

装　丁　デザイン集合ゼブラ＋坂井哲也

印　刷　株式会社理想社

製　本　大口製本印刷株式会社

装丁印刷　株式会社亨有堂印刷所

落丁・乱丁本はお取替えいたします。定価はカバーに表示してあります。

Printed in Japan. ISBN 978-4-641-17731-4